KB269034

구석기시대의 석기 생산

A STUDY ON THE LITHIC MANUFACTURING SYSTEM
DURING THE KOREAN PALEOLITHIC PERIOD

장용준 지음

진인진

▎ 장용준(張龍俊) Chang yong joon

부산출생
부산대학교 고고학과 박사
국립중앙박물관, 김해박물관, 대구박물관 학예연구사
국립경주박물관 학예연구관
일본 도쿄대학(東京大學) 연구원
현) 국립대구박물관 학예연구실장

주요저서
韓國 後期 舊石器의 製作技法과 編年研究(2007년)
'사람과 돌' 도록(2005년) 등 특별전 도록 다수

주요논문
Human Activity and Lithic Technology between Korea and Japan
from MIS 3 to MIS 2 in the Late Paleolithic Period,
방사성탄소연대를 이용한 후기구석기시대 편년,
西日本地域における湧別技法の系統(일문) 등 구석기관련 논문 40여 편

관심분야
동북아시아 구석기 연구
선사시대의 석기 및 민족지 연구
백화수피(자작나무껍질)제 유물 연구

구석기시대의 석기 생산

초판 1쇄 발행 | 2015년 10월 12일
저 자 | 장용준
발행인 | 김영진
발행처 | 진인진
등 록 | 제25100-2005-000003호
주 소 | 경기도 과천시 별양동 1-14 과천오피스텔 614호
전 화 | 02-507-3077~8
팩 스 | 02-504-3079
홈페이지 | http://www.zininzin.co.kr
이메일 | pub@zininzin.co.kr

ⓒ 장용준 2015
ISBN 978-89-6347-234-8 93900

이 책은 필자가 박사학위논문을 토대로 "韓國 後期 舊石器의 製作技法과 編年研究(2007년)"을 발간한 이후에 나오는 두 번째 책입니다. 2003년에 발표한 한 편의 글을 제외하면, 박사논문을 쓰고 난 이후인 2007년부터 2013년까지 발표한 8편의 글들을 모은 것입니다. 주로 구석기의 형식, 석기제작과 관련한 생산방식, 흑요석 이용, 그리고 중국 동북 3성 지역을 답사하고 유물을 본 뒤 작성한 글들입니다.

발표된 글들은 학술지에 실린 것도 있지만, 도록이나 기념논총, 보고서 등에 실린 것들이다 보니 글들이 여기저기 흩어져 수록되어 있었습니다. 당연히 찾아보기 힘들다는 지적이 있었습니다. 이번에 책을 발간하게 된 가장 큰 이유 중 하나가 바로 이 때문입니다. 우리나라 구석기 생산과 관련한 전문연구서가 부족한 실정에, 관련 연구자나 학생이 구석기나 석기연구를 보다 쉽게 접할 수 있게 하고 싶어 책을 발간하게 되었습니다.

이 책에서는 구석기의 제작과 개념, 생산방식에 대한 내용과 더불어, 석기 전반의 이해를 돕기 위해 일부 글에서는 선사시대를 아우르는 석기제작기법을 다루기도 했습니다. 주제가 다소 개괄적이다 보니 글들 중에 중복되거나 비슷한 내용이 꽤 있었습니다. 이런 부분은 이번에 책을 내면서 대폭 수정하였습니다. 그러다 보니 처음 발표된 글과 내용이 많이 달라진 것도 있었습니다.

또한 여러 글들을 모아 하나의 책으로 다듬는 과정에서 시간이 지나면서 내용이 바뀐 부분도 있어 일부 고쳤습니다. 그럼에도 불구하고 가급적 발표 당시의 내용이나 용어를 유지하려고 했습니다. 다만, 처음부터 특정 주제로 잡고 작성된 글들이 아니었기에 맥락상으로 매끄럽지 않은 부분이 적지 않았습니다. 읽으시는 분들께 널리 양해를 구하며, 보완해 나가도록 하겠습니다.

　여기에 쓰여진 글들은 필자가 석기를 관찰하면서 생긴 의문을 풀기 위해 정리하거나 발표한 것들입니다. 저 스스로는 글을 쓰는 과정을 통해 구석기에 대해 조금씩 알게 되었고, 연구자로서 조금씩 성장하고 있습니다. 괴테는 '모든 사람은 성공하려고만 할 뿐, 성장하려고 하지 않는다'라고 말했습니다. 여기에 실린 논문들은 필자가 연구자로서 성공하기 위한 것이 아니라 성장하는 데 거름이 되고자 작성한 글들입니다.

　논문은 공부하기 위한 가장 좋은 방법이자 체계적인 방식이라 늘 생각해 왔습니다. 한 편의 글을 쓰기 위한 자료조사부터 글을 쓰고, 교정하는 과정 속에서 크고 작은 의문이 풀리고 제 머릿속에도 전문 지식이 쌓이게 된 것입니다.

　필자는 아직 누구도 시도하지 않은 독창적인 연구방법이나, 새롭게 유물을 해석하는 데 항상 부족함을 느끼며 살아가고 있습니다. 우리나라 구석기자료가 가진 한계보다는 필자의 능력부족이 가장 큰 이유일 거라 스스로를 꾸짖어 봅니다. 그래서 이를 극복하고 계속 성장하기 위해 더 많은 글들을 써야 할지도 모르겠습니다. "구석기시대의 석기 생산"이라는 비록 부족한 책이나마 구석기 연구의 저변확대와 석기연구의 활성화에 조금이나 도움이 되었으면 하는 바람입니다.

　이 책은 진인진의 김지인 님의 도움이 없었으면 발간할 수 없었을지 모릅니다. 다시 한번 깊이 감사드립니다. 그리고 여러 글들을 깔끔하게 정리해주느라 너무 애써 준 이경민 편집자에게도 감사드립니다.

　무엇보다 한국, 일본, 중국의 구석기를 관찰하는 데 있어 배려를 아끼지 않은 여러 기관의 선생님들, 제게 구석기에 대한 조언을 해 주신 많은 선생님들께도 감사의 말을 전하고 싶습니다. 쉽지 않은 박물관 생활에 깊이 있는 말씀으로 저를 깨우쳐 주신 선배님들께도 머리 숙여 고마움을 표합니다.

　끝으로 국가공무원이라는 신분으로 순환보직 생활로 인해 가정을 제대로 돌보지 못하였습니다. 사랑하는 형서와 윤서를 키워주고, 못난 남편을 너그럽게 이해해 준 아내 임선영에게 고마운 마음을 담아 이 책을 바칩니다.

2015년 10월 푸르디 높은 가을 하늘 날

장용준

일러두기

1. 본고에 실린 글들은 필자의 학술잡지, 도록, 발표요지, 기념논총, 보고서에 실린 것을 수정·보완한 것이다.

2. 논지전개와 일부 내용의 중복, 글의 간결성 등을 위해 발표 당시와 달리, 필자가 임의로 내용을 수정하였다.

3. 일부 글은 발표되지는 않았으나 논지전개를 위해 새로 보완하였다.

4. 특별한 경우를 제외하고는 발표 당시의 용어, 참고문헌 등을 가급적 유지하였다.

제
1
부

석기 제작의 원리와 방법

밀양 고례리유적의 슴베찌르개와 접합유물

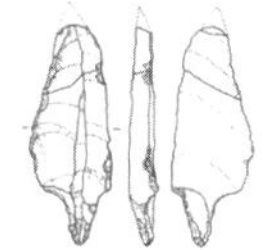

제1장
석기의 출현과 연구 목적

1. 인류의 두발걷기와 도구 출현

인류화석 중 전신화석이 발견된 가장 오래된 호미니드인 아르디피테쿠스 라미두스가 약 440만 년 전에 아프리카에서 등장했다. 이것은 키가 120㎝에 두뇌 크기는 300~350㎤이다. 현재까지 라미두스는 사람이 두발걷기를 했음을 증명하는 가장 명확한 증거이다. 그러나 엄지발가락이 다른 발가락과 평행하게 되었음이 확증된 것은 오스트랄로피테쿠스 아파렌시스 때인 약 350만 년 전의 일이다.

침팬지와 고릴라도 두발로 서서 걸을 수는 있다. 인간만이 두발로 걸을 수 있는 것은 아니다. 그러나 인류의 두발걷기는 몸을 꼿꼿히 세워 걷는 전혀 차원이 다른 행동이자 신체변화의 산물이었다. 무엇보다도 인류는 두발걷기二足步行로 손이 자유로워졌으며 이에 따라 나무 위에서의 생활방식에서 벗어나 땅을 토대로 한 육상생활에 적응하게 되었다.

두발걷기를 선택한 인류는 구석기시대 기간 동안 다양한 도구를 제작하고 발전시켜 나갔으며, 그 결과로 큰 폭의 인구증가가 이루어졌다.

인간만이 도구를 만들 수 있다는 기존의 고정관념은 깨진 지 오래다. 도구가 인간의 독점물이 아니라는 입장에 기반해서 渡辺 仁(1978)은 인간과 동물이 사용한 도구의 차이점으로 인간도구의 특수성을 다양성과 도구에 대한 의존도를 지적하였다. 무엇보다도 인간은 동물과 달리 특정 기술이나 재료 변화 등을 거쳐 정형화된 도구를 만들 수 있는 능력을 가지고 있다. 동물은 나무나 돌 등을 그 자체로만 이용할 뿐이며, 두 가지 이상의 재료를 결합하거나 화학적 변화를 시도하여 새로운 도구를 창출할 능력을 가지고 있지 않다. 이에 반해 인간은 오랜 시간의 시행착오를 거치면서 있는 그대로의 재료는 물론, 이를 가공하여 새로운 도구를 만들어 낼 수 있게 된 것이다. 이것이 인간과 동물의 도구 사용방식에 있어 가장 명확한 차이일 것이다.

인류에 있어 도구의 제작 및 사용은 생존을 위한 적극적인 행동을 의미한다. 개개인은 생활양식을 표출했다고 할 수 있는 다양한 도구로 자신의 사유방식을 표현할 수 있게 되었다. 따라서 행위표현을 해석하는 데 있어서 개인과 집단의 성향을 반영하는 것은 물론, 표현도구의 일부인 석기에 대한 연구도 행위표현의 산물에 관한 해석연구로서 받아들여져야 할 것이다. 도구는 인간이 설정한 계획과 보유한 기술에 따라 사용될 수 있도록 설정되어진 기능을 담고 있다. 인간이 두뇌가 발달함에 따라 상황에 따른 예측 가능한 결과를 도구에 투영한 것이다.

도구 출현은 인간의 내적 변화의 하나인 두뇌의 점진적인 발전과 신체상의 결정적인 변화인 직립보행에 의한 손의 자유, 인간외적인 다양한 환경변화에 대한 적응의 결과이다. 인간지능의 진화 역시, 석기를 비롯한 도구의 기술적 발전연구에 의해서 접근이 가능해졌다(Karlin & Julien 1997:153). 즉, 석기연구자들이 진행하는 제작기법연구는 단순히 형식학적인 도구발전의 양상만을 연구하는 것이 아니라 인간의 다양한 면모와 생존활동을 밝혀내는 중요한 행위인 것이다.

이렇게 두발걷기를 시작한 인류는 260~250만 년 전에 호미니드인 오스트랄로피테쿠스 가르히가 올드바이형의 단순한 석기를 만들어 최초로 도구를 사용하였다. 인류가 만든 가장 오래된 석기는 260~250만 년 전의 에티오피아 고나유적에서 발견된 것이다.

구석기시대는 오랜 시간을 지나면서 열악한 조건에서도 남을 수 있는 돌로 만든 석기가 주로 출토되는 시기로, 260~250만 년 전부터 시작된다. 이 시대는 도구로서 타제석기를 만들어 사용했던 시기이다(일부 지역은 마제석기도 사용). 20세기 초까지 구석기시대는 빙하시대와 동일한 시기로 파악되기도 했으나, 현재는 지역마다 4기학이 발달하여 다양성이 인정되고 있다. 즉, 구석기시대는 인류가 최초로 도구를 제작한 시기에서 부터 플라이스토세의 종말까지를 말한다.

표 1. 국제지질학연합(IUGS)에 따른 제4기의 지질 시대 구분. 2009년 7월 기준.

기	세	절	만 년 전	고고학 시기
	홀로세		0~1.17	구석기말~현재
제4기	갱신세 (플라이스토세)	후기(타란토절)	1.17~12.6	중기, 후기 구석기
		중기(이오니아절)	12.6~78.1	
		전기(칼라브리아절)	78.1~180.6	전기구석기
		전기(젤라절)	180.6~258.8	

　인류가 출현한 이후, 230만 년 전 무렵에는 뇌가 커지고 이빨이 작아진 최초의 호모 속 인류인 호모 하빌리스가 출현하였다. 호모 하빌리스를 거쳐 도구다운 도구를 사용한 것은 호모 에렉투스였다. 호모 에렉투스는 불을 발견 또는 발명하여 사용했다. 양면석기와 주먹도끼를 만들어 사용하면서 자연환경에 대한 생존력을 키워나갔다. 180~10만 년 전에 호모 에렉투스는 아프리카에서 출현하였다.

　동아시아 구석기연구는 1929년 베이징北京 원인의 발견에서 시작되었다고 할 수 있다. 동아시아에서 가장 오래된 인류와 석기는 중국학자들의 견해를 그대로 신뢰할 수는 없지만, 약 170만 년 위안머우元謀 출토 인류 화석으로 호모 에렉투스의 초기 단계이다. 동아시아에서 구석기의 사용, 고인류의 출현은 적어도 100만 년 전 이전일 가능성이 높다.

2. 석기연구의 목적

　1833년 터널Tournal이라는 화학자가 『화학과 물리학적 연대기(Annales de chimie et de physique)』라는 저서에서 '선사시대Prehistoric Times'라는 용어를 처음 사용하였다. 1865년 러복Lubbock의 『고대유물과 현대의 미개인들의 풍속과 생활습성이 예증하는 선사시대(Prehistoric Times as illustrated by ancient remains and the manners and customs of modern savages)』라는 저서에서 구석기와 신석기라는 용어를 처음 사용

했다. 그 뒤로 구석기시대라는 용어가 사용된 지도 벌써 150년이나 되었다.

山中一郎(1994:2)은 석기연구의 목적에 대해 석기를 만드는 행위와 사용하는 행위는 일관된 의식아래에 있었고, 분리해서 생각할 수 없는 이 두 가지의 행위를 유물에서 읽어내는 것이라 말하였다. 다시 말하면 구석기시대 사람들이 아무런 의도와 목적 없이 제작한 석기는 없다는 것이다. 즉, 생계를 유지하거나 특정 목적에 맞게 사용해야 될 도구의 '필요성'이 구석기인으로 하여금 석기를 만들고 사용하게 했을 것이다.

구석기인이 추구했던 석기제작의 필요성, 도구의 필요성이 과연 무엇인지를 이해하기 위해 석기연구의 의존도는 클 수밖에 없다. 우리나라처럼 석기 이외에 구석기인의 흔적을 발견하기 어려운 상황이라면 더욱 그러하다. 그런데, 小林達雄(1975)이 말한 바와 같이, 이 필요성이란 것은 겉으로 드러나는 실체가 아니기 때문에 석기 자체가 스스로 설명할 수 있는 것은 없다. 그런 측면에서 구석기연구자의 적극적인 해석행위로 그 의미를 도출해 내어야만 한다.

표 2. 구석기시대의 연구사

연도	내용	비고
1833년	처음으로 선사시대라는 용어를 사용(Tounal)	
1836년	석기시대, 청동기시대, 철기시대로 시기를 구분. 삼시기법이 확립(Thomsen)	구석기시대라는 용어는 아직 없었음
1837년	구석기를 층위와 관련하여 확인시킴으로써 구석기의 존재를 입증함(B.de Perthes)	구석기연구의 시작
1861년	최초의 구석기시대편년(Lartet)	
1863년	위(僞)석기의 조우	
1865년	석기시대를 구석기시대와 신석기시대로 나누고, 선사시대라는 용어를 일반화시킴(J. Lubbock)	구석기시대(Paleolithic)와 신석기시대(neolithic)라는 용어를 처음 사용
1872년	지층과 대비시킨 구석기시대의 편년방법의 확립(G.de Mortillet)	과학적인 구석기연구의 확립
1909년	중석기시대의 설정(J.de Morgan)	

우리가 석기연구를 하는 데는 관찰[Observation], 추론[Inference], 해석[explanation]의 세 단계가 필요한데(Inizan *et al.* 1992), 세 단계 중에서도 가장 중요한 단계는 바로 기

초 단계에 해당되는 관찰 단계이다. 관찰은 추론과 해석으로 나아가기 위한 이 바탕이 되어야 하고 기본이 되어야 하기 때문이다.

그런데 석기관찰을 위해서는 석기의 재료가 되는 돌의 성질을 이해하여야만 한다. 돌이 가진 물리적 성질에 대한 지식이 고고학에 있어 구석기, 신서기, 청동기시대에 직접적으로 사용되었던 석기의 분석연구를 가능케 해 주었다고 해도 과언이 아니다. 석기 연구의 출발점은 돌이 가진 특유의 성질을 이해하는 것으로부터 시작된다.

1964년 석장리발굴을 시작으로 우리나라 구석기연구는 지속적으로 이루어져 왔는데, 2000년대까지만 하더라도 그 연구기반이나 관련유적수가 적어 연구에 어려움이 있었던 게 사실이다.

구석기유적의 유적형성과정을 밝히기 위한 지질학과 같은 자연과학의 공동연구도 활발히 이루어져 왔다. 특히 구석기시대의 편년을 설정하기 위해 필요한 층위구분과 기준 층위의 설정, 문화층의 연대를 알아내기 위한 여러 연구자들의 노력이 있어 왔다. 그런데, 구석기시대 연구가 고고학의 한 분야이기는 하지만, 자연과학이라는 인식이 여전히 강하고, 새로운 석기연구방법론의 도입과 개발이라는 과제가 여전히 산적해 있다. 구석기인이 남긴 유물은 고고학자의 관찰을 기반으로 한 뒤에 주변학문과의 공동연구가 이루어지는 것이 바람직하다. 그렇게 하여야만 고고학에서 필요로 하는 연구주제와 연구방향을 설정할 수 있기 때문이다.

앞에서 지적한 석기연구의 기반을 강화하기 위해서는 연구자의 관찰이 그대로 표현되는 석기실측과 같은 기본적인 수련이 체계적으로 이루어져야만 한다. 우리나라 구석기연구는 유럽보다 거의 100년이나 늦게 시작되었다. 한반도에 실제 구석기시대 사람들이 존재했던 시간을 생각한다면, 아직 우리의 연구이력은 일천하기만 하며, 구석기인의 행위와 생활상을 복원하기 위해서는 더 많은 시간과 노력이 절실하다(글린대니엘(김정배) 1992). 우리나라 구석기연구의 재도약은 치밀한 관찰을 토대로 한 실측과 석기분석을 기반으로 한 보고서 표준화가 일차적으로 이루어져야 가능할 것이다. 현재 구석기보고서는 기관과 연구자에 따라 많은 편차가 존재하는 것이 사실이다.

고고학이란 이데올로기와 같은 추상적인 개념보다 '관찰 가능한' 것들에 대한 실물자료의 접근분석을 요구하는 학문이다. 고고학은 유물론적 입장에 서 있는 것이 사실이지만, '관찰가능하다'라는 실체적 의미를 주는 것(유물, 유구, 자연조건 등)들만으로서는 자료해석을 만족시킬 수 없기 때문에, '관찰 가능한'것들의 발굴 당시의 상황적 또는 문화적 맥락을 파악하여 자료들에 대한 정확한 의미를 추론하여야만 한다. 이를 통해 물질적 자료이외의 비물질적인 정황과 같은 다양한 요인이 함께 파악되어야만 한다.

있는 그대로의 형태(물질)만으로써 유물(석기)이 가진 사회적, 문화적, 기술적 맥락을 유추한다는 것은 무의미할 뿐만 아니라 불가능한 것일 수도 있다. 만약 석기(물질)에 의미를 부여하고자 한다면 그것이 지닌 사회적 의미 또는 배경을 알려고 하는 노력이 필요하다. 이것은 곧 석기자체의 의미와 더불어 석기를 제작하여 사용한 행위자도 의미를 지닌다는 말로 달리 표현해 두고 싶다.[1]

우리는 종종 석기를 비롯한 유물을 보면서 사람이 아닌 유물에 집착하여 해석하려는 경향이 있다. 유물의 이면에는 반드시 사람이 있고 그 사람을 이해하는 것이 고고학의 궁극적인 목적이라 생각한다.

따라서 그 행위자를 이해하려는 노력없이, 행위자가 살았던 사회적, 문화적 맥락을 이해하려는 노력없이는 전반적인 유물구성의 의미해석은 물론, 석기라는 도구를 이해했다고 말할 수 없다. 나아가 고고유물과 유구를 모두 파악했다고 얘기하기 어렵다.

인간의 생활이라는 것이 개체가 영위한 생명유지와 종족유지의 활동에 관한 총체이고, 생활은 곧 활동과 그것에 공반한 도구로 이루어진다(渡辺 仁 1996). 구석기시대 사람들의 일상생활 속에서 만들어지는 석기들은 너무나 평범하지만, 그 당시 생활상을 복원하는 데 있어 중요한 단서를 포괄하고 있다. 돌은 뿔이나 나무와 같은 유기물질과는 달리 질과 양적인 측면에서 양호하게 보존된다는 점에서 석기만큼 좋은 증명자료는 찾아보기 힘들다. 출토 자료가 부족해지는 시기가 올라가면 갈수록 더욱 그러하다.

---

[1] 대니얼(Daniel 1962)은 부분에 대해 유물이 인간정신의 산물이기는 하지만 문화의 물질과 비물질양상들과 일치하지는 않는다는 견해를 피력하였다.

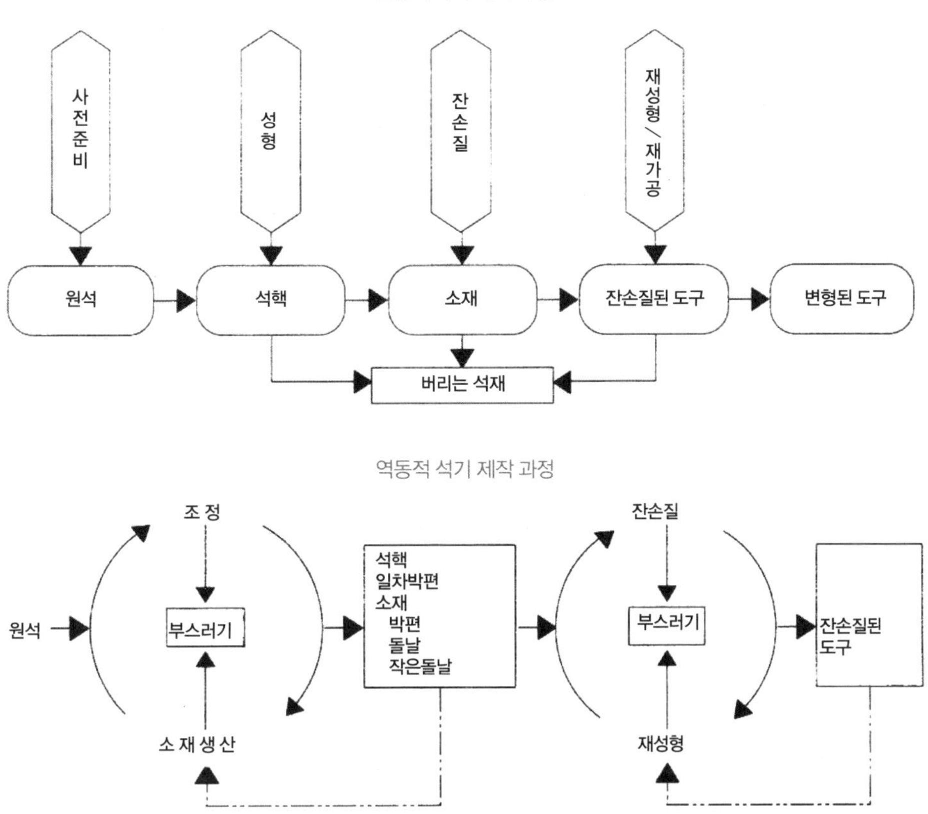

그림 1. 석기제작과정(앙드레 데베나스 · 해롤드 L. 디블(이선복 옮김) 2012)

하지만 석기를 있는 그대로 묘사하는 것은 "유물에 관한 객체적인 정보의 추출과 기술記述의 연구분야인 기술고고학descriptive archaeology"의 일이다(渡辺 仁 1996). 비록 유물분석은 철저히 하더라도 단순하게 보이는 정보만으로는 인간을 주체로 한 행동에 대한 이론연구에까지는 뻗어 나가지 못함에 주의해야 한다.

석기연구는 전통적인 어떤 사례보다도 인간행위의 본질에 관한 일반적인 논쟁에 더 많은 기본적인 역할을 충실히 해낼 수 있다(Hayden 1989). 이런 관점에서 고고학의 궁극적 목표인 사회적 복원과 행위복원의 추구에 도달하기 위해 우리는 석기(고고학적 유물)를 분석·연구하게 된다.

그러므로 석기연구의 목적은 인간행위의 산물인 석기라는 객체를 관찰하고 이론이 제공하는 방법을 사용하여 과거 인간이 살았던 행위를 주체적으로 해석전환하는 데 있다고 할 수 있다. 우리는 단순히 있는 그대로의 사실을 그대로 기술하고 설명하기 위해 유물을 관찰·분석한다기보다, 앞에서 말한 바와 같이 관찰되지 않는 사실을 해석하고, 과거의 인간행위를 복원하는 것을 주목적으로 하기 때문이다.

　유물이라는 고고 자료는 발견과 채집, 자료의 제작·사용·폐기라는 과정을 반드시 거치게 된다. 이러한 과정을 석기의 일생, 더 나아가서는 도구의 일생이라고 부르며, 석기제작패턴과 일맥상통하다고 할 수도 있다(藤本強 1994·1996). 이 과정에는 개인의 행위는 물론, 개인과 집단, 집단과 집단의 다양한 생활정보들이 내포되어 있고, 이런 행동을 유발시킨 원인을 규명하는 데 있어서 석기는 중요한 정보를 함축하고 있는 증거자료가 되는 것이다.

○ 구석기 편년의 고려사항

1) 유물의 형식분류
- 형태, 제작방식 등 기능에 대응하여 분류
- 사용에 의한 파손
- 재가공 여부 함께 검토(석기 변형 검토)

※ 형식: 形式(form)과 型式(type)
- 구석기시대의 특정 집단 또는 문화를 반영하는 통일된 제작기술과 모양으로 만들어 진 석기
- 유적 내에서 석기의 기술적인 유사성, 층위의 시간적, 공간적인 변화양상을 반영

※ 형식학적 편년의 전제조건
- 특정 형식의 유물이 특정 시기에 한정되어 나타남
- 유물 형식이 시간 변화에 맞춰 어떤 방향성을 가지고 변화함
- 유의점
  · 특징적 기법이 반드시 특정 시간에만 출현하지 않는 문제점
  · 소재가 돌이기 때문에 발생하는 우발 박리 등에 대한 반복성 유무 확인 필요
  · 분류를 위한 분류는 의미가 없음(해석이 뒷받침되어야만 함)
  ◆ 분류하였으나 왜 분류하였는가에 대한 목적 제시 필요
  ◆ 분류를 통한 고대 사회의 생활 유추와 변화양상을 고찰
  ◆ 석기가 어떻게 사용되었는가를 해명하는 자료 제시 필요

※ 형식학적 속성
- 형태(모양)
- 소재별 형식분류
  · 원석(자연돌), 석인, 세석인, 종장박편, 횡장박편, 잔손질(이차가공)의 수법
  · 잔손질 방법(위치, 방향, 모양, 기법)
  · 특정 도구를 만들기 위한 제작방법(주먹도끼, 새기개, 밀개, 슴베찌르개 등)
  · 소재제작을 위한 특수한 기술(석인기법, 세석인기법 등)

2) 구석기 제작기술의 비교

3) 유물조합상 비교

4) 출토층위의 비교(토양쐐기 활용)
- 토양색깔로만 유적 간의 층위를 비교하기는 사실상 불가능
- 기준 퇴적층의 부재. 보고자마다 다른 해석과 보고
- 최상부 토양쐐기(LSW층)의 활용은 중기구석기 말에서 후기 구석기시대에 적용 가능
- 접합석기를 활용한 문화층의 설정(서로 다른 지층이지만, 동일한 문화층 설정 가능)

5) 절대연대 비교(동일한 층에서 연대폭이 심한 경우 주의 필요)

6) 화산재 비교(AT: 2.6~2.9만 년 전 등, 지층으로 확인 안되고, 시료분석을 해야지만 확인 가능)

7) 해외 관련유적과의 제작기술 비교
- 전파나 전래 속도 차이 유의, 재지발생 가능성 검토

8) 유적 또는 유물 편년
- 유적마다 기초 자료에 차이가 있으므로 최대한 여러 자료를 서로 비교해 나가는 작업이 중요
- 구석기의 시간단위가 매우 길기 때문에 변화 시점을 찾는 게 관건

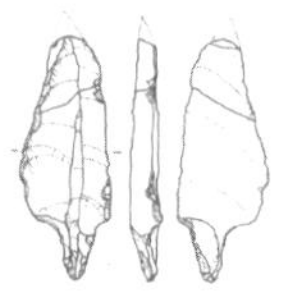

제2장
석기제작을 위한 역학원리와 박리방법

1. 박리의 역학원리와 석재

　지식과 행위의 체계 전달을 이해할 때에는 지식^{connaissances}과 노하우^{savoir-faires}를 구별하는 것이 중요함을 펠레그린(Pelegrin 1990)은 지적하였다. 석기제작기술과 역학적 관계를 비교·분석한 1972년의 포크너와 스페스의 연구는 석기를 이해하고, 선사인의 지식과 노하우를 이해하는 데 많은 도움을 주었으나, 사실 무형의 산물인 이것들을 밝혀내기란 쉽지 않다. 기술연구^{Technology}가 특정한 분야의 기술시스템과 사회·경제적 현상사이의 관계연구에 목적을 두고 있다는 점에서 이러한 연구는 중요한 의미를 가지고 있다.

　돌은 가열처리 등을 통해 박리를 용이하게 하는 방법이 존재하였지만, 돌을 이용하여 다른 돌을 목적에 맞게 떼어내는 행위는 그리 쉽게 발달하지 않았다. 즉 후기 구석기시대의 정형적인 석인을 생산하기까지는 도구가 출현한 뒤로 무려 200만 년 이상의 시간이 필요하였다. 이러한 발전은 암석이 가지는 고유한 성질이나 박리의 물리적 특성을 이해하는 것에서 출발하였으며, 오랜 시간의 시행착오를 거치면서 이룩한 것이다. 설사 구석기시대에 지금처럼 박리의 역학적 원리가 체계화되지는 않았겠지만, 그들 나름대로의 방식으로 이해하고 있었음은 현재 남아 있는 석기의 다양한 기법을 통해 접해볼 수 있다. 특히 집단 간 또는 개인 간의 제작기술의 차이는 주변에 산재하고 있던 암석의 특성과도 밀접한 관련이 있다. 다시 말해 제작기법이란 주변에 산재한 것이나 반입되어 온 석재의 물리적 특성을 잘 파악한 후 규칙적으로 박리하는 방법을 말한다. 그러나 우리나라에서는 석기연구를 하면서도 형식학에 치우친 나머지 지금까지 실험적 석기제작에 관한 연구성과와 역학원리에 근거해 석기를 파악하려는 시도가 잘 이루어지지 못했다. 본고에서는 석기제작을 위한 돌의 역학적 원리를 소개차원에서 살펴보고자 한다.

1) 역학원리

일상생활에서 흔히 경험하는 물체가 둘 이상으로 분리되는 파괴[fracture]라는 현상에 대해, 일반적으로는 어떠한 외적인 역학적 부하 아래에서 물체가 열적으로 비가역적 과정으로 새로운 파면을 형성하는 현상으로 정의된다. 또한 파괴와 비슷한 파손[failure]이란 용어는 부품 또는 부재가 소요의 기능[function]을 수행하지 못하게 되는 상태를 의미한다(송지호 1980). 결국 외적인 힘에 의한 형태 변경을 의미하는 것으로 이를 연구하는 학문에는 파괴역학[fracture mechanics]이 있고, 석기연구에서는 lithomechanics라고도 부른다.

구석기를 필두로 석기제작연구에 있어 물리학적인 지식이 사용되기 시작한 것은 스페스[Speth]와 포크너[Faulkner]의 연구가 시발점이 되었다.

일본의 경우에도 松澤亞生(1973, 1974, 1979 등), 小林博昭(1973, 1980, 1983 등)가 있다. 하지만, 우리나라는 석재의 화학적 성질을 이용한 경우는 있었지만, 아직 물리적 이론을 이용한 접근방식은 이루어지지 못하고 있다. 굿맨(Goodman 1944)은 석기에서 인간의 생활상을 고찰하기 위해서는 재료의 물리적 성질에 따른 제약을 가장 강조하였다. 크랩트리(Crabtree 1968)는 석인박리의 실험적 고찰을 위해 고속촬영을 시도하여 석기를 연구하기도 하였다. 커크호프와 뮐러 벡(Kerkhof and Müller-Beck 1969)는 석기 배면(박리면)의 벌브형태와 헤르츠의 원추를 역학적인 관점에서 검토하였다. 스페스(1972)는 타격에 의한 충격파에 의해 타점에서 점점 떨어지게 하는 파괴(박리)방법을 연구하였다. 이 방법은 스폴링 파괴모델로 불리고 있다.

2) 헤르츠의 원추(Hertzian cone)

원석에 타격을 가했을 때, 그 타격점의 바로 아래에 균열을 형성시키는 원추체이다. 석핵에서 박편을 떼는 것은 바로 균열원추의 원리를 이용한다. 이것은 원석의 가장자리를 수직으로 가격하면 원석의 내부 쪽으로 기울어지면서 균열이 확산되고 원석의 밖으로 타격힘이 빠지게 되면서 박편이 박리되는 원리이다. 1896년 헤르츠의 연구성과에 의해 헤르츠의 원추라고도 불린다. 1972년에는 스페스가 타격박리법의 이론적 연구를 발표하기도 하였다. 동일한 가격구를 사용하더라도 보다 비스듬하게, 보다 마찰을 크게 해서 가격하는 편이 좀 더 깊이, 덜 두드러지는 헤르츠의 원추가 생기면서 약한 벌브를 생성시킨다. 벌브는 헤르츠의 원추깊이 정도와 원추크기에도 관계가 있지만, 부하량에 따라서도 크게 변화한다.

그림 2는 눌러떼기에 의한 헤르츠 원추의 응력궤적을 나타낸 것으로 실제 박리되었을 때 박편의 배면에 형성된 동심원과 균열흔의

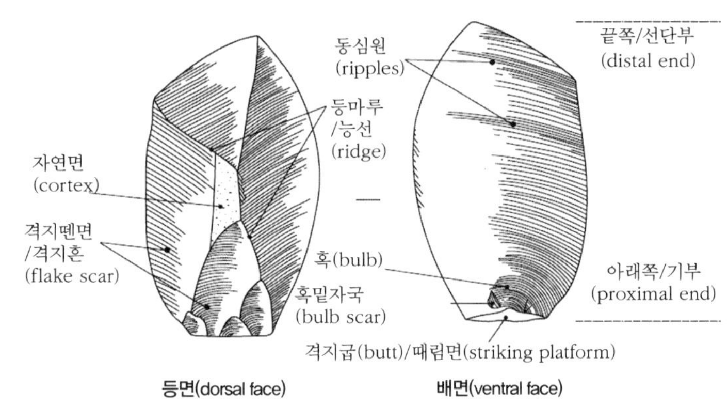

그림 1. 격지의 명칭(국립문화재연구소 2013)

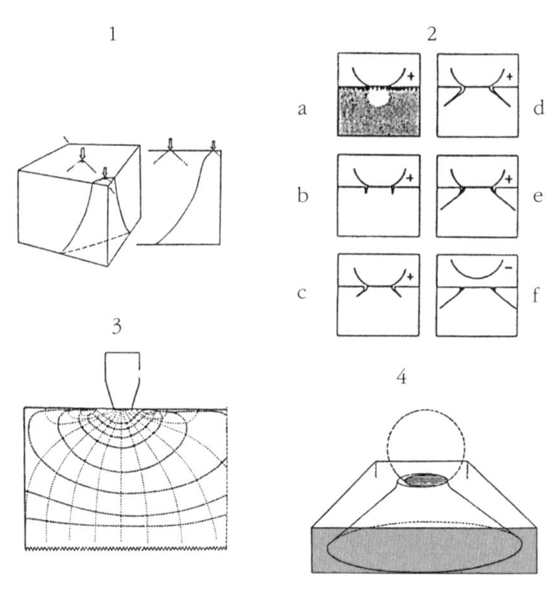

그림 2. 1. 헤르츠의 원추 2. 헤르츠형 원추파괴의 과정(Lawn and Marshall 1979) +부하상태 −부하가 없는 상태 a. 어두운 부분이 땡기는 응력의 과정을 나타낸다 b. 동심원, 균열의 형성 c~e.원추체의 형성 3. 헤르츠의 원추에 있어 응력궤적(Faulkner 1972) 4. 접촉원(누름도구)과 동심원, 균열의 관계(Faulkner 1972)

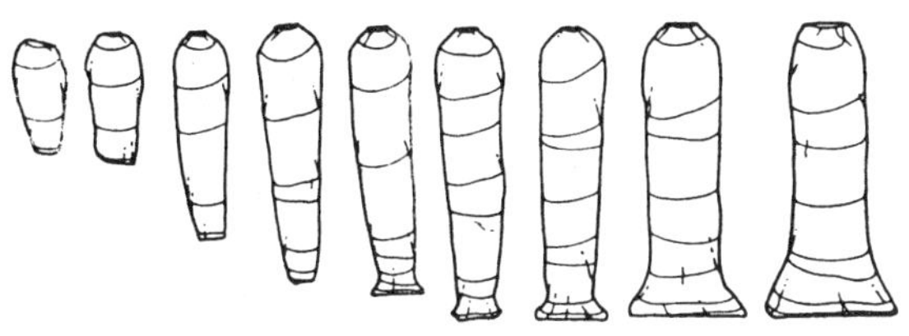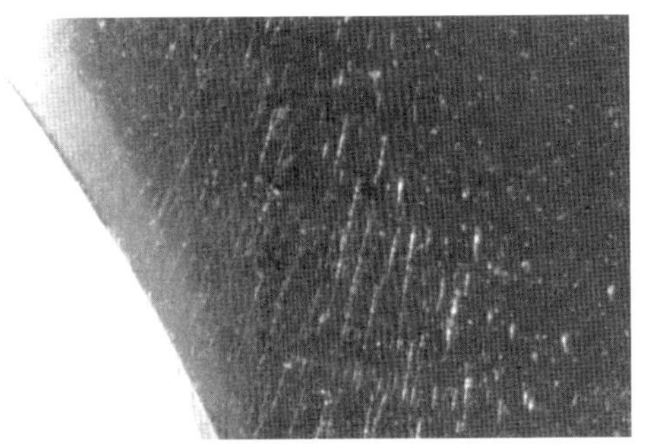

그림 3. 타점위치의 변화에 따른 말단부 변화　　　　　　그림 4. 균열흔

모습은 매우 유사하다. 타점 가까이에서는 타원형의 궤적을 그리던 것이 멀어질수록 급격히 직선화되어 가는 것을 볼 수 있는데, 석기관찰 때 자주 관찰되는 현상이다. 그리고 가격구의 접접지름에 따라서도 박리를 유발하는 힘이 변화하는데 이를 아우엘바하^{Auerbach}의 법칙이라고 부른다. 즉 동일한 박리를 하더라도 가격구의 지름이 좁으면 보다 큰 힘을 필요로 한다. 뾰족한 가격구가 망치돌보다는 더 많은 힘이 요구된다. 〈그림 3〉은 눌러떼기할 때 타면의 내측으로 들어가면서 박리를 진행시켰을 때 일어나는 현상을 그림으로 나타낸 것이다. 일정 시점부터는 말단부(아우트레파세)가 급격히 넓어지는 것을 확인할 수 있다. 이러한 현상은 타면 깊이와 말단부 형태의 상관관계를 이해하는 데 매우 유익하다.

3) 석기의 관찰과 역학원리

석기를 관찰하기까지는 우선 박편에 나타나는 여러 가지 특징들에 대한 역학원리를 이해하는 것이 석기를 이해하는데 큰 도움이 된다. 실측을 할 경우에도 이를 모르고서는 정확하게 석기를 이해했다고 할 수 없다. 우리나라 고고학교육에서 토기실측은 반드시 필수적인 실기코스에 들어가지만, 석기의 경우는 그러하지 못한 것 같다. 실측도를 그리려면 제대로 관찰하여 석기의 어디까지를 그리고, 어떠한 정보를 실측도에 담아 보고할 것인가에 대한 기본적인 접근방식에 대한 문제점을 제기하고자 한다. 석기의 균열흔과 동심원을 몇 번 보니 눈에 띄지 않는다고 박리흔 내부를 비워둔다거나, 박리흔의 선후관계에 대한 정보를 제대로 표현하지 않아

박리기술을 추정하는 것이 불가능한 것, 기본적으로 갖추어야 되는 그림이 전혀 그려져 있지 않는 점 등은 문양이 있는 토기에서 문양을 표현하지 않고 외곽선만 그려 보고하는 것과 전혀 다를 바 없다. 석기실측은 어렵지만, 이것을 배우는 주요 목적은 석기를 관찰하는 방법을 습득하는 가장 좋은 훈련법이기 때문이다. 보고서를 작성하기 위해 실측하는 것은 연구의 부차적인 수단일 뿐이다.

특히 동심원^{ripples}과 그것과 직교하여 나타나는 균열흔^{fissures 또는 hackles}의 생성원리를 염두해 두어야 한다. 사실 석기를 관찰해보면, 동심원보다 균열흔을 찾는 것이 좀 더 쉽기는 하지만, 석영계 석기의 경우는 둘 다 찾기 어려운 경우가 많다. 동심원과 균열흔의 발생 기점은 타격이 가해진 지점인 타점이라는 것을 반드시 기억해 두어야 한다. 호숫가에서 돌을 던졌을 때 돌이 떨어진 지점이 타점이라고 가정하면 퍼져나가는 현상은 동심원으로 비유할 수 있다. 특별한 장애물이 없다면 일정한 간격으로 확산되어 감을 알 수 있으며 원의 크기에 따라 타점과 동심원이 얼마만큼 떨어져 있는가도 계산이 가능하다.

균열흔의 경우에도 향하는 방향이 타점을 향하고 있어 타격방향을 찾는 데 매우 유익한 정보를 제공해 준다. 석기를 관찰할 때 동심원과 균열흔의 방향만을 제대로 일치시켜 이해할 수 있다면 타점이 이차조정으로 인해 없어지더라도 동심원의 크기를 통해 거꾸로 추측할 수 있다.

또한 먼저 생성된 동심원과 균열흔은 나중에 생긴 박리선에 의해 끊기게 되므로 박리의 선후관계를 파악하는 데도 유익하다. 만약 이러한 정보가 도면 속에 포함되지 않는다면 석기를 관찰한 실측도라고 할 수 없다. 이것이 석기실측을 다른 실측보다 어렵다고 생각하게 하는 주된 이유이다. 사실 암질에 따라서는 균열흔 보다 동심원을 찾기가 더 어려운 경우도 있어 충분한 시간을 가지고 관찰하는 자세가 필요하다.

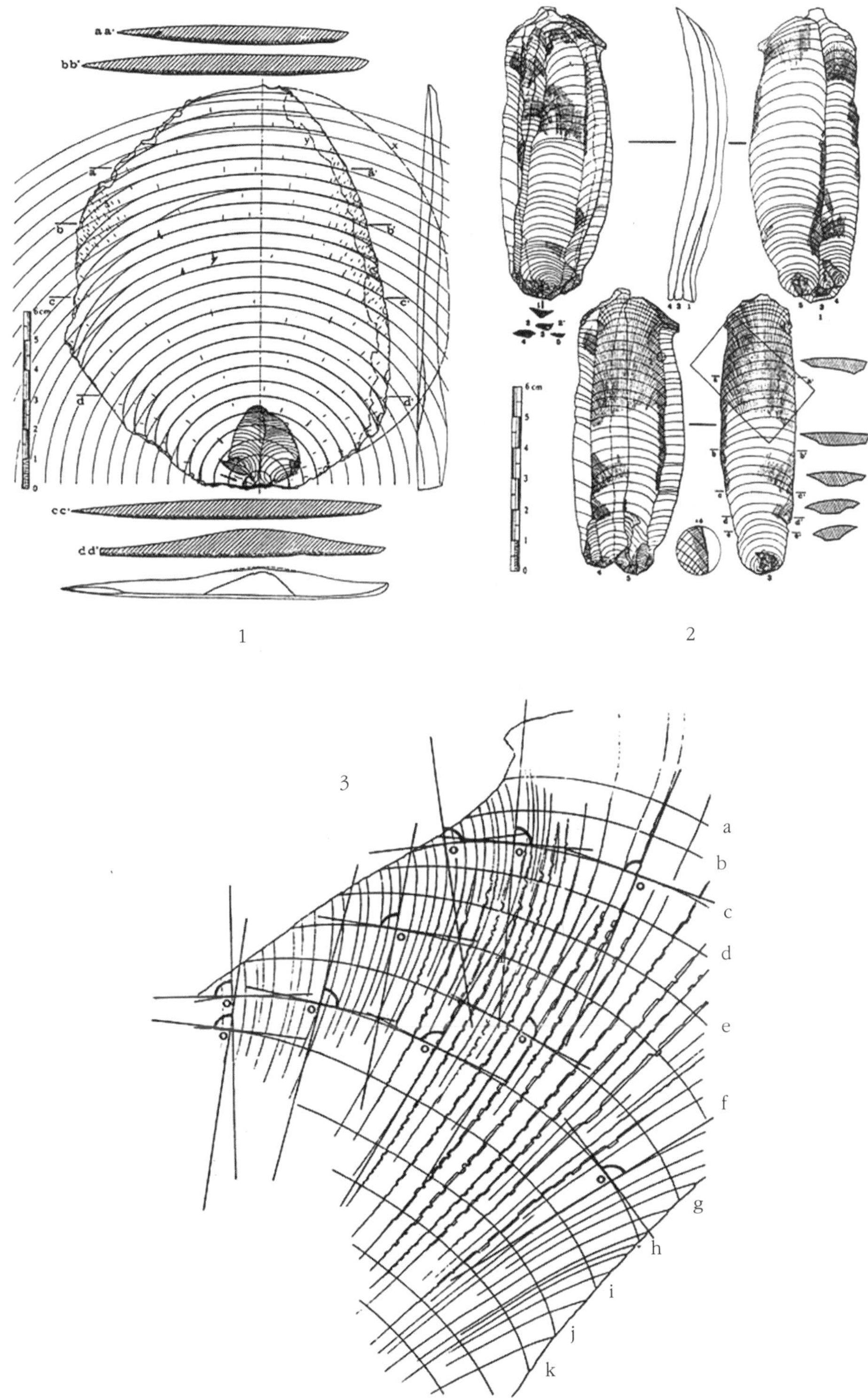

그림 5–1. 동심원과 균열흔(Dauvois 1976). 동심원과 균열흔은 타점에서 시작된 것이다.

4) 석재

　석기의 재료가 되는 석재(돌)에는 다음과 같은 물리적 특성을 가지고 있다. Homogeneous(균질)·Isotropic(등방성)·hard and Inert(굳으면서 비활성)·Rigid(단단한)·Elastic(탄성) 등의 성질을 가지고 있다. 그 중에서 역학적 원리를 이해하는 데는 등방성의 성질을 아는 것이 중요하다. 물체 내에서 역학적 성질이 모든 방향에 대해서 동일한 것을 말한다.

　따라서 가장 좋은 석재는 균질등방성을 가지고 있는 것이다. 〈표 1〉과 〈표 2〉는 박리적합성 및 원석의 박리용이도를 나타낸 것이다. 〈표 1〉은 경질망치를 이용한 양면가공석기에 적합한 석재를 비롯하여 연질망치나 눌러떼기에 의한 석인박리에 좋은 석재, 가열처리를 하면 더욱 효과적인 석재 등에 대한 실험결과이다. 〈표 1〉에서도 알 수 있듯이 가장 유용하게 쓰이는 재료는 흑요석과 프린트임을 알 수 있다. 〈표 2〉는 작업용이도에 따라서 석재를 나열한 것인데, 우연의 일치일지 모르지만 강한 경도를 지닌 석재를 이용하는 것이 주로 이른 시기이다. 강도가 약하고 유리질의 성격을 띤 석재를 주로 많이 활용하는 것은 늦은 시기이다. 구석기시대 초기의 석기는 강도를 중요시 한 반면, 후기가 되면서 강도보다는 날카로움을 선택했다. 박리의 용이함을 고려하면서, 다른 도구와의 결합성 내지는 다른 도구로의 전환이 쉬운 석재를 선호하였다.

	양면가공석기 경질망치타격	석인 연질망치타격	석인 눌러떼기	평행이차가공 눌러떼기	가열처리 효과
흑요석(obsidian)(아메리카, 일본, 아이슬랜드, 이탈리아, 터키, 그리스, 케냐, 에디오피아, 멕시코, 콰테말라, 에쿠아도르)	++	++	++	++	−
이그님브라이트(ignimbrite)(미국)	++	+	+	++	−
레지나이트(resinite)(프랑스)	+	+		+	−
수정·자수정(quartz crystal, amethyst)(프랑스, 브라질)	++			+	−
반투명 프린트(translucent flint)(프랑스, 영국, 벨기에, 덴마크, 모로코, 알제리, 튀니지, 세네갈, 레바논, 카타르)	++	++	+	++	++
불투명 프린트(opaque flint)(유럽 각국, 아프리카, 서아시아, 남북 아메리카)	+	++		+	++
옥수(玉髓 chalcedony)(프랑스, 그리스, 아메리카)	++	++	+	+	++
벽옥(jasper)(프랑스, 그리스, 미국)	++	++		++	−
리디아石(Lydianstone)(알제리)	++			++	++
오파라이트(opalite)(프랑스)	++	++		++	++
마노(瑪瑙 agate)(이집트, 남아프리카)	+		+	+	−
녹색 석영안산암(green dacite)(니제르)	++	++		+	−
규화목(硅化木 silicified wood)(아메리카, 알제리, 나이지리아)	+	+		−	++
현무암(basalt)(프랑, 아메리카, 브라질, 케냐)	+	−		+	
사누카이트(안산암 sanukite ; andesite)(일본)	++	−		+	
쿼자이트·사암(quarzite·sandstone)(프랑스, 아메리카, 알제리)	++	+		+	
규화사암(silisified arenite)(브라질)					
유문암(rhyolite)(알제리)	+	+		−	
규질석회암(silicious limestone)(프랑스, 아메리카)	+	+			−
노바큐라이트(novaculite)(아메리카)	+			−	++

실험: ++ 매우 적합 + 상당히 적합 − 적합치 못함 무표시 실험 안 함 가열처리
　　 ++ 매우 효과적 + 상당히 효과적 − 효과 없음 무표시 실험 안 함

표 2. 작업용이도에 따른 석재의 등급(Callahan 1979)

효과적인 도구의 한계			등급		재질
연질망치돌	눌러떼기 도구	녹각막대기	나무로 된 막대기	연약한 (Soft)	5	얼음, 다소 딱딱한 캔디 조금 차가운 아스팔트
				깨지기 쉬운 (Brittle)	1.0	좋은 흑요석, 유리
					1.5	거친 흑요석
					2.0	가열처리된 고운 프린트와 쳐트
					2.5	매우 고운 현무암과 유문암
				강한 (Strong)	3.0	고운 프린트와 쳐트
					3.5	대부분의 돌 : 보통의 쳐트, 프린트, 옥수, 벽옥, 석화된 나무
			나무로 된 막대기		4.0	보다 조악한 쳐트, 고운 석영맥암, 도자기, 석영 크리스탈, 마노, 벽옥, 실트암, 규산질 대리석
				거친 (Tough)	4.5	일부 석영맥암과 유문암, 규질 점토암
					5.0	거친 석영맥암, 거친 유문암, 대부분의 현무암

2. 박리방법의 종류

1) 직접타격(Direct percussion)

돌에서 무언가를 떼고자 할 때 돌을 이용해 박리하는 방법은 인류가 도구를 사용하면서부터 이용해 온 가장 오래된 수단 중의 하나이다. 〈그림 6〉은 10살 된 보노보인 칸지가 도구를 만들고 있는 장면으로, 반드시 인류만이 도구를 제작하는 것은 아님을 잘 알 수 있다. 물론 동물들은 복합적인 도구를 제작할 수 있는 능력은 없다. 〈그림 7〉은 뉴기니아 원주민이 주먹도끼와 유사한 까귀를 만들고 있는 모습이다. 〈그림 8〉은 뉴기니아의 석기전문가들이 석기를 제작하고 있는 모습이다. 석기전문 제작자들로 보이는 이들이 줄지어서 박리하는 광경이 이채롭다. 이런 광경은 직접타격의 모습을 가장 보여주는 것들이며, 이처럼 직접타격은 석기제작의 가장 기본적인 제작방법이다.

그림 6. 보노보 칸지가 석기를 제작하는 모습(Schick and Toth 1993)

그림 7. 까뀌를 만들고 있는 뉴기니아 원주민(Schick and Toth 1993)

그림 8. 뉴기니아 원주민들의 석기 제작모습(Schick and Toth 1993)

(1) 박리도구

박리하는 가장 간단한 방법은 큰 돌이나 바위에 돌을 집어 던져서 깨는 것이다block on block technique. 하지만 보다 정교하게 돌을 박리하기 위해서는 적당한 크기의 망치돌hammer이 필요하다. 〈그림 9〉와 〈그림 10〉을 보면 다양한 종류의 망치돌이 석기제작에 사용된다. 망치돌의 재질과 종류는 제작공정에 따라 바뀌며 작업자의 능숙도에 따라서도 달라질 수 있

그림 9. 각종 망치돌(Whittaker 1994)

다. 망치돌의 소재는 소위 돌을 소재로 한 단단한 망치라고 부르는 경질망치hard hammer와 뼈·녹각·뿔을 소재로 한 무른 망치라고 부르는 연질망치soft hammer가 있다. 일반적으로 망치돌은 깨고자 하는 석핵보다는 조금 가벼운 것을 선택하는 편이 좋다. 망치돌은 박편의 크기를 좌우하므로 유의해야 한다. 또한 〈그림 11〉처럼

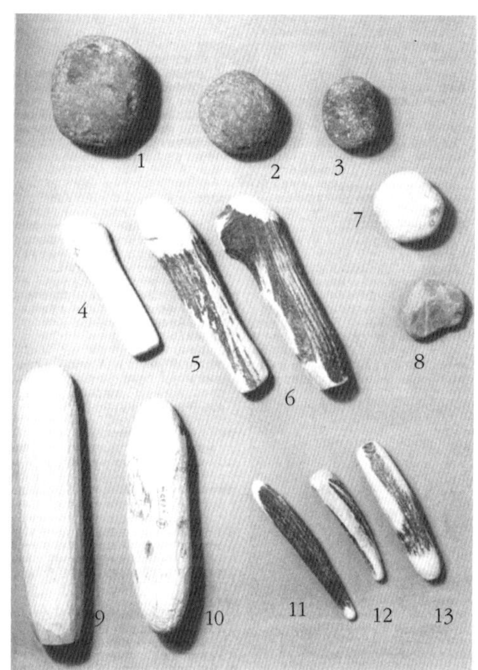

그림 10. 타제석기 제작을 위한 각종 망치(1~3 · 7 · 8: 돌, 4 ~6: 녹각, 9 · 10: 나무, 11~13: 녹각제 펀치, Inizan 외 1992)

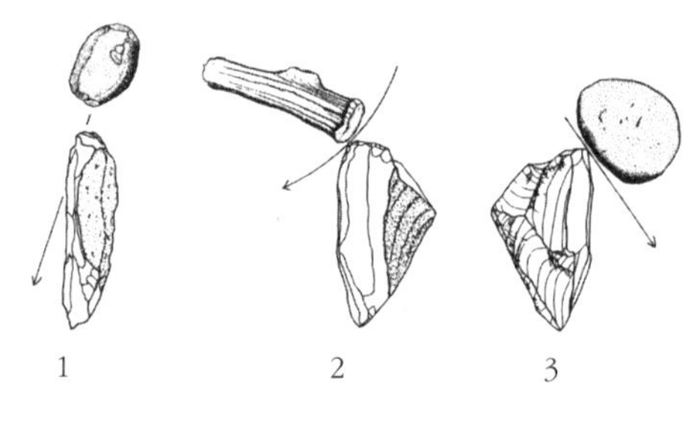

그림 11. 1.경질망치 2.녹각제 망치에 의한 타격 3.무른 돌을 이용한 타격(大沼克彦 2002)

경질망치와 연질망치는 타격 때의 모습에서 차이가 나므로 정확한 박리를 하기 위해서는 세심한 주의가 필요하다.

경질硬質망치를 이용한 제작기법은 인류가 발명한 최초의 석기제작기법이었음에 틀림없다. 2백만 년이나 넘게 돌을 이용한 타격방법은 유일한 석기제작방법이었다. 이것은 구석기시대에 타제석기가 제작되던 기간에는 단단한 돌을 깨트리기 위한 거의 유일한 방법이었다. 박리방법이 단순하고 유사점이 많을수록 기법에 따른 편년작업이 어려운 단점이 있다. 경질망치의 형태는 〈그림 10〉처럼 둥글면서 납작한 원반형·가늘고 긴 자루형·소형의 둥근 자갈돌을 이용한 원형·타원형 등 다양하다.

망치돌의 크기에 따라 박리되는 박편의 크기도 달라지므로 목적에 맞게 선택되어야만 좋은 박편을 획득할 수 있다. 석기를 실험·복원하는 전문가인 휘태커(Whittaker 1994)는 세 종류의 망치돌을 이용하고 있다. 작은 크기로 100~200그램을 지닌 것은 소형의 석핵이나 양면석기의 초기 제작단계 때 이용한다. 중간 크기인 250~500그램의 것은 석인을 생산하거나 찌르개를 만들기 위한 좀 더 큰 크기의 박편을 박리할 때 이용한다. 가장 큰 망치돌인 600~1,000그램의 것은 정말로 큰 석핵에서 대형 박편을 뗄 때 사용하고 있다.

망치돌로 사용하는 석재는 둥근 형태를 지니며 손에 쥐었을 때 불편함이 없도록 매끈매끈한 면을 지닌 것이 좋다. 강가에서 쉽게 채집할 수 있는 자갈돌이 가장 적합하다. 경질사암·매끈한 원석면을 지닌 석영맥암류 등이 이용된다. 특히 망치돌이 목표지점을 정확히 가격할 수 있는 명확한 끝을 지닌 것도 또 다른 선택의 기준이 될 수 있다. 이런 까닭에 망치돌에는 특유의 불규칙적인 홈이 집중적으로 확인된다. 가격을 정확하게 하지 못하거나 작업이 서툰 사람은 망치돌을 깨뜨리는 경우가 많다. 능숙한 작업자일수록 상황에 맞게 힘을 조절하거나 망치돌을 교체하여 사용하므로 깨뜨리는 사례가 적다.

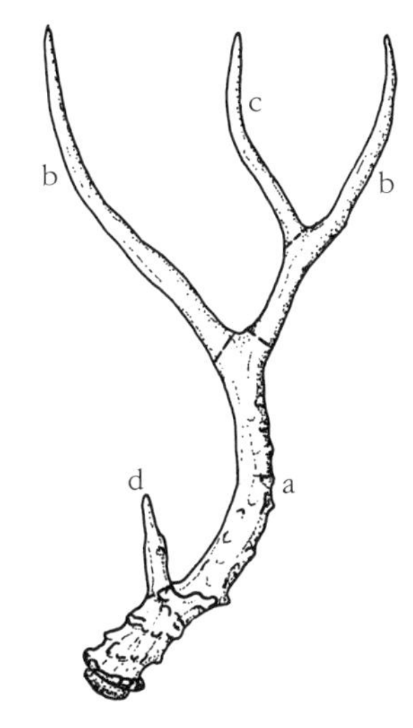

그림 12. 망치로 이용되는 녹각
a.중간크기의 망치, b.미세망치 또는 가벼운 망치,
c.작은 누름도구, d.폐기(Whittaker 1994)

　우리나라의 경우 중기 이전에는 석영계의 암석을 이용한 망치돌이, 후기에는 사암을 이용한 망치돌이 많이 이용되는 경향이 있다. 아직은 어떤 형태의 망치돌이 어떤 과정에 사용되었는지에 관해서는 구체적으로 연구되지는 않았다. 박리하고자 하는 석핵의 크기와 석기의 정교성 등을 감안하면 반드시 하나의 박리과정에 한 종류의 망치가 이용되었다기보다는, 단계마다 적합한 망치돌을 취사선택해 이용했던 것으로 추정된다. 또한 망치돌은 견과류를 부수거나 곡식을 찧는 데도 사용되었을 것으로 생각된다. 경질망치를 이용한 타격은 박편생산을 비롯해 도구의 잔손질, 박리 전의 예비소재^{blank}의 생산, 주먹도끼·찍개와 같은 석핵석기의 제작에도 이용되었다. 경질망치는 정교한 도구를 제작하는 출발점일 수 있다.

　연질망치$^{軟質망치, soft hammer}$는 경질망치와는 달리, 망치의 소재가 나무·녹각·뼈·상아 등을 이용하여 박리하는 것이다. 지금으로부터 70만 년 전 아프리카에서 출현했던 것으로 추정하고 있다. 소프트^{soft}라는 개념은 하드^{hard}보다 약하다는 개념으로 돌보다는 탄성을 지니고 있다는 의미이다. 〈그림 10〉의 4~6은 녹각망치이며 9·10은 직접타격이나 간접타격에 사용하기 위한 나무로 만들어진 망치이다. 휘태커(1994:178~217)에 따르면 양면조정석기^{biface}를 만드는 데 가장 적합한 도구는

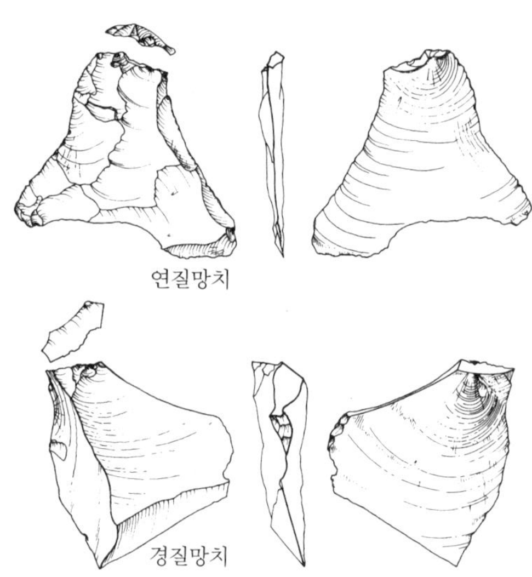

연질망치

경질망치

그림 13. 연질망치와 경질망치를 이용해 떨어진 박편의 모습

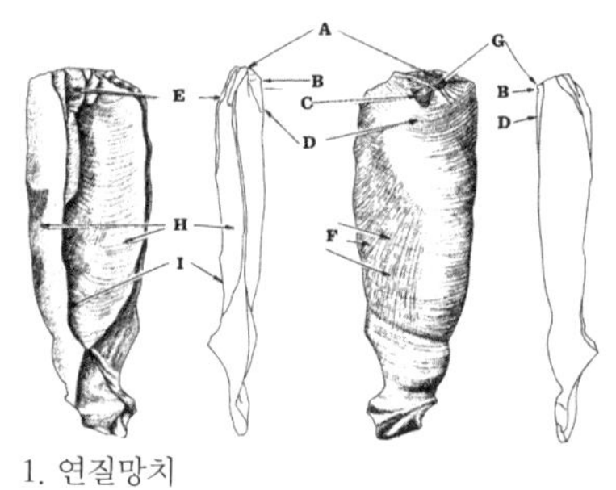

1. 연질망치

2. 경질망치

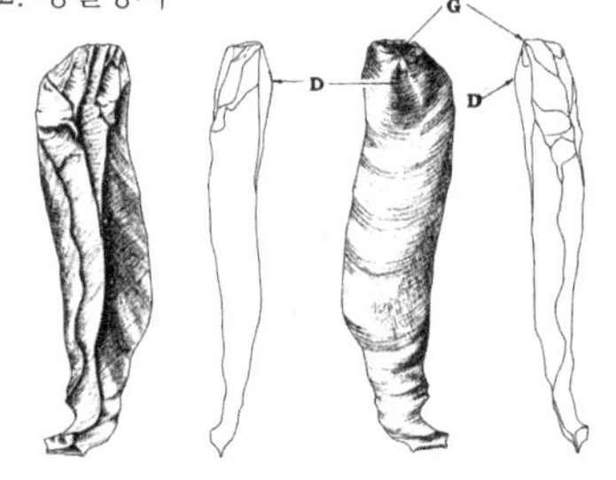

그림 14. 1. 연질망치를 이용한 석인: a.타면 b.입술립 c.벌브스카(Eraillure) d.혹, 약한 벌브 e.박리 후의 타면조정, 오른쪽배면: f.균열흔(fissures, hackles), g.타점접촉지점, 왼쪽등면: h.이전의 석인박리흔, I.박리선
2. 경질망치를 이용한 석인: d.두드러진 혹벌브, g.조금 부서진 타면립의 부재(Crabtree 1972)

소위 막대기^{billet} · 봉^{baton} · 타격도구^{percussor}로 불리는 돌 이외의 다양한 재질의 연질망치이다. 이것들은 매우 이른 시기인 아슐리안 단계의 주먹도끼를 제작 때부터 사용되기 시작하였다. 연질망치의 적합한 소재는 다른 동물의 뿔보다 타격하기에 용이한 크기를 지닌 사슴뿔과 더불어 그것보다는 경도가 떨어져 빨리 닳아져 버리기는 하지만 단단한 나무막대가 좋다. 경질망치와 마찬가지로 제작하고자 하는 석기 크기에 따라 사용되는 망치도 달라진다. 〈그림 12〉는 사슴뿔을 이용해 연질망치와 누름도구를 제작하는 부위를 나타낸 것으로 하나의 사슴뿔에서 여러 종류의 망치를 얻을 수 있다.

연질망치를 이용한 박리의 특징은 〈그림 13〉에서 보듯이 경질망치와 비교해 박리된 박편의 두께와 벌브에서 차이가 나타난다. 연질망치를 이용한 경우에는 박편의 두께가 얇으면서 벌브가 그리 발달하지 않는 대신에 박편의 타면 안쪽으로 립^{lip}이 형성된다(그림 14, Crabtree 1972:44). 그리고 박리면이 얇으면서 편평하고 명확해 넓은 면적을 박리하더라도 벌브가 발달하지 않아 도구에 깊이 패이지 않아 조정이

용이하다.

그러나 우리나라 한탄강 주변을 중심으로 전곡리, 원당리, 주월리, 금파리 등에서 출토되는 주먹도끼도 비록 단단한 석재로 제작하였지만, 외국의 주먹도끼와 같이 연질망치를 이용해 석기를 성형했을 가능성도 배제할 수는 없다. 그 이유는 석핵에 있어 박리면의 타점부위의 벌브가 깊게 들어가 있지 않고 가장자리도 치밀하게 조정된 흔적이 남아 있기 때문이다. 만약 경질망치와 연질망치가 동일한 크기라면 연질망치가 좀 더 많은 타격힘을 필요로 한다. 경질망치는 석핵에서 박편을 박리할 때 유용하고 연질망치는 양면석기를 제작할 때 효과적이다. 결과적으로 석기와 석재의 종류, 제작자의 의도에 맞춰 망치돌은 결정된다.

(2) 박리방법

박리를 시작할 때는 다음과 같은 사항을 주의할 필요가 있다. 적합한 석재를 선택하였는가, 적절한 망치돌을 선정하였는가, 박리하기에 편안한 자세인가, 석핵의 위치와 타격목표가 분명한가, 90도 이하로 타격이 가능한가, 타격의 힘조절하는데는 무리가 없는지 등이다. 명심할 것은 박편 크기를 결정하는 것은 타면의 각도와 넓이, 석핵의 표면상태라는 점이다(Whittaker 1994). 박리방법은 망치돌과 박리되는 소재(원석, 석핵 등)를 어떤 방식으로 박리하는가로 구별할 수 있다.

① 손에 망치돌과 석재를 동시에 쥐고 박리(그림 15-1·2)

두 손을 모두 박리에 이용하는 방법으로 한 손에는 망치돌, 다른 한 손에는 박리되는 석핵이나 석기를 쥐게 된다. 망치돌이 경질이나 연질이냐의 차이도 있겠지만, 기본적으로 박리하는 자세는 다르지 않다. 많은 석기실험연구자들이 부상을 막기 위해 가죽을 이용한 장갑이나 천을 이용하기도 한다. 하지만, 〈그림 7〉과 〈그림 8〉처럼 직접타격을 하면서도 어떠한 보호장구를 사용하고 있지는 않다. 따라서 실제 구석기인들이 석기를 제작하면서 이러한 보호장구를 이용하였는지는 명확하게는 알 수 없으며, 사용하지 않고서도 석기제작은 가능하였다. 그리고 석재를 단단하게 고정하기 위해 다리 옆에 붙인 뒤 박리하는 방법도 있다.

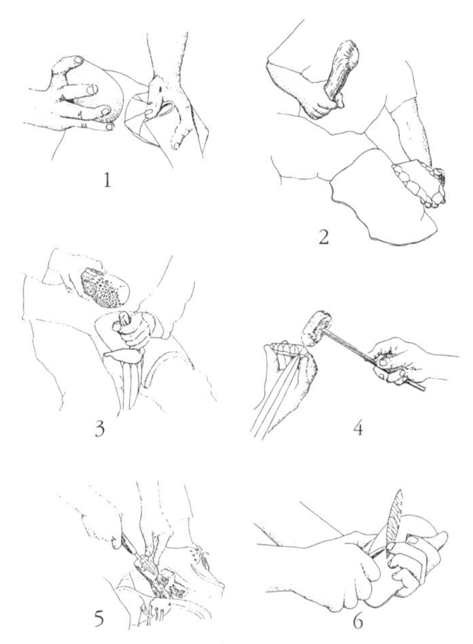

그림 15. 각종 타격방법
1. 경질망치에 의한 직접떼기 2. 연질망치를 이용한 직접떼기 3. 펀치 등을 이용한 간접떼기 4. 카운터블로우에 의한 간접떼기 5. 세석인박리를 위한 눌러떼기 6. 석촉과 찌르개 제작을 위한 눌러떼기(Inizan 외 1999)

그림 16. 석재를 바닥에 두고 두 손에 망치돌을 쥐고 박리하는 뉴기니아 원주민(Schick and Toth 1993)

② 손에 망치돌을 쥐고 석재를 바닥에 둔 채 박리

〈그림 16〉은 뉴기니아의 원주민이 대형의 원석에서 박편을 채취하는 모습이다. 무거운 석재를 그대로 둔 채 대형의 망치돌을 두 손으로 강하게 내리치는 모습이 아주 인상적이다. 특별한 도구를 만들기 위한 것이라기보다는 운반가능할 만큼의 석재를 채취하는 것이 목적으로, 박리는 불규칙적으로 이루어진다. 얻고자 하는 것이 손에 쥔 망치돌이 아니라 깨진 석재라는 점에서 대석떼기와는 차이가 있다. 대석떼기는 원하는 석재를 바닥의 큰 돌에 내리쳐 깨는 것으로 얻고자 하는 주체와 객체가 상반관계에 있다.

③ 대석떼기(anvil technique)

영국의 클락톤유적에서 처음 보고되어 클락톤기법이라고도 부른다. 〈그림 17-1〉에서 보듯이 떼고자 하는 주체가 바뀌었음을 알 수 있다. 대부분의 박리는 망치돌을 손에 쥐고 내리쳐 부산물을 획득하는 방식이었으나, 이 방식은 망치돌로 생각할 수 있는 대형 원석을 선택한 뒤 떼고자 하는 석재를 대석에

부딪쳐서 박편을 얻는 방법이다. 주로 대형 석재에서 박편을 생산하고자 할 때 이

용하는 방식이지만, 망치돌을 이용해 박리하는 것보다는 박리의 규칙성이나 박편의 크기가 고르지 못하다. 이 기법으로 얻은 박편의 특징은 대형 타면, 넓은 박리각(105도 이상), 명료한 동심원, 확산된 타뉴 등이다.

④ 양극떼기(bi-polar technique)

이 기법을 이용하기 위해서는 망치돌, 석재, 대석(망치돌로 생각할 수 있음)이 필요하다. 대석 위에 석재를 올려놓고 타격을 가하면 위에서 가해진 힘이 대석에서 반작용을 일으켜 양방향에서 가격한 것과 같은 효과를 가져오게 된다. 특히 작은 자갈돌을 깰 때 매우 효과적인 방법이다. 하지만 부서진 석재의 양끝에 벌브의 형성이 명확하지 않은 경우가 많다. 크랩트리(1972)의 실험연구에 따르면 양극떼기로 떼어낸 석인에서 힘이 가해진 양끝에서 벌브를 찾기 힘들었음을 지적하고 있다. 또한 대석에 지탱해 석인을 박리할 경우에는 손에 쥐고 박리작업을 했을 때보다 보다 편평하게 뗄 수 있다고 한다. 그러나 사실 불규칙적인 형태를 지닌 석핵을 이 기법으로 떼기는 무척 힘들다는 주장도 있다(Sollberger and Patterson 1976). 원석이 부서져 버리는 단점도 가지고 있다. 작업자의 부상위험도 높다. 부상을 방지하기 위해 손으로 고정시키기 보다는 나뭇가지로 고정시킨 뒤 박리하는 방법도 생각해 볼 수 있다.

실제 우리나라의 구석기유물 중에서 이러한 흔적을 찾아내기란 쉽지 않다. 우발적인 박리와도 구분할 수 있는 객관적인 근거는 부족한 실정이다. 다만 규칙적인 석기를 제작하는 데는 널리 이용되지 않았을 것이다.

⑤ 던지기

지구상에 가장 먼저 등장한 도구제작방법의 하나이다. 그와 동시에 인류에게 석기제작에 대한 아이디어를 제공했을 가능성이 가장 높은 박리방법이다. 깨고자 하는 돌을 대석이나 큰 돌에 집어 던져서 깨는 방식이다. 특별한 목적박편을 의식해 깨기보다는 단순한 박편획득을 목적으로 사용되었던 방법이다. 오스트레일리아 원주민은 현재까지도 이 방식을 이용하여 박리하고 있는 것으로 알려져 있다. 하지

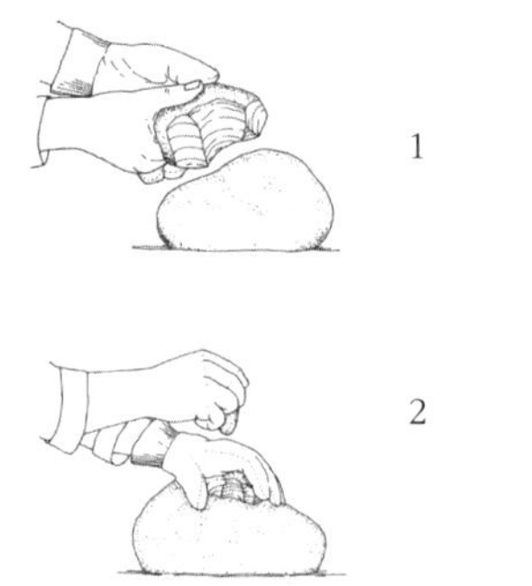

그림 17. 1. 대석을 이용한 직접타격 2. 대석위에 올려놓고 때는 직접타격

그림 18. 던지기에 의한 직접떼기(Schick and Toth 1993)

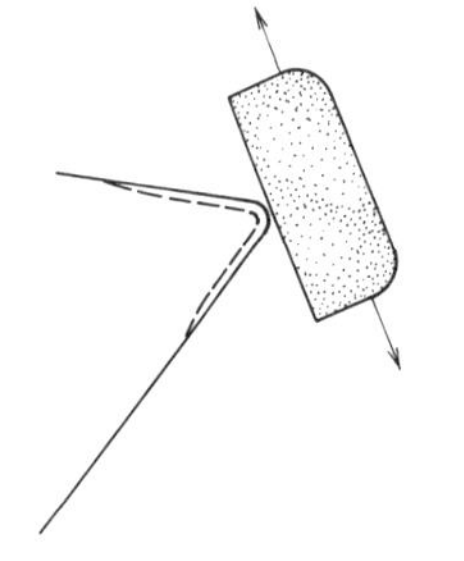

그림 19. 타면조정을 위한 문지르기(Whittaker 1994)

만 모서리를 가진 원석이나 석핵을 던졌을 때는 박리를 예측할 수 없을 뿐만 아니라 던진 사람도 매우 위험해 질 수 있어 조심해야만 한다.

(3) 타격의 보조기법

직접타격 때 생기는 몇 가지 단점을 보완하는 기법이 있는데 문지르기^{rubbing}와 타면 돌출부분 다듬기^{triming, 두부조정}[1]이다. 이런 기법은 박리 후 생기는 돌출부위^{overhang}가 과도해 다음 박리의 진행을 어렵게 할 경우에 시행되는 조정기법이다. 〈그림 19〉는 석핵의 타면 부위를 망치돌로 문질러 조정하는 모습이다. 타면부 다듬기의 〈그림 20〉은 심하게 돌출된 부위를 다듬어서 목표지점을 분명하게 할 때 사용되는 기법이다. 우리나라 후기 구석기시대 유물 중 수양개나 고례리의 석인에 이런 흔적들을 발견할 수 있다.

(4) 박리 때 타각의 중요성

〈그림 21〉은 타면의 각도와 박리와의 관계를 나타낸 것이다. a의 90도 미만일 때 적절한 크기로 박리가 가능하지만, b처럼 90도가 되면 계단상 박리 등이 생겨 제대로 된 박편을 생산하기가 힘들어진다. c와 d는 100도 이상으로 사실상 박리라고 하기보다는 석핵에 망치돌 자국이 찍혀버린다.

---

1 일본에서는 두부조정(頭部調整)이라고 부르기도 한다.

아울러 〈그림 21-1〉은 타면의 각도와 박편의 길이 관계를 나타낸 것이다. 90도에 가까워지면서 박편의 길이가 길어진다. 길이가 긴 석인을 획득하려면 80도에서 90도 이내로 박리하는 것이 적합하다.

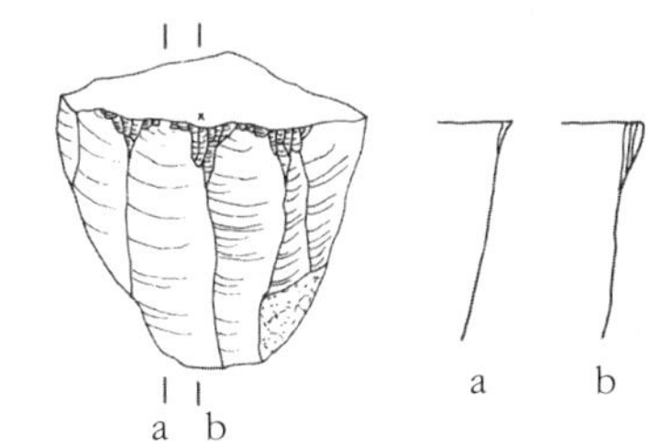

그림 20. 타면조정을 위한 다듬기(Whittaker 1994)

2) 간접타격(Indirect percussion)

(1) 간접타격의 존재여부

간접타격은 나무와 녹각·뼈·금속 등의 중간 매개체인 망치 또는 쐐기를 이용한 기법인 것이다. 그러나 미국의 소수민족이 펀치를 이용해 석기를 뗀다는 민족지기록이 있지만, 후기 구석기시대에서 조차 실제 사용유무에 대해서는 아직도 명확히 밝혀지지 못하고 있다. 뉴커머(Newcomer 1975)도 유물로서 망치의 출토 예가 보이지 않기 때문에 구석기시대에 있어서 간접타격기법의 존재에 대해서 회의적인 의견을 나타내고 있다. 반대로 펠레그린[Pelegrin]은 실험제작에 따른 경험적인 관점에서 그

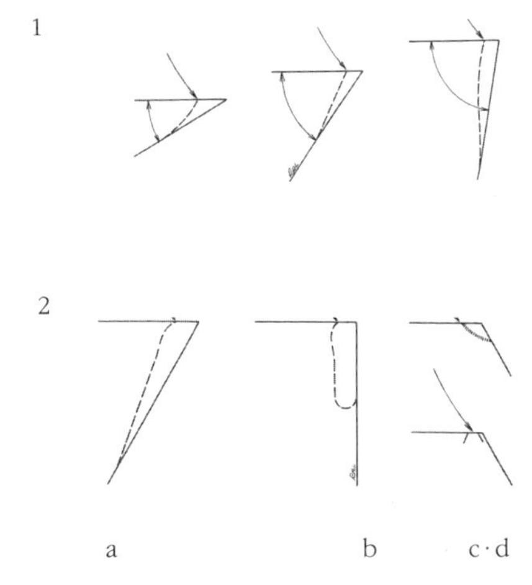

그림 21. 1 : 타각에 따른 박편 길이의 변화
2 : a. 90도 이하 b. 90도 c · d. 90도 이상 (Whittaker 1994)

존재에 대해서 긍정적인 의견을 피력하였다. 또한 간접타격을 직접타격에서 눌러떼기의 이행과정으로 보는 연구자도 있다. 현재까지는 고고유물 중에서는 펀치가 발견된 예가 없어 간접타격을 믿지 않는 연구자가 많은 것 같다.

〈그림 22〉는 세계적인 구석기학자인 보르드[Bordes]가 간접떼기로 박리를 하고 있는 모습이다. 두발로 석재를 고정시키고는 있지만, 다소 불안정한 모습이다. 간접떼기의 장점은 떼고자 하는 박리지점에 펀치를 대고서 박리함으로써 불필요한 석재의 소비

를 미연에 방지하고, 박리의 정확도를 높이면서 정확하게 힘을 전달시킬 수 있다는 점이다.

실험 제작에 기초해 세석인의 형태에서 그 박리법을 추정하는 방법을 개발하고 있다. 이에 따르면 눌러떼기와 간접떼기의 식별에는 세석인 최대 두께/타압면^{打壓面} 최대폭, 혹은 세석인 최대폭/타압면 최대 두께 등의 지수를 기준으로 하는 것이 유효하다.

그림 22. 간접떼기를 하고 있는 보르드(Bordes)
(Whittaker 1994)

(2) 박리방법

펀치는 돌, 뼈, 녹각, 뿔, 상아, 나무 등의 재료를 이용하여 끝을 반쯤 뾰족하게 만들거나 뭉툭하게 해서 사용한다. 펀치선택은 작업하는 석재의 질, 작업자의 숙련도 및 기술에 달려있다. 펀치를 이용하여 박리된 박편과 석인은 작은 타면을 가지고 크기와 형태가 표준화되어 있다. 박리에 사용된 펀치에는 〈그림 10-11~13〉이 있다.

간접타격의 방법에는 손에 쥐고하는 방법(그림 23-1·2)·석재를 돌 위에 고정시키고 박리하는 방법(그림 23-3)·양발이나 다리사이에 끼워서 고정시킨 뒤 박리하는 방법(그림 22)·카운터 블로우에 의한 간접기법(그림 23-4)이 있다. 손에 쥐고서 박리하는 방법에는 두 가지가 있다. 본인이 직접 타격하는 것과 타인의 힘을 빌어서 박리하는 것이다. 카운터 블로우^{counter blow}에 의한 간접기법은 인도 캄밧^{Khambat}지방에서 붉은 옥수와 마노제의 구슬을 만드는 데 이용하였다. 깨지는 돌을 손에 쥐고, 지면에 고정시켰던 앞의 뾰족한 철봉의 선단에 맞춘다. 그리고 반대측의 돌의 면상을 물소뿔로 된 망치로 깨는 것이다. 그 반동에 의해 박편은 선단의 뾰족한 철봉의 타격을 받아서 박리되는 방식이다.

3) 눌러떼기

(1) 눌러떼기의 박리개념

세석인기법의 발생과 관련해 기본적으로 세석인 박리를 위해 다음과 같은 기술적 개념이 적용되었다. 이러한 박리개념은 석인을 제작하는 과정에서 파생되어 나온 것으로 추정되지만, 타격방법과 예비조정방법에서는 전혀 다른 계통을 지닌 기법일 가능성도 배제할 수 없다.

최소한 여섯 가지의 기술이 적용되어야만 최상의 세석인을 생산할 수 있다. 세석인기법의 제작

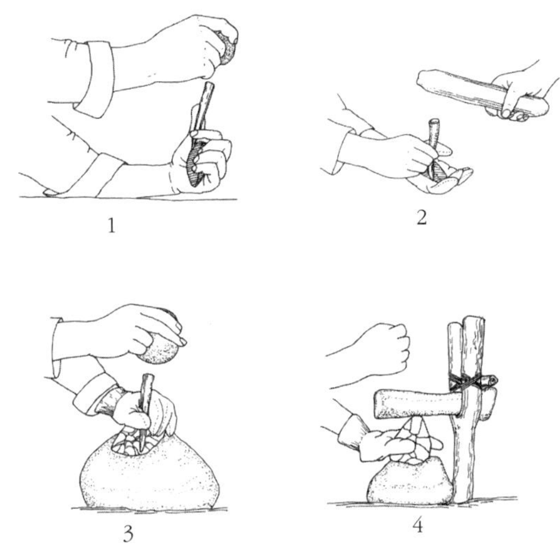

그림 23. 1.석재를 손에 쥐고 간접타격 2.타인의 힘을 빌려하는 간접타격 3.대석 위에 석재를 올리고 하는 간접타격 4.자루를 이용한 간접타격(加藤晋平 · 鶴丸俊明 1991)

단계는 다음과 같다. 1. 소재선택→2. 예비소재조정→3. 쐐기조정(2에 포함될 수 있음)→4. 타면생성 및 조정→5. 측연조정→6. 고정→7. 박리의 순이다. 박리에는 항상 우발적 상황이 발생하는 만큼 박리과정 중 순서는 바뀔 수 있다.

표 3. 세석인기법의 개념(장용준 2002)

소재선택	양질의 석재선택, 다양한 석재의 사용
예비소재 제작기술	양면조정. 박편생산. 자연면이용. crest(능조정) 제작
타면제작기술	스폴제작(제1, 2스폴). 타면조정, 미세조정. 타격 또는 부러뜨려서 홈을 만들어 타면을 제작(양면조정 블랭크제작 시). 트리밍
쐐기제작기술	배면 또는 자연면을 이용해 한 면만을 조정. 양면조정. 밑면의 일부만 조정, 단단하게 고정하는 데도 용이. 박리 때 선단부가 넓어지는 것을 막아줘 연속적인 박리를 가능케 함.
고정방법	타면에서 밑면방향으로 측연을 나란하게 조정. 일부 쐐기기술. 자연면이용. 나무사이에 끼운 뒤 줄로 묶는 법. 홈을 파서 끼우는 법. 손에 쥐는 법 등
눌러떼기 기술	돌과 돌로 이루어지는 직접 타격이 아닌 돌이 아닌 다른 재질의 가격구를 이용한 눌러떼기를 시도. 다양한 종류와 여러 재질의 누름도구를 활용. 누름도구의 끝부분 수시로 가공해야 하는 단점

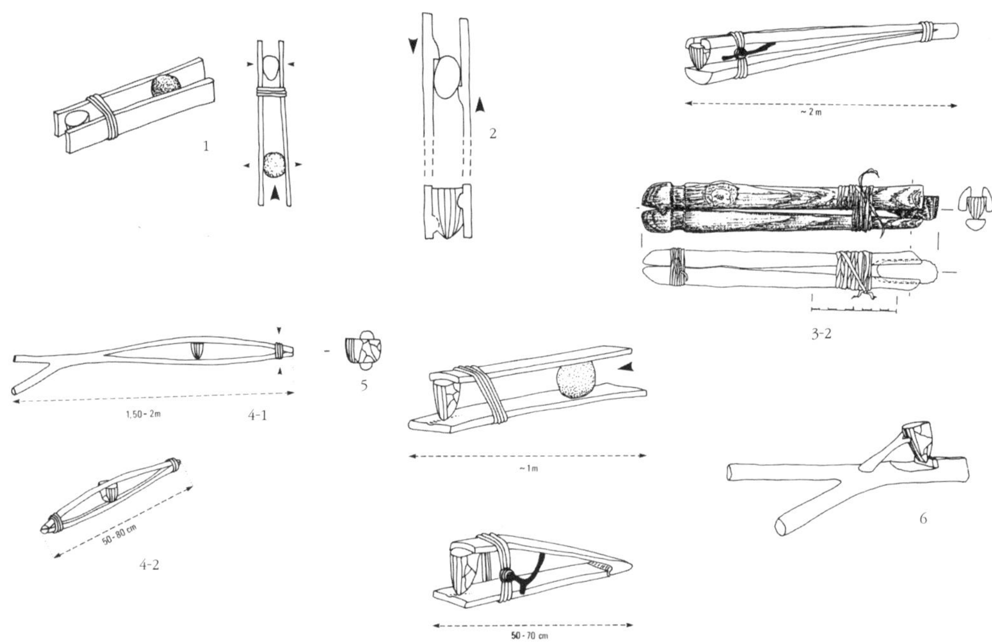

그림 24. 눌러떼기를 위한 각종 고정방법(Brézillon 1977)

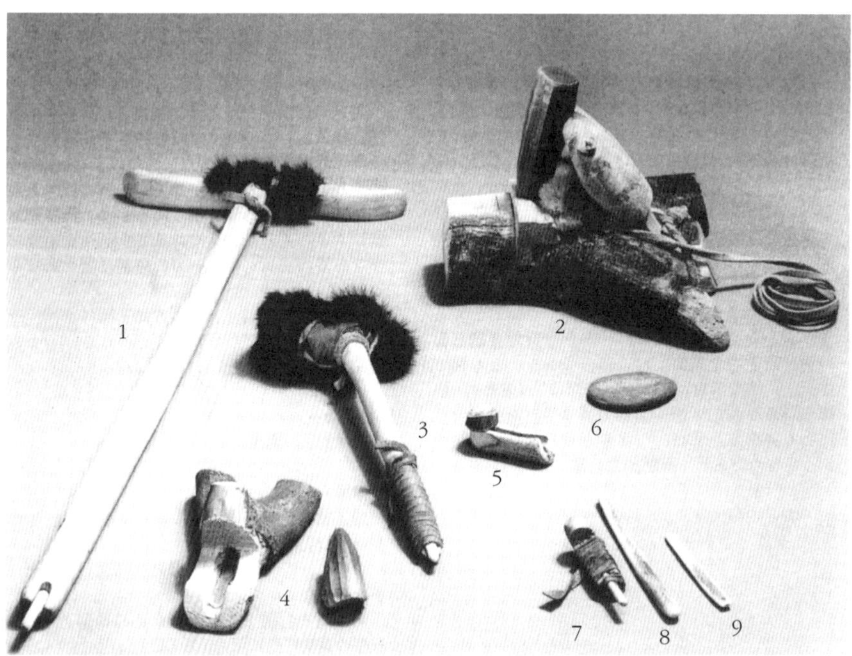

그림 25. 눌러떼기에 사용되는 각종 도구(Inizan 외 1992)

(2) 가격구의 재질변화와 파급효과

구석기시대에 최초의 도구로 시작하여 후기 구석기시대에 접어들기 전까지는 돌을 떼는 데 거의 돌만을 이용하였다. 다른 재질의 망치돌은 잘 활용하지는 않았다. 하지만, 돌을 떼는데 돌이외의 재질을 사용하는 발상 덕분에 박리기술에는 새로운 발전이 일어났다. 조합식 도구들도 새롭게 등장하였다. 후기 구석기시대에 돌이 아닌 재질을 이용한 경우는 연질 망치, 눌러떼기에 이용되는 누름도구, 도구의 손잡이와 자루, 조합식 석기의 뼈도구들 등이다. 결국 이러한 양상은 돌과 돌을 부딪쳐서 도구를 만들어내는 데 한계가 있었기 때문으로 생각된다.

돌로 이용할 수 있는 한계감이 새로운 재질을 찾도록 압박했던 것 같다. 그로 인해 석기제작기술은 순수한 석기의 의미는 잃어버렸지만, 그 대신 도구의 효율성과 살상력은 배가되어 수렵 방법까지도 변화시켰다. 살아있는 사물이 발전과정을 거치듯이 석기도 눈에 보이지 않는 내부적인 발전을 계속 유지해왔음을 알 수 있다. 석기제작에 새로운 재질의 도구를 완벽하게 조화시키는 데는 2백만 년 이상이 걸렸지만, 그 이후는 매우 빠르게 적응해 나갔다.

후기 구석기시대의 혁명은 가격구의 변화에서 시작되었다. 후기 구석기시대 초에 본격적으로 사용되기 시작한 나무, 뼈, 녹각 등의 연질 망치는 석기제작에서 획기적인 시도였다. 이것은 단단한 돌망치의 단점을 보완했을 것이다. 연질 망치의 사용은 눌러떼기에 사용되는 누름도구의 개발에도 영향을 미쳤을 것으로 생각된다. 가격이 아닌 누르는 힘으로 석기를 생산할 수 있다는 개념은 분명 석기제작의 내재적 한계가 후기 구석기시대 말에는 극에 달했음을 암시해 준다.

대부분의 사물은 일정 시점까지는 형태 변화가 일어나지 않지만, 어떤 특정 시점이 지나면 완전히 다른 형태로 탈바꿈되기도 한다. 사실 석기에서는 신석기시대의 타제 개념에서 마제 개념으로의 전환이 이에 해당한다.

지금까지 구석기와 신석기를 구분하는 기준 중의 하나가 타제에서 마제로의 기술변화를 자주 언급해 왔었다. 그러나 엄밀히 말해 돌과 돌이 부딪쳐 박리물을 생산시키는 타제석기시대는 후기 구석기 초가 정점이다. 세석인기법이 등장하는 시점부터는 타제기법은 쇠퇴의 길을 걷기 시작하였다. 마제기술이 등장해도 타제기

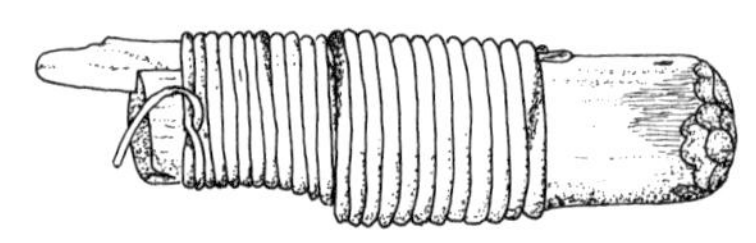

그림 26. 사슴뿔로 만든 결합식 누름도구(Whittaker 1994)

술은 청동기시대까지 계속 사용된다. 진정한 타제기술의 소멸은 철기가 등장하면서 이루어진다. 세석인기법은 돌을 이용하여 타격을 가해 박리를 한 기법은 아니지만, 돌로 만들 수 있는 최상의 발명품의 하나였으며, 석촉제작의 기술적 근원이었다. 타제석기제작에 관한 기술 발전은 구석기시대를 끝으로 사양길에 접어들었다고 보아도 무방하다.

(3) 때리는 힘이 아닌 누르는 힘에 대한 발상

눌러떼기가 언제 어디서 시작되었는지에 대한 기원문제는 명확치 않지만, 이 기법을 이용한 석기제작은 중동지방과 시베리아를 포함한 동북아시아에 널리 분포하고 있다. 아마도 우리나라는 세석핵이 등장하는 시기부터는 사용되기 시작되었던 것으로 생각된다. 박리는 망치돌의 종류에 따라 다양하게 진행된다. 망치돌의 재질과 그 방법에 따라 돌만을 사용하는 1차원 박리(직접타격), 돌과 다른 재질의 망치돌을 이용하는 2차원 박리(직접타격, 간접타격), 돌과 다른 재질의 망치돌을 이용하지만, 때리는 힘이 아닌 누르는 힘을 이용한 3차원 박리(눌러떼기)가 있다.

눌러떼기는 후기 구석기시대 후반부터 사용되기 시작된 것으로 추정된다. 그 중심에는 이전과는 전혀 다른 재질의 망치돌을 사용하는 것이 특징이다. 눌러떼기에 사용된 누름도구의 대부분은 유기질 재료를 사용하였다. 예를 들면 사슴의 뿔, 기타 동물의 뿔, 상아, 뼈(포유동물의 갈비뼈나 긴 뼈), 나무 등 재질에 크게 구애받지

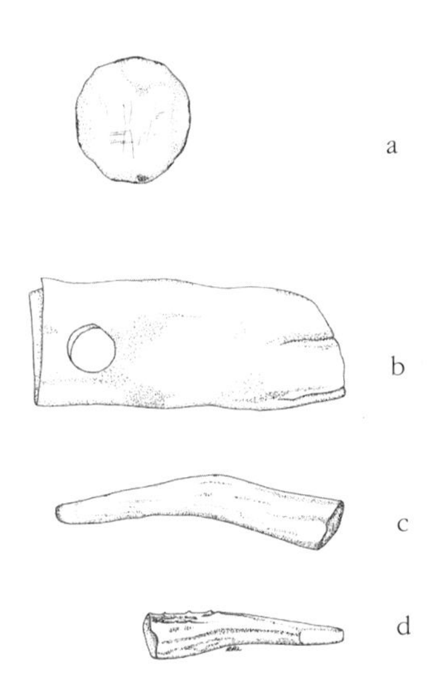

그림 27. 눌러떼기에 필요한 각종 도구(Whittaker 1994)
a.사암제 지석 b.가죽 c.골제 누름도구 d.녹각제 누름도구

않은 것으로 추정된다. 이러한 특징
은 후기 구석기초에 돌 이외의 망치
돌을 사용하기도 하였지만, 돌과 돌
을 이용하여 석기를 제작하던 방식
을 완전히 탈피했음을 말해주는 것
이다. 즉 돌만을 이용한 1차원적인
석기제작은 후기 구석기시대에 접어
들어 그 비중이 낮아졌다.

　누름도구의 종류에는 손의 힘, 가
슴의 힘, 어깨의 힘, 배의 힘을 이용
할 수 있도록 제작되었다. 그 외에도
지렛대의 원리를 이용하여 누르는 방
법이 있다. 하지만 눌러떼기가 후기
구석기 후반에 적극적으로 채택된
데에는 누름도구를 쉽게 구하여 제

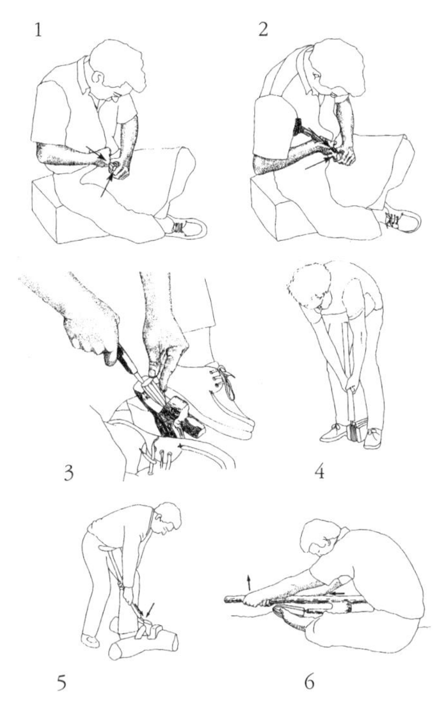

그림 28. 실험연구에 의한 눌러떼기의 다양한 박리모습(Inizan 외 1992)

작할 수 있다는 장점이 있다. 그뿐만 아니라, 타격시에 타격지점을 벗어나 타격되
는 타격실패율을 낮추고 정교한 도구제작에 유리하기 때문이다. 다시 말해 누름도
구의 끝을 타격지점에 정확히 갖다댄 후에 박리를 진행시켜 박리 정확성을 매우
높여줄 수 있다.

　하지만 직접타격에 이용되는 망치돌은 박리를 진행해가면서 망치돌을 다듬지 않
지만, 누름도구는 작고 좁은 타면에 정확하게 누르기 위해서는 밑면을 U자로 만들
거나 V자로 만들기 위해 지속적인 조정이 필요하다.

　눌러떼기의 가장 큰 장점은 타격해야할 지점을 미리 정해두고 뗄 수 있다는 정
확성과 힘을 고르게 전달할 수 있다는 점이다. 특히 정확성을 유지하기 위해 세석
인기법에서 채택된 방법이 바로 밑면의 쐐기조정과 타면의 양측연을 평행하게 조
정하여 매우 단단하게 고정시키는 것이 필요하다. 즉 나무 사이의 홈에 끼우거나
특정 부위를 끈으로 묶어야 한다. 만약 이러한 장점이 유지되지 않았다면, 세석인
을 이용해 만든 정교한 조합식 도구는 창출되지 않았을 것이다.

크랩트리(Crabtree 1972)는 눌러떼기의 다양성을 1. 도구에 대한 작업자의 디자인, 2. 안과 아래로 향하는 누름의 결합, 3. 손과 발의 다양한 위치, 4. 많은 종류의 타면 디자인, 5. 대석·손과 같은 지지물의 이용, 6. 누름도구의 다양성, 7. 쥐는 방법, 8. 양질 또는 조악한 돌의 재질, 9. 의도된 기능으로 지적하였다.

우리나라에서 출토된 대부분의 세석핵은 흑요석, 이암, 안산암, 응회암 등의 암석으로 만들었다. 후자의 경우 눌러떼기를 원활히 하기 위해서는 가열처리를 한다면 더욱 효과적일 수 있다. 그러나 현재까지 출토된 세석핵 자료 중 불맞은 흔적이나 광택이 있는 그러한 증거는 확인되지 않고 있다.

박편의 배면에는 매우 균질한 동심원이 남으며 다른 방법에 의한 타격과 구별할 수도 있다.

(4) 눌러떼기의 종류

눌러떼기를 이용하여 제작할 수 있는 석기로 세석인, 화살촉, 찌르개 등이 있다. 화살촉과 찌르개는 손에 쥔 채 대부분의 박리를 진행하지만, 세석핵을 이용한 세석인은 다양한 방식이 이용된다. 여기서는 세석인 박리방법을 중심으로 설명하고자 한다.

① 고정방법

세석인은 크기가 소형인 관계로 다른 박리방법과 달리 고정도구가 필요하다. 다양한 고정방법이 소개되고 있지만, 실제 이 방법들이 그대로 사용되었는지에 대해서는 제대로 검증이 되지 못하였다. 다만 우리나라의 세석핵에 측연을 평행하도록 조정하는 행위가 고정방법과 연관이 있는 것으로 알려지고 있다(장용준 2002).

고정방법은 측면에서 고정하는 것, 삼면에서 고정하는 것, 위·아래에서 고정하는 것, 홈에 파진 쐐기에 끼운 뒤 받침대를 이용해 고정하는 것 등이 있다. 〈그림 24-1·2〉는 측면에서 고정하는 방법으로 두 가지가 있다. 한 면만을 집중적으로 작업할 경우에 유리하다. 세석핵과 고정판재를 최대한 밀착시켜 끈으로 단단하게 묶어 움직이지 않도록 하는 것이 중요하다. 〈그림 24-3〉은 밑면과 양 측연의 세 부분을 고정하는 것이다. 〈그림 24-1·2〉와 마찬가지로 양측연이 직선이 되도록 고르게 조정하는 작업이 사전에 이루어져야 보다 단단하게 고정시킬 수 있다. 나무를 세석핵에 맞도록 제작하므로 효율적인 방법이다. 가로로 고정하는 방법인 〈그림 24-4-1〉은 나무의 탄력을 이용하여 고정하는 방법으로 타면부위가 편평하여야 효율적이다. 〈그림 24-4-2〉는 두 개의 나뭇가지를 이용하여 양끝에서 고정하였지만 강한 힘이 가해지는 세석핵을 고정하기에는 약한 감이 없지 않다. 〈그림 24-5〉는 위에서 눌러서 고정하는 방법이다. 특히 작업이 이루어지는 타면 외에 뒷부분을 조정하면 더욱 효과적일 것으로 추정된다. 해운대 중동의 출토품과 월평 세석핵의 타면이 단이 있는데 이와 관련한 연구가 이루어져야 할 것 같다. 〈그림 24-6〉은 받침대를 이용한 방법이다. 〈그림 24-6〉의 쐐기모양의 홈에 끼우는 것이 효과적이며 우리나라의 세석핵의 대부분의 유물이 쐐기모양으로 제작하고 있는 것과도 상관성이 있을 것 같다.

한 가지 유념해 둘 것은 눌러떼기를 위한 고정방법에는 정확한 기준이 없는 것 같다. 실제 그러한 방법을 추정만 할 뿐이다. 그 중에서 세석핵을 고정하는 방법에는 실험연구자들마다 각기 다른 방법들은 보여주고 있다. 박리 전에 고정방법이 차이가 있었을 가능성이 많다. 출토된 유물에 나타난 특징으로 고정방법을 복원했던 적은 없었던 것 같다. 그러한 측면에서 타면의 양측연에 나타나는 조정과 양측연이 평행한 점은 분명 고정과 관련된 것으로 생각한다. 손에서 쥐고 박리를 한다면 굳이 이러한 조정이 필요없었을 수도 있다. 따라서 상당수의 세석핵은 양측면에 고정구를 이용하여 단단하게 고정한 뒤 박리되었을 것 같다.

② 누름도구 및 누르는 방법

직접떼기와 눌러떼기의 근본적인 도구차이는 때리는 힘과 누르는 힘의 차이에서 발생한 것이다. 박리각과 타면의 면적에서 차이가 있다. 양면조정찌르개나 석촉을 제작할 경우 타격을 할 때 박리각은 90도 이하로 하는 것이 적당하지만, 누르는 경우는 90도보다 더 큰 각도로 힘을 가하게 된다. 누름도구의 끝부분 면적이 좁은 점, 누르는 부위가 면적을 가진 타면이 아닌 끝부분이라는 점, 누르는 각도도 90이 상으로 각이 크게 형성됨으로써 얇게 떼는 것이 가능해지는 것이다. 특히 세석핵 작업면에 있어 연속적으로 박리가 가능해 평행하는 박리면을 유지할 수 있다. 석 기의 두께를 줄이는 데에도 유용하다.

누르는 도구는 〈그림 25〉에서 보듯이 많은 도구들이 있다. 특히 손에 쥐는 짧은 도구와 가슴이나 배를 이용하는 T자형의 도구가 있다. 전자는 사슴의 뿔이나 뼈조 각의 앞부분을 갈아서 만들거나 깎아서 제작되며, 다른 하나는 끝부분만을 교환 해서 사용이 가능한 〈그림 26〉의 결합식 누름도구가 있다. 결합식 누름도구의 경 우는 수시로 끝을 재조정해주어야 하는 단점이 있지만 박리에는 매우 효과적이다. 기본적인 누름도구의 세트로는 끝을 뾰족하게 갈 때 필요한 사암제 갈돌과 석기를 손에 쥘 때 필요한 가죽, 녹각제 누름도구, 끌모양의 끝을 지닌 누름도구가 있다(그 림 27). 〈그림 28-1〉은 손을 쥐고 박리하는 것이지만 그 외는 고정도구를 사용하여 박리가 이루어진다.

누르는 방법은 자루가 없는 도구를 이용하여 박리하는 것과 가슴·배·어깨를 이 용하는 방법이 있다. 전자의 방법은 시베리아원주민이나 멕시코원주민들에게서 찾 아볼 수 있다. 왼손으로 움직이지 않도록 단단하게 쥔 채 누름도구를 이용하여 박 리하는 것이다. 박리 중에는 돌을 이용해서 타면조정을 해야만 더욱 정확하게 박 리할 수 있다. 후자의 방법은 손에 쥐고서 박리하는 것과 고정구를 이용한 방법이 있다. 그러나 이러한 방법이 민족지사례를 근거로 하여 검토되기는 하였지만, 실제 구석기시대에 어떤 방법이 사용되었는지는 또 다른 문제이다. 이는 나무나 뿔, 뼈 는 유기질로 토양이 주로 산성인 우리나라의 유적에서는 잘 남아있지 않기 때문 이다.

3. 도구제작의 사례

1) 도구제작의 과정

도구를 제작하기 위해서는 가장 먼저 석재를 선택하는 행위에서 비롯하여 돌을 깨는 행위, 떼어낸 돌을 원하는 모양에 맞춰 정형화시키는 과정과 박편을 원하는 도구로 제작하는 과정, 세부적인 조정을 위한 잔손질 등이 필요하다.

2) 대표적인 도구(소재석기)의 제작방법[2]

(1) 찍개

박리 전에 원석의 상태를 살피고 박리가 가능한 평탄한 면을 고른 뒤 이것을 타면으로 삼아 박리를 시작한다. 타면을 유지한 채 두세 번의 박리를 연속으로 베풀어 찍개의 날부분을 직선적으로 제작한다. 또한 양면조정찍개chopping tool는 한 방향으로만 조정하는 한면 조정 찍개와는 달리, 한 번의 박리 뒤에는 반대쪽에서 박리를 실시하여 엇갈

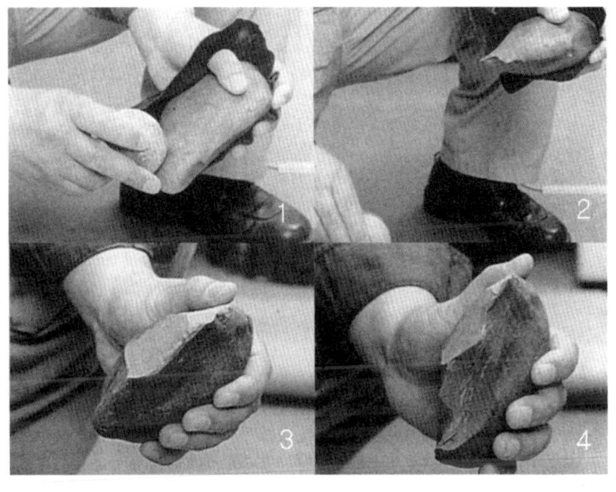

그림 29. 찍개의 제작(大沼克彦 2002)
1. 타격지점 확인 2·3. 타격 4. 날과 형태 다듬기

리게 조정을 한다. 여기서 중요한 점은 날은 직선적으로 가급적 유지해야 점이다. 만약 타원형의 석재에 날부위 뿐만이 아니라 둘레전체에 대해 조정이 이루어진다면 주먹도끼도 제작하는 것이 가능하다. 동아시아와 아프리카의 거친 주먹도끼는 찍개에서 발전된 것으로 추정하는 견해도 있다.

---

2 여기서 사용된 사진은 大沼克彦(2002)에서 인용하였음을 밝혀둔다.

(2) 주먹도끼

  외국의 주먹도끼는 주로 프린트·혈암·안산암 등으로 제작되지만, 우리나라에서는 석영맥암으로 제작하는 차이가 있다. 원석의 크기는 많은 박리로 점차 줄어들기 때문에 원하는 주먹도끼의 크기보다는 더 큰 원석 또는 대형의 박편을 선택하는 것이 좋다. 엇갈리게 박리하면서 점차 형태를 만들어나가면 되지만, 반드시 일정한 규칙이 존재하는 것은 아니다. 순간적인 임기응변이 매우 중요하다. 망치돌은 원석보다 조금 약한 경도의 경질망치돌이나 녹각 등의 연질망치가 조정하기가 쉽다. 1차적으로 경질망치를 이용해 모양을 대충 잡은 뒤 세부적인 조정은 연질망치를 이용하여 제작한다. 우리나라 주먹도끼의 특징은 자연면(원석면)이 남아 있지 않을 정도로 완전하게 양면조정된 것이 드물다. 선단부의 반대쪽에 쥘 수 있는 둥근 자연면(원석면)을 남겨두고 제작하는 것이 일반적이다. 측면의 인부를 제작할 때에도 특정을 규칙을 정해두고 박리가 이루어지기 보다는 인부(刃部)를 가급적 직선화시키는 원칙아래에 상황에 맞게 박리방향을 결정하였다.

(3) 석인

  직접타격에 의한 석인제작은 균질한 안산암·유문암·이암·흑요석 등이 적합하다. 망치돌은 사암제의 자갈돌이나 녹각이 좋다. 펠레그린(Pelegrin 1984)은 하나의 석핵으로부터 많은 석인을 박리하기 위한 조직 및 미리 염두에 둔 계획에 따라 박리하는 것을 석인박리라 정의내렸다. 아울러 거의 평행한 능, 어떤 것보다 규격화된 모양, 길이가 폭의 2배 이상, 직접·간접·눌러떼기기법사용, 석핵용량사용에 대처하는 방법에서 르발르와 석인과 다르다는 것을 지적하였다.
  장용준(2001)은 석인을 다음과 같이 정의하였다.
  ① 석인기법에 의해 석기를 규격적[3]이고 대량으로 제작(다시 말해 비슷한 크기의 석기를 만들어 낼 기술과 방법을 알고 있었다는 것을 의미)[4]

---

3 현대의 규격품의 의미가 아니라 구석기인의 시점으로 볼 때 박편의 활용도와 정형화가 가장 높은 석기를 말한다.

4 대량으로 생산할 수 있음은 석재의 효용도가 그만큼 높아졌음을 의미한다. 예비소재를 규격적으로 떼어냄으로써 비슷한 모양의 도구를 다량으로 만들 수 있음과 동시에 필요에 따라 석기가 제작가능해졌음을 시사한다. 하지만 단점은

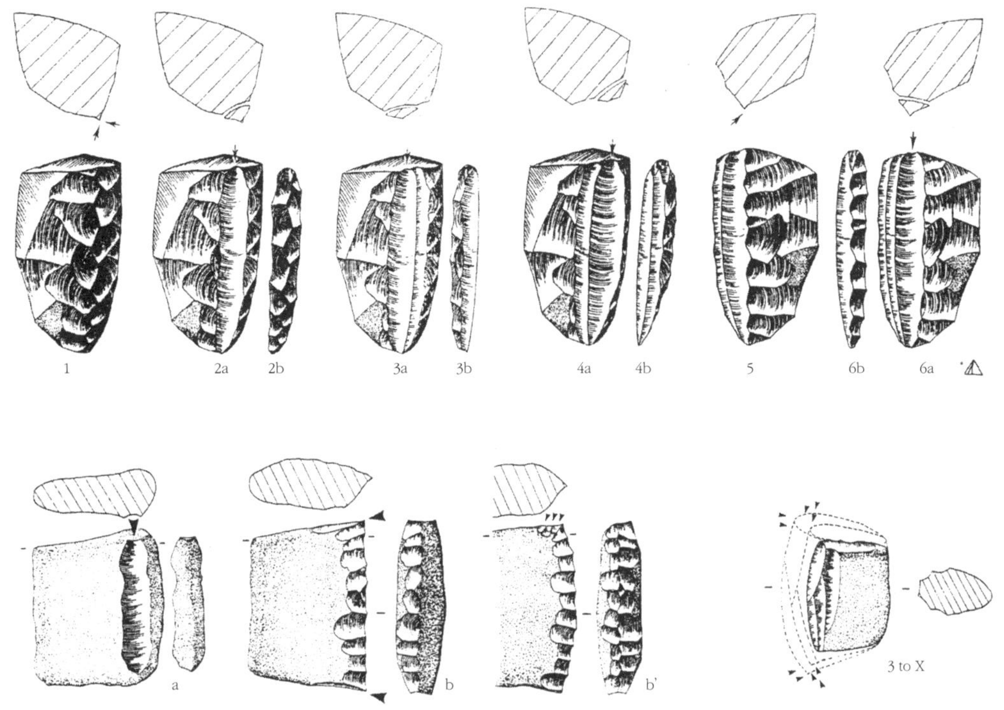

그림 30. 능조정(crest)에 의한 석인기법 모식도(Inizan 외 1992)

② 석기의 길이와 폭의 비율이 2:1이상인 것(하지만 때로는 석인과 종장박편을 구분하는 것이 어려우며, 넓은 의미에서 종장박편의 개념이 석인을 포함)

③ 능과 날 부분이 평행하게 가는 것

④ 석인 자체로 도구사용이 가능하고 도구제작을 위한 예비소재로도 사용

⑤ 직접타격을 주로 사용(망치종류는 상관없음)

⑥ 최적의 조건은 석인이 석인기법관련 제작과정박편이 함께 출토될 경우

이상과 같은 충족요건을 갖출 때 우리는 석인이라 부를 수 있다.

석인조정에 들어가기에 앞서 석재 형태를 꼼꼼히 살펴 능선이 있는지를 살펴야만 한다. 고례리에서는 예비조정없이 원석면으로만 이루어진 최초박편이 존재하고

이러한 기술을 습득하는 데 시간이 걸린다는 점이다.

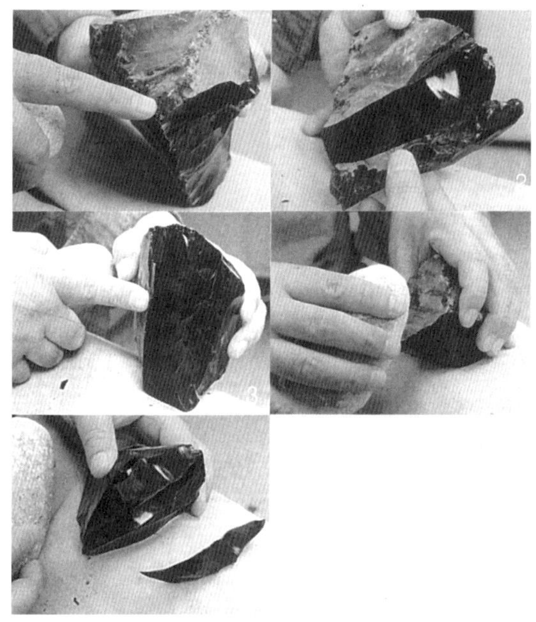

그림 31. 석인의 제작(大沼克彦 2002)

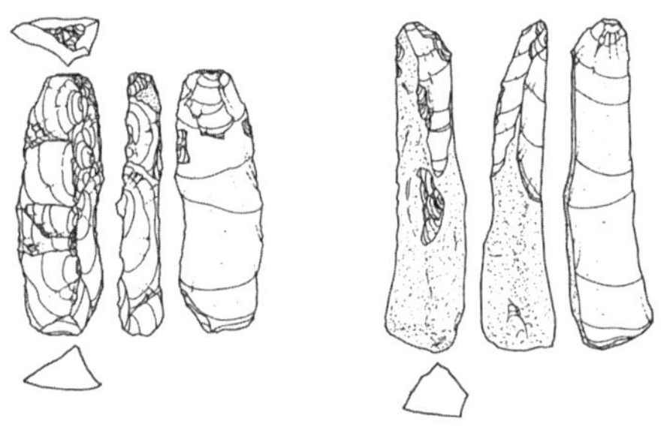

그림 32. 밀양고례리출토 능조정 석인(crested blade)과 자연릉을 가진 석인

있다. 만약 능선이 없다면 능선조정을 하여야 하는데 한 방향으로만 조정하는 것과 두 방향으로 엇갈리게 조정하는 방법이 있다. 박리 때의 타각은 90도 이내로 하여야 한다. 작업면에 능선을 생성시키고 타면에 또 다른 타격지점을 생성시켜줘 연속적인 석인 박리가 가능하다. 타면주위를 다듬기 위해 트리밍 조정도 이루어지며 이 조정은 전기 구석기에는 등장하지 않은 기법이다. 박리를 진행하는 과정에서 타각이 둔각이 된다든지 타면이 부족하든지 할 경우에는 타면을 재생하는 방법도 있다. 타면을 재생하는 행위는 석인의 작업면을 계속 이용하려는 목적에서 나온 것이다. 석인석핵의 형태는 장방형·타원형·각추형 등이 있다.

(4) 세석인

세석인은 눌러떼기로 제작되는 대표적인 조합식 도구^{composite tool}이다. 동북아시아를 중심으로 후기 구석기에 널리 퍼져서 사용되었다. 유리질의 흑요석이 적합하지만, 우리나라에서는 흑요석이 귀해 다른 암석이 많이 이용되었다. 눌러떼기에서 언급하였듯이 손에 쥐고 박리하는 경우를 제외하고는 고정도구를 사용하여 움직이지 않도록 하였다. 세석인을 만드는 과정은 다음과 같다.

소재의 박리부위를 직선화되도
록 조정을 한다. 기본적인 개념은
석인기법의 능조정박편과 동일하
다. 약 70~85도가 박리하기에 적
합하다. 예비소재를 제작하는 방
법에 따라 세석인기법의 종류도
정해진다. 특히 수양개유적의 유
베츠湧別기법은 박리 전에 양면조
정 예비소재를 제작하여 스폴을
박리하고 최초박편을 박리한 뒤
에 본격적으로 세석인을 박리했다.

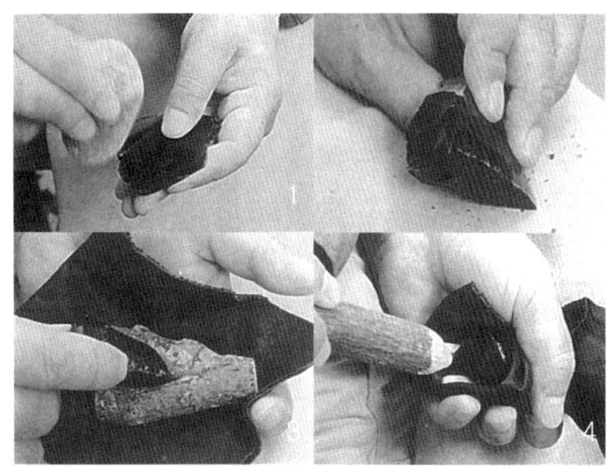

그림 33. 세석인의 제작(大沼克彦 2002)

(5) 찌르개와 석촉

찌르개와 석촉의 제작방법은 크게 다르지 않으므로 석촉을 중심으로 설명하고
자 한다. 우선 소재를 만들기 위해 적당하게 두터운 소형 박편을 획득하여야 한다.
이 때는 직접타격에 의해 박편을 획득한다. 눌러떼기의 타면을 만듦과 동시에 둘
레를 다듬기 위해 소형의 돌을 이용하여 문지르기를 실시한다. 그 후 왼손으로 예
비소재를 단단하게 고정한 뒤 뾰족한 누름도구를 이용하여 위에서 아래로 누른다.
석촉은 소형인 관계로 누구라도 간단하게 제작이 가능하다. 다만 찌르개의 경우
길이가 있어 너무 세게 누르면 파손될 위험이 있다. 일부 실험연구자들은 녹각제와
비슷한 경도를 지닌 구리로 만든 것을 누름도구로 이용하지만, 실제 당시에는 이
런 물건을 사용하지도 않았으므로 원래 재료를 사용하면 더 좋다.

그림 34. 밀양 고례리유적의 능조정석인

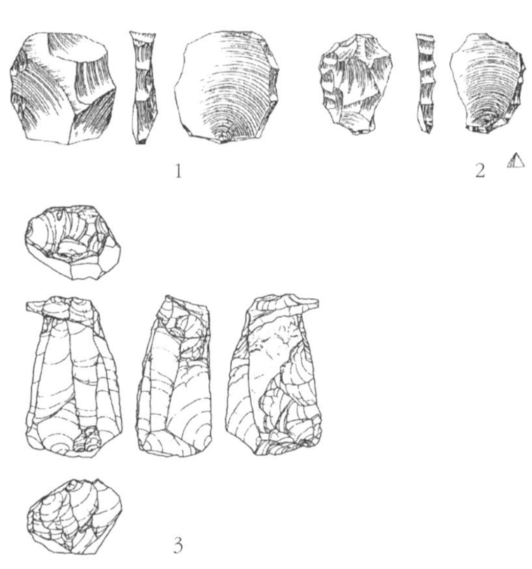

그림 35. 석인석핵에서 떨어진 타면재생박편(Inizan 외 1992)
1. 직접떼기, 2. 눌러떼기, 3. 밀양 고례리출토 석인석핵과 타면재
생박편의 접합모습

3) 박리기법의 부산물[5]

(1) 능조정석인(crested blade)

밀양 고례리에서 대량 발견된 이후 수양개, 진그늘에서도 많은 수의 능조정석인이 확인되었다. 고례리에서 출토된 능조정석인을 참고하면 다음과 같은 특징이 있다. 등면의 자연면은 가급적 제거시켰으며 다음 박리가 가능하도록 모(돌출부 overhang)을 생성시켰으며 조정 때 생길 수 있는 지그재그의 능선을 직선화시켜 힘의 전달을 용이하도록 하였다. 타면의 면적이 다른

---

5 석인기법과 관련된 박리부산물에 대해서는 장용준(2001)의 논고를 참고하기 바란다.

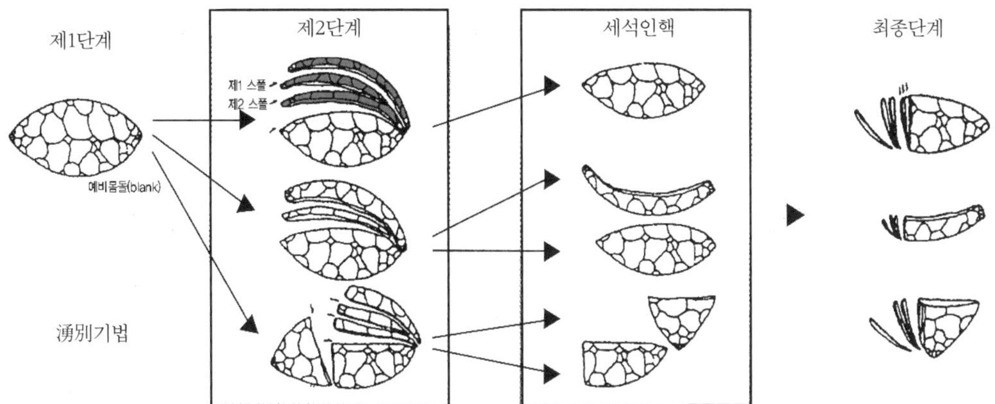

그림 36. 눌러떼기에 의한 유베츠기법

석인에 비해 좁으며 능조정된 능선과 능조정석인의 박리축이 일치한다. 하지만 도구로는 사용되지 않고 버려진다. 결국 능조정하여 석인을 박리하는 일련의 과정은 석재의 소비를 가급적 줄이면서 규칙적인 박리를 가능하도록 하는 것이다(장용준 2001).

(2) 타면재생박편(rejuvenation core tablet)

고례리에서 처음 소개되었으나 고례리 이전에 발굴되었던 유적에서도 발견되고 있다. 타면재생박편의 횡방향의 박리방향과 직교되는 방향으로 석인을 떼낸 자국이 남아 있다. 고례리와 진그늘의 석인석핵과 타면재생박편유물이 대표적이다. 아울러 다양한 종류의 재생박편이 고례리에서 확인되었다. 타면재생이 이루어지는 경우는 석핵에 있어 타각이 형성되지 못했을 때, 타면의 면적이 좁을 때, 박리가 실패되어 타면이 이지러졌을 때 등이다. 결국 타면을 조금 수정하는 것이 아니라 완전히 새로 생성시키는 것으로 타면전이와 그 의미는 동일하다.

(3) 스폴(spall: 세석핵 타면스폴, 새기개스폴)

세석인기법이 사용된 유적 중 스폴이 출토된 곳은 집현, 수양개, 옥과, 중동 등이 있다. 수양개의 세석핵과 스폴이 접합된 수양개기법(유우베츠기법)의 유물은 접합연구의 시발점이 되었다고 해도 과언이 아니다. 주로 양면조정 예비소재를 사용한 유적에서 확인된다. 세석인기법이 유적내에 존재했음을 알 수 있는 가장 분명한 자료이자 기술과정을 보여주는 아주 중요한 유물이다.

이와 유사한 새기개 스폴도 있지만, 접합자료는 아직 많지 않다. 새기개 스폴과 세석핵 스폴은 구분하기 어려우므로, 세심한 관찰이 요구된다.

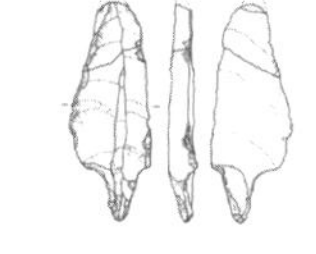

1. 서론

　구석기시대부터 청동기시대까지 이른바 선사^{先史}시대는 많은 도구들이 제작되었다. 도구는 사람의 신체에 비교적 무해한 것을 획득하려고 할 때에 흔히 이용되고, 손으로 다루는 식량획득용구이기도 하다(加藤晋平 外 1983:91). 도구 중 석기는 선사시대의 기술시스템과 사회·경제적 현상사이의 문화적 관계를 파악할 수 있는 고고학적으로 중요한 유물이다. 석기의 발전은 암석이 가지는 고유한 성질이나 박리의 물리학적 특성을 이해하는 것에서 출발하였으며, 인류가 오랜 시간동안 시행착오를 거쳐 이룩한 역사적 산물로 이해할 수 있다.

　우리나라 선사시대는 토기와 더불어 많은 석기가 제작·사용·폐기되었다.[1]

　토기는 취사나 조리, 저장을 위해 주로 사용되는 반면, 그것을 이용해 또 다른 도구를 만들 수 없는 수동적인 도구로 볼 수 있다. 이에 반해 석기는 도구제작은 물론, 집을 짓거나 농사를 짓는 등 직접적이면서 능동적 생산 활동에 사용되었다. 따라서 선사인이 제작·사용하였던 석기를 정확히 이해한다면, 선사시대의 생활상을 파악하는 중요한 자료를 획득할 수 있는 것이다.

---

1 민족지 자료에 따르면, 세계 36개의 종족이 사용한 식량획득용구는 1,175종류이다. 이것들은 가공된 것과 자연물을 그대로 이용한 경우를 합친 것으로 특히 1,100종류가 도구로 인정되므로 매우 다양한 도구들이 사용되었다(加藤晋平 外 1983, p.92).

우리나라 선사시대는 시기적으로 두 번의 큰 기술적 전환기가 있었다. 첫 번째는 구석기시대에서 신석기시대로 전환하는 시기이다. 즉, 수렵도구에 어로구와 농경구가 추가되는 때이다. 두 번째는 신석기에서 청동기시대의 이행기로 농경구·목공구의 전문화와 치레걸이·의식 용구가 본격적이면서 보편적으로 제작되는 때이다.

석기는 두 전환기 동안에 타제석기에서 마제석기로 바뀜은 물론, 세부적인 가공기술에서도 많은 변화가 있었다. 석기제작에 적용되는 기술요소들은 복잡해지지만 일정한 제작공정은 유지되었다. 석기는 형태가 단순하고 제작공정이 간단한 것일수록 독자적으로 사용되었다. 반면에 기능이 복잡한 것일수록 사용방법의 습득이 필요하고 사용에 따른 형태변이도 컸다. 결국 석기의 기술과 기능은 함께 발전해온 것으로 볼 수 있다. 석기가 다른 시대의 금속기제작과 비교할 때 기술수준이나 공정 체계가 비교할 바 못되지만, 나름대로의 절차 속에서 다양한 기법은 적용되었던 것이다.

우리가 석기를 이해하기 위해서는 우선 어떻게 만들어졌는지를 파악하는 것이 대단히 중요하다. 지금까지 이에 대한 체계적인 정리가 제대로 이루어지지 못한 면이 있다. 그 중 석기와 자연석이 어떤 차이점이 있고, 어떻게 분별할 것인지가 검증되지 못하였다. 그동안 석기연구는 주로 형식학적 분류나 편년에 치우친 것도 석기의 기술적인 정리가 제대로 이루어지지 못한 한 요인이었다.

선사시대의 석기제작을 이해하기 위해 먼저 석기를 관찰하는데 필요한 박리 원리를 소개하고, 석기와 자연석이 어떻게 상이한지를 구체적으로 검토하고자 한다. 아울러 석기의 제작도구와 제작기법을 분류하여 구체적으로 적용된 사례를 중심으로 살펴보고자 한다. 선사인先史人이 석기를 제작하는데 필요한 제작도구와 기법적 특징을 살펴봄으로써 그들의 생활상을 이해하는 데 일조할 것이다.

2. 석기와 자연석 분별

1) 석기의 관찰과 실측

석기와 자연석을 분별하기 위해서는 석기 표면에 나타나는 여러 박리면과 박리의 역학원리를 이해하는 게 도움이 된다. 특히 치밀한 석기관찰은 석기 종류의 분별, 박편의 박리기법, 도구의 기능, 석기문화의 시·공간적인의 분포와 파악을 위한 기본 작업이다. 즉, 실측도에 담겨있는 정보의 수준이 높을수록 석기관찰을 잘하는 사람임에는 틀림없다.

우리나라의 보고서나 논문의 석기실측을 살펴보면, 서구식과 일본식으로 석기를 표현하고 있다. 그러나 표현방법은 다를지라도, 두 방식은 일부 표현기법을 제외하면 거의 동일함을 알 수 있다. 서구의 석기실측 교과서인 『Lithic Illustration』, 『Technology and Terminology of Knapped Stone』과 일본 석기입문서인 『-圖錄-石器入門事典』, 『石器實測法』을 비교해보면, 동심원과 균열흔의 표현법, 일부 석기의 배치법에서 차이가 있을 뿐이다(Addington 1986; Inizan *et al*. 1999; 加藤晋平 外 1991; 田中英司 2004). 일본 실측방식이 외국의 다양한 실측방식을 차용해서 만들어졌으니, 그 방법이 서양의 실측기법과 유사할 수밖에 없는 것이다.[2]

문제는 표현방식이 아니라 석기실측의 내용인 것이다. 田中英司(2004:27)은 석기실측도의 원리를 아래와 같이 적고 있다.

(1) 고타와 연마에 관련된 물리현상을 기술적 시점에서 도면화시키는 것
(2) 자료의 개체 차이를 중시하는 것
(3) 정투영도 삼각도법을 기본으로 석기의 성질에 맞춰 표현과 배치를 잡는 것
(4) 보조투영도·표시기호를 병용하여 모든 정보를 전달하는 것

---

2 일부 연구자들은 서구식과 일본식의 석기실측이 완전히 다르다고 주장하는 경우가 많은데, 그것은 표현방식만을 보고 판단한 것이다. 표현되거나 도면에 담기는 내용, 그리는 절차는 거의 동일하다.

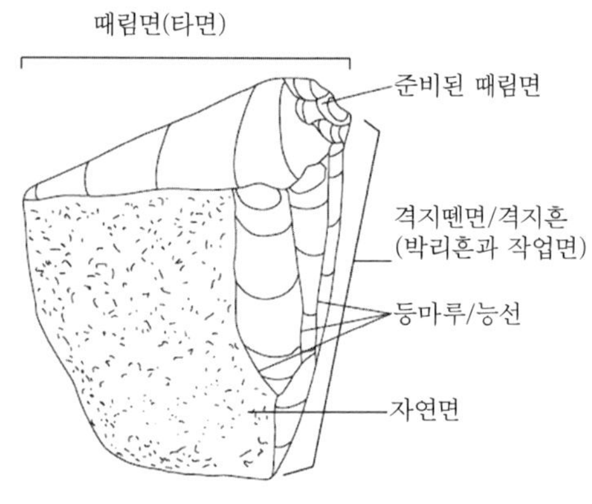

그림 1. 몸돌의 명칭

위와 같은 내용을 실측도에 표현하기 위해서는 박리방향과 제작기법을 찾아내고자 하는 실측자의 시간과 끈기가 필요하다. 3차원의 유물을 2차원의 평면에 3차원 효과를 나타내기 위한 다각도의 시도가 실측도에 반영되어야 한다. 실측도에는 각종 주기^{註記}이외에도 외곽선에 의한 석기형태, 박리, 이차가공, 사용흔, 접합, 마연방향, 찰절방향, 고타도구, 천공도구 등의 다양한 제작정보가 담겨 있어야 한다. 특히 타제석기의 동심원^{ripples}과 균열흔^{fissures 또는 hackles}은 반드시 그려져야 한다.

표 1. 석제유물의 종류(文化廳文化財部記念物課 監修 (2010:42)

○ 석기·석제품의 제작과 도구로서 이용하기 위해 유적으로 가지고 들어왔고, 가공흔과 사용흔을 볼 수 없는 자갈돌이나 암석인 원석(모암)

○ 석편(박편)을 떼어내었던 원석과 석괴인 석핵

○ 석핵에서 박리되거나 석기와 석제품의 제작과정에서 생긴 석편인 박편

○ 여러 가지 도구인 석기·석제품

2) 석기와 자연석의 분별

석기와 자연석의 분별문제는 인류 출현 이후부터 시작해 언제부터 도구(석기)를 제작하였는가와 관련된 중요한 문제일 뿐 아니라, 아직도 해석방법에 있어서 논란이 제기되는 난제이다.

타제석기와 달리 일정한 정형성을 갖추고 있고, 갈린 면이 있는 마제석기는 자연

석과 분별하는 게 그리 어렵지 않다.[3]

반면, 자연의 힘에 의해 우발적으로 깨져, 석기와 비슷한 형태를 갖게 된 자연석은 타제석기(특히 구석기)와의 분별이 매우 어렵다. 만약, 석기가 원재료를 획득하고 반입한 뒤 사용 등으로 인해 변형 혹은 재활용을 거쳐 변형이 일어났다면, 석기를 분별하는 것이 더욱 어려울 수도 있다(이재경 2000:33).[4]

석기와 자연석(지질유물들)의 분별은 기술적인 측면과 출토정황(맥락)으로 나누어서 살펴볼 필요가 있다. 석기의 기술적인 측면은 박리와 조정의 규칙성, 석기의 형식적 정형성(패턴), 석기의 규격성이 있다. 기능적 측면은 사용흔이 있다. 유적 내 출토정황은 석기들 간의 접합유물의 존재, 출토상황의 집중성, 특수한 석재의 반입 유무, 동일한 석재의 사용유무가 있다.

위의 특징들을 좀 더 세부적으로 살펴보자.

먼저 박리와 조정의 규칙성이다. 자연적은 석기표면에 질서정연한 이차가공과 세부가공의 흔적이 생기지 않는다. 석기처럼 사람의 의도대로 박리되거나 조정되었다면, 그 순서를 파악할 수 있지만, 자연석은 그렇지 못하다.

석기의 형식적 정형성(패턴)은 석기의 모양과 관련된 것이다. 자연석이 물에 의해 이동되거나 산사면山斜面에서 굴러 떨어져서 깨진 경우에는 특정 형태를 갖추기가 어렵다. 즉, 선사인의 의도가 반영된 형태가 만들어질 수 없다. 사람이 의도해서 만든 석기는 계획적·체계적으로 만들어지므로 일정한 패턴이 있거나 대칭적인 형태가 많나. 특성 기능을 지닌 것이 일정 수량만큼 출토됨은 물론, 객관적인 형식 분류와 계량적 기준을 제시하는 것이 가능하다. 석기의 정형은 선사인의 의도성, 반복성, 항상성이 가미된 도구관념을 구체화시킨 것이다.

석기의 규격성은 동일한 형식의 것이 반복적으로 출토됨을 뜻한다. 후기 구석기시대의 석인石刃, 신석기시대의 타제석부, 청동기시대의 마제석검처럼 동일한 석기

---

3 본고에서 말하는 자연석은 석기의 반대개념으로 아무런 인위적 가공이 되지 않은 돌로 유적 내에서 석기를 만들기 위해 석재로서 반입되지 않은 것이다.

4 일본처럼 흑요석과 같은 특수한 석재가 대량으로 사용되지 않았다. 산이나 강에서 쉽게 구할 수 있는 석재를 이용해 석기를 만드는 우리나라는 더욱 돌과 석기를 분별하기 어렵다.

가 일정 수량이상 확인될 경우 자연석과 분별가능하다.[5]

선사시대의 석기는 과거에 살았던 선사인의 공통적인 행위가 반영되어 있어 기능적 유사성이 있다. 기능적 측면의 사용흔은 석기표면에 나타나는 광택, 긁힌 흔, 파손흔 등이 나타나기 때문에 자연석과 분별이 가능하다. 이것은 석기의 기술적 관점을 보완해 줄 수 있는 요소이기도 하다.

한편, 석기는 기술적인 측면이외에도 자연석과 달리 출토당시의 고유한 정황증거, 즉 맥락을 내포하고 있다. '맥락은 도구의 제작·사용과 관련된 행위뿐만 아니라, 특정도구의 필요성을 생성시킨 원래 행위에 대한 가장 의미 있는 정보를 제공해 준다(Mignon 2006:153).' 간단히 말해 유적이 확인된 곳은 석기 존재가 쉽게 판가름이 나지만, 그렇지 않은 경우는 분별이 쉽지 않다. 기술적 가공이 없다고 하더라도 유구 종류와 출토 양상에 따라 특별한 의미가 부가된 석기로 판단될 수도 있다. 즉, 맥락에 따른 문화 및 행위추출이 가능한 경우 조정흔의 유무와 상관없이 자연석이라 할지라도 석기로 판단할 수 있다. 특히 유물의 출토맥락은 사용에 의해 생긴다기보다 제작이나 폐기과정에서 형성되는 경우가 많다.

유적 내에서 석기가 접합되는 경우를 포함하여 인위적으로 가공된 유물이 한곳에 모여서 출토되었다면, 그곳에서 출토된 석기는 사람에 의해 만든 것으로 판단할 수 있다.

기술적으로 석기와 자연석의 분별이 모호한 경우, 유물의 접합 작업으로 이를 밝힐 수 있다. 접합유물의 확인으로 다음과 같은 사실을 추론할 수 있다. 예를 들면, 유적의 성격(석기제작지의 존재유무), 석재이용의 방식과 경제성, 유적 내 공간의 구획 및 이용방식, 도구제작과 연관된 작업공정의 복원, 박편박리를 행한 사람의 내적 심리 등이다.

흑요석처럼 한반도 남부지역에 존재하지 않는 석재가 유적 내에서 발견된다면, 그것에 어떠한 조정이 가해져 있지 않았다 하더라도 교역이나 교환에 의해 수입된 석재로 파악하여 그 자체로 석기라 부를 수 있는 중요한 의의를 지닌다.

---

5 선사시대에 확인되는 석부류는 다음과 같다. 국부마제석부, 합인석부, 유견석부, 유단석부, 유구석부, 다두석부, 환상석부, 편평편인석부가 있다. 이것들은 모두 석부로 불리지만, 의례용이나 굴지로 사용되는 등 기능에 있어 목공구로만 사용되지는 않았다.

3. 제작도구의 종류

1) 망치

선사시대는 지석이 본격적으로 사용되어 마제석기가 활발히 제작되는 신석기시대 이전까지는 돌·녹각·뿔로 만들어진 다양한 형태의 망치(누름도구를 포함)가 중요한 제작 도구였다.

후기 구석기시대에 망치돌의 형태는 타원형, 제형梯形, 원형, 방형, 부정형이 있다. 망치돌의 평균길이는 고례리(10점) 93.7mm, 정장리(24점) 96.8mm, 수양개(4점) 131mm, 화대리2문화층(4점) 76.6mm, 월평2유적 4문화층(4점) 52.7mm, 죽내리 4문화층(11점) 73.4mm, 월평1유적(6점) 69.4mm이다. 망치돌의 크기가 전반적으로 100mm 이내이다.

망치돌은 강가에서 쉽게 채집할 수 있는 자갈돌로, 경질사암·매끈한 원석면을 지닌 석영맥암류 등이 사용되었다. 이것은 목표지점을 정확히 가격할 수 있는 명확한 끝을 지닌 게 좋다. 이런 까닭에 망치돌은 특유의 불규칙적인 홈이 집중적으로 확인된다. 가격을 정확하게 하지 못하거나 작업이 서툰 사람일수록 망치돌을 깨뜨리는 경우가 잦았다.

망치를 이용한 타격은 박편생산은 물론, 도구의 성형成形과 조정, 박리 전의 예비소재blank의 생산, 주먹도끼·찍개와 같은 석핵석기의 제작 등에 사용되었다. 도구를 정교하게 제작하는 출발점이었다.

2) 지석(砥石)

선사시대의 지석은 돌을 비롯해 청동이나 철·유기질의 재료로 도구를 만들거나 사용할 경우, 칼날을 갈 때, 표면을 다듬을 때 사용되는 등 매우 광범위하게 이용되었다. 지석은 만들고자 하는 도구의 종류와 작업공정에 따라 다양하게 선택되었다.

지석은 무게와 형태에 따라 고정용 지석과 휴대용 지석으로 나눌 수 있다. 이것은 사암과 이암 계통의 석재가 사용되었는데, 이는 지석이 갈아야 하는 대상물의 석재보다 강도가 더 물러야 했기 때문이다. 즉, 도구제작을 위해 소재를 갈 때 지석 표면도 함께 갈려나가야 하며, 이때 발생하는 돌가루가 마찰력을 높여주어 갈아야할 대상을 더 잘 갈리는 역할을 하기 때문이다.

지석 형태는 고정형 지석인 경우는 장방형, 원형, 타원형이 많다. 휴대용지석은 세장방형이나 봉형^{棒形}이 많다. 출토유물로 볼 때 지석은 특정 형태에 한정되지는 않았다. 도구의 제작과정과 방법에 따라 입자가 거친 지석, 중간입자의 지석, 입자가 곱고 미세한 마무리용 지석으로 구분할 수도 있다.

신석기시대와 청동기시대 석기제작기술은 갈기에 의한 마제석기 제작기술의 보급과 발전으로 요약할 수 있고, 지석은 이러한 기술의 보급을 증명해주는 가장 좋은 자료이다.

3) 기타 도구

석기의 제작도구 중 망치와 지석을 제외하면, 대석^{臺石}, 구멍을 내기 위한 천공구^{穿孔具}, 돌을 자르기 위한 찰절구^{擦切具}, 조합식 낚싯바늘의 조정구 등이 있다.

대석은 석재를 양극^{兩極}타격으로 박리할 때나 그 자체로 망치로 사용된다. 구석기시대에 출토된 대석은 크기 15~20cm가 가장 많으며, 평탄면에 찍힌 흔적이 남아있다. 찍힌 흔적은 한 곳에 집중된 것과 여러 곳에 흩어진 것으로 구분할 수 있다. 크기에 따라서는 고정용 대석과 휴대용 대석이 있으며, 후기 구석기시대에 주로 출토된다.[6]

신석기시대 유적인 고성 문암리(국립문화재연구소 2004), 오산리(서울대박물관 1984) 등에서는 낚싯바늘 허리부분의 제작 과정을 알 수 있는 양호한 자료가 출토되었다(그림2-7). 오산리, 범방패총, 문암리 등 조합식^{組合式} 낚싯바늘이 출토된 유적에서는 5~10㎝ 내외의 사암으로 만든 네모난 석기가 출토되었다. 이러한 낚싯바늘 조정구는 전면^{全面}이 갈려있고, 가장자리에 날카로운 날이 세워지지 않는 대신에 얇고 편평하게 갈려져 있다. 조정구는 낚시허리와 바늘부위를 묶기 위해 내는 이음 홈

---

6 대석 역시 갈판과 다소 분별이 어려운 경우가 있다.

에도 사용되었다.

찰절도구는 방형의 형태가 많으며, 한 쪽 부분을 날을 세웠는데 양인兩人보다는 편인片刃이 많다. 이것은 방형에 반달돌칼의 폐기품, 석검의 폐기품, 날이 있는 석기 중 사용가능한 부분을 취사선택해 재활용하기도 한다.

천공도구는 활비비에 끼워서 사용하는 5㎝ 내외의 바늘모양의 뾰족한 도구 이다.[7] 이것은 석영암이나 혼펠스 등으로 제작되었다. 진주 대평 옥방 5지구 주 거지 내부에서 석영제 천공구가 다량으로 출토되었다(경상남도·동아대학교 박물관 1999:106). 반달돌칼이 출토되는 지역에서 천공도구가 거의 출토되지 않는 상황을 고려하면, 다른 재질로 구멍을 뚫었을 가능성도 있다.

4. 제작방법의 종류와 특징

1) 타격기법

(1) 직접(直接)떼기

직접떼기는 돌과 같은 단단한 물체를 망치로 사용해서 다른 원석에서 박편이나 석기를 얻는 것이다. 망치를 쥐고 다른 손에 있는 원석을 가격해 박리하는 것이다. 망치가 경질 혹은 연질이냐의 차이는 있어도 가격해서 만든다는 것은 다르지 않 다. 이 떼기는 석기제작에서 가장 기본적인 방법일 뿐만 아니라, 골각기 제작에도 사용된다.[8]

선사시대 때 직접떼기는 도구 제작에서 차지하는 비중이 시간이 지나면서 낮아 지기는 하지만, 반드시 사용되는 가장 기본적인 방법이다. 결국, 직접떼기의 소멸은 석기문화의 소멸을 의미한다. 구석기시대 이외에 직접떼기로 만든 석기의 좋은 예

---

7 활비비는 회전력을 높이기 위해 석환(石環)이나 석추(石錘)를 끼워서 사용하기도 한다. 이것들의 형태는 둥근 공모양 이나 도넛모양을 하고 있다. 진주 대평유적 옥공방지에서 이와 관련된 유물들이 출토되기도 한다.

8 골각기의 제작은 마름질기술(때려깨기, 켜기, 썰기, 갈기, 깎기, 부러뜨리기, 기술의 조합)과 다듬기기술(갈기, 긁기, 깎 기, 새기기, 두드리기, 잔손질, 구멍뚫기)이 사용되었다(최삼용 2007).

가 신석기시대 목도리·지탑리·지경리·상촌리A유적 등에서 출토된 타제석창이 있
다. 특히 상촌리유적은 여러 점의 창이 매납되어 출토되었다.

(2) 양극떼기

양극떼기를 하기 위해서는 망치돌, 석재, 대석(망치돌로도 생각할 수 있음)이 필요하
다. 대석 위에 석재를 올려놓은 뒤 타격하면 위에서 가해진 힘이 대석까지 전달되
어 그 힘이 반작용을 일으켜 석재에서 박리가 생긴다.

양극떼기는 신석기시대와 청동기시대에 마연 전에 소재를 다듬을 때 사용된 것
으로 판단된다. 이 기법을 이용하면 직접떼기로 다듬기 힘든 석기의 중앙부나 계
단상 박리부분을 석기의 정형과 동시에 다듬을 수 있는 장점이 있다. 또한 마연시
간을 단축시키는 효과도 있다.

2) 눌러떼기기법

눌러떼기가 언제 어디서 시작되었는지에 대한 문제는 아직 정리되지 못하였다.

눌러떼기는 간접떼기와 유사한데, 타격해야할 지점에 박리도구를 대는 방식이므
로 정확성과 힘을 고르게 전달할 수 있는 장점이 있다.

눌러떼기를 원활히 하기 위해서는 가열처리를 한다면 더욱 효과적일 수 있다. 그
러나 우리나라에서 현재까지 출토된 세석핵 자료 중 불맞은 흔적이나 광택이 있는
그러한 증거는 발견되지 않았다.

눌러떼기로 제작이 가능한 석기는 세석핵, 새기개, 화살촉, 찌르개 등이 있다. 화
살촉과 찌르개는 손에 쥔 채 박리되지만, 세석핵은 다양한 방식으로 박리된다. 눌
러떼기는 고정 도구를 사용하는 경우와 그렇지 않은 경우가 있다. 전자는 구석기
시대의 세석인 기법에만 확인된다.[9]

---

9 북한학계에서는 눌러떼기를 눌러떼기와 눌러뜯기로 분별하고 있다. 눌러떼기는 깨뜨리려는 돌에 끌과 같은 물체를 대
고 그것을 눌러서 격지 또는 조각을 떼어내는 수법이고, 눌러뜯기는 타제석기를 만드는 보편적인 수법으로 속돌에서 떼어
낸 격지나 조각의 표면을 눌러서 비늘같은 부스러기를 뜯어내어 다듬는 것이다(김용간 1991). 즉, 눌러떼기는 소재와 도
구를 제작하기 위해 중간매개물을 사용한 간접떼기이고, 눌러뜯기는 본고의 눌러떼기와 동일한 개념으로 정리할 수 있다.

3) 마연기법

　　마연기술이 언제부터 시작되었느냐의 문제에 대해서는 논란의 여지가 남아있지만, 구석기시대 유물 중에서도 갈린 흔적을 지닌 석기가 출토되고 있다. 일본은 1973년 동경 구리하라栗原유적에서 날 부분이 갈린 도끼모양석기가 처음으로 출토되었다. 그 후 지속적으로 발견되어 3만 년 전의 구석기유적에서 마제석부와 지석이 함께 출토됨은 물론, 마제석부의 제작장도 확인되었다. 아메리카대륙은 7,000년 전, 유럽은 9,000년 전, 시베리아지역은 20,000년 전, 오스트레일리아는 29,000년 전에 마제석부가 출토되었다(小田靜夫 2003).

　　우리나라도 2.5~1.5만 년 전의 후기 구석기유적인 신북, 집현, 수양개에서 갈린 석부 또는 자귀로 부를 수 있는 석기가 출토되었다. 그러므로 도구를 제작하기 위해 마연기법을 사용하기 시작한 것은 후기 구석기시대부터인 것이다(국립대구박물관 2005; 이기길 2004; 이융조 외 2005). 지금까지 구석기시대와 신석기시대의 제작기술을 타제와 마제의 이분법적 차원에서 분류하였으나 이제 더 이상 그런 분류는 의미가 없어졌다.

　　후기 구석기시대 마연기법의 출현은 타격에 의한 박리만으로 필요한 도구를 충원하는 것이 불가능하다는 위기감에서 시작되었다. 또한 물리적 성질을 바꿀 수 없는 돌을 새롭게 재가공한다는 발상전환의 결과이기도 했다. '돌이 돌을 간다'는 매우 단순한 이치가 새로운 기법과 도구형식을 출현시킨 것이다. 선사시대에서 돌을 갈아서 새로운 석기를 만들 수 있다는 사실은 타제기술로 제작할 수 없었던 도구의 정형성과 규격성을 한 차원 높인 획기적인 발견이었다.

　　마연기법에서 가장 중요한 도구는 지석이다. 예비조정은 망치돌을 활용해 박리한 뒤 고타기법, 양극기법을 사용했다. 마연은 날과 형태를 잡는 과정의 약마略磨와 완성단계의 정교한 정마精磨가 있다. 마연은 석질의 경도硬度에 따라서 차별적으로 이용되었다. 석질이 단단하여 오랫동안 사용가능한 석기는 전면全面에 걸쳐 정교한 마연을 하였으나, 석질이 단단하지 못하고 물러서 오래 사용하지 못하는 경우에는 약한 마연만 하고 날 부분만 정마하는 방식을 선택하였다(金京七 1997:65).

4) 고타(敲打)기법

고타기법은 타격기법의 보조수법으로 사용되거나 그 자체로 마무리되기도 한다. 타격기법으로 석기를 가공할 때 빈번히 발생하는 표면의 계단모양의 흔[step]이나 굴곡이 심한 흔[hinge]은 석기의 측면을 타격한다고 해서 쉽게 제거되지 않는다. 박리과정에서 생기는 불규칙한 박리흔들은 석기의 정형성을 떨어뜨리고 기능저하를 가져올 수 있으므로 제거하는 것이 좋다.

이를 극복하기 위한 고타기법은 두 가지가 있다. 석기를 대석에 대고 위에서 반복적으로 타격하여 제거하는 법과 직접적으로 석기 표면을 고타도구로 두드려 깨는 방법이 있다. 전자[前者]는 일반적인 타제석기의 제작과 동일하게 볼 수 있으나, 특정 박편을 생산하기 위한 것이 아니라 석기의 정형을 위해 집중적이면서 반복적으로 가격했다는 점에서 고타행위로 판단할 수 있다. 특히 타제석부에서 보이는 비대칭성은 대석을 이용한 양극고타기법[兩極敲打技法]에 의해 제작되었을 가능성이 높다(久保田正壽 2004).

후자[後者]는 1차 조정 때 석기표면에 생긴 계단모양의 박리흔이나 불규칙한 요철[凹凸]을 고타구로 반복적으로 찍어서 편평하게끔 만드는 것이다. 마연은 지석과 석기의 표면이 서로 맞닿으면서 면적[面的] 접촉을 통해 이루어지는데, 고타기법은 마연에 걸리는 가공시간을 줄이고, 석기 전면[全面]을 고르게 갈기 위한 작업 행위이다. 고타는 도구의 날 부위보다 자루삽입부나 전체적인 석기 정형에 보다 많이 사용된다. 후기 구석기시대와 신석기시대 전기에 국부[局部]마제석부가 많고, 전면[全面]이 마연된 석부가 드문 이유는 고타기법이 보편적으로 사용되지 않았기 때문이다.

마연의 효율성을 높이기 위해서는 석기 부위에 따른 다양한 형태의 지석 사용과 고타기법이 중요하다. 예를 들어, 청동기시대의 합인석부나 유구석부를 제작할 경우 초기 단계의 박리조정이 끝나고, 마연하기에 앞서 고타기법을 사용한다.[10] 고타가 가장 많이 사용된 석부는 원석에서 떼기, 타정[打整]으로 형태 만들기, 고타로 요철정리, 마연하기로 이루어진다(金京七 1997:65). 대구 연암산일대는 다량의 유구석

---

10 석부의 제작과정을 5단계로 분별하기도 한다. 제1단계는 균열(떼기), 제3단계는 타정(깎기), 제3단계는 탁정(쪼으기), 제4단계는 약마, 제5단계는 정마이다(김석훈 1993:44).

그림 2. 다양한 석기제작 기법
1. 석부의 고타흔(진주 대평 옥방10지구출토)   2. 별도끼의 고타흔(중앙부위, 북한지역출토 추정)
3. 돌깨기 세부모습(여수 월내동)   4. 돌깨기관련 유물(밀양 고례리, 여수 월내동, 여수 월내동)
5. 신석기시대 지석(진주 상촌리)   6. 청동기시대 옥제작관련 유물(진주 대평)
7. 조합식 낚싯바늘 조정구의 사용모습(고성 문암리)   8. 조합식 낚싯바늘의 홈내기(여수 대경도)

부와 석기 부스러기들이 확인되는 점으로 미루어볼 때 석부제작장으로 추정된다 (윤용진 1968).

고타기법이 적용된 유물로는 신석기시대 장대형석부,[11] 청동기시대 각종 석부류, 석봉, 별모양도끼, 달도끼, 마제석검 등이다.

5) 찰절(擦切)기법

찰절은 신석기시대에 출현한 제작기법이다. 이것은 만들고자 하는 형태의 석기를 원석이나 준비된 소재로부터 자르기로 소재를 획득하는 방법이다. 석재의 양면兩面에 긴 홈을 내고 찰절도구를 사용하여 양쪽을 번갈아 마찰시켜, 마치 톱으로 돌을 자르는 것과 같은 이치이다. 잘리는 홈에 모래를 넣어 마찰효과를 높이기도 한다. 잘리는 면을 상하 엇갈리게 하여 잘라내었다. 이때 도구의 옆면에는 찰절흔이 남는다. 이 기법은 도구의 제작뿐만 아니라, 폐기되는 석기 중 다른 용도로 사용할 일부분을 잘라낼 때도 이용된다.

찰절기법은 마제석검의 피홈血溝을 새기고, 자루와 검신을 분별할 때나 이단병식 석검에서는 자루의 중앙부분에 홈을 낼 때 사용된다.[12] 반달돌칼의 홈과 홈사이의 홈을 낼 때, 석촉의 기부나 소재를 만들 때, 달도끼와 마제석검의 폐기품 중 재가공을 위해 소재를 획득할 때 사용된다. 그리고 조합식 낚싯바늘의 세부조정에도 사용된다.

신석기시대 결상이식은 우리나라를 비롯해 일본·중국 등 동아시아에 널리 유행했던 귀걸이다. 이것은 청도 사촌리, 동삼동패총, 고성 문암리에서 출토되었는데, 귀에 걸기 위한 홈을 낼 때 찰절기법이 사용되었다. 시기적으로 이 기법 중 가장 초현적初現的인 형태이다.

---

11 신석기시대의 장대형(長大形)석부는 고타가 사용된 전형적인 석기로 울진 후포리, 고성 문암리, 춘천 교동, 춘천 시도, 통영 연대도, 통영 욕지도, 부산 동삼동, 함경북도 무산유적 등 한반도 동부지역에서 주로 출토된다.

12 형식변화에서 피홈의 형태는 점차 간략해져 형식적으로 선을 긋는 모양으로 바뀌게 된다. 피홈을 지닌 석검 중에는 무경식도 있다.

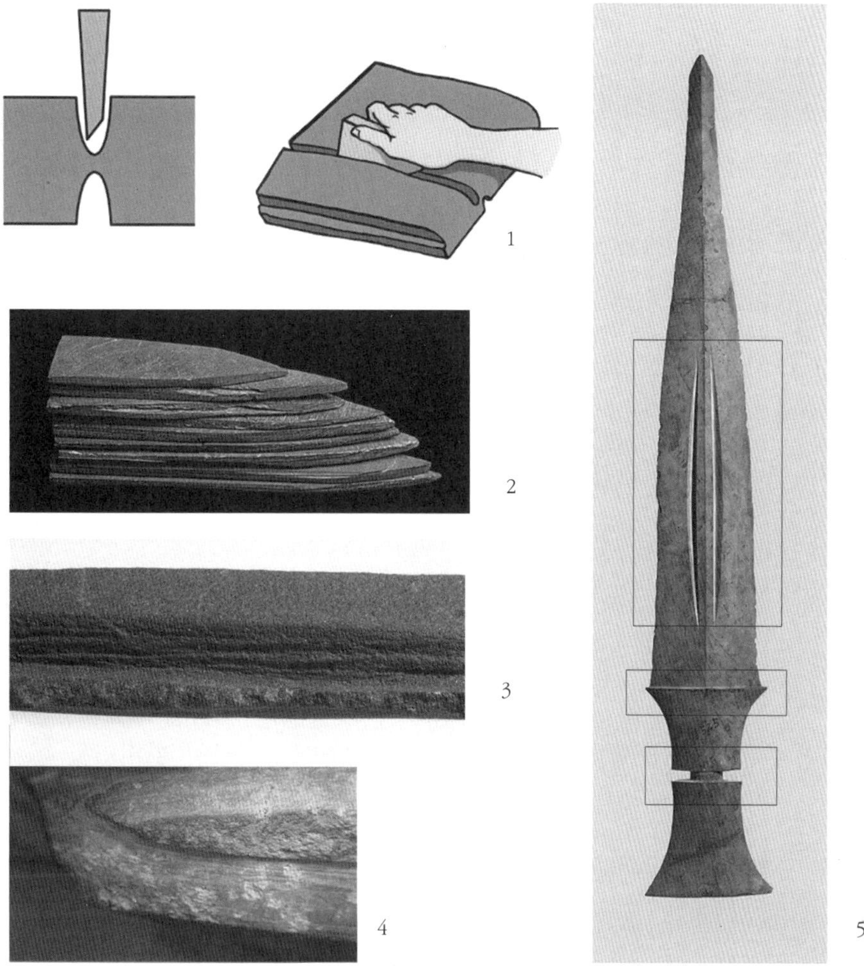

그림 3. 찰절기법
1. 찰절기법의 사용모식도　　　2. 찰절기법으로 만든 청동기시대 석촉
3·4. 찰절흔 세부　　　5. 마제석검(출토지 모름)에 사용된 찰절기법

　　청동기시대의 석촉은 편평한 석재를 이용하여 적절한 크기의 예비석재를 획득할 때 찰절기법을 이용한다. 이 기법으로 만든 석촉의 경우 단면이 장방형으로 날이 없는 것과 날을 세운 것이 있다.[13] 찰절기법은 옥제작을 위한 천공구의 제작이나

---

13 청동기시대 후기가 되면 찰절기법은 거의 사용되지 않는다. 석촉은 장대화(長大化)되고 부장용으로 훨씬 많이 사용되고 부러뜨려 매납하기도 한다.

유경식有莖式 석창의 미늘부분을 제작할 때도 사용되었다.

6) 천공(穿孔)기법

천공기법은 후기 구석기시대부터 확인된다. 중국 동북지역 후기 구석기유적인 소고산小孤山 유적에서는 짐승이빨로 만든 장신구 125점에 구멍이 뚫어져 있었다. 코끼리 앞니를 이용해 만든 구멍 있는 뼈바늘 3점도 함께 출토되었다(張龍俊 2007). 시베리아지역 카라봄Kara-Bom 유적은 후기 구석기시대 초기 유적으로 43,300±1600BP의 연대가 확인되었다. 이곳에서는 구멍 뚫린 장신구가 3점 출토되었다 (Derebianko *et al.* 2003). 우리나라 수양개에서 회전흔이 있는 구멍 뚫린 석기가 출토된 바 있어 회전에 의한 천공작업은 후기 구석기시대로 거슬러 올라갈 수 있게 되었다. 그러나 천공행위는 신석기시대 이후에 본격화되는 것으로 볼 수 있다.

천공기법은 손으로 뚫는 것, 석영처럼 경도硬度가 높은 돌송곳을 손으로 잡고 좌·우로 회전시키는 방법, 활대로 축을 돌려 회전시키는 도구인 활비비를 이용한 것이 있다.[15]

천공, 즉 구멍 뚫기는 찰절이나 마연처럼 석영이나 모래를 뿌려 마찰율을 높이기도 한다. 천공기법은 신석기시대의 장신구와 청동기시대의 반달돌칼, 별모양도끼, 달도끼, 가락바퀴, 곱은옥, 대롱옥, 구슬옥, 기타 장신구 등에서 확인된다.[16]

천공기법은 청동기시대 옥제작과 관련되어 더욱 발전한다. 산청 묵곡리유적과 진주 옥방 5지구 집터 8기 중 4기가 옥제작공방으로 확인되었다. 진주 옥방유적은 다양한 형태의 석환石環, 석추 등이 출토되어 활비비弓錐를 이용한 천공기술이 일반

---

14 유경식 석창은 천안 백석동, 울주 천상리, 양양 포월리, 충북 홍성군 교암리에서 출토된 바 있다.

15 진주 옥방 5지구 B구역 5호 주거지 내부에서는 장방형 작업공 안에서 옥을 가공하기 위한 대석, 옥을 갈기 위한 옥마석, 다듬기 위한 지석, 자르기 위한 찰절 석기 등이 많은 옥제품과 옥쇄분이 발굴되었다(이형구 2001). 옥에 구멍을 뚫는 작업은 가장 나중에 이루어진다. 옥기류의 경우 천공에 앞서 옥을 깨는 망치돌, 옥을 가는 지석, 절단하는 찰절구를 이용한 작업이 선행된다.

16 반달돌칼은 타격으로 먼저 형태를 만들고 갈아서 표면을 다듬은 뒤, 구멍을 낼 때는 뚫을 지점을 쪼아서 천공작업이 용이하도록 한 뒤 구멍을 뚫기도 한다. 이것의 구멍은 1개부터 4개까지 있고 경우에 따라서는 구멍이 동일한 시점에 모두 뚫은 것이 아니라 사용과정에서 재차 구멍을 뚫은 경우도 확인된다.

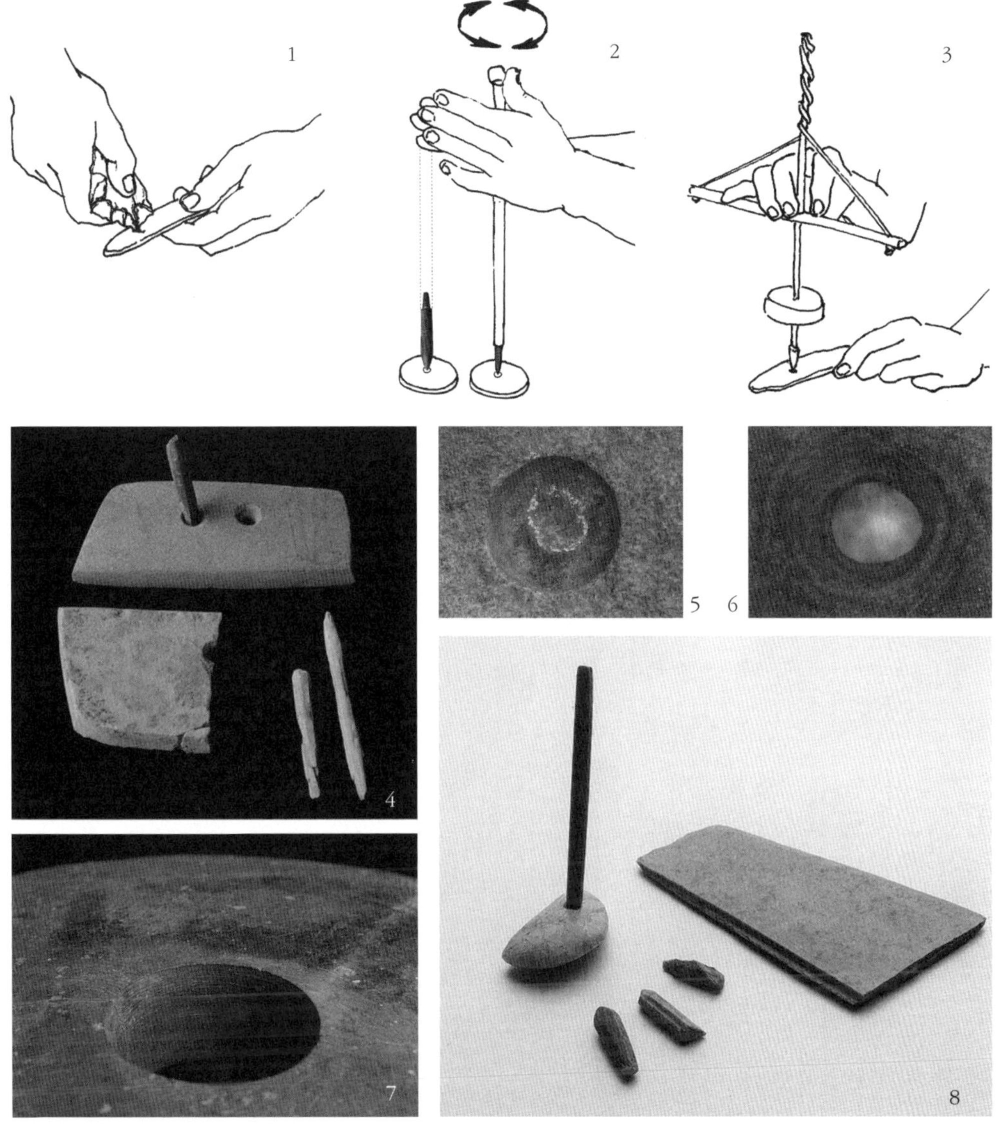

그림 4. 1. 뚜르개를 이용하여 손으로 구멍내기 2. 결합식 천공구를 이용하여 손으로 비벼 구멍내기
3. 활비비로 구멍내기 4. 반달돌칼의 천공구(대구 칠곡출토)
5. 반달돌칼의 미완성 천공모습 6. 반달돌칼의 천공세부모습
7. 달도끼의 구멍 내부모습(김해 부곡동) 8. 옥천공구(진주 대평 어은 2지구)

화되었음을 보여주는 좋은 자료이다(그림 2-6). 석추 재질은 석영과 같은 단단한 재질이 사용되었다. 이것은 자루에 바로 끼우지 않고 매개물을 끼워서 이용했을 가능성이 있다.

청동기시대의 장식옥은 곱은옥(반달형, 반환형, C자형), 대롱옥(一자형), 구슬옥(둥근형)으로 나눌 수 있다.[17] 이것들은 구멍이 있어 여러 개를 연결해서 하나의 치레걸이로 사용하거나, 단독으로 줄을 관통시켜 치장하는 공통점이 있다. 대롱옥은 목걸이, 곱은옥은 귀걸이나 목걸이로 사용된다.[18]

반달돌칼은 손잡이 끈을 끼우기 위한 구멍이 있다. 이것은 마연 후 구멍을 뚫는 과정에서 반파(半破)되는 경우가 잦았다. 유적에서 출토되는 반달돌칼의 폐기품 중 매우 많은 양이 구멍을 중심으로 깨졌음을 쉽게 발견할 수 있다. 여기에는 제작 중의 파손, 사용 중의 파손, 파쇄(破碎)의례에 의한 파손으로 구분할 수 있다. 반달돌칼의 날이 무뎌지지 않고, 구멍이 온전하게 뚫리지 않은 것이나 구멍을 중심으로 깨어진 것은 천공과정에서 깨어졌을 가능성이 높다고 추정된다. 많은 양의 반달돌칼이 전국 각지에서 출토되었지만, 반달돌칼의 구멍을 뚫는 데 사용된 도구가 출토된 유적이 드문 것도 특징이다.

별모양도끼(多頭石斧)는 편평하고 납작한 둥근 형태를 제작한 뒤 구멍을 뚫는 것과 돌기를 제작한 것으로 나뉜다. 자루를 끼울 수 있는 구멍 크기가 대체로 2cm 이상이다. 구멍내부에 투공작업에 의한 흔적인 회전선이 연속적으로 남아 있다. 이로 미루어 볼 때 사람 손이 아닌 구멍을 뚫는 특별한 도구가 사용되었음을 추측할 수 있다. 구멍 단면은 안으로 들어갈수록 폭이 좁아지는 현상은 양쪽에서 구멍을 냈기 때문이다. 울산 신정동출토품의 구멍은 천공작업 전에 고타로 다듬은 뒤 천공하였다. 대구 서변동 출토품은 구멍주위가 다른 부분보다 두터운데, 이는 구멍을 뚫을 때 생기는 석기의 파손을 막고, 양쪽에서 구멍을 뚫을 때 어긋나지 않도록 하기 위한 고안이었다. 달도끼의 구멍도 별모양도끼와 동일한 방식으로 진행되었다.

---

17 진주 대평 옥방1지구출토 옥파편을 분석한 결과, 옥은 녹색을 띠는 미사장석인 천하석(amazonite)으로 밝혀졌다. 원료광물의 기원지는 함안군 화장산 일대, 산천군 둔철산 일대, 산청군 호염봉 일대로 추정되었다(김영호 2002). 그러나 대롱옥의 경우 천하석보다 재질적으로 단단한 벽옥을 이용하는 경우가 더 많다.

18 대롱옥과 곱은옥은 중국 요령성·길림성과 함경도 지방을 제외한 한반도의 여러 지역에서 출토되며, 전라도와 경상도지역에 집중적으로 출토된다(兪泰勇 2001:209).

7) 홈내기기법

홈내기는 특정기술로 분류하기에 기법적인 특징이 약하지만, 석기를 제작하는 중요한 세부 기술 중 하나이므로 기법으로 따로 분류하였다. 홈내기는 박리, 눌러떼기, 마연, 찰절, 고타기법 등과 혼용되어 사용되었다(표 2). 구석기시대의 슴베찌르개, 뚜르개와 같은 석기에 초보적인 형태의 홈내기 기술이 나타난다. 이 때는 망치돌을 이용해 특정부위를 움푹하게 만드는 방식이었다.

반면, 신석기시대와 청동기시대는 지석을 이용해 홈을 낼 수 있게 되어 정교한 도구제작에 활용되었다. 홈내기 기법이 사용된 유물로는 구석기시대 밀개·긁개·추형찌르개·슴베찌르개를 비롯해, 신석기시대 작살·조합식 낚싯바늘·어망추·석시·석추·석거가 있다. 청동기시대는 그물추를 비롯해 석창과 석촉의 기부, 마제석검의 병부, 유구석부의 착장부, 부리형석기의 날에 홈내기기법이 사용되었다.

5. 소결

선사시대는 후기 구석기시대 이전까지는 석기를 제작하는 데 주로 돌을 이용하였다. 그러다가 후기 구석기시대가 되어 다양한 제작기법이 출현하면서 망치돌의 재질은 물론 마연기법까지 출현하면서 석기의 제작기술은 비약적인 발전을 이루게 된다. 그러한 예로 후기 구석기시대의 연질 망치, 눌러떼기의 누름도구, 각종 도구의 손잡이와 자루, 조합식 석기의 뼈도구 등이 있다. 결국, 이러한 발전양상은 돌과 돌을 부딪쳐서 도구를 만드는 데 있어, 선사인이 기술적인 한계를 극복하려는 시도의 산물이다. 돌이 가진 재료의 물리적 한계를 넘어서기 위한 생존도전이었다.

석기는 돌로 만들어야 한다는 고전적 의미를 버리고, 다른 재질의 재료를 사용해서라도 도구의 효율성을 높이고 살상력을 배가시킬 수 있는 방향으로 사고전환을 한 결과였다. 이러한 기술적 변화는 새로운 도구형식의 창출을 이끌어 선사인의 삶에 긍정적인 변화를 주었던 것으로 판단된다.

표 2. 선사시대 석기와 제작에 사용된 기법단위(△은 필요에 따라 사용되는 경우)

시대기법	분류	석기종류	타격	눌러떼기	마연	고타	찰절	천공	홈내기
구석기	수렵구/가공구	주먹도끼	○						
		찍개	○						
		다각면원구	○						
		밀개	○						○
		긁개	○						○
		석인	○						
		세석인	○	○					
		새기개	○	○					
		인부마제석기	○		○				
	수렵구	슴베찌르개	○						○
		양면조정찌르개	○	○					
		추형찌르개	○	○					○
신석기	수렵구	타제석촉	○	○					
		마제석촉	○		○				
		타제석창	○						
		마제석창	○		○				
		세석인/세석핵	○	○					
	어로구	마제작살	○	○	○				○
		조합식낚싯바늘	○		○		○		○
		타제어망추	○						○
		국부마제석부	○		○				
		석거	○						○
	가공구	타제석착	○						
		마제석착	○		○				
		석시	○	○					○
		석추(송곳)	○						○
	농경구	괭이	○		△				
		보습	○		△				
	치레걸이	결상이식	○		○		○	○	
		목걸이	○		○			○	
	의례구	장대형석부	○		○	○	○		
		석봉	○		○	○			
청동기	수렵구	마제석촉	○		○		○		○
		마제석촉(찰절)	○		○				
		타제석창	○						
		마제석창	○		○				○
	어로구	어망추	○						○
	가공구	유구석부	○		○	○			○
		합인석부	○		○	○			
		편평편인석부	○		○				
		석착	○		○				
	농경구	반달돌칼	○		○	○	○	○	
		석겸	○		○				
		부리형석기	○						○
		보습	○						
		괭이	○			○			
	치레걸이	곡옥	○		○		○	○	
		대롱옥	○		○		○	○	
		둥근옥	○		○		○	○	
	방직구	가락바퀴	○		○			○	
	의례구	마제석검	○		○	○	○		○
	기타	별모양도끼	○		○	○	○	○	○
		달모양도끼	○		○	○	○	○	

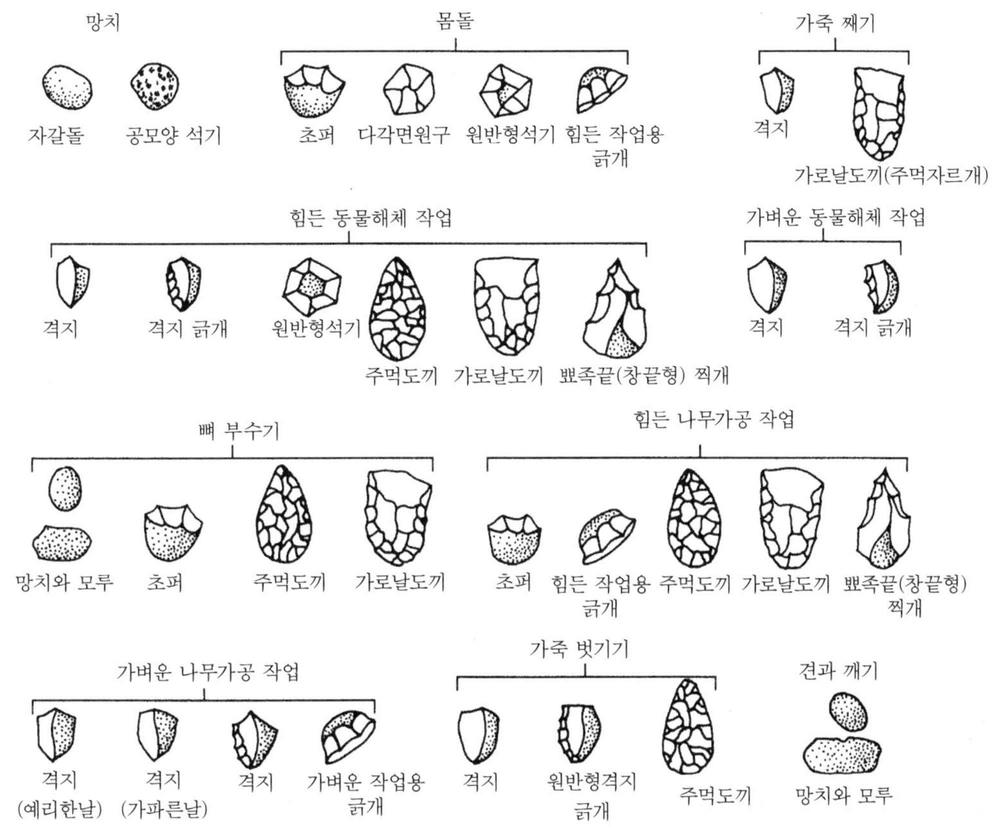

그림 5. 구석기시대 석기 일부의 기능 추정. 대부분은 확인된 것이 아닌 추정되는 기능임.
(더글라스 프라이스(이희준 옮김) 2013:340)

이번 장에서 살펴보았듯이, 선사시대의 석기는 문화적으로 크게 눈에 띄지 않았지만, 지속적으로 기술발전을 시도하였다. 지금까지 구석기시대와 신석기시대의 석기를 구별하는 기준 중 하나였던 타제와 마제의 이분법적 구분은 후기 구석기시대에 마제석기가 출현됨으로써 그 효력을 상실하였다. 마제기법이 출현한 후 타격기법은 청동기시대까지 계속 이어졌지만, 철기가 출현하면서 소멸되었다.

또한 후기 구석기 후반의 세석인기법의 출현으로 타격기법이 다른 기법의 보조적인 수단으로 바뀌기도 하였다. 눌러떼기를 이용한 세석인기법은 돌을 이용하여 타격을 가해 박리를 한 기법은 아니지만, 돌로 만들 수 있는 최상의 발명품의 하나였으며, 석촉제작의 기술적 근간이 되었다.

청동기시대^{무문토기문화}의 석기는 이전 시기와 많은 차이가 있지만, 기본적으로는 신석기시대 기술전통을 계승하였다. 그 중 석기 재질은 직접떼기로 떼기 쉬운 석재에서 마연하기 쉬운 석재로 바뀌었다. 청동기시대의 석기가 중요한 이유로는 지금까지 사용하고 있는 도구들의 조형^{祖形}이 만들어졌기 때문이다.

선사시대의 석기기술은 타격기법, 마연기법, 고타기법, 찰절기법, 천공기법, 홈내기기법으로 정리할 수 있었다. 타격기법과 고타기법은 돌망치를 이용해 석기소재를 제작하거나 정형하는데 사용되었다. 마연기법은 표면의 마찰력을 이용한 것이다. 천공기법은 회전원리를 활용하였다. 이러한 기법들은 석기제작은 물론, 골각기를 만드는 데도 초기단계부터 최종 마무리단계까지 적절하게 활용되어 도구의 완성도를 높임과 동시에, 기능성과 예술성을 갖춘 도구를 만드는 보조수법으로 사용되었다. 특히 고타기법이 사용되면서 더욱 발달한 마연기법은 더 많은 석기에 적용되었다. 석기 형태가 정연해지면서 예술적인 도구나 장식품도 만들 수 있게 되었다.

석기종류는 기능이 개량되면서 다양화·전문화가 이루어졌다. 석부나 석착 등 하나의 도구가 목적에 맞게 크기와 형태면에서 세분화된 것이다. 형태가 동일한 석기가 대량으로 제작되면서 석기제작을 위한 장인이 출현했을 가능성도 있었다. 기법적으로 구석기시대에서 청동기시대로 갈수록 사용되는 기술의 복합정도가 증가하였다. 철이 사용되면서 일부 석기를 제외한 대부분의 도구는 그 기능을 상실해 장신구나 의식구 등 상징적 기능만 남게 되었다.

끝으로 보고서 발간과 연구를 위한 석기작업과정을 〈표 3〉에 소개한다.

표 3. 보고서 발간을 위한 석기 작업(矢本節郎, 1996, 『石器の見方』, 千葉縣文化財センター을 일부 참조)

정리 절차	내 용	주의 사항
사전 관찰	세척 전에 석기에 특별한 흔적이나 이물질은 없는지 관찰 뒤에 세척 여부 결정. 사용흔 분석 등이 필요한 경우 세척보다 분석을 우선 진행	
물세척(水洗) 건조	땅 속에서 출토된 석기를 관찰하기 위해 물로 세척. 석질과 표면이 양호한 경우 초음파세척기도 사용가능	우리나라 구석기를 포함한 석기는 산성토양으로 인해 풍화가 심한 경우가 많음. 물세척할 경우 표면흔적이 없어질 수도 있으므로 주의 필요
주기(注記)	발굴 기록을 토대로 석기에 번호를 기재. 석기 기종, 사진 촬영, 전시 등을 고려해 적절한 곳을 선택해서 기록(자연면, 박리면, 배면 등)	석기가 작아 적기 어려울 경우에는 비닐봉지에 기록하여 관리
기종분류	○내적속성: 석기 그 자체의 특징 석재, 길이, 폭, 두께, 무게, 등면구성, 타각, 타면형상조정부위, 사용흔부위, 부러진 면, 이차가공 등 ○외적속성: 석기의 출토상황 유물번호, 블록, 모암번호, 출토층위, 좌표위치, 접합관계 등	○분류와 함께 계측 진행 ○모암분류: 하나의 석기는 하나의 원석에서 만들어짐(一原石, 一石器). 그 과정에서 많은 박편과 부스러기, 석핵이 나오게 되고, 블록별 또는 모암별 유물대장 등 출토상황을 고려해 동일한 원석을 선별해야만 함.
분석의뢰	기종분류 뒤에 사용흔, 지방산, 가열처리유무, 원산지 등의 자연과학적인 분석이 필요한 경우 의뢰 요청	
접합	모암별로 나누어진 석기들을 접합	석기의 제작과정과 기법, 유적 내 석기의 이동상황, 석기 반출 등 석기만으로 알 수 없는 다양한 정보를 추론할 수 있는 아주 중요한 작업
실측도 작성	분류가 끝난 석기를 대상으로 보고서 작성을 위해 실측	접합작업이 끝난 것을 먼저 진행하면 더 효율적임
평면분포도 수직분포도	발굴기록을 토대로 기종별, 모암별, 접합상황 등을 분포도로 제작	
속성표 작성	속성표, 기종조성표, 모암별 기종조성표 등	
사진 촬영	개별 또는 집합, 출토지별, 모암별, 기종별 등 다양하게 촬영	
원고 집필		
보고서 발간		

제
2
부

석기의 생산과 작업방식

한반도출도 석핵석기

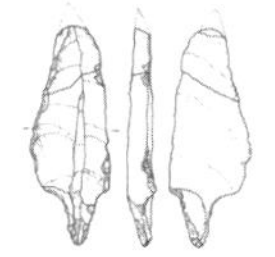

구석기 생산유적의 특징과 운영방식

1. 서론

구석기 생산유적은 원석의 획득과 이용방식에 대한 정보를 얻을 수 있고, 예비소재의 제작방식이 복원가능하고, 석기를 성형^{成形}한 뒤의 잔존물들이 존재하거나 완성품이 많이 출토된다. 유적 내에 다량의 접합유물과 석기가 군집 형태로 존재한다. 실제 고고학 분야에서 구석기 생산은 생소하게 들릴 수 있다. 인간이 도구를 만드는 과정에서 투입되는 재료와 기술 난이도나 완성도에서 차이가 날 수 있지만, 도구 제작 목적이 생존을 위한 필수적인 행위였다는 점에서 그 의미는 다를 비 없다. 구석기의 세작도 260만년이 넘는 시간을 거치면서 아주 느리기는 하지만, 점진적으로 발전을 거듭해 왔다. 전기 구석기와 중기 구석기에 비해 후기 구석기는 석기제작에서 비약적인 발전양상을 보여주었다. 그 이면에는 예비소재를 활용하는 방식의 개선과 박리공정에서 체계화된 제작시스템의 보유가 큰 밑거름이 되었다.

이번 장에서는 구석기유적에서 석기분포가 지니는 의미와 유적구조를 밝혀, 향후 연구방향을 설정하는 것이 목적이다. 우선 구석기 생산유적의 운영방식을 파악하기 위해 구석기 유적 중 제작관련 도구와 접합유물이 확인되었거나 출토유물의 분포상태가 특징적인 유적을 검토대상으로 삼았다. 석기제작지에서 확인되는 제작도구의 크기와 형태, 박리기법의 종류, 석기군의 패턴, 접합유물의 비산거리^{飛散距離}

통계치를 활용하여 작업공간을 추정할 것이다. 석재의 운용방법 등을 통해 구석기 생산유적의 운용방식을 시론적으로 도출해 내고자 한다.

표 1. 구석기시대 석기군과 제작관련 유물

석기군	석기종류	제작관련 유물	대표유적
석영계석기군	주먹도끼, 가로날도끼, 찍개, 여러면석기, 뾰족찌르개, 긁개, 뚜르개, 밀개, 석핵 등	망치돌, 모룻돌, 석핵, 부스러기 *예비조정과 관련된 부산물 드뭄	전곡리, 금파리, 금굴, 가월리·주월리, 원당, 춘천 갈둔, 춘천 거두리, 상무룡리, 하화계리 백이, 작은솔밭, 동해 평릉동, 강릉 심곡리, 청주 봉명동, 홍수굴, 청주 율량동, 소로리, 용호동, 석장리, 좌동, 평창리, 상무룡리, 하화계리, 정장리, 삼리, 도산, 원당, 병산리, 죽내리 1~3문화층, 화대리, 작은솔밭 등
석인석기군	슴베찌르개, 찌르개, 긁개, 밀개, 새기개, 뚜르개, 홈날석기, 톱니날석기, 석핵 등	망치돌, 모룻돌, 능조정석인, 능조정석핵, 타면생성박편, 타면재생박편, 최초박편, 부스러기, 작업면재생박편, 새기개스폴	고례리, 수양개, 용산동, 진그늘, 월평, 화대리, 호평동, 용호동, 죽내리 Ⅳ, 금굴 Ⅳ 등
세석인석기군	세석인, 긁개, 밀개, 새기개, 국부마연석부, 양면조정찌르개, 뚜르개, 석핵	누름도구(실물자료는 없음), 망치돌, 모룻돌, 조정된 예비세석핵, 타면스폴, 최초박편, 새기개스폴, 작업면재생박편, 지석	수양개, 신북, 집현, 호평동, 월성동, 임불리, 해운대 중동, 기곡, 하화계리, 석장리, 노은동, 장흥리, 작은솔밭 등

2. 구석기 생산유적의 특징

1) 생산유적의 정의

구석기시대는 석기가 출토되는 다른 시대와 달리 현지에서 제작되었을 가능성이 어느 시대보다 매우 높다. 어떠한 형태로든ⓒ 석기 가공이 유적 내에서 발생하기 마련이다. 대체로 원산지유적군에서는 대량의 원석, 박편, 석핵, 부스러기, 파손품, 미완성품, 망치돌 등이 출토되는 데 비해 완성품의 비율이 낮은 게 특징이다. 석기

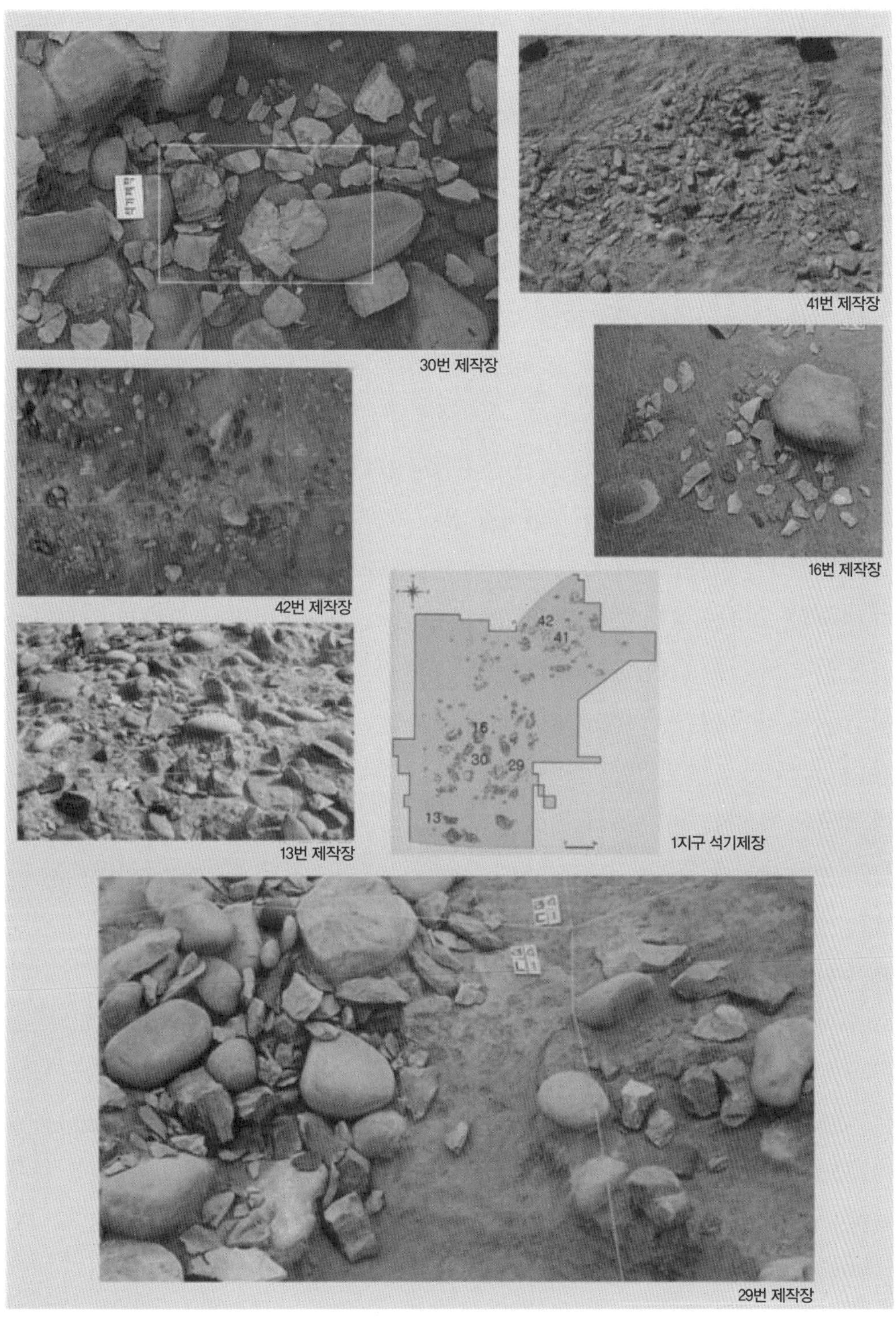

사진 1. 수양개유적의 석기제작장과 주요 석기제작장의 모습(이융조 외 2005를 편집)

제작에 관련된 제작지유적이 많고 채굴갱을 동반하거나, 특정 기종을 집중적으로 제작하기도 한다(舊石器文化談話會編 2000:81).

구석기시대 석기생산의 발전과정은 석기효율성의 극대화에 초점이 맞춰져 있었다. 하나의 원석에서 최대한 많은 예비소재를 생산하고, 석기 소형화는 무게의 경량화를 가져와 사람의 유동성을 높여주었다. 석기 크기는 작아졌지만, 기능은 강화되었다. 후기 구석기시대에는 돌뿐만이 아니라 뼈와 녹각 등을 석기와 함께 사용하는 복합도구가 제작됨으로써 도구생산의 또 다른 혁명을 가져왔다. 석인기법과 세석인기법은 박편기술의 발달이라는 측면도 있지만, 석기와 자루의 결합이라는 새로운 문화현상을 발생시켰다. 음식물섭취 뒤에 버려지거나 쓰레기로 방치되어 있던 뼈나 녹각 등을 도구 재질로 편입시켰다. 즉, 돌이라는 소재만 가지고 석기를 만든 진정한 구석기시대는 어쩌면 없다고 말할 수 있을런지도 모르겠다.

후기 구석기시대의 도구 특징은 한마디로 요약하면, 복합도구의 탄생과 사용이다. 이러한 도구는 대형 수렵도구를 만들 수 있다. 대형동물을 포획하고, 수렵자의 신변을 보호할 수 있는 역할을 해주었다. 특히 석기 크기는 소형화되었으나 완성된 도구의 전체 크기는 오히려 대형화되는 양상이다. 가벼워진 석기덕택으로 도구가 경량화되어 이동반경의 확대를 가져왔다. 석기 기능은 향상되었으나 석기제작에 필요한 원석의 양이 줄어들면서 석재 효율성도 함께 높아졌다. 이러한 복합도구는 도구의 보수가 용이(석기는 부속품의 개념)하였다. 복합도구의 단점은 아무래도 단순히 제작하는 석기에 비해 제작시간이 길어지게 되었다. 제작에 일정 기간의 연습과 숙달이 필요하면서 특정 전문장인의 필요성이 대두되었을 가능성이 있다. 그리고 이러한 석기를 만들기 위해서는 다양한 석기제작용구의 개발이 필요하였다. 후기 구석기시대 이전에는 어쩌면 망치돌만 있으면 석기를 제작하는 것이 가능했으나 석인기법이나 세석인기법은 펀치 또는 누름도구, 세석핵 고정구 등이 필요하였다. 아울러 복합도구를 위해 끈이나 접착제로 사용될 재료의 확보도 중요한 문제였다.

우리는 구석기시대의 생산유적을 무엇을 기준으로 정리하고, 그것을 어떻게 정의내릴 것이냐는 문제를 안고 있다.

생산유적은 석기제작도구의 출토(특히 망치돌과 석핵, 모룻돌), 석기제작과 관련한 부산물의 출토(능조정석인, 타면재생박편, 세석핵의 스폴, 새기개의 스폴, 국부마제석부의 제작을 위한 지석, 조정이 가해지지 않은 많은 양의 부스러기들이나 박편), 석기접합이 일정수량이상 확인될 때, 유적 내에서 석기가 생산되었다고 정의할 수 있다. 이런 관점에서 석기군 중심으로 생산유적을 석영계석기군, 석인석기군, 세석인석기군으로 나눌 수 있다(표 1). 물론 주먹도끼 생산유적, 찍개와 다각면원구 생산유적, 석영계 소형박편 생산유적, 슴베찌르개 생산유적, 긁개 생산유적, 세석인 생산유적 등과 같이 도구 중심으로도 나눌 수 있다. 하지만, 현 단계에서 석기를 세분하는 것은 연구성과가 축적되지 않은 상태에서 혼란을 줄 수도 있어 포괄적인 개념인 석기군으로 정리했다.

구석기생산유적은 일부 유적에서 석기제작장을 운영하고 있는 점과 석영계 석재가 석기군의 종류에 상관없이 거의 출토되는 특징이 있다. 〈표 1〉을 보면, 석기군마다 특징적인 생산관련 유물이 출토되고 있다.[1] 석영계 석기군은 구석기시대 전 기간동안에 걸쳐 출토되고 있다. 석인석기군과 세석인석기군은 후기 구석기시대에 해당한다. 생산유적으로 정의내리는 최소한의 기준은 부스러기와 더불어 생산관련 유물의 유무가 될 것이다.

2) 유기(遺棄)·방치(放置)·폐기(廢棄)의 구분

일반적으로 석기가 많이 출토되면 우리는 습관적으로 석기제작지 또는 석기공방, 작업장으로 속단하는 경향이 있다. 그 중에서도 출토유물을 폐기로 단정을 내린다면, 사람의 의도적 행위에 대한 의미파악을 추적하기 위한 현장에서 획득 가능한 정보를 더 많이 얻을 수 없게 된다. 이런 차원에서 석기가 출토되는 양상을 폐기로 총칭하기 보다는 유기·방치·폐기와 같이 개념적으로 구분할 필요가 있다(岡村道雄 1979).

현재 구석기시대 유적 중 특정 지역 내에 일정 공간을 할애하여 석기를 버려둔

---

1 〈표 1〉에 언급된 주요유적의 보고서는 대상유적이 너무 많아 지면관계로 생략하였다. 장용준, 2007, 「구석기 생산유적의 조사 현황과 연구방향」, 『제50회 전국역사학대회 고고학부 발표자료집』, 한국고고학회, pp.133~162.을 참조하기 바란다.

것으로 판단되는 폐기흔적이 발견된 곳은 아직 보고된 바 없다. 다만, 용산동과 고
례리에서 출토된 슴베찌르개의 경우 대부분이 파손품인 점을 감안하면, 폐기품이
나 유기품으로 볼 수 있다. 아마도 관련유적이 없었다기 보다는 발굴과정에서 이러
한 미세한 부분을 놓쳤을 가능성이 높다. 따라서 현장에서 나타나는 석기제작장의
특징은 폐기보다는 필요가 없는 것을 자연스럽게 무의식적으로 소외시키고 버림
으로써 생성되는 유기형태의 분포양상을 보인다. 석기집중현상은 실험분석을 통해
서도 유기적 상황의 가능성이 높다(佐藤宏之 1986).

　유기와 폐기행동은 인간의 공간구획의 이용방식에 대한 의도성이 반영된 결과이
다. 폐기에는 어느 정도 인간의 계획과 의도가 가미되어 있고, 폐기지역에 대한 영
역 제한도 설정했을 것이다. 유기에 의한 것은 그 분포와 구성물의 분석이 의미를
지닌다. 유기·폐기행동은 정주성과 주거형식, 작업공간의 설치방식과 같은 집단의
행동양식과 밀접한 관련이 있다(西秋良宏 1994). 기술적 조직은 도구를 둘러싼 기술
의 제요소가 유기적인 조직을 형성하고 있다. 석기는 석재의 획득·보급, 제작, 사
용(기능), 유지·소비, 폐기의 각 요소가 유기적으로 관련이 있기 때문이다(Binford
1979).

　청원 소로리 C지구의 큰 공방처럼 망치돌과 모룻돌이 4군데에서 석핵과 박리부
산물들이 함께 출토되는 경우, 고례리유적처럼 많은 석핵과 부스러기가 함께 출토
됨과 동시에 완성된 석기비율이 낮은 경우는 석기의 일생을 감안할 때 생산방식과
더불어 사용방식에 의한 폐기에도 관심을 가질 필요가 있다.

3) 석기제작공간의 혼란

　구석기시대의 퇴적층은 오랜 기간에 걸쳐 형성되므로 석기의 위치변화가 생기고
석기제작공간도 물리적인 영향을 받게 된다. 이 때 퇴적층은 그 속에 포함된 유물
의 위치를 변동시켜 혼란을 줄 수 있다. 이러한 혼란에 대해 살펴보고자 한다.

　고고학에서는 과거의 어느 시점에서 생활이 이루어졌던 면으로써 당시 지표면에
상당하는 것을 생활면 또는 거주면^{occupation level}이라 부른다. 석기제작공간도 여기

에 해당한다. 인간이 활동을 한 뒤, 그 흔적을 남기고 떠나면, 지표면에는 폐기·유기·방치에 의한 유적이 형성된다.

그런데 생활면은 시간이 경과하면서 매몰과정과 매몰 후 과정에서 생기는 다양한 지질적·인위적·생물적 요인에 의해 정상상태가 아닌 불균형의 상태, 즉 유물의 원래 위치를 벗어나 다른 곳으로 이동되는 혼란disturbance이 발생한다. 이러한 혼란의 원인에는 층위의 뒤섞임현상, 퇴적층의 유실, 유물의 재퇴적·섞임현상과 사람을 포함한 각종 동물들의 활동·나무뿌리와 같은 식물의 성장 등이 있다(배기동 2000·2006). 쐐기처럼 갈라진 틈사이로의 이동과 발굴자의 부주의에 따른 유물의 이동도 지적되기도 한다(한창균 2006). 빙하기를 포함해 최대빙하극빙기(LGM) 동안에 생긴 토양의 동결과 해빙현상도 한 요인이다.

물론 유적형성 당시, 거주자내지 제작자에 의한 유물과 유구의 이동도 일어날 수 있다. 심지어 인간활동에 의해 만들어진 유물포함층과 구분하기 어려운 가짜문화층이 만들어지기도 한다. 그러므로 매몰된 유물의 위치가 본래 행동론적 위치를 직접 반영하고 있다고 결코 가정할 수 없는 이유가 바로 여기에 있다(Butzer 1982, Schiffer 1996).

앞서 지적된 여러 요인 중 석기제작공간에 영향을 미쳤을 가능성이 큰 지질학적 요인을 중심으로 간략히 살펴보자.

우리나라 구석기유적이 대개 완만한 경사면과 평탄면, 하천변에 위치하는 점을 고려한다면, 석기 본래의 위치를 이동시킬 수 있는 자연현상은 사면 경사에 따라 중력으로 이동하는 사면이동·유수에 의한 물질의 운반과 퇴적·지표수에 의한 침식의 가능성을 생각해 볼 수 있다(김주환 2002:638).[2]

토석류(土石流; earth flow)나 이류mud flow도 석기를 운반하거나 층위교란을 야기시킬 수 있다. 기곡의 퇴적층은 하천작용에 의한 사력층으로 매스무브먼트와 사면을 따라 이동한 쇄설물이 복합된 지층이다. 구석기문화층은 최종빙기의 사면퇴적층과 고토양층에 의해 피복되었다(이해용 외 2005).

그리고 토양침식은 지표에서 경사방향으로 빗물이 흘러 침식을 일으키며 토양분

---

2 사면이동에 의해 형성된 것이 녹설층과 녹설 사면, 유수에 형성된 것이 충적층과 충적 사면이다.

산과 지표우수의 양과 속도가 중요하다(권동희·박희두 2007:309~316). 이것은 10분 동안에 2~3mm 이상의 세기로 강우가 있을 경우, 맨땅(裸地)에 토양유실을 유발하기 시작한다. 빗방울이 토양표면의 토양입단을 깨면서 토양유실이 시작된다. 생활면에 위치한 석기가 흙으로 피복되지 않았다면, 빗방울에 의한 토양침식으로도 석기의 출토위치는 바뀔 수 있다. 실제 발굴현장에서 특정 부분의 혼란현상이 잘 확인되지 않는 경우 포상류(布狀流, sheetflow)에 의한 이동과 층위변화도 고려할 필요도 있다.[3]

한편, 석기의 출토위치가 비교적 안정된 경우도 있다. 장수 침곡리의 유물 838점 중 468점이 부스러기이다. 집중호우와 사면을 따른 홍수류에 의해 유물이 거의 이동하지 않은 점은 이러한 영향을 받기 전에 퇴적물에 의해 석기가 피복되었음을 말해준다. 즉, 토양은 퇴적되더라도 유물을 운반시킬 수 없는 저침식력의 운반매체에 의해 이동되었다는 것이다(정재일 외 2007).

기본적으로 퇴적층은 퇴적물 측방연속성의 원리[principle of original continuity]에 영향을 받는다(한국지리정보연구회 2004).[4] 이렇게 형성된 퇴적층은 부가[aggradation], 안정[stability], 삭박[degradation]이라는 세 가지 변수에 지배를 받는다(出穗雅實 2007). 유적 형성에 영향을 미치게 되는 변형과정의 종류·강도·지속기간은 자연적 변화요인뿐만이 아니라 유적의 구성요소에 따라서도 달라진다. 즉, 기후와 경관을 중심으로 한 보존환경조건의 차이가 본질적으로 영향을 미치기도 한다. 인류 생태계를 구성하는 기후, 경관, 동물상, 식물상 등 거의 모든 요인이 정도 차이는 있지만, 유적의 변화요인으로 작용하고 석기의 출토위치를 혼란시킬 수 있다.

결국, 별다른 장애물이 없는 한데(산사면, 구릉, 선상지 등)에 많이 형성되는 석기제작공간의 경우, 그 장소를 유기 또는 폐기한 이후에 자연환경에 그대로 노출되어 더 많은 변형이 일어날 개연성이 높다.

---

3 포상류는 비교적 기복이 적은 평탄한 사면을 넓게 덮어서 흐르는 유수를 말한다. 포상류는 지표의 물질을 균일한 두께로 제거하므로 뚜렷이 눈에 띄는 결과를 가져오지 않는 경향이 있다. 포상류가 토양의 표층을 얇게 침식·제거하면 포상침식이 된다. 식생이 결핍된 반건조지역이나 주빙하지역에서는 지형이 포상류에 의해 직접적으로 삭박을 받는다(한국지리정보연구회 2006).

4 퇴적층의 형성 당시에는 횡적(橫的)으로 갑자기 끊어지지 않고 연속된 층을 형성한다는 원리이다.

4) 공간이용의 증거

우리는 공간이용에 대한 증거를 유적 내의 인공물과 동물, 식물의 유존체 등으로 파악할 수 있다(後藤 明 1998). 쉬퍼(Schiffer 1987)는 고고학적 조성이 형성되는 4개의 차원을 나누었다.

1. 형태적(본래의 형태가 변화, 변형된 것)

2. 공간적(장소가 변화하는 것)

3. 빈도적(2개 이상의 요소가 가지고 있던 본래의 비율변화)

4. 관계적(2개 이상의 요소가 가진 공간적 관계의 변화)

여기서 우리가 주의할 사실은 유적 내에서 유물이 대량으로 출토된다고 해서 반드시 인간 활동이 더 많다든지 저장 의미로 해석되는 것은 아니다. 그 당시에는 단순히 유기의 행위차원에서 이루어졌을 가능성도 있기 때문이다. 또한 인류의 활동행위가 반드시 잔존물에 반영되어 흔적이 남아 있는 경우도 있지만, 행동이라는 무형의 움직임이 많기 때문에 실제 고고유적에서 모든 것이 반영되지는 않는다. 공간의 재이용, 재폐기, 청소활동, 기후적 영향, 폐기된 장소의 위치(경사, 평지), 이러한 요인으로 폐기 당시의 상태가 변형이 일어날 수 있다.

폐기가 잘 안 되는 재사용품, 재가공품과 같은 관리적 도구 등도 유적 내에서 차지하는 비율이 낮더라도 중요한 의미를 부여해야 한다.

3. 제작도구와 박리기술

1) 망치돌의 구분

석기는 특별한 화학적 가공없이 소재의 재질을 그대로 활용해 도구를 만들기 때문에 가장 중요한 제작도구는 망치돌과 모룻돌이다(砂田佳弘 2004).

구석기유적에서 출토되는 석기 가운데 원마면^{圓磨面}을 지닌 자갈돌 중 찍힌 흔, 긁힌 흔, 모서리에 있는 박리흔 등을 근거로 "망치돌"로 통칭해서 부르는 경향이 있다. 이것의 재료는 유적주변의 강가에서 채취된 자갈돌로 표면이 매끈하여 쥐기 쉽다. 여기서 주의할 점은 이러한 흔적들이 반드시 석기제작 때에만 생기는 것이 아니라 일부는 다른 용도로 사용되었을 때에도 생긴다는 점이다(그림 1-9·10·15~18). 이러한 혼동은 구석기시대에 식물가공에 대한 객관적인 증거가 부족한 데 기인하는 것이다. 객관적인 정황을 의식하지 않은 채 단순히 선입관으로 내려진 자의적인 분류의 결과이다(砂田佳弘 2004). 앞서 언급한 흔들이 생기는 도구 종류로는 석기제작용 망치돌, 식물가공용 공이, 부싯돌, 갈돌, 석부제작 때의 고타용 석기 등이 있다. 고타기술은 신석기시대에 출현하여 청동기시대 석기제작에 많이 사용된 것으로 마연공정에 걸리는 작업시간을 줄여주는 특징이 있다. 구석기시대에는 확인되지 않는다.

이러한 석기들의 고타흔, 찰흔, 박리흔, 갈린흔 등은 팔의 상하(上下)운동에 의해 반복적으로 힘이 가해짐으로써 찍힌 흔적이 남는 '흔적(痕迹)석기'로 통칭할 수 있다. 그 중 망치돌과 모룻돌이 석기제작도구에 해당한다.

발간되고 있는 보고서에서 이러한 흔적석기를 상세히 구분하여 기재하지 않고 있다. 의례적으로 흔적석기=망치돌로 분류됨으로써 석기제작지로 판정하는 경우가 대부분이다. 그러나 석기제작지로 인정받기 위해서는 단순히 망치돌이 그 기준이 되어선 안 된다. 앞으로 석기제작지도 소재박편 생산지인지 석기가공지인지도 구분해서 사용해야 유적 성격을 보다 분명히 밝혀낼 수 있다.

표 2. 후기구석기유적의 주요 망치돌 계측과 암질

유적명	길이 mm	폭 mm	두께 mm	무게 g	석재
고례리 (鈴木忠司 2000)	86	52	23		
	75	61	24	140	
	65	54	23	120	
	73	73	15		
	121	97	41		
	68	56	61		
	100	89	46	350	
	94	94	29		
	106	58	46		
	94	94	29		
	106	58	56		
	112	103	48		
	119	87	60		

평균	93.77	75.08	38.54		
정장리Ⅱ지구 (慶發硏 2004)	107	77	64		규암
	143	122	83		규암
	117	96	67		석영
	108	74	60		미화강암
정장리Ⅰ지구 (慶發硏 2004)	79	58	42		규암
	78	48	32		석영
	98	81	57		편마암
	77	50	42		석영
	71	63	62		석영
	79	73	50		미화강암
	82	97	46		규암
	85	136	37	기재없음	규암
	106	105	84		규암
	64	135	60		규암
	85	71	41		석영
	61	73	43		편마암
정장리 Ⅲ지구 (慶發硏 2004)	89	187	72		규암
	79	67	53		규암
	109	75	58		석영
	120	72	49		규암
	106	72	61		석영
	77	61	44		석영
	123	97	63		규암
	182	130	67		편마암
평균	96.88	88.33	55.71		
수양개 (이융조 외 2005)	71	34	25		
	134	40	15		
	143	85	61		
	176	142	80		
평균	131.00	75.25	45.25		
화대리1문화층 (崔福奎 외 2005)	77	70	51	385	사암제
화대리 2문화층 (崔福奎 외 2005)	63	49	38	176	사암제
	83	62	43	319	사암제
	65	66	53	499	사암제
	95	88	84	943	사암제
평균	76.60	67.00	53.80	464.40	
월평유적 4문화층 (이기길 외 2004)	49	48	36	117	편마암
	55	52	40	174	편마암
	54	34	35	95	석영
	53	48	44	116	석영맥암
평균	52.75	45.50	38.75	125.50	

2) 출토유물의 검토

망치돌의 석재는 규암, 석영, 석영맥암, 편마암, 사암이 주로 사용되었다. 그 중 석영계 석기군은 도구제작용 석재와 망치돌의 소재가 동일한 경우가 많다. 석인석기군과 세석인석기군은 망치돌을 구분해 사용하기도 했다.

후기 구석기시대의 석영으로 석기를 제작한 정장리(慶南發展研究員 歷史文化센터 2006)에서는 망치돌이 모두 23점 출토되었는데, 이것을 세 종류로 분류하였다(그림 1참조). A유형(모서리사용 망치돌)은 단순한 박리와 이차가공(잔손질), B유형(측면사용 망치돌)은 측면모서리를 사용한 것, C유형(여러면 사용 망치돌)은 여러 면에 걸쳐 사용한 것으로 대형 박편을 박리할 때 사용된 것으로 나누었다(慶南發展研究員 2004). 고례리는 비(非)석영계석기군이자 석인생산지유적이다. 鈴木忠司(1998)는 고례리출토 자갈돌석기를 小·中·大로 나누었다. 소형은 길이 7cm에 무게 150g 전후, 중형은 길이 10~12cm 전후에 무게 400~500g 전후, 대형은 1~2kg 정도로 분류하였다. 그리고 석기에 남은 사용흔으로 크게 3종류, 세분하면 6종류도 나누었다.

한편, 망치돌과 식물가공용 공이의 구분 기준은 전자는 박리흔과 찍힌 흔적이 있지만, 그것이 일정 면적을 형성할 정도로 고르게 찍히지는 않는다. 후자는 주로 석기 가장자리 전체를 활용한다. 찍힌 흔적이 석기의 가장자리나 특정한 부분에 집중적으로 형성되었다(그림 1-9·15~18·24).

죽내리 4문화층, 화대리 Ⅱ문화층, 월평2, 고례리, 하화계리, 정장리 Ⅲ지구, 중동, 기곡, 수양개, 청원 소로리 C지구, 양평 병산리, 진주 집현 등 3cm이상의 찍힌 흔적과 석기의 가장자리전체에 흔적이 남은 경우는 시기에 상관없이 망치돌로 사용되었다. 경우에 따라 공이로도 사용되었을 가능성이 있다. 망치돌과 공이의 구분이 까다로운 이유 중에는 구석기시대는 두 석기가 기능적인 분화가 이루어지지 않아 혼용해서 사용되었기 때문으로 추정된다.[5]

실험연구에 따르면, 타격흔의 범위는 500회에 지름 1cm, 5000회에 지름 2.2cm이다. 마멸범위는 망치돌의 모양에 좌우되지만, 가장 넓은 것은 폭 1.0cm, 길이

---

5 따라서 망치돌과 공반된 석기기종과 흔적양상, 무게 등을 고려해 종합적으로 검토한 뒤 석기제작지로 최종적으로 판단해야 한다.

2.0cm범위로 형성되었다(御堂島正 2003). 망치돌로만 사용해서는 이 정도의 흔적은 생기지 않는 것이다(黑坪一樹 1983·1984).

사진 2. 고례리출토 망치돌

공이는 타격부위가 뭉툭하고 정확히 타격하기 어려운 형상을 하고 있다. 특정한 목표지점의 점(點)개념보다는 넓은 부분을 작업하는 면面적인 개념으로서 작업방식에 차이가 있다. 고례리·중동·신북 등에서는 식물가공용 갈돌로 사용된 것으로 추정되는 석기가 출토되기도 했다.

세석인이 출토된 기곡은 망치돌이 A지구 1문화층 1점, 3문화층 2점 출토되었고, B지구는 1문화층 2점 출토되었다. 총 유물수량이 7,871점인 것에 비하면 매

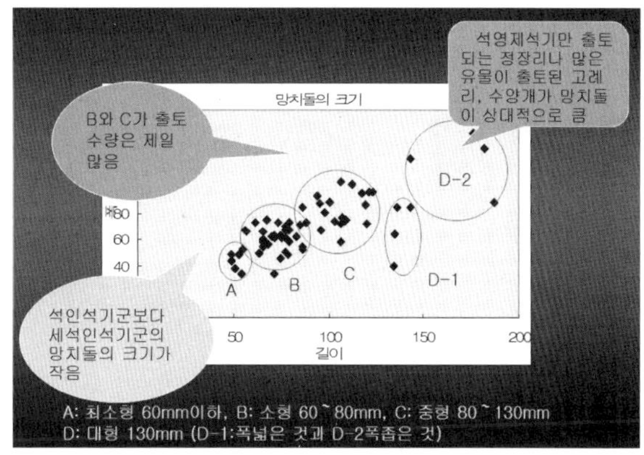

사진 3. 망치돌의 크기분포(고례리, 정장리, 수양개, 화대리, 월평, 죽내리유적의 망치돌 41점)

우 적은 수량이다. 세석인의 제작이 주로 눌러떼기로 박리되기 때문에 직접타격의 증거인 망치돌의 출토수량이 적음과 동시에, 뼈나 녹각 등으로 만든 유기질제 누름도구가 보존되지 않거나 이동 때 가지고 나갔기 때문일 수 있다.

망치돌 또는 모룻돌이 출토되는 양상은 두 가지로 나누어 생각할 수 있다. 작업공간에서 망치돌이 석기제작에 사용되고 난 뒤 작업장에 그대로 두거나 폐기했을 가능성과 작업공간에서 석기제작을 마친 후 그 공간에서 벗어나 기타의 공간, 예를 들면, 휴식지 또는 거주지로 망치돌을 들고 나간 경우이다.

망치돌은 형태에 따라 5형식으로 나눌 수 있다(사진 2참조). Ⅰ형식 타원형, Ⅱ형식 제형梯形, Ⅲ형식 원형, Ⅳ형식 방형, Ⅴ형식 부정형不定形이다. 형태에 따라 그 정도의 차이는 있지만, 모서리를 지니거나 정확히 타격지점을 가격함과 동시에 힘

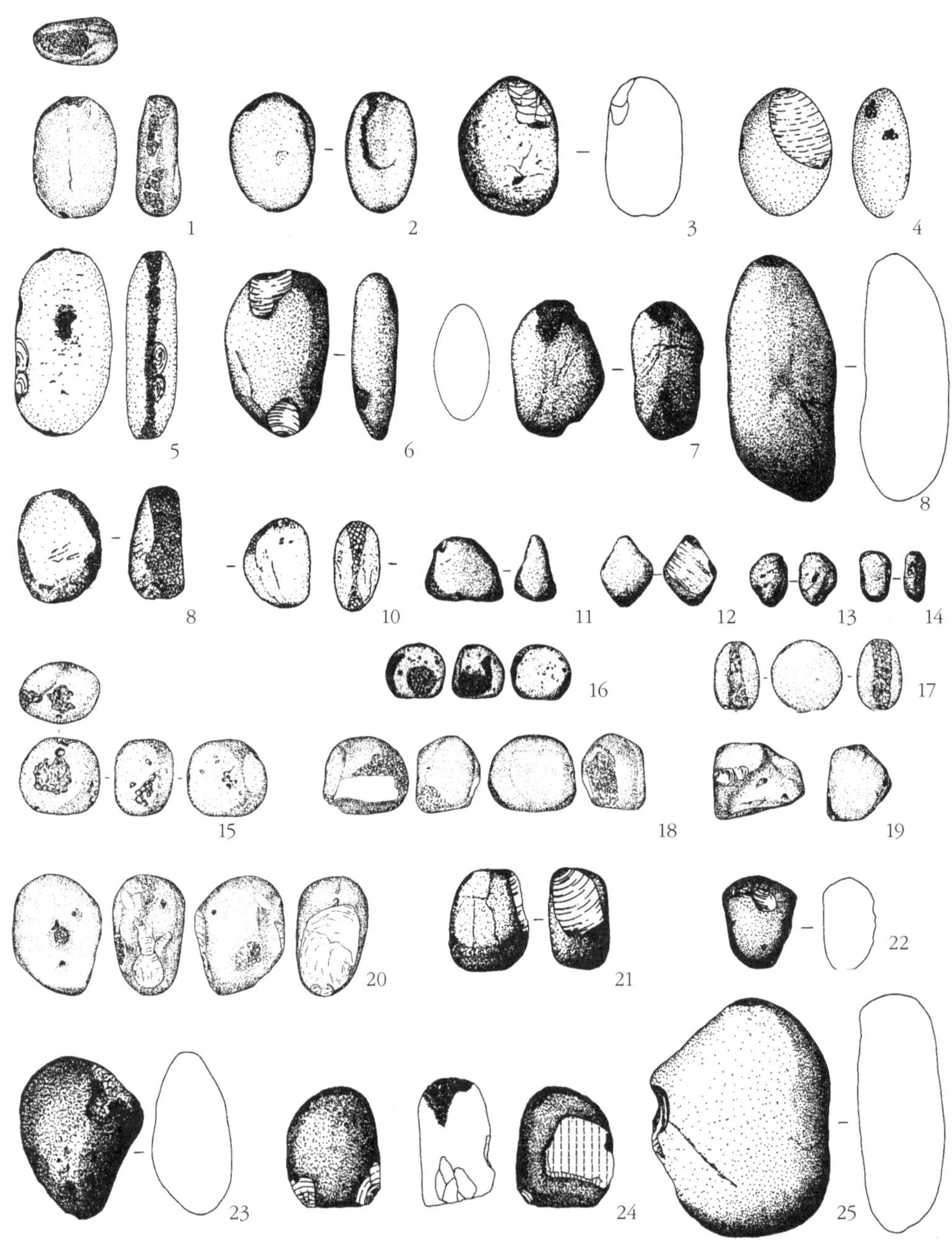

그림 1. 구석기시대의 망치돌
1 · 16 · 19 · 20. 죽내리 4문화층　　　2 · 9 · 10. 화대리 II 문화층
3. 기곡 4 · 5. 병산리　　　　　　　　6 · 7 · 8 · 21~23 · 25. 정장리 III 지구
11~14. 소로리 1지구　　　　　　　　15 · 17 · 18. 월평2
24. 하화계리

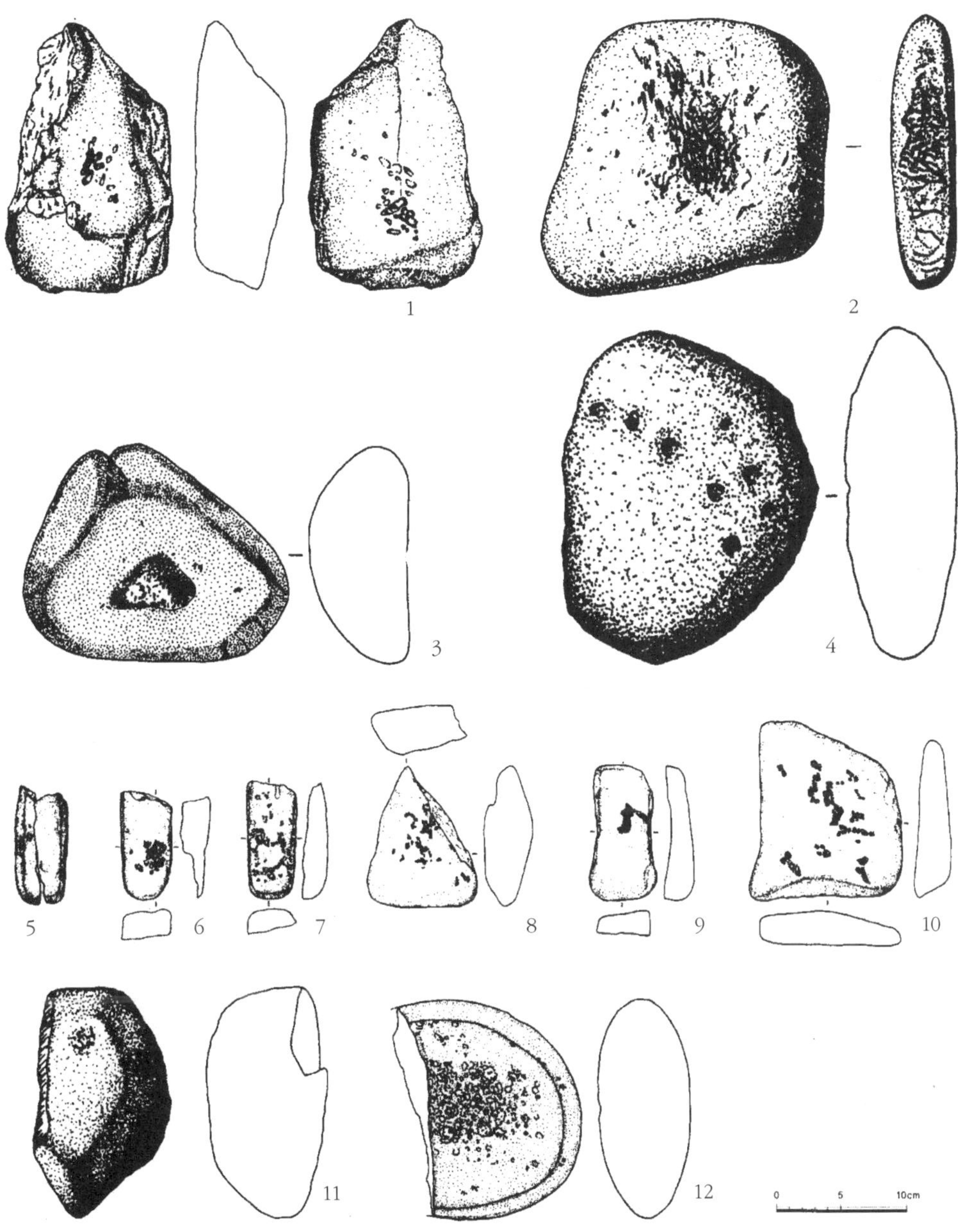

그림 2. 구석기시대의 모룻돌
1. 월평1
2. 기곡 C지구 2문화층
3. 기곡 B지구 1문화층
4. 정장리 II 지구
5～10. 죽내리 4문화층
11. 정장리 III 지구
12.좌동

을 한 곳으로 집중시킬 수 있는 공통점이 있다. 특히 망치돌은 측면에서 보면 두께가 가운데가 두텁고 가장자리로 갈수록 폭이 점점 좁아지는 게 대부분이다. 이러한 부분에 대개 박리흔이나 찍힌 흔적이 남아있게 된다.[6] 석인석기군보다 세석인석기군의 망치돌의 크기가 작고, 석영계 석기만 출토되는 정장리는 상대적으로 망치돌이 컸다. 망치돌의 크기는 최소형 60mm 이하, 소형 80~100mm, 중형 110~130mm, 대형 140mm 이상이다.

모룻돌 크기는 15~20cm 정도가 가장 많다. 평탄한 면에 찍힌 흔적이 남아있으며, 양극떼기와 밀접한 관련이 있다(그림 2). 유적 내 출토유물의 수량이 많고 그 크기가 클수록 중·대형의 망치돌이 공반된다. 찍힌 흔적은 한 곳에 집중된 것(그림 2-1~3·6·11·12)과 여러 곳에 흩어진 것(그림 2-4·8·10)으로 구분된다. 크기에 따라 휴대용모룻돌과 고정용모룻돌의 두 종류가 있고, 후기 구석기시대에 많이 출토된다.

2) 박리기법의 종류와 특징

박리작업은 석핵의 조정유무에 따라 단순 박리작업과 조정 박리작업으로 나눌 수 있다.

전자는 석핵을 특별히 조정하는 것 없이 박편을 떼어내는 것으로 직접타격만이 이용된다. 여기서 생산되는 박편은 다양한 형태와 두께를 지니며 일정한 형태로 생산되지는 않는다. 표면에 자연면을 지닌 박편의 수량이 많음과 동시에, 석핵의 안쪽으로 연속 박리가 진행되어 가는 경우는 드물다. 중기 구석기시대 때 주로 많이 나타나기는 하지만 이 기법이 특정 시기를 반영하지는 않는다. 석재 소비율이 낮고 효용성이 떨어진다.

조정 박리작업은 석핵을 조정해 원하는 박편을 의도적으로 박리하는 것으로 석

---

6 이선복(1989)은 다각면원구에 존재하는 때린 흔적과 찍은 흔적을 분석한 결과, 97점 중 28점에서 망치돌로 사용하면서 생긴 것이라 주장하였다. 따라서 석영계석기군에서 망치돌의 출토수량이 적은 이유에 대해 다각면원구가 망치돌로 사용되었기 때문일 수도 있을 것이다. 이에 대한 세밀한 관찰이 필요할 것으로 생각된다.

인기법, 세석인기법 등이 해당된다. 계획된 순서대로 박리작업이 이루어진다. 이 작업의 목적은 규격적인 형태의 박편을 얻음과 동시에 그 수량에 있어서도 대량으로 석기를 생산할 필요가 있을 때 이루어진다. 박편에는 도구의 소재로 사용되는 박편, 도구를 조정한 뒤에 생기는 박편, 소재박편생산을 위한 박리작업 뒤의 박편이 있다.

석기제작과 관련된 주요 연구현황은 다음과 같다. 석영 혹은 규암을 이용해 만들어진 석핵의 박리기법을 분석(朴成鎭 1998, 최미노 2001, 황소희 1998), 전반적인 석기제작의 흐름을 분석(이헌종 2002), 찍개의 제작기법(김원룡 외 1983, 손기언 1996, 손보기 1968, 이기길 외 2000), 주먹도끼의 제작기법(김원룡 외 1993, 유용욱 1997), 고례리유적의 석핵을 통해 석인기법을 복원 및 박리기법을 분석(張龍俊 2001), 새기개의 형식과 제작기법(손보기 1970, 한창균 2000), 세석인기법의 제작기법(김은정 2002, 서인선 2003, 성춘택 1998, 李隆助·尹用賢 1994, 장용준 2002), 후기구석기시대의 형식분류(장용준 2006), 한국 구석기구조계통(金正培 2005a·2005b)이 있다.

우리나라는 보고서의 질적 수준이 많이 향상되었고, 출토유물에 대한 접합작업도 많이 이루어지고 있다. 구석기생산에 대한 체계적이면서 과학적인 접근을 이루기 위한 많은 노력들이 진행되는 점은 아주 고무적인 현상이다. 다만, 석기제작복원을 통한 실험연구는 아직 미진하여 구석기생산과정을 이해하는데 다소 방법론적으로 치우친 감이 없지 않다(鈴木美保 2004).[7] 또한 유적간 또는 지역간의 석기교류가 있었을 것으로 추정되지만, 석기원산지가 명확하지 않은 상황에서 이를 파악하기란 현실적으로 쉽지 않다.

석영계 석기군인 정장리는 I지구와 III지구는 단일 문화층, II지구는 2개의 문화층이다. 석기제작기법은 오렌지떼기 기법을 활용한 제작기법, 가파른 떼기작업이 확인되었다(慶南發展研究員 2004).

석인기법은 기존의 석영계 석기의 제작기법에서 출현한 것으로 보기는 어렵다(장용준 2006). 석기의 제작기법이 단선론적으로 발전한다는 사유는 고정관념에 지나

---

7 서구의 석기제작연구는 크게 3단계로 정리할 수 있다(鈴木美保 2004). 1838~1950년은 석기제작에 실험적 시점이고 고고학적으로 정착하는 시기이다. 1950~1970년 전반은 실험적 연구의 폭발적 증가, 기술적 연구의 관심이 높아진 시기이다. 1970년 후반~현재는 중위이론으로서 실험, 실험적 연구에서 문화적 영역의 해석을 하는 시기이다.

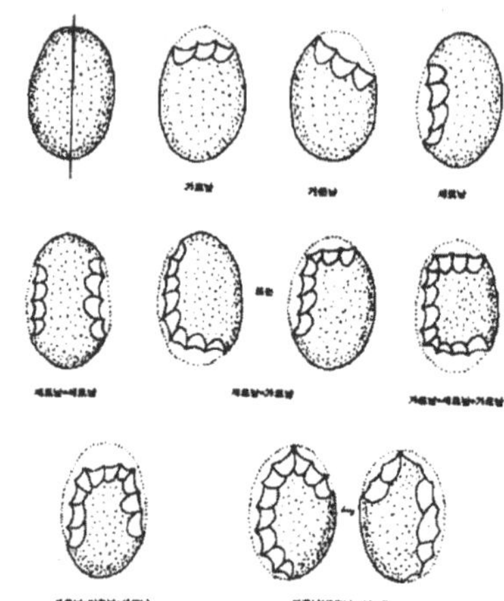

찍개의 여러 가지 형태(한창균 외 2000)

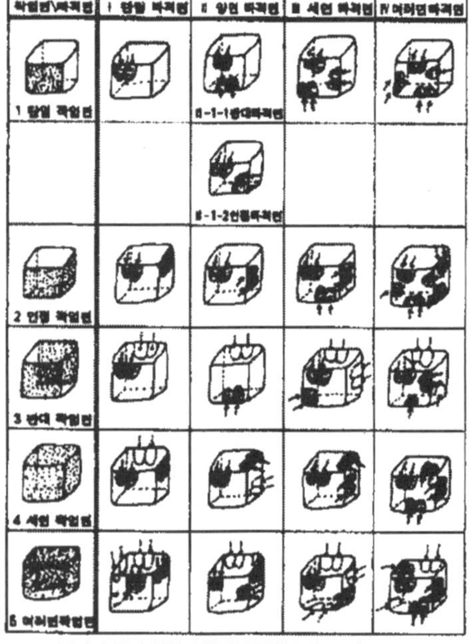

금파리 유적 석핵의 형식분류(황소희 1999)

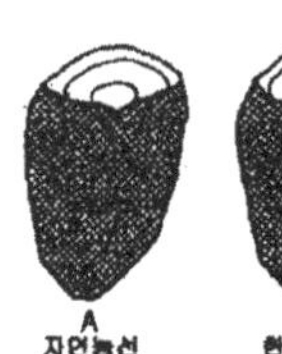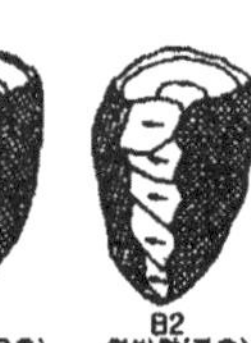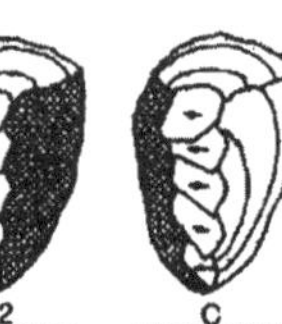

고례리 능조정기법의 조정유형(장용준 2006)

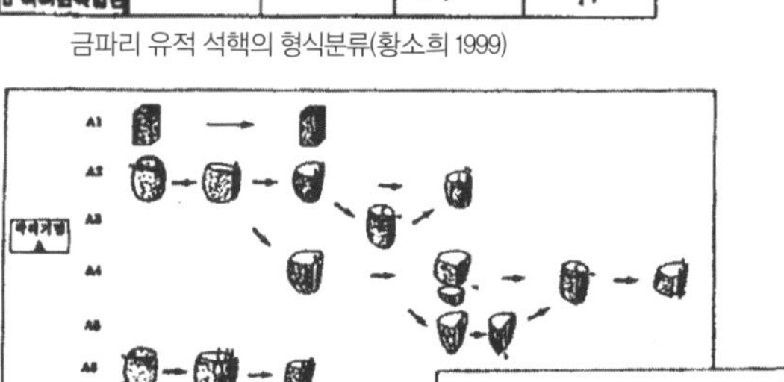

고례리 석핵의 박편 박리 기법(장용준 2001)

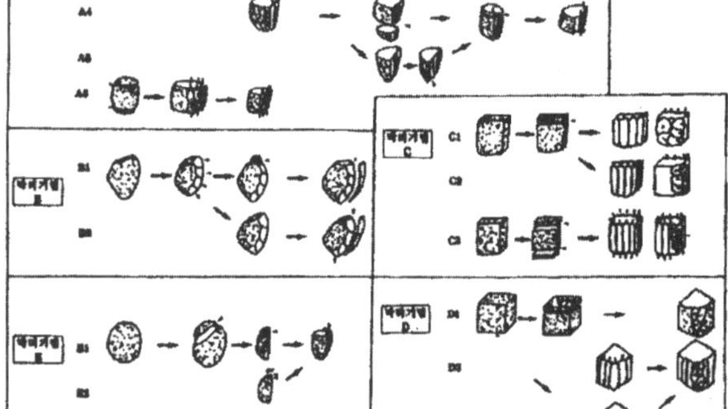

한국의 구석기시대 석기구조도(김정배 2005)

그림 3. 석영석기의 제작기법과 석인기법

지 않으며, 동일한 기술도 주변여건에 따라 다양한 형식으로 표출되며 기술의 질적 우위가 다르게 나타나기도 한다.

석인기법은 원석채취, 예비소재 제작, 석인의 생산, 타면의 전이와 재생, 작업면의 재생으로 구성된다. 특히 타면과 작업면을 중심으로 작업이 이루어진다. 세석인기법은 소재선택, 고정기술, 예비소재의 제작기술, 타면제작기술, 눌러떼기기술, 쐐기제작기술로 구성된다(그림 2, 張龍俊 2002).

후기 구석기시대에 복합 도구 및 조합식 도구의 출현은 도구의 대형화(대형동물의 수렵가능, 신변의 안전을 보호할 수 있는 장치가 마련, 석기는 소형화되었으나 도구는 대형화됨)를 가능케 했다.[8]

그 외 박리를 용이하게 하기 위한 석기가열처리가 있다(大沼克彦 編 1998). 세석인은 물론이거니와 석촉과 찌르개를 제작할 때도 유용하다. 고대 인디언 경우 석촉을 가열한 뒤 물을 이용하여 급속히 냉각시켜 박리를 쉽게 하였다. 불에 맞은 돌에 대해서도 무조건적으로 화덕자리와 연관시키기보다 석기생산과 관련된 박리기법과의 관련성을 검토할 필요가 있다.

3) 박리기법의 기술적 수준차이

피지오[Pigeot]은 프랑스 막달레니안기에 속하는 에띠오레[Etiolles]유적에서 석인제작의 접합자료를 토대로 제작자의 기량차이가 나타나며, 기량이 다른 제작자의 작업장소를 밝혀서 기술의 전승과 재생산을 검토했다. 山埼芳春(2003)은 일본 野川유역의 석기제작의 숙련차이를 검토했다. 첫째 박편박리각의 설정과 박리 때의 타점에 대한 설정위치가 합리적 혹은 규칙적인 것, 둘째 정형적인 박편을 박리하기 위한 석핵조정을 효율적으로 행한 것, 셋째 정형적인 박편을 연속적으로 박리한 것을 그 기준으로 삼았다.

---

8 조합식 찌르개에 부착된 세석인 중 러시아의 체르노제리에 II 유적과 리스트벤카유적에서 하얗게 탄화된 물질이 보고되고 있다. 성분은 분명치 않지만 칠이나 송진 등의 수액으로 추정되고 있다. 또한 중국 감숙성 永昌鴛鴦池묘지에서도 유기화합물로 감정되었는데 홰나무종자를 부숴 정제한 것으로 추정되고 있다(小畑弘己 2001).

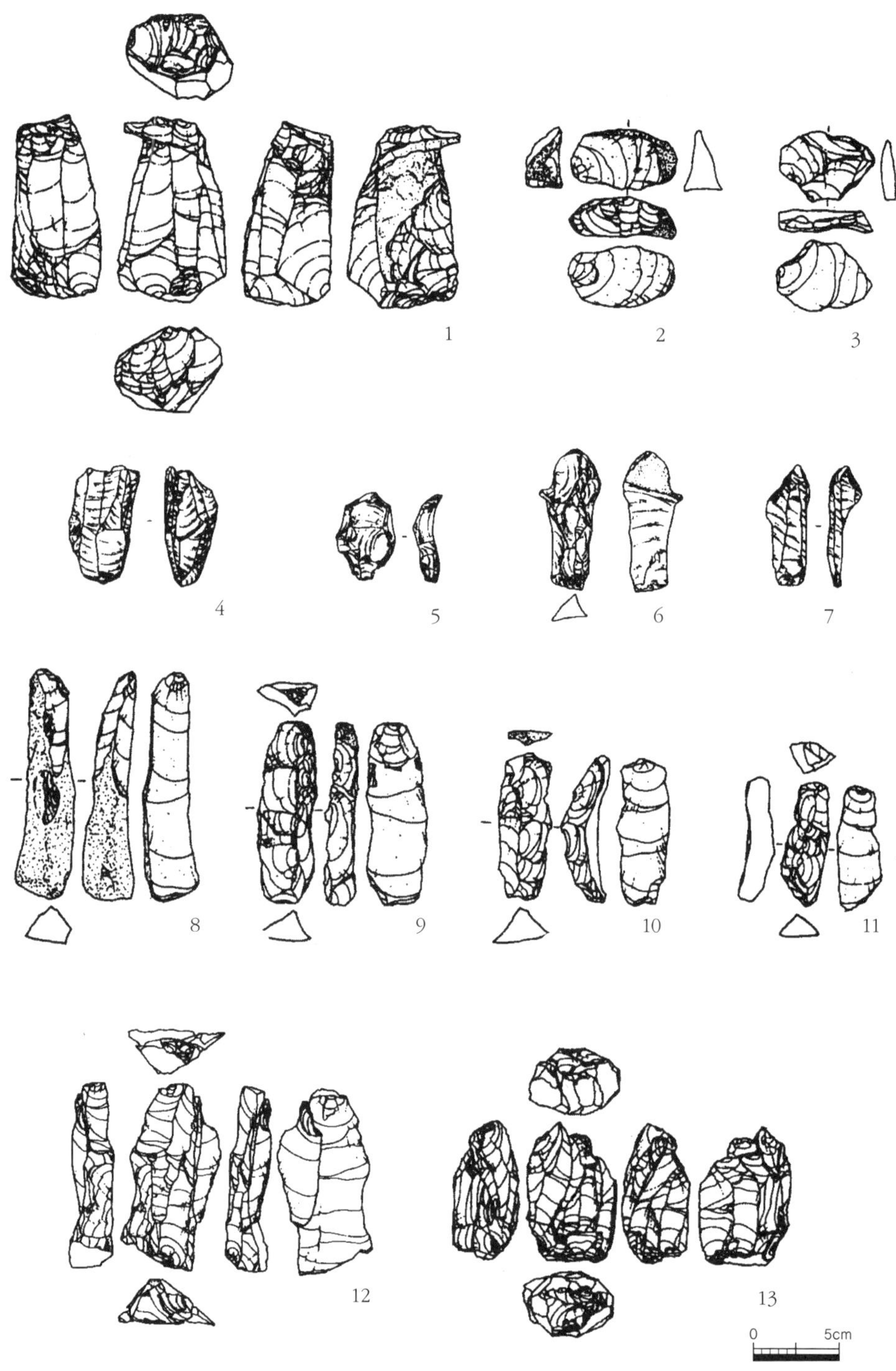

그림 4. 석인생산관련 유물(1~3·8~13. 고례리 4~7. 진그늘)
1. 타면재생박편이 붙은 석인석핵　　　2·3·5. 타면재생박편　　　4. 석인석핵
6·9~11. 능조정박편　　　7. 내반박편　　　8. 최초박편
12. 작업면재생박편과 슴베찌르개의 접합유물　13. 석인과 석인석핵의 접합유물

　석핵조정의 유무와 석기제작 때 생기는 우발적인 박리에 대한 수정가능의 수준
이 어느 정도인지가 제작자의 기량 차이를 평가하는 중요한 기준이다. 즉 제작자가
자신이 의도한대로 석재를 통제하여 석기를 제작했는가의 조건이다. 석핵조정수준
이 낮을수록 원석 형태에 구애를 많이 받는다. 특히 대형 석인을 박리할 수 없다.
석인의 모양과 크기도 기술 수준을 반영한다. 기술수준의 척도는 박리연속성, 예
비조정의 능숙함, 완성된 석기의 규격성, 자연면의 유무 등이다.

　고례리, 수양개, 용산동, 진그늘의 석인석기군에서 가장 중요한 기술적 특징은 타
면재생과 타면전이이다. 그런 측면에서 볼 때 월평1에서 동일한 석인을 박리기 위
해 사용된 박리기법은 그 수준이 훨씬 떨어진다(그림 7-2). 접합유물을 보면 타면전
이, 타면재생은 관찰되지 않으며 규격적인 석인의 형태도 찾기 어렵다. 이러한 제작
양상은 출토된 슴베찌르개와 다른 석기를 보면 석인 획득이 이 유적에서는 그리
쉽지 않았음을 짐작케 해준다. 따라서 석재의 질이 크게 차이나지 않는 점을 감안
한다면, 석재문제로만 결론내리기에는 무리가 있다. 오히려 후기 구석기시대에 집
단 또는 개인 간의 기량차이가 존재하였음을 추측할 수 있다.

　아울러 석영계석기군의 대표적 유적인 금파리A·B지구와 전곡리 제10차 발굴출
토품의 박리기법을 참고해도 타면은 자연면과 박리된 평면을 이용한 것이 압도적
으로 많다. 이같은 사실은 박리작업이 즉흥적으로 이루어졌음을 시사해 준다. 이
러한 사실은 박리각의 분포가 뚜렷하지 않거나 박편의 평면적인 형태 중에서 긴
것들이 그다지 많지 않다는 점, 석핵 중 정형성을 가지는 것이 극히 드물다는 점,
석핵의 불규칙성, 석핵의 원형을 별다른 가공없이 그대로 활용한다는 점 때문이다
(황소희 1999). 전곡리와 도화리출토 석영계 소형석기의 경우 전반적인 형태에서 표
준화된 도구생산양식을 인정하기 어려우며, 대형석기에 비해 훨씬 정형화되지도 못
했다. 석영이나 규암을 이용해 석기를 제작하는 가장 실용적인 방법은 전체적인 외
형보다는 날부분만을 가공해 만드는 것이었다(이선복 1989). 따라서 주먹도끼와 찍
개로 대표되는 석핵석기 단계는 석인석기군과는 박리기법은 물론, 정형화된 석기를
다량으로 제작하는 석기생산개념에서도 명확한 기술적인 수준차이가 인정된다.[9]

---

9 석기에 나타나는 지역성은 석기조정차이(전통·학습 등의 집단차이, 지리적 환경차이, 유적의 역할구조차)와 기술차이(집

4. 유물분포와 개체별자료의 분석

1) 유물의 분포양상에 대한 문제

석기생산에 따른 결과물인 유적분포로 제작장 내의 작업양상을 살펴보자.

첫째, 유적에서 석재종류에 따른 사용영역의 구분이다. 홍천 하화계리Ⅲ 작은솔밭, 포천 화대리는 석영석기를 중점적으로 제작하면서 화대리는 반암, 하화계리Ⅲ은 흑요석, 기곡 B지구는 수정 및 흑요석이 집중적으로 분포한다. 보고서 상의 석재구분없이 출토된 유물의 분포양상만 본다면, 이러한 석재는 석영과 뒤섞여 별다른 작업영역의 구획없이 석기를 제작했을 수 있다.[10]

죽내리 4문화층의 석영맥암과 유문암은 석재별 평면분포 및 단면분포의 양상에 있어 특정 석재로 치우치는 경향은 관찰되지 않는다. 석재를 사용하는데 특별한 영역구획이 확인되지 않는 이유는 석기제작 때 여러 사람이 동시에 제작했을 경우, 일정 시간의 간격을 두고 필요에 따라 석기를 제작했을 가능성, 전문적인 석기제작지의 운영이 있다. 석기분포를 보면, 석기제작할 수 있는 여유공간이 전혀 없다는 점과 석재별로 의도적으로 구분해서 사용한 흔적없이 여러 석재들이 혼재되어 출토되었다.

죽내리 4문화층출토 유문암과 석영맥암의 분포양상은 층위 단면상으로는 유문암이 아래쪽에 분포하고 있어, 먼저 유문암 제작이 이루어진 뒤 석영맥암이 제작되었다. 석핵이 위치한 곳이 제작의 중심공간이라 보면, 사람이 앉아서 석기를 제작하는 작업영역임은 주지의 사실이다. 일단 작업 후에 석기를 의도적으로 다른 장소에 폐기하지 않았다고 전제한다면, 석기생산은 암질에 따른 시간차가 인정된다. 대신에 시간차를 두고 석기를 제작했지만, 그것이 집중적으로 출토되는 영역이 확인된다는 점은 석기제작지를 생활공간과 분리해서 사용공간에 대한 관리를 했

단차이, 석재·소재)로 정리할 수 있다.

10 작업당시에는 석재를 구분해서 사용했을 가능성이 높다. 다만 현 상태에서 석영석기와 반암, 흑요석의 제작시기가 다르다고 판단하기는 어렵다.

음을 짐작케 해준다.

둘째, 생활공간 내 석기제작장과 기타 생활장소와의 분리문제이다. 하화계리 Ⅲ의 Ⅰ·Ⅱ·Ⅲ문화층의 출토양상은 석기제작을 위한 작업공간이 다른 영역과 명확하게 구분되었다. 그리고 화덕이 출토되는 곳은 유물중심지에서 다소 떨어져 있다.

수양개, 고례리, 정장리, 월성동, 소로리 C지구처럼 일부 유적에서의 석기군 분포는 계획적으로 공간활용한 증거를 보여주었다. 정장리의 석기제작장 내에서의 작업행위는 주로 남-북방향으로 이루어졌다. 접합되는 유물구성들로 볼 때 박편과 기타 유물들이 주로 접합되는 방향은 남-북방향으로 일정한 패턴이 확인된다. 더욱이 석기제작장 내에서의 긁개와 홈날석기가 밀집된 양상을 보이는 것은 일정한 작업행위을 뒷받침하는 것으로 보았다.[11] 다만, 유적의 형성기간은 단기간에 형성되었다기 보다 계절적/세대간의 제작장소의 반복적 사용의 결과로 볼 수도 있다. 다만 분포유형으로 볼 때 구석기인들이 정주하여 형성된 것이라 보기는 어려울 듯하다. 우리나라의 경우 구석기시대까지는 주거, 저장시설, 불피우는 곳, 폐기물처리시설, 기타 옥외의 작업공간, 매장시설 등 기초생활유지시설 household cluste 을 찾기가 매우 어려워 이에 대한 자료증가가 시급하다(Flannery 1972).

위의 내용을 정리하면, 우리나라 구석기유적에 석기생산의 작업양상은 Ⅰ유형 기종구획형(기종분리제작형), Ⅱ유형 다공간활용형으로 나눌 수 있다. Ⅰ유형은 수양개(그림 5-1), 정장리(그림 5-5), Ⅱ-1유형은 분산집중형으로 기곡B지구 1문화층, 청원만수리 구석기 4지점(그림 5-8), 성남 삼평동, 대구 월성동(그림 5-3), 남양주 덕소, 해운대 중동·좌동, 정장리, 죽내리 4문화층, 고례리이다. Ⅱ-2유형 산발형은 금파리, 임실하가, 전곡리(94·95년), 전곡리 서울대지점, 수양개, 마전, 원당, 나주 용호, 죽내리 1문화층, 청원소로리 C지구, Ⅱ-3유형 집중형(하화계리 Ⅰ지구 석기제작지, 수양개, 고례리, 청원소로리 C지구)로 정리할 수 있다.[12]

---

11 석기제작장 내에서 석영계 슴베찌르개 출토되었다. 하지만, 이것이 통상적인 슴베찌르개로 보기 어렵다. 한편, Ⅲ지구 Ⅲ-3접합유물(보고서 272쪽)은 인위적인 박리에 의해 깨진 것으로 보기 어렵다. 오히려 던지기와 같은 방식으로 모룻돌에 내려쳐 깨뜨린 것으로 추정된다. 오히려 석핵과 박편의 불규칙성으로 미루어 볼 때 박리방식의 원시성을 엿볼 수 있는 것이다.

12 하나의 유적이 석재의 종류, 기종에 따라 다양하게 적용될 수 있다.

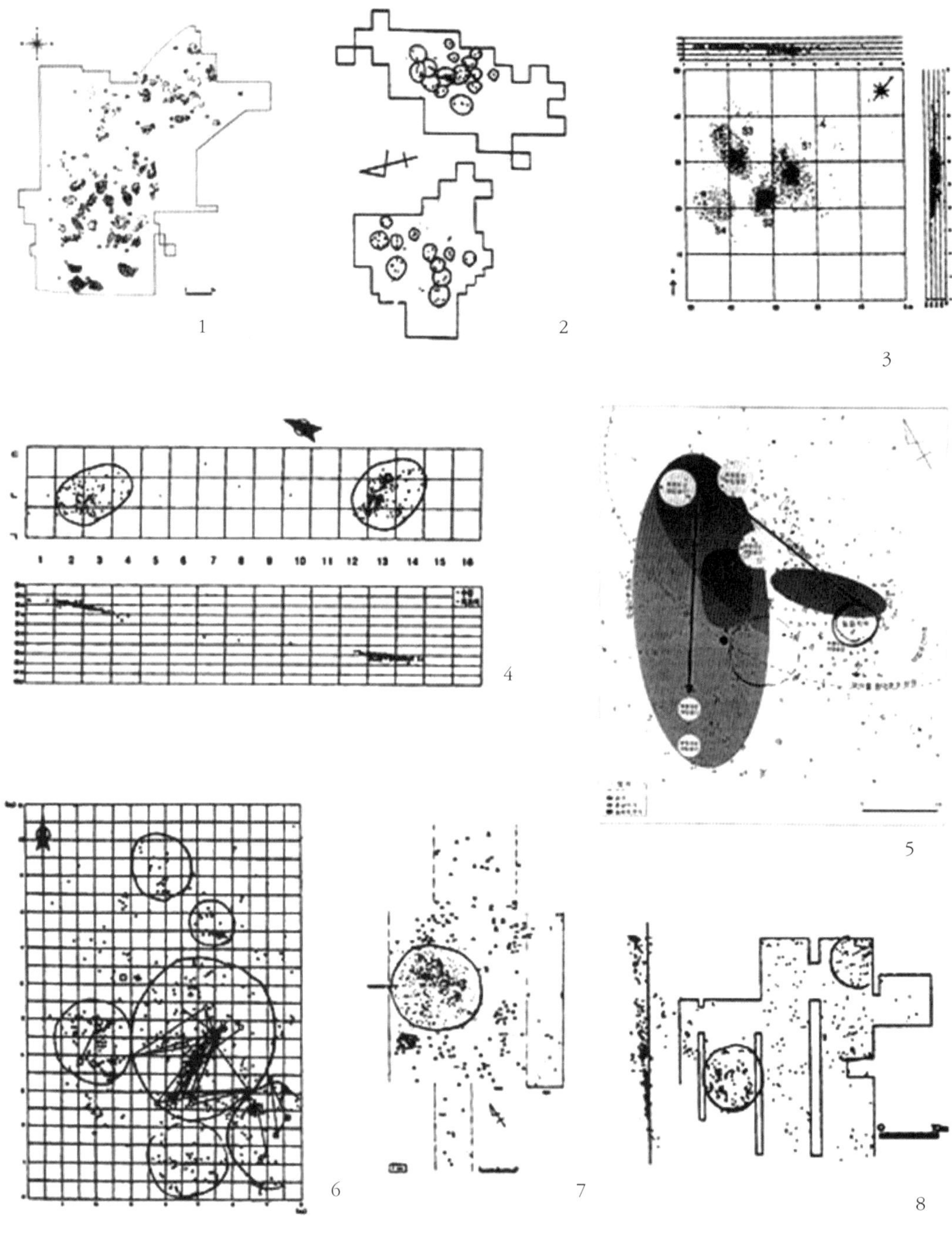

그림 5. 석기분포양상
1. 수양개 1지구 석기제작지 2. 고례리 석핵출토 3. 대구 월성동 석기분포 4. 기곡 B지구 수정 및 흑요석 석기분포
5. 거창정장리 석기제작지 6. 전곡리 94 · 95년도조사 석기분포 7. 거창정장리 석기제작지
8. 청원 만수리 구석기 4지점 서편 구릉사면부 유물분포

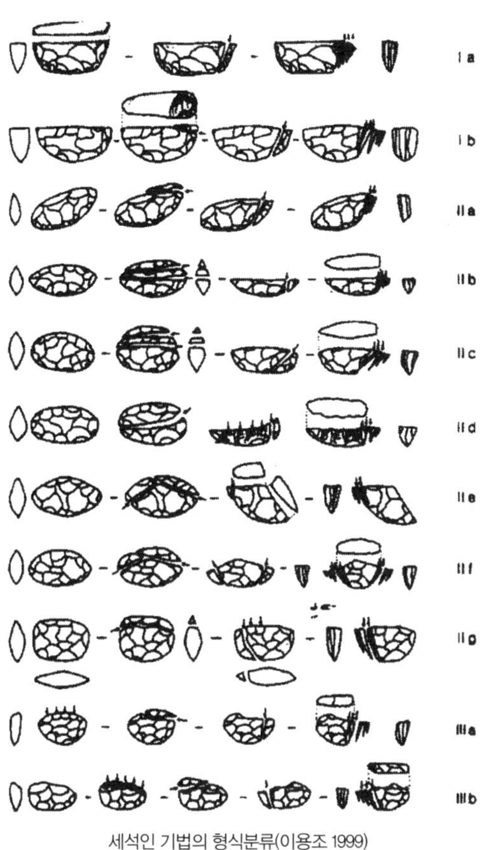

세석인 기법의 형식분류(이용조 1999)

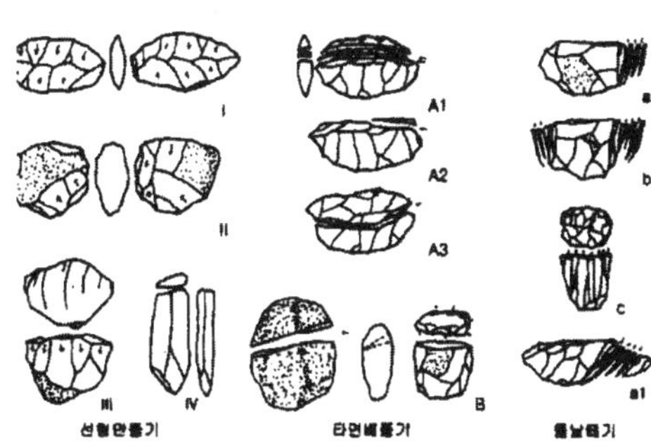

세석인 기법의 형식분류(성춘택 1998)

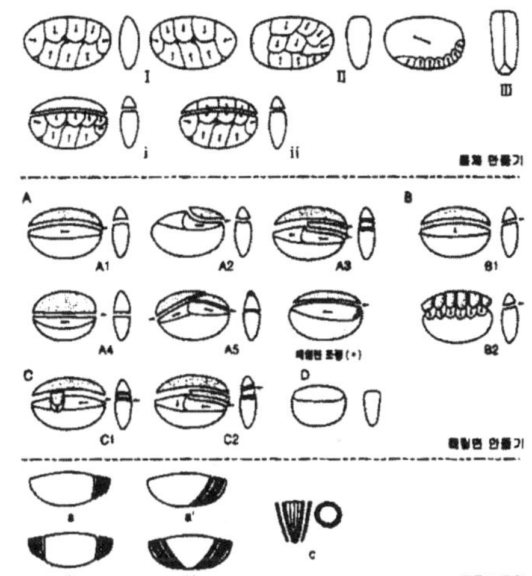

세석인 기법의 형식분류(김은정 2002)

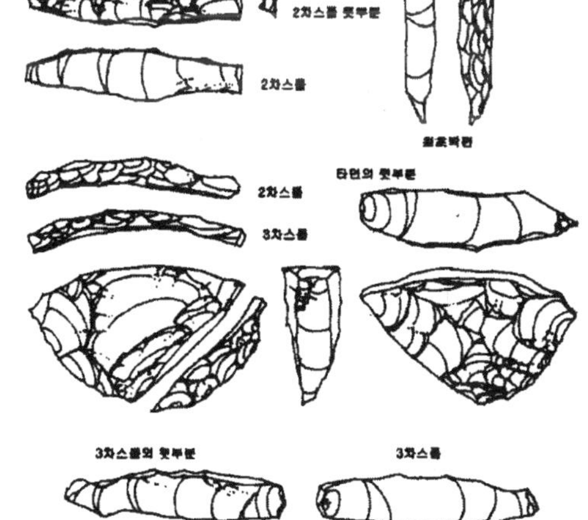

수양개의 세석핵 접합 유물(장용준 2006)

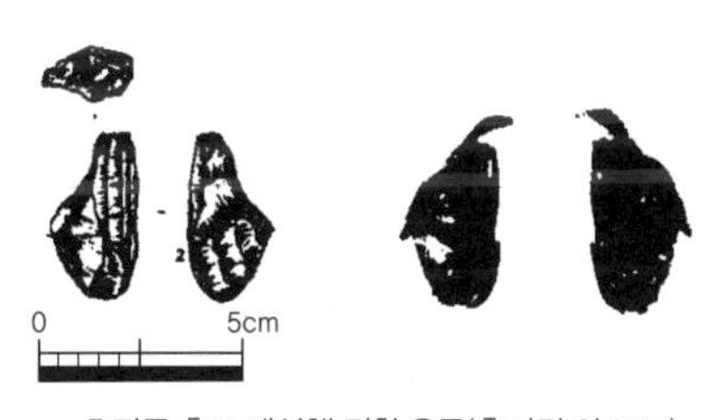

호평동 출토 세석핵 접합 유물(홍미경 외 2006)

노은동의 세석인 관련 유물(한창균 2005)

그림 6. 세석인기법과 세석인생산 관련유물

2) 개체별자료를 통한 분석

(1) 접합유물로 본 석기의 동시성

구석기유적에서 한 유적의 서로 다른 석기군이 동일한 시기의 것이냐의 문제는 어렵다. 석기생산기술의 변화폭이 크지 않은 구석기유적의 경우, 한 유적에서 동일한 층위 혹은 다른 층위에서 출토된 석기라 할지라도, 이것들이 반드시 동일한 시기나 동일한 제작집단에 의해 만들어졌다고 단정 지을 수 있는 유적은 그리 많지 않다. 특히 우리나라 중기 구석기시대의 석영계석기군이 그러하다.

유적을 구성하는 블록^{block}의 동시존재성과 상호관계를 파악하기 위해서는 접합자료와 개체별자료를 분석하고, 그 블록이 내포하는 의미와 상호관계를 알기 위한 유형화가 필요하다. 블록마다의 석기조정, 석재조성을 검토하고 그것들의 보편성과 특수성을 고찰하는 것이다(大工原 豊 1990·1991). 이러한 방법이 출토유물의 동시제작성을 증명하는 가장 실증적인 방법이다. 석기는 이동 뒤에도 붙을 수 있고 후퇴적과정으로 깨지거나 제작장이 아닌 곳에서 재사용이나 재가공도 일어난다. 박편 몇 점이 접합되는 경우 석기제작지로 인정받기 위해서는 소형박편들과 부스러기 등의 접합사례도 필요하다(성춘택 2006).

우리나라에서도 2000년대에 들어 석기의 접합작업으로 파악한 석기의 블록으로 석기군의 동시기성과 상호관계를 파악하고 있다. 석기군의 분포양상을 분석하여 단위집단의 동질성을 검토하고 유닛^{unit}간의 기능을 비교하면, 전체적인 집락구조를 밝혀낼 수 있다.

일본에서는 모암을 식별할 수 있다는 조건에 맞는 砂川유적의 발굴로 처음으로 개체별자료를 분석하는 획기적 방법을 처음 이용했다. 모암이 유적에 반입, 제작, 사용, 폐기되는 과정을 남겨진 장소와 관련지워 분명히 하였다. 개체별 자료를 통해 블록에 시간적인 선후관계가 있다는 점을 밝히고 모암의 소비율과 소비의 사이클에서 집단의 이동양상을 추정하기도 했다(稲田孝司 1977).

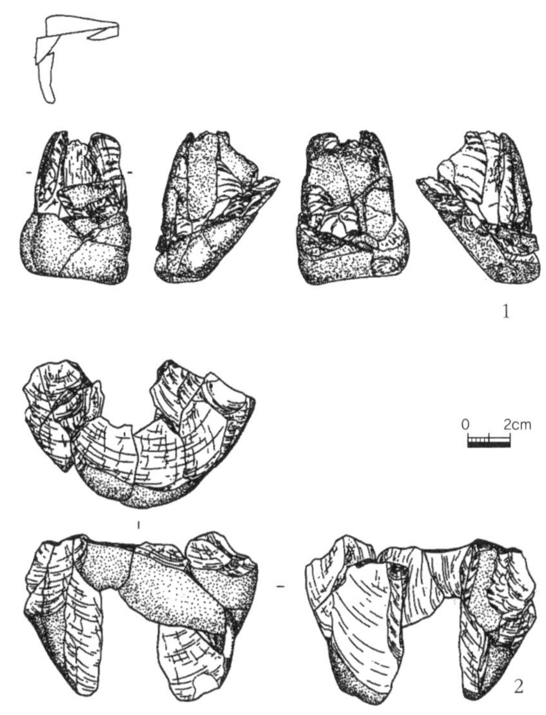

그림 7. 접합유물 중 석핵이 없는 사례
1.죽내리유적 16점이 접합된 석기(이기길 외 2000) 2.월평유적 구석기 4문화층의 유문암제 접합석기(이기길 2002)

2) 석기의 반출과 변형

죽내리의 점돌 유문암으로 만든 6점의 석기는 접합과정에서 석핵이 발견되지 않았다. 석핵이 유적 내에 존재하지 않는 것은 박편이나 석인 자체로 사용되었거나, 잔손질 석기로 가공되어 다른 곳에서 사용된 것으로 보았다(이기길 외 2003). 고례리는 출토되는 유물수량에 비해 완형의 슴베찌르개가 거의 출토되지 않았다.[13] 아직 우리나라에서 명확한 개체별자료로 석기반출에 대한 객관적인 증거를 제시하기는 부족하지만, 주먹도끼, 석인, 세석인, 찌르개 등은 외부로 반출되었을 것이다. 다만 이것을 어떻게 입증할 것이냐의 문제는 지속적으로 논의되어야만 생산유적의 운영방식을 보다 명확히 이해할 수 있다.

석기의 제작 또는 사용 때 발생하는 석기변화에 대해서는 접합유물로 원래의 석

---

13 북해도 奧白瀧1유적은 접합자료를 통해 적어도 12개체의 찌르개가 유적 밖으로 반출되었음을 밝혔다. 또한 紅葉産세석핵 접합자료는 석인박리 후 세석인 박리를 이용하는 것도 밝혀내었다(直江康雄 2003).

기모양에 대한 변화양상을 추적하는 것이 가능하다(長埼潤一 2004). 석기의 형태변화는 사용단계에서 발생하는 것으로 보고, 석기형태가 제작 때의 기술이 반영되는 것으로 판단했다(山原敏郎 2004).

즉, 석기가 변형된다는 사실을 고고학자료로써 입증했던 것이다(Frison 1968). 사용 단계에서 발생하는 형상의 변화와 파손, 수정 등의 다양한 작용이 가미되면서 일어나는 변이가 있다(榊 剛史 1998). 갤러허(Gallagher 1977)는 긁개의 형태결정은 인부재생이 가능한 한 크기와 자루에 안정적으로 결박할 수 있는 기부의 형상과 크기에 달려있다고 보았다.

프리손(Frison 1968)은 석기의 사용과 인부재생에 대한 변형을 검토한 이후, 디블(Dibble 1981)은 중기 구석기시대에 긁개^{Scraper}의 인부재생을 위한 변형을 분석하여 박리이론^{reduction theory}을 제창했다. 석기의 변형과정은 개별석기의 변형론과 석핵박리를 둘러싼 석재소비전체를 고려한 변형론이 있다(長埼潤一 2004). 그러나 유적 내에서 현실적으로 이러한 부분을 밝히기는 쉽지 않다. 그 대안이 에티오피아지역에서 가죽을 다듬는데 사용한 긁개 변형을 관찰한 연구 예이다(榊 剛史 1998).

석기의 개체별 접합자료나 민족지예를 통한 석기변형연구의 목적은 유적 내에서 관찰할 수 있는 석기의 형태차이가 기능차이에서 발생하는 형식 변이가 아니라는 점을 밝히는 것이었다. 석기가 동일한 기능으로 사용되면서 변형된 것이지 석기 형식이 모두 변화되었음을 뜻하는 것이 아니라는 것이다. 즉 이러한 형태차이는 형식차이가 아닌 동일한 기종이라도 사용이나 재생과 같은 외부의 다양한 요인에 의해 변형이 생길 수 있다. 석기의 기술형태학적인 차이를 단순히 시기차이나 지역차이로 간주해버리는 연구경향에 경각심을 주는 것이다(榊 剛史 1998). 앞으로 이에 대한 연구도 석기생산공정을 복원하는데 매우 중요한 분야가 될 것이다.

5. 석재의 운용

1) 석재의 획득

사진 4. 수양개출토 석인석핵

후기 구석기시대에도 주요 석재로 석영은 지속적으로 사용되었다. 원석산지의 주변에는 박리공정의 모든 단계가 반영된 유적이 많다. 석재 획득은 직접채취, 증여 교환에 의한 석재의 이동, 빈포드(Binford)가 말한 묻어두는 전략이 있다(田村 隆 1992). 석재획득활동은 수렵·채집활동과 밀접한 관련이 있다. 이 양자의 관련성이 박편의 생산·사용·폐기라는 또 다른 일련의 행동과 더불어 중층적으로 관련지워지는 것이다.

金正培(2005)는 우리나라 구석기유적의 석재운용구조를 4종류로 설정하였다.[14] 우리나라 구석기유적은 시기에 상관없이 주변에 산재해 있는 석재를 이용하는 것이 석재운용전략의 가장 큰 원칙이었다. 제작 과정에서 추가적으로 필요한 석재를 획득하는 방법에서 차이가 있을 뿐이다. 석재는 하천이나 산지에서 직접 채취된 것과 교류 또는 외부에서 직접 가지고 온 것으로 구분할 수 있다.

석재를 주변의 하천이나 야산에서 직접채취한 증거로는 원석에 자연면이 많이 남아있거나, 주변에 유사한 석재산지가 존재한다. 그리고 원석이 무겁고 그 양이 많고 석재의 크기가 큰 경우가 해당한다. 죽내리의 경우 석기의 주요 석재 중 하나인 석영맥암이 주변 암석 내에 암맥상으로 분포한다. 특히 유적지가 소재한 황전면에만 9개의 석영맥암광산이 있지만, 출토된 석기의 경우 강물에 의해 마모된 흔적이 있어 노두에서 직접 채취되었다기 보다는 인근 하천에서 주워서 사용했다. 이 유적은 4개 문화층이 시기에 상관없이 황전천 주변에서 석기소재가 된 석영맥암,

---

14 Ⅰ타입은 폐쇄적 재지계로 고례리, 진그늘 등 제작기술의 연대의식도 강하다. 석기의 양이 많고 대규모 유적이 많다, Ⅱ타입은 상호공존적 집단으로 하화계리, 금파리, 주월·가월리유적으로 산지주변을 배회하면서 생활하고 석기제작규모는 크지 않고 단기간에 형성되는 블록타입, Ⅲ타입은 목적적 원격지계 집단으로 삼리, 호평유적이 있으며 장거리 이동이 가능한 집단으로 시간을 두고 산지로 왕복하는 타입, Ⅳ타입은 재지 원격지 혼합계집단으로 수양개, 창내, 노은동, 용호동유적으로 복수의 석재산지를 지니고 이동범위도 넓은 형태로 장거리 또는 단거리 석재산지를 혼용해서 이용하는 것으로 분류하였다.

사진 5. 고례리유적의 석인제작관련 석재
(20×15.5×8cm)

응회암, 유문암 등을 쉽게 구할 수 있었다. 이 돌들은 황전천과 봉성천의 상류지역에 노두로 드러나 있었다. 오늘날 유적 앞 황전천변에서 그런 종류의 자갈돌을 쉽게 발견할 수 있다(이윤수 2000).[15]

석영맥암보다 유문암이나 응회암으로 대표되는 화산암류 석기의 원래 재료가 경도에서는 석영맥암에 버금가고, 강도는 조직이 치밀하여 석영맥암보다 깨기 어려운 것으로 알려져 있다(이윤수 2000). 이는 후기 구석기시대에 사용된 규질계 석재, 즉 이암, 응회암, 유문암, 혈암 등의 주요 석재가 결코 박리하기 쉬운 돌이 아님을 알 수 있게 해준다. 실제 실험 박리를 해 보면, 그 단단함이 오히려 규질암보다 더 강할 수도 있다. 이런 측면에서 석인기법의 기술은 석기 기술에서 그 수준이 최고라고 할 수 있다.

특정 석재를 채취하기 위해 일정 거리를 찾아가서 채취한 경우는 수양개나 창내유적이 있을 수 있지만, 아직 석기제작과 관련하여 석재채취관련 유적은 확인된 바 없다. 다만, 수양개는 유적으로부터 서쪽으로 약 1km 안에 있는 산제골 언저리의 규질셰일산지에서 얻은 것으로 알려져 있다(이융조 1984). 그 외의 유적은 대부분은 하천에서 석재를 채취하여 석기를 제작했다. 중기 구석기시대까지가 단순히 주변의 석재를 사용해 석기를 제작하는 근거리석재 획득형이라면, 후기 구석기시대에 전반의 석인석기군과 후반의 세석인석기군은 근거리 및 원거리석재 획득형이다. 고례리, 창내, 진그늘, 수양개 IV문화층, 월평처럼 기종에 따라 제작하는 '석기 기종별 제작'이 행해짐에 따라 지점별 특정기종 우위의 목적이 많이 형성되었다(김

---

15 석영암제는 석영질, 화강석은 화강암, 석영맥암은 석영암, 수정암은 결정질 수정으로 고쳐쓰는게 좋다는 주장도 있다(양동윤 2006).

정배 2005).

또한 유적여건에 따른 석재의 이용방식에도 변화가 있을 수 있다. 많은 양의 석재에 대한 상당한 통제가 가해지는 경우가 있다. 도구조합상에서 흔치 않게 작은 크기의 석기나 관리의 필요성이 있는 도구, 석핵이 극도로 작아질 때, 높은 파손 비율과 부러진 형태의 날의 재사용, 모든 사용 불가능한 박편들의 높은 비율의 선별, 다양한 날사용의 높은 빈도, 부스러기로 도구를 만드는 높은 비율, 도구의 크기범위가 넓고 재가공의 비율이 높은 것, 깨어진 양면석기가 높은 빈도로 재가공되고, 양면떼기 박리와 다른 방식을 통한 폐기된 석핵의 재사용 등이 요인일 수 있다.

그러한 예가 바로 흑요석이다. 구석기유적에서 흑요석이 출토된 유적은 기곡, 대전, 민락동, 삼리, 상무룡리, 석장리, 수양개, 신북, 작은솔밭, 장흥리, 집현, 창내, 하화계리, 호평동 등 전국에 걸쳐 출토된다. 하지만 한국 내에서 흑요석은 전형적인 원거리 석재로 백두산에 원산지가 있는 것으로 추정되고 있다(홍미영·니나 코노넨코 2005). 실제 백두산에서는 20cm 이상의 양질의 흑요석이 산출되고 있고 이러한 백두산 흑요석을 이용해 석기를 제작한 백두흑요석석기군의 설정되기도 했다(장용준 2007). 최근에는 구석기시대에도 일본산 흑요석이 사용된 것으로 보고되기도 한다.

앞서 언급된 유적에서 출토된 흑요석의 대부분은 길이 5cm를 넘는 것은 거의 없고, 표면에 자연면을 지닌 것이 드물다. 유적에서 원석으로 부를 수 있는 것도 하화계리의 소형 장방형 흑요석 석재를 제외하고는 출토예가 거의 알려져 있지 않다. 이러한 사실은 유적 내 작업공정과 석재산지와 밀접한 관련이 있고, 석재를 관리했음을 시사해준다. 반대로 원석으로부터 박편을 박리하는 상황은 기본적으로 근거리 산지에서 획득한 것이었다.

2) 석재선택의 기준

석재를 선택하는 제일 중요한 기준은 제작자가 어떤 석기를 만들기 원하며 어떻게 만들고자하는 의도이다. 박리기법에 따라, 선택되는 석재의 종류나 형태가 달라진다. 특히 주먹도끼의 전반적인 형태가 원석의 형태와 깊은 관련이 있고, 석기의 재가공이나 재사용이 인정되는 사실은 원료의 재질에 따른 취사선택적 확보행위가 있었기 때문이다(이선복 1989).

　석영계 석기군의 경우 금파리와 전곡리출토 석핵과 박편을 분석한 황소희(1999)는 원석의 형태를 둥근 천석, 납작 천석, 부정형 석재(모난돌), 불확실한 형태로 구분하였다. 그 중 둥근 천석이 대부분이며 납작 천석, 부정형 석재의 순이었다. 한탄강과 임진강의 강가에서 둥근 형태의 자갈돌을 채취한 것으로 보고하였다. 석재 종류는 석영암, 규암, 규질암, 기타 석영맥암, 화강편마암, 사암을 주로 이용하였다. 죽내리는 앞선 석재이외에도 응회암을 이용하기도 하였다. 석재는 표면이 매끄러워야하며, 적절하게 타격할 수 있는 각도가 형성되어 있고 타면이 평탄한 것을 선호하였다. 시험박리 후 석재 내부에 불순물이 들어있는 경우는 배제하였다.

　석인석기군의 고례리는 중·소형크기의 다양한 형태의 강자갈돌과 대형석기를 제작하기 위한 직사각형과 타원형의 대형석재를 이용하였다. 수양개도 이와 비슷한 양상으로 제작되었다. 후기 구석기시대에 있어 석재는 이암 혼펠스, 응회암, 유문암, 석영, 수정, 흑요석, 혈암, 사암, 반암, 안산암 등 이전 시기에 비해 종류가 매우 다양해진다.

3) 유적 내 석재의 이용방식

　전곡리는 크게 두 종류의 석재가 사용되었다. 20cm를 전후한 대형석재(원석 또는 대형박편), 10cm 전후한 중형석재이다. 전자는 주로 주먹도끼, 주먹찌르개, 가로날도끼 등을 제작하는데 사용되었다. 후자는 방형이나 타원형의 석재를 활용해 석핵 또는 찍개, 다각면원구의 제작에 사용하였다. 이러한 석기가 작업장을 구분해서 사용했는지는 정확히 알 수 없다. 분명한 사실은 석재 크기에 따라 적용되는 제작기법과 석기기종이 차이난다는 사실이다.

　수양개에서는 석인기법을 사용해 혈암제 석인을 생산해 슴베찌르개를 만들었고, 세석인도 제작했는데, 이곳에서는 석기제작지 49곳이 확인되었다(그림 8, 이용조 외 2005). 우리나라에서 단일유적으로 이 만큼 많은 석기제작지가 알려진 곳은 없다.[16] 도록에 실린 사진자료를 참조하면(사진 1), 13번과 29번 석기제작지는 방형의 대형석핵은 물론, 대형박편과 부스러기가 출토되었으나 석인이나 석기류는 출토수량이 매우 적은 것으로 보아 예비석핵 제작지로 추정된다. 특히 대형몸돌은 자갈돌 사이에 끼워져 출토되었는데 하천의 유수작용에 의한 것이라기보다 고정구로서 자갈돌을 활용한 것으로 보는 것이 옳다. 그 이유는 작업면이 위로 향하고 있고 끼워진 형상이 자연적인 유수의 힘에 의해 그러한 형태로 되었다고 보기는 어렵기 때문이다. 석인기법도 고정해서 박리했을 가능성도 있다.

16번은 석기유기장으로 석핵과 성형석기가 드물다. 소형 부스러기가 많이 출토되었다. 41번과 42번은 대형석핵이 드문 반면, 중·소형의 석인석핵과 함께 석인을 비롯해 많은 석기가 출토되었다. 이는 석핵제작장소와 구분하여 석핵에서 양질의 석인을 박리해 석기를 제작하는 공간이 따로 마련되어 있었음을 말해준다.

따라서 수양개 석기제작장은 예비석핵 제작장(능조정기법, 비능조정기법), 성형(成形) 석기제작지(석인생산, 석기제작 및 보수), 기종에 따른 제작장소 구분(슴베찌르개와 세석핵의 작업장 구분, 별도의 밀개제작장 운영), 유기장(석기생산 후 불필요한 것들을 따로 구분관리), 석재종류에 따른 작업장의 구분(흑요석과 점돌 등 별도공간에서 작업)으로 설정할 수 있다. 수양개의 이러한 공간구획은 고례리, 진그늘, 용산동 등과 비교하면 상당히 계획적으로 생산공간을 활용했음을 의미한다. 후기 구석기시대에 계획적으로 석기제작장이 운영되었음을 입증해 준다.

구석기유적에서 아래의 현상이 확인되면, 당시 유적 여건에 따른 석재의 이용방식이 변화했을 것으로 추정할 수 있다.

1) 도구조합상에서 흔치 않게 작은 크기의 석기나 관리되는 많은 도구와 석핵에서 극도로 작은 크기를 보일 때
2) 파손의 높은 비율과 부러진 형태의 날을 재사용할 때
3) 모든 사용 불가능한 박편들의 높은 비율로 선별될 때
4) 다양한 날 사용이 높은 빈도로 이루어질 때
5) 부스러기로 도구를 만드는 비율이 높을 때(0.12~0.16 in Housepits 3 and 7)

---

16 이융조 외(2005)에 소개된 사진자료를 분석하여 설정한 것이다. 49곳에 대한 정보가 모두 공개되면 보다 석기생산에 관련된 유용한 정보를 획득할 수 있을 것으로 기대한다. 현재로서는 이러한 석기제작소가 어떠한 석기를 제작했던 곳인지는 구체적으로 알 수 없다.

6) 도구의 크기범위가 크게 변화하거나 그것들의 재가공이 높을 때

7) 깨어진 양면석기의 재가공 빈도가 높고, 양면박리와 다른 방식을 통한 폐기된 석핵이 재
   사용될 때

예를 들면, 겨울 거주지^{winter villages}에 저장되어진 상당량의 음식물을 운반해 오거나, 산에서 마을로 올 경우가 그렇다. 이 때 석기는 극도로 경제적인 방식으로 사용된다(Hayden 1996).

4) 석기생산의 정보교환 방법

현재 우리나라 후기 구석기유적 중 세석인문화단계에 전국적으로 흑요석이 출토되고 있다. 흑요석은 원거리석재를 대표하는 석재로, 이것을 보유한 집단은 수렵채집활동의 범위가 근거리 석재보유민보다 활동반경이 넓고 접촉빈도도 높았다. 석기제작 및 수렵감에 대한 정보교환, 석재교환을 할 수 있는 한반도 내 세석인집단을 중심으로 한 '흑요석네트워크'가 형성되어 있었다. 비록 출토수량은 적지만 흑요석은 정보교환의 중요한 매개물이었다는 점에서 석재 그 이상의 의미를 지닌다.

아울러 우리나라 구석기유적은 바닷가 또는 내륙의 강줄기 유역에 분포하는 단구 위에 발달된 퇴적층, 들판이나 비교적 낮은 구릉지대의 기반암 풍화대 위에 놓인 퇴적층, 한탄강-임진강유역처럼 용암대지 위에 형성된 퇴적층 등에서 주로 발견된다. 또한 큰 강의 작은 하천이나 두 개의 하천이 하나로 만나는 두물머리에서도 많이 분포한다(한창균 2006). 하천이나 강을 중심으로 분포하는 것이 우리나라 구석기유적의 특징 중 하나이다.

이러한 입지의 장점은 식수를 확보하기 쉽고, 외적방어를 할 수도 있으며 물가에서 수렵이나 어로, 석기석재의 채취, 교통로의 확보 등이 있다. 그 중 하천수계를 통한 석재교역망의 형성은 중요한 의미를 지닌다. 배를 이용하지 않더라도 빙하시대의 추위가 강을 얼게 해 주어서 강변을 따라 산을 넘지 않고서도 이동가능하게 해주었다. 하천의 중요한 의미가 사람들의 이동통로의 구실도 했다는 점이다. 구석기시대에 하천이용은 시기에 구애받지 않는 중요한 문화현상이었다.[17]

---

17 일본의 북방계 세석인문화의 경우에도 현지산 석재는 물론 木戸場A유적은 석재원산지에서 직선거리로 200km떨어져 있

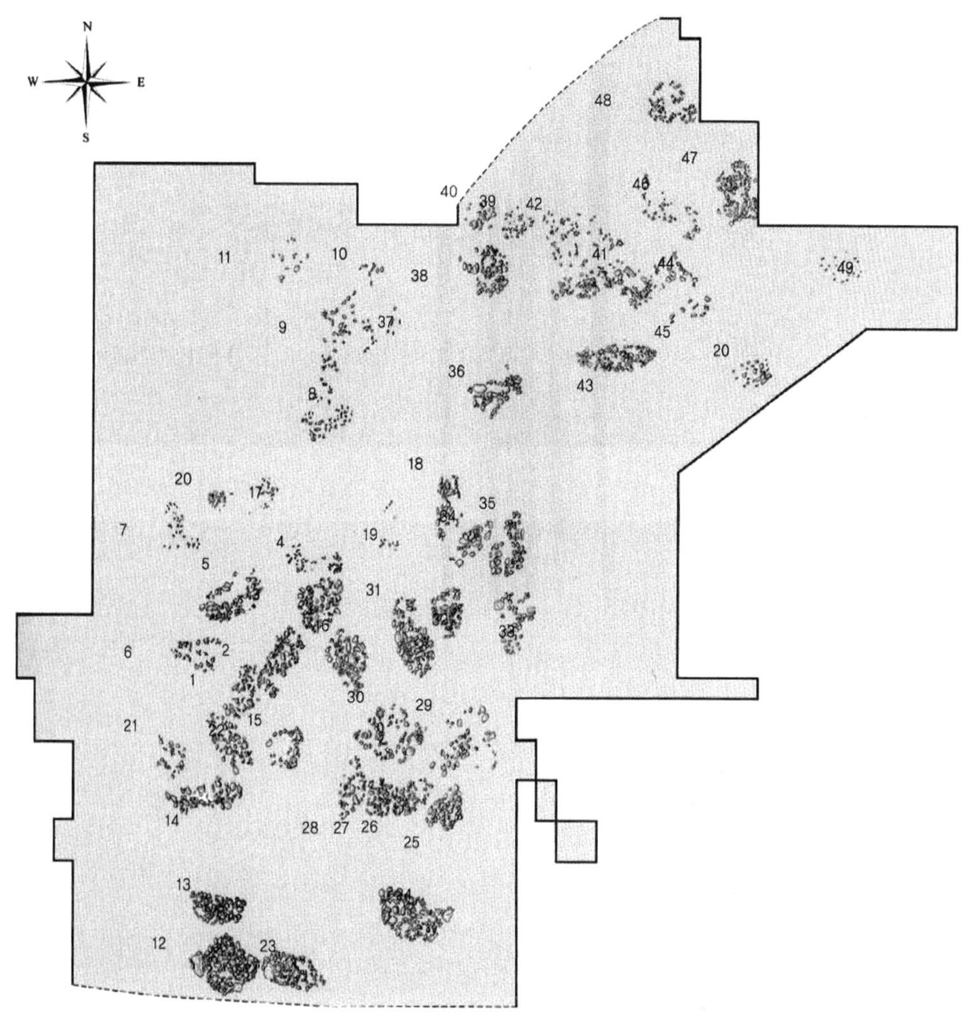

그림 8. 수양개유적의 석기제작장

    따라서 원산지가 먼 석재가 구석기유적에 사용되는 현상은 중기 구석기시대에 비해 후기 구석기시대, 특히 후기 후반의 '석재자원개발'노력이 이전시기에 비해 적극적이었음을 말해준다(池谷信之 等 2005).[18]

어 규질혈암으로 대표되고 석재에 대한 의존도가 매우 높았다(櫻井大枝 1991). 稻田孝司(1977)는 개체별자료의 분석법을 구사해서 블록에 시간적인 차이관계가 있음을 분명히 하고 모암의 소비율과 소비의 사이클에서 집단의 이동의 양상을 추정했다.

18 흑요석의 유통 繩文시대 長野縣 鷹山유적군의 채굴갱조사, 神津道山흑요석의 유통은 해상도항용 배가 있었음을 의미한다(池谷信之 等 2005).

즉, 후기 구석기시대는 다양한 석재를 사용하였으나 주변지역의 석재를 이용하는 패턴에는 중기 구석기시대와 비교해 큰 변화없이 유지되었다. 다만, 후기 구석기시대 후반의 세석인문화단계는 흑요석과 같은 원거리석재가 증가함으로써 석재이용패턴이 변화했다.

6. 소결

이상으로 구석기 생산유적의 제작도구와 운영방식을 추론하기 위해 다양한 방법으로 검토했다.

구석기 생산유적의 망치돌의 크기는 일반 유적에 비해 크기가 컸으며, 후기 구석기시대에 모룻돌을 통한 양극기법의 증가가 눈에 띄었다. 망치돌은 식물가공구로 사용되었을 가능성도 있다. 이것의 출토만으로 석기생산유적으로 단정하는 것은 유의할 필요가 있었다. 석기접합유물을 비교한 결과, 석영계 석기군보다는 석인석기군의 제작기술의 수준이 높았다. 동일한 석인석기군이라 해도 고례리, 수양개, 용산동, 진그늘에 비해 죽내리의 기술수준이 떨어짐을 접합유물의 비교로 알 수 있었다.

석기의 개체별 자료는 1) 접합유물을 통한 석기의 동시기성 파악, 2) 접합유물로 통해 본 석기비산거리 및 제작공간의 추정, 3) 유적구조의 분석, 4) 석기의 반출과 석기이용양상, 5) 석기의 변형론에 대한 실마리를 제공해 줄 수 있다.

그리고 개체별 분석은 석기의 제작과정, 변형, 재가공은 물론, 석기 분포를 통한 유물의 이동경로를 추적하고, 유적 내 인류의 행위복원까지 가능하게 해줄 수 있다. 구석기 생산행위라는 것도 생산을 빌미로 이루어지는 자원소비행위이다. 생산은 바로 새로운 석기제작의 소비욕구를 창출한다. 창출된 욕구는 다른 생산, 즉 새로운 형식의 석기제작을 촉발시키는 원동력이 되었다.

구석기유적에서 출토된 석재는 제작자가 어떤 석기를 원하며 어떻게 만들고자하는 것이 반영되었다. 석재는 주로 원산지나 하천에서 직접 채취된 것과 교류를 통해 반입되었다. 시기에 상관없이 주변에 산재해 있는 석재를 이용하는 것이 석재운용전략의 가장 큰 원칙이었다.

아직 우리나라에서 석재채취와 관련된 유구가 발견된 바 없어, 석재 유통에 대한 명확한 증거는 제시하기 어려웠다. 구석기시대 석기생산의 발전과정은 석재효율성을 극대화시키는데 초점이 맞춰져 있었다.

석영계 석기군과 석인·세석인석기군에 있어 석재 이용방식은 수양개 석기제작장을 참고로 할 때 5가지 유형이 확인되었다. 석기생산의 정보교환을 위해 하천을 이용했던 것으로 추정된다. 앞으로 석기생산유적의 운영방식을 체계적으로 연구하기 위해 구석기시대부터 청동기시대까지 출토된 석기 및 석재의 분석을 통한 원산지정보가 수록된 '한반도출토 석기원산지지도'의 제작이 가장 시급하다.

석기생산유적을 구체화시키기 위해서는 발굴과정에서 앞서 언급한 정보들이 수집되어야 한다.[19]

피트[pit]발굴은 석기의 평면분포상태를 전반적으로 파악할 수 없어 석기생산과 관련된 정확한 정보를 주는 데 한계가 있다. 석기 분포 양상은 첫째는 일부 유적에서 석재종류에 따른 사용영역의 구분 문제, 둘째는 석재를 사용하는데 특별한 영역구획이 확인되지 않는 이유(A. 석기제작 때 여러 사람이 동시에 제작했을 경우, B. 일정 시간의 간격을 두고 필요에 따라 석기를 제작했을 가능성, C. 특정 장소에 지정된 석기제작지의 운영), 셋째는 생활공간 내 석기제작장과 기타 생활장소의 분리문제 등의 해석을 하는 데 유익한 자료를 제공해 줄 수 있다.

피트[pit]발굴이 장점이 없는 것은 아니지만, 발굴에서 석기생산에 대한 더 많은 정보를 얻기 위해서는 평면전체를 발굴하는 방식으로 이루어질 필요가 있다. 평면조사를 통한 유구의 확인, 즉 석기가 출토되는 곳은 물론 출토되지 않는 곳에서도 인간 행위의 흔적을 찾는 것이 중요하다. 또한 개체별자료에 대한 석기 접합율을 높여야만 석기생산에 대한 정확한 정보획득은 물론, 석기의 형식연구로는 파악할 수 없는 다양한 인간행위에 대한 과학적 접근이 가능해질 것이다.

---

19 한창균 2006, 前揭書. 구석기발굴에 대한 모범적인 방법과 절차에 대해 매우 상세하게 설명되어 있다.

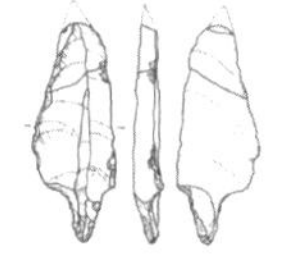

제2장
접합석기의 거리와 분포로 본 작업공간

1. 서론

후기 구석기시대는 전·중기 구석기시대에 비해 도구의 다양성과 제작기술이 비약적으로 발전하였다. 그 이면에는 예비소재를 활용하는 방식의 개선과 박리공정에 있어 체계화된 제작시스템의 보유가 큰 밑거름이 되었다. 이를 대상으로 후기구석기의 기술적인 측면을 검토한 다양한 연구성과가 있었다. 예를 들면 전반적인 석기제작에 대한 분석(이헌종 2004), 석인기법의 복원과 박리기법의 분석(張龍俊 2001), 새기개의 형식과 제작기법(손보기 1970, 장용준 2006, 한창균 2000), 세석인기법의 제작기법(서인선 2003, 성춘택 1998, 李隆助·尹用賢 1994, 張龍俊 2002), 후기 구석기시대의 형식분류(張龍俊 2006) 등이 있다.

후기 구석기시대의 제작관련 유적에서는 석기를 성형(成形)한 뒤의 잔존물들을 포함해 석기완형품과 실패품, 다량의 접합유물이 출토되고 있다. 대개 석기 제작은 군집 또는 별도의 장소에서 작업이 이루어졌다. 이러한 석기제작공간 내에서 확인되는 접합유물은 석재의 획득과 이용방식은 물론, 예비소재의 제작방식을 복원하고 제작공간에 대한 중요한 정보를 제공해 준다.[1]

상당수의 유물은 제작 뒤에 버려진 뒤 흙으로 피복되기 전에 이동되었을 가능성

---

[1] 접합석기의 연구사는 19세기까지 거슬러 올라간다. 영국 브릭스햄(Brixham) 동굴에서 출토된 주먹도끼관련 유물이 접합된 사례이다(Dimitri de Loecker *et al.* 2003).

이 있다. 이로 인해 석기생산기술의 변화양상이 심하지 않은 구석기문화에서는 동일한 층위 혹은 다른 층위에서 출토된 석기라 할지라도 이것들이 반드시 같은 시기 혹은 동일한 제작집단에 의해 만들어졌다고 단정하기가 쉽지 않다. 특히 구석기유적의 경우 한 공간 내에서 확인되는 여러 석기군의 동시기성을 판단하는 것은 매우 어려운 문제이다.[2]

최근 우리나라에서는 다량의 접합유물이 확인되었음에도 불구하고, 이에 대한 연구가 거의 이루어지지 못하였다. 특히 접합유물의 중요한 정보 중 하나인 접합거리와 분포에 대한 구체적인 검토가 부족하였다.

사진 1. 고례리유적의 석인석핵 접합유물

후기 구석기시대 유적 중 정식 발굴로 다량의 접합유물이 확인된 정장리, 죽내리, 기곡, 침곡리, 월평유적을 중심으로 작업공간에 대해 살펴보고자 한다.

---

2 석기가 출토되는 양상을 廢棄로 총칭하기 보다는 遺棄·放置·廢棄와 같이 개념적으로 구분할 필요가 있다. 岡村道雄 (1979)와 西秋良宏(1994)가 정의한 遺棄·放置·廢棄의 내용을 종합하면 다음과 같다.
 ·放置 : 유기·폐기와 달리 버려진다는 개념이 빠진 것, 사용가능한 물건도 포함된다.
 ·廢棄 : 폐쇄된 공간, 즉 주거지와 같이 일정 공간을 보유하고 있던 집단에서 그 공간 밖으로 물건을 처리하면서 더욱 잘 나타난다. 이것은 필요 없는 것만 모여있는 장소에 버리고 가는 것으로 폐기 블록의 특색은 유물 분포가 중앙에 모이거나 주변에 산재해 있는 경향이 있다. 대체로 석기 기종이 풍부하고 석핵, 박편, 부스러기가 많다. 또한 출토유물과 달리 석기제작행위로 공간이 만들어지는 것이 아니라 이차적인 공간이동만 있을 뿐이다.
 ·遺棄 : 제작, 사용장소에 둔 채 떠나는 것으로 특히 부스러기가 많을 때이다.

2. 검토대상

1) 정장리유적

Ⅰ지구와 Ⅲ지구는 단일 문화층이고, Ⅱ지구는 2개의 문화층으로 확인되었다. Ⅰ지구는 접합유물이 한 점도 확인되지 않았다. Ⅲ지구에서는 석기제작장과 함께 23점의 망치돌과 다양한 종류의 유물로 이루어진 27개체의 접합유물이 확인되었다. 접합되는 유물은 Ⅰ형(석핵과 박편) 5개체, Ⅱ형(박편과 박편) 9개체, Ⅲ형(석기와 박편) 6개체, Ⅳ형(박편과 파편) 6개체, Ⅴ형(기타 접합) 1개체이다. 보고자는 석기제작장이 교란되지 않은 상태에서 잘 보존되었음을 주장하였다. 정장리유적의 접합유물은 짧게는 수십㎝에서부터 멀리는 90여 m 떨어진 곳에서 서로 접합되었다(그림 1).

이곳의 석핵들은 대부분 편평한 자연면을 이용해 박리하였고, 가장자리를 돌아가면서 박리되었다. 접합되는 개체들의 위치와 집중도, 석핵 위치, 망치돌 최대분포 반경 등을 고려해 석기제작은 적어도 세 군데 이상에서 작업된 것으로 추정하였다. 석기제작장 내의 작업행위는 주로 남-북방향으로 이루어졌고, 특히 이곳에서 긁개와 홈날석기가 밀집되는 양상으로 파악하였다(慶發硏 2004).

정장리유적에서도 석기제작장 내에서의 작업행위가 주로 남-북방향으로 이루어졌다. 접합되는 유물구성들로 볼 때 박편과 기타 유물들이 주로 접합되는 방향은 남-북방향으로 일정한 패턴이 확인되었다.

연번	유물 번호	접합유물	접합 수량	접합거리 최대 (m)	최소 (m)	깊이 (cm)	석재	문화층· 시기	특징	문헌
1	Ⅰ-1	석핵+박편(4)	5	2.78	3.4		규암		26,300±1,100, 29,340±700	
2	Ⅰ-2	석핵+박편(2)	3	3.86	2.56		규암			
3	Ⅰ-3	석핵+박편(2)	3	2.08	0.6		규암			
4	Ⅰ-4	석핵+박편	2	7.02			규암			
5	Ⅰ-5	석핵+박편	2	0.8			규암			
6	Ⅱ-1	박편(4)	4	4.76	3.10		규암			
7	Ⅱ-2	박편(3)	3	4.58	4.40		규암			
8	Ⅱ-3	박편(2)	2	2.60			석영			
9	Ⅱ-4	박편(2)	2	59.1			규암			
10	Ⅱ-5	박편(5)	5	4.3	2.28		규암			
11	Ⅱ-6	박편(3)	3	2.3	2.2		석영			
12	Ⅱ-7	박편(5)	5	4.08	0.66		규암			
13	Ⅱ-8	박편(2)	2	27.32			규암			
14	Ⅱ-9	박편(2)	2	91.8			규암		가장 원거리에 해당하는 접합유물. 인위적인 이동이 추정됨	
15	Ⅲ-1	양면찍개+박편(5)	6	2.7	1.38	모름	규암	후기 중엽		慶發研 2004
16	Ⅲ-2	외면찍개+박편(4)	5	5.08	0.7		규암			
17	Ⅲ-3	망치+박편(3)	5	4.48	1.28		규암			
18	Ⅲ-4	망치+파편(3)	4	6.46	2.34		편마암		한 개체. 박리작업이 아닌 망치로 쓰던 돌이 파손되었는데 이 정도 거리로 비산되는 것은 외부요인에 의해 이동	
19	Ⅲ-5	홈날석기+파편(4)	5	3.1	0.17		규암			
20	Ⅲ-6	석기+석핵+파편	3	7.12	3.02		규암			
21	Ⅳ-1	박편+파편	2	4.32			규암			
22	Ⅳ-2	박편+파편	2	1.36			규암			
23	Ⅳ-3	박편+파편	2	0.92			규암			
24	Ⅳ-4	박편+파편(3)	4	3.81	0.60		규암		대형박편조각	
25	Ⅳ-5	박편+파편	2	4.9			규암			
26	Ⅳ-6	박편+파편	2	1.8			규암			
27	Ⅴ-1	파편(2)	2	3.18			규암		깨진 자갈돌	
		평균	3.22	9.87	1.91					

2) 죽내리유적

표 2. 죽내리유적 후기구석기시대 접합석기 일람표

연번	유물번호	접합유물	접합 수량	접합거리 최대 (m)	접합거리 최소 (m)	깊이 (㎝)	석재	문화 층	특징	문헌
1	ㄷ23-268 등	석핵+박편(8점)+조각돌	10	2	0.2	21	유문암	4	가로 1.18m, 세로 2.84m 범위 내 분포	
2	ㄴ24-7 등	석핵+박편(6점)	7	6.64	0.9	23	유문암	4	가로 5.72m, 세로 4.04m 범위 내 분포	
3	ㄷ23-366등	석핵+박편(3점)	4	3.3	2.46	29	유문암	4	가로 3.16m, 세로 3.32m 범위 내 분포	
4	ㄷ24-25 등	박편(8점)	8			77	유문암	4	가로 7.28m, 세로 3.74m 범위 내 분포	
5	ㄷ24-330 등	석핵+박편(7점)	8			65	유문암	4	가로 8.40m, 세로 5.90m 범위 내 분포	
6	ㄷ24-354 등	박편(4점)	4			21	유문암	4	가로 1.4m, 세로 2.8m 범위 내 분포	
7	ㄷ25-331 등	돌날(2점)	2			21	유문암	4	가로 1.4m, 세로 2.8m 범위 내 분포	
8	ㄷ23-176 등	박편(3점)	3	2.48	1.62	16	유문암	4	가로 0.88m, 세로 2.32m 범위 내 분포	
9	ㄷ23-234 등	박편(2점)	2				유문암	4	기록없음	
10	ㄷ25-204 등	돌날+박편	2				유문암	4	기록없음	
11	ㄷ23-203 등	조각돌(2점)	2				유문암	4	기록없음	
12	ㄷ23-205 등	석핵+박편(7점)	8	2.16	0.2	25	유문암	4	가로 1.98m, 세로 2.16m 범위 내 분포	이기길 외 2000
13	ㄷ24-23 등	석핵+박편(5점)	6				유문암	4	가로 3.98m, 세로 3.66m 범위 내 분포	
14	ㄷ24-233등	석핵+박편(2)+조각돌(3점	6	0.94	0.2	11	유문암	4	가로 0.3m, 세로 0.94m 범위 내 분포	
15	ㄷ24-83 등	석핵+박편(3점	6			6	유문암	4	가로 1.66m, 세로 0.68m 범위 내 분포	
16	ㄷ24-86등	석핵+박편(2점)	4	4.02	2.76	10	유문암	4	가로 2.76m, 세로 4.02m 범위 내 분포	
17	ㄷ23-170 등	석핵+박편	2	1.56		10	유문암	4		
18	ㄷ23-8 등	석핵+박편	2	0.62		1	유문암	4		
19	ㄷ23-74 등	석핵+박편	2				유문암	4		
20	ㄷ23-257 등	박편(2점)	2	0.3		2	유문암	4		
21	ㄷ25-26 등	박편(2점)	2	3.44		3	유문암	4		
22	ㄷ25-155 등	박편(2점)	2	2.46		30	유문암	4		
23	ㄷ24-100 등	조각돌(2점)	2	3.36		27	유문암	4		
24	ㄷ24-46 등	조각돌(2점)	2	0.26			유문암	4		
25	ㄷ24-192 등	조각돌(2점)	2	0.18			유문암	4		
26	ㄷ24-59 등	조각돌(2점)	2	6.48			유문암	4		
27	ㄷ25-148	조각돌	2			0	유문암	4		
		평균	3.9	2.51	1.19	18.91				

후기 구석기는 4문화층의 석기군이 해당한다. 석영맥암·유문암·응회암·혈암·사암을 이용해 석인과 세석인·부채꼴의 밀개·찍개·긁개·톱니날석기·뚜르개·새기개·박편 등 3,126점이 확인되었다. 10%내외의 비율을 나타내는 유문암제 석기는 주로 석인제작에 사용되었다. 무게와 생김새에 따라 구분되는 11점의 망치돌과 5점의 모룻돌이 출토되었다(이기길 외 2000).

4문화층에서는 27개체의 접합유물이 확인되었다. 그 중 조각돌이 붙는 예를 제외하면 22개체가 접합되었다(표 2). 이러한 유물들은 석기제작과정과 제작공간에 대한 다양한 정보를 제공해 준다. 일부 개체를 제외하고는 석기제작공간 내 유물이 상당히 안정적인 위치에서 퇴적되었다.

3) 기곡유적

유물은 총 7,890점이 확인되었다. 그 중 1문화층 6,674점, 2문화층 1,098점, 3문화층 118점이다. 총 5개의 지층 중 토양쐐기보다 상부에 1문화층, 포함하는 층이 2문화층이다. 1문화층은 흑요석, 수정, 이암, 화산암, 석영 등의 다양한 석재를 사용해 석기를 제작하였다. 전체 유물 중 석영이 7,325점으로 차지하는 비율이 매우 높다. 흑요석이나 수정은 대부분 B지구 1문화층에서 출토되었다. 석기제작장은 B지구 1문화층에 해당하는 B-1지구의 ㄴ3칸, B-3지구 ㄴ13칸이다(이해용 외 2005).

접합유물은 19개체가 확인되었다. 석영 9개체, 사암 4개체, 수정 2개체, 처트 2개체, 흑요석 1개체, 화산암 1개체이다(표 3). 접합유물 중 접합1은 크기 2㎝ 내외의 박편 2점과 긁개 1점이 붙은 것으로 최대 10m의 거리가 있다.

표 3. 기곡유적 B지구의 접합석기 일람표

연번	유물번호	접합유물	접합수량	접합거리			석재	문화층·시기	특징	문헌
				최대 (m)	최소 (m)	깊이 (cm)				
1	접합1	박편(2)+긁개	3	10	1.85	28	화산암	1문화층		
2	접합2	박편(2)	2	6.5			사암	1문화층		
3	접합3	박편+석핵	2	3.9		7	사암	1문화층		
4	접합4	박편(2)	2	5.7		22	처트	1문화층		
5	접합5	박편(2)	2	1.1		9	석영	2문화층		
6	접합6	조각돌(2)	2	0.6		1	석영	1문화층		
7	접합7	박편(2)	2	0.27		4	석영	1문화층		
8	접합8	석핵+조각돌	2	4		2	석영	1문화층		
9	접합9	박편+긁개	2	2		3	흑요석	1문화층	잔손질 편	
10	접합10	석핵+박편(2)	3	1		5	사암	1문화층		이해용 외 2005
11	접합11	석핵+박편(2)	3	0.5		9	사암	1문화층	석핵크기 23cm	
12	접합12	긁개+박편	2	2.1		5	수정	1문화층	새기개와 새기개스폴	
13	접합13	석핵편	2	2.8		4	수정	1문화층		
14	접합14	석핵+조각돌	2	0.9		1	석영	1문화층		
15	접합15	조각돌(2)	2	0.35		1	석영	2문화층		
16	접합16	조각돌(2)	2	0.6		7	석영	1문화층		
17	접합17	박편(2)	2	0.44		0	석영	1문화층		
18	접합18	석핵+조각돌	2	3.5		35	석영	1문화층		
19	접합19	석핵+박편	2	0.6		6	처트	1문화층		
		평균	2.16	2.47	1.85	8.28				

4) 침곡리유적

유물은 제1층과 제2층에서 총 838점의 석기가 출토되었다. 보고자는 붙는 석기7을 근거로 하여 두 층의 유물이 동일한 시기에 형성된 것으로 보았다. 제1층과 제2층의 유물 형식 구성은 후기 구석기시대와 관련이 있고, 석인과 세석인이 두 개 층에서 고르게 출토되었다. 석재는 유문암과 석영이 주로 사용되었고, 두 석재는 혼재되어 출토되었다. 석기 제작은 나피트와 다피트에서 주로 이루어졌다. 유물 중 부스러기 468점이 존재하고 유물 집중구역에서 유물의 분급현상이 나타나지 않는 다는 점에서 유적 내에서 심각한 후퇴적과정에 의한 교란이 적었다고 주장하였다 (이형우 외 2007).

붙는 석기는 모두 8개체가 확인되었다(표 4). 그 중 나피트 2층에서 출토된 유물 을 제외하면 4개체이다. 대부분의 석기는 근접한 거리에서 접합되었고 깊이차도 크지 않다.

표 4. 침곡리유적 접합석기 일람표

| 연번 | 유물번호 | 접합유물 | 접합수량 | 접합거리 | | | 석재 | 문화층 | 특징 | 문헌 |
				최대 (m)	최소 (m)	깊이 (cm)				
1	붙는 석기2	석핵+박편	2	1		1	석영	나피트 1층		
2	붙는 석기6	박편+부스러기(2)	3	1.8	0.4	6	석영	나피트 1층		
3	붙는 석기7	박편	2	1.6		16	유문암	나피트 1층 다피트 1층	두 개 문화층 간에 유물이 접합됨	이형우 외 2007
4	붙는 석기8	석인	2	2.7		4	유문암	다피트 1층	탈색화과정이 서로 달라 유물의 재퇴적 과정에 차이가 있었음	
		평균		1.77	0.4	6.75				

5) 월평유적

후기 구석기시대에 해당하는 남8서25·26구덩이는 산성화산암으로 만든 6개체 의 접합유물이 확인되었다(이기길 2002, 표 5). 특히 산성화산암을 석영맥암과 구분 해서 석기를 제작하였다. 이곳은 접합석기 이외에도 세석핵과 석영맥암제 뚜르개 가 출토된 전형적인 석기제작장이다.

| 연번 | 유물번호 | 접합유물 | 접합 수량 | 접합거리 | | | 석재 | 문화층 · 시기 | 특징 | 문헌 |
				최대 (m)	최소 (m)	깊이 (cm)				
1	붙는유물 1	박편(8)+조각돌(3)	11	1.9	0.05	13	산성화산암	후기	가로 161cm, 세로 233cm 범위 내 분포	
2	붙는유물 2	박편(13)+조각돌(3)	16	3.5	0.08	9	산성화산암	후기	가로 137cm, 세로 328 범위 내 분포 ○석핵없음	
3	붙는유물 3	박편(4)	4	0.6	0.05	24	산성화산암	후기	가로 67cm, 세로 76cm 범위 내 분포 ○1점을 뺀 세 점의 깊이차는 1~2cm	이기길 2002
4	붙는유물 4	박편(2)	2	0.39		0	산성화산암	후기		
5	붙는유물 5	박편(2)	2	3.35		1	산성화산암	후기		
		평균	7.00	1.95	0.06	9.40				

3. 작업공간의 동시기성

구석기유적에서 흔히 일컬어지는 지층과 문화층은 서로 다른 용어이다. 이것은 유적조사 결과, 유물과 유구 등의 검출상황에서 개념적으로 설정되었기 때문에 자연층 구분과는 반드시 합치하지 않는다. 왜냐하면, 유물은 매몰 후의 토양화작용 때문에 수직분포에 간격이 발생하게 된다. 이 때문에 문화층도 일정 깊이의 폭을 지니고 설정되는 경우가 많기 때문이다(舊石器文化談話會編 2000:151).

구석기유적에서 작업공간에 대한 시기는 여러 상황을 검토하여 신중하게 구분하지만, 대체로 유물이 출토되는 단면과 평면의 층위상황으로 결정되는 경우가 많다. 특히 유적 내 단면의 층위구분이 시기구분 혹은 석기군의 시기 차이를 평가하는 기준이 되고 있다. 그러나 구석기유적에서는 빙하기동안의 심한 기후변동에 따른 지층 변화 및 석기 이동 등으로 인해 층위차이가 시기의 차이로만 볼 수 없는 경우가 있다. 지층이 곧 문화층일수도 있지만, 여러 지층이 하나의 문화층이 될 수도 있다. 특히 가벼운 무게의 석기일수록 유물의 상하이동이 일어날 가능성이 크다 (中澤祐一 2000). 그가 분석한 유물 중 무게가 3~10g은 상대적으로 수직이동이 쉬웠고, 가장 안정적인 것은 무게가 33~1,257g인 것이었다. 상대적으로 가벼운 유물은 상하이동이 쉽고 무거운 것이 적었음이 확인되었다. 이럴 경우 서로 다른 문화층으로 보고된 유물들이 동일한 문화층으로 분류되어 같은 시기로 분류될 가능성이 있다.

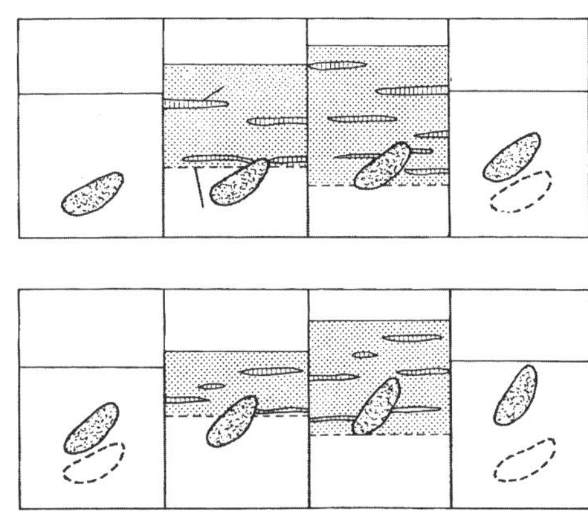

모식도 1. 최종빙기에 있어 동결과 융해작용에 따른 자갈돌(礫)의 상승현상(小曙尚 1991)

월평유적 슴베찌르개를 포함한 3·4문화층과 장수 침곡리유적(이형우 외 2007)을 살펴보자.

월평유적은 3문화층과 4문화층을 지층의 색과 구성물의 차이에 따라 두 개의 문화층으로 구분하였다. 특히 좁은 면적임에도 3문화층의 두께는 약 20~70㎝, 4문화층은 30~110㎝로 두께의 변화가 크다고 한다(이기길 외 2004).[3] 즉 당시의 지형이 수평이 아니었을 수도 있는 것이다. 그러나 대개 구석기발굴은 유구확인중심의 다른 발굴과 달리 거의 수평적으로 낮춰가면서 진행되기 때문에 발굴자가 세심히 발굴했다고 하더라도 3문화층과 4문화층의 일부 중첩된 유물을 구분하기란 쉽지 않았을 것이다.

그 중 3문화층과 4문화층의 유물분포 중 해발 199m를 기점으로 두 문화층의 유물이 집중되고 있다. 특히 문화층이 다른 슴베찌르개는 평면상에서 약 2m 정도의 거리이면서 수평레벨은 거의 동일하다. 아울러 두 문화층의 석재비율이나 석기구성도 매우 유사하다. 접합유물이 있었다면 월평유적의 문화층의 구분이 달라질 수도 있었을 것이다. 차후에 진행될 예정인 추가발굴성과를 기대해 볼 필요가

---

3 발굴조사를 담당했던 이기길교수는 발굴당시 3문화층과 4문화층의 층위구분이 분명하게 가능하였다고 하였다. 이에 대해 필자는 발굴과정의 문제점을 제기하는 것이 아니라, 유적형성과정과 유물구성 등으로 미루어 볼 때 층위구분에 대해 세심한 주의가 필요하다는 차원에서 문제를 제기하고 싶다.

있다.

침곡리유적의 유물 838점 중 468점이 부스러기인 경우 집중호우와 사면을 따른 홍수류에 의해 거의 이동하지 않은 점은 이러한 영향을 받기 전에 퇴적물에 의해 피복이 이루어졌음을 말해준다. 즉, 토양은 퇴적되더라도 유물을 운반시킬 수 없는 저침식력의 운반매체에 의해 이동되었다는 것이다(정재일 외 2007). 이형우 등(2007)은 유물포함층인 제1층(황갈색사질점토층)과 제2층(암황갈색 사질점토층)을 동일한 시기로 보았다. 이 두 층은 토양색상이나 입자구성으로 보아 확연히 구분된다고 한다. 그러나 유물포함층은 유물의 형식구성과 석재의 동일성은 물론 토양화 과정에서 보여주는 간접증거와 다피트 제1층과 라피트 제2층의 유물이 서로 접합(붙는 석기 7, 평면거리 1.6m에 레벨차이 16㎝)되는 직접증거로 같은 문화층으로 설정하였다.

월평유적과 침곡리유적의 예는 비슷한 사례를 두고 두 유적의 보고자가 전혀 다른 결론을 내었다고 할 수 있다. 이러한 사례는 발굴 당시의 문제라기보다 전자는 문화층 간의 접합유물이 없고 후자는 있었기 때문이다.

석기접합자료에 나타난 접합유물의 단면상 접합거리는 기곡유적 35㎝(표 3), 월평유적 40㎝ 정도이다. 죽내리유적의 접합유물(ㄷ24-25 등) 중 가장 넓은 분포범위를 보이는 것은 유문암제 박편 8점이 접합된 것으로, 이 석기는 석핵이 확인되지 않았다. 이것의 분포범위는 가로 7.28m, 세로 3.74m로 석기들의 최대 깊이 차이는 77㎝이다. 시기가 다르지만, 전곡리유적의 경우도 수직 20~30㎝, 많게는 80㎝ 이상의 수직차이에서도 유물이 서로 붙는다(이선복 1998). 일본은 유물의 수직분포가 수십㎝의 깊이 차이를 지닌 게 보통이고 생활면은 유물의 수직분포가 제일 집중되는 부근으로 가정한다(舊石器文化談話會編 2000).

석기군은 층리면에서 검출되고 층리면은 당시 지표면으로 추정된다.[4] 기본적으로 지층은 토양의 색상과 입자로 구분하더라도 〈모식도 1〉과 같은 유물의 이동현상을 염두에 두어야만 한다. 그리고 제작공간에서 다음과 같은 사항이 확인된다면 작업공간의 동시기 설정이나 문화층 설정에는 주의해야 한다.

첫째, 석기제작수법이 거의 동일하고 석기와 석재구성에서 별다른 차이를 인지할

---

4 층리면(層理面, 層面 ; bedding plane)은 개개 지층사이의 경계면을 가리킨다.

수 없다. 둘째, 서로 다른 지층임에도 불구하고 특정 유물의 위치가 매우 지근(至近)에 위치하고 단면위치에서도 거의 차이가 없다. 셋째, 나누어진 지층의 단면상 유물분포에서 문화층의 일부가 중첩되는 현상이 발견된다. 넷째, 서로 다른 지층이나 문화층에서 출토된 유물이 접합된다.

따라서 석기들이 중첩되어 있고 작업공간의 구분이 쉽지 않으면서, 두 층간의 단면상의 접합거리가 짧고 유물이 두 층간의 접경지대에 있다면 토양색상만으로 문화층을 두 개로 분리할 때는 신중을 기하여만 한다.

4. 작업공간의 분석

1) 유물위치의 이동

발굴현장에서 관찰할 수 있는 석기제작공간에서 인위적 현상을 밝히는 것은 쉽지 않은 게 사실이다. 아마도 구석기유적에서 만들어진 석기가 유적 내에서 이동되어 접합거리에 변화가 발생했음을 객관적으로 증명하기란 매우 어렵다.

다만 접합석기 중 석기의 주요 부분이 발견되지 않은 경우와 접합되는 위치가 제작공간과는 무관한 곳에 위치한 경우를 생각해 볼 수 있다.[5] 정장리유적의 원거리에서 접합된 세 가지 사례를 살펴보자.

정장리유적의 접합유물 중 Ⅱ-4의 박편(Ⅲ-E-1, E피트)+박편(Ⅲ-43-36, 석기제작장)은 59.1m, Ⅱ-8의 박편(Ⅲ-51-8, 석기제작장)+박편(Ⅲ-B-23, B피트)은 27.3m, Ⅱ-9의 박편(Ⅲ-B-5, B피트)+박편(Ⅲ-E-18, E피트)은 91.8m이다.

석기제작장을 중심으로 E피트와 B피트가 서로 접합된 자료를 살펴보자(그림 1).

---

5 월평유적과 죽내리유적에는 석기의 반출가능성을 시사해 주는 접합유물이 있다. 월평유적 접합유물2는 석기 16점이 접합되었음에도 중심에 위치하는 석기가 확인되지 않았다. 아마도 석핵의 빈자리이거나 생산된 박편이 도구로 사용되어 외부로 빠져나가 유적 내부에서 확인되지 않은 것으로 추정된다(표 5). 이것들의 접합거리는 가로 137㎝, 세로 328 범위 내에서 분포한다. 최대접합거리는 3.5m이다. 또한 죽내리유적의 ㄷ24칸에서 출토된 점돌 유문암으로 만든 6점의 석기는 접합과정에서 석핵이 확인되지 않았다(이기길 등 2000).

E피트의 E-1은 제작공간과 5m 정도 떨어져 있다. B피트의 B-5는 석기제작공간이 아니다. E피트의 E-18은 모룻돌이 출토되고 석기의 접합사례가 있는 소규모의 석기제작장과 관련된 유물이다.

소규모 석기제작장인 E피트에서 B피트로 박편이 이동하고, 석기제작장에서 E피트와 B피트로 석기가 이동되었다. 석기 크기는 5~10㎝ 정도로 박리과정에서 비산되어 날아가기에 너무 무게가 무겁다. 석기 형태로 보아 특수한 용도의 석기는 아니다. 하지만 이러한 석기들은 석기제작장을 중심으로 소규모 제작장 또는 제작장이 아닌 곳으로 사람이 이동시켰음을 알 수 있다. 유물이 짧게는 수십㎝에서부터 멀리는 90여m 떨어진 곳에서 서로 접합되었다. 아울러 석기가 접합되는 정형성도 찾아보기 어렵다.

보고자는 볼코브(Vokov)의 실험결과와 비교해서 이 석기제작장이 교란되지 않은 상태에서 잘 보존되었음을 주장했으나, 대부분의 접합유물이 유물통계표(표 1)에서 알 수 있듯이 석기제작 중에 90여 미터나 비산되어 날아가는 경우는 극히 드물다. 즉, 이 정도 거리는 사람이 석기를 인위적으로 던져도 날아가기 힘든 거리이다. 소형박편이라면 더욱 날아가기 어렵다. 접합유물의 〈표1~표5〉의 접합석기 중 접합거리는 최대 6~7m정도이다. 아마도 이 정도의 거리가 석기가 비산되는 보편적인 거리로 생각된다.[6]

만약, 이것이 유적형성과정에서 혼란이 일어난 것이라면 다른 유물들도 이와 유사한 접합거리를 보여주어야 할 것이지만, 대부분의 다른 석기들은 근거리에서 접합되었다.[7] 위의 세 사례로 보아 유물의 이동은 사용을 위해 그 위치가 이동되었거나 인위적인 유기나 폐기, 시기차이 등의 가능성을 검증할 필요가 있다.

결국 연속적인 접합양상을 보인다면 한 사람이 제작한 것으로 볼 수 있는 반면, 불연속적인 접합양상이 일어나는 경우는 두 명 이상의 제작자가 있었거나 시기차

---

6 정장리유적의 Ⅲ-4, Ⅳ-4, Ⅴ-1접합유물은 박리작업에 의해 떨어진 것이 아니라 망치돌로 사용하거나 우발적 요인에 의해 박편이 된 것들이다.

7 구석기유적에서 퇴적층 혼란 원인에는 층위의 뒤섞임현상, 퇴적층의 유실, 유물의 재퇴적·섞임현상과 사람을 포함한 각종 동물들의 활동·나무뿌리와 같은 식물의 성장 등이 있다(배기동 2000·2006). 쐐기처럼 갈라진 틈사이로의 이동과 발굴자의 부주의에 따른 유물의 이동도 지적되기도 한다(한창균 2006). 빙하기를 포함해 최대빙하발달기(LGM) 동안에 생긴 토양의 동결과 해빙현상도 한 요인일 것이다.

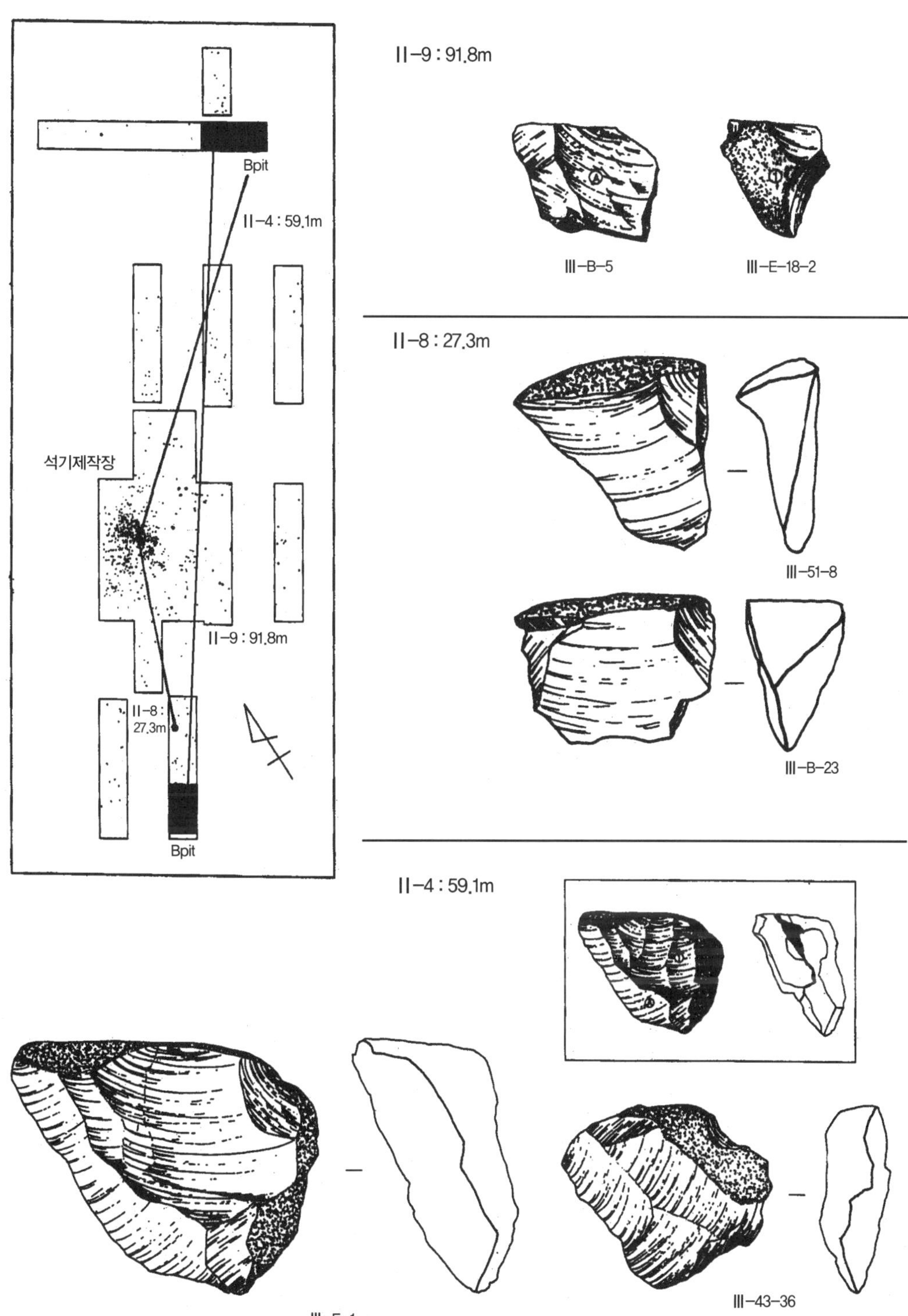

그림 1. 정장리유적(경발연 2004)의 원거리 접합유물

이를 생각할 수 있다(Cziesla 1990).

석기의 비산거리는 제작자의 작업자세와 제작도구, 석재와 관련이 있다. 일부 연구자 중에는 객관적인 검증이 어려운 사람의 체질차이도 지적하고 있다. 이러한 요인들이 제작자 주변의 석기분포양상의 차이와 비산거리의 오차를 발생시킬 수도 있을 것이다.

우리나라 구석기유적에서 사용되는 문화층의 개념이 모두 구석기시대 인간의 행위가 이루어진 그 장소[in situ]라고 보기는 어렵다(성춘택 2006). 자연환경의 변수가 심하면 심할수록 출토위치는 더 많이 바뀌게 되고 문화층 구분도 어려워진다. 이러한 맥락 속에서 접합유물을 활용하면 문화층의 설정에도 보조자료로 활용할 수 있다.

2) 작업공간의 분석

(1) 개인당 작업공간

석기제작공간에서 제작자(1인당)가 필요한 작업공간이 어느 정도인지를 분석한 구체적인 연구사례는 없다. 후기 구석기시대 유적 중 앞서 살펴 본 기곡유적, 죽내리유적, 정장리유적, 침곡리유적, 월평유적은 충실한 보고서작성 덕택으로 양호한 접합자료가 많다(표 1~3). 이를 파악하기 위해 유물의 분포상태와 석기의 접합거리를 계산해 보고자 한다.

월평유적의 접합유물 37점은 동서로 261㎝, 남북으로 360㎝에 걸쳐 있고, 그 중 30점이 102×107㎝에 집중되었다. 유물의 깊이 차이는 1~24㎝이지만, 이 중 30점은 7㎝ 이내이다. 붙는 유물 1은 석핵과 박편 11점이 붙은 사례로 11점의 경우 9점이 51×69㎝ 범위에 집중되어 있었다. 그것들의 깊이차가 1~13㎝인 것 중 차이가 큰 한 점을 빼면, 깊이 차이는 대개 5㎝ 이내이다. 붙는 유물2는 16점이 접합되었는데 4점을 제외한 12점은 75×75㎝ 범위에 집중되어 있었다. 붙는 유물3은 가로 67㎝, 세로 76㎝ 안에서 박편 4점이 접합되었다.

기곡유적은 개체별 접합수량은 2~3개 정도이다. 석기간의 최대거리는 0.27m부터 10m, 깊이 차는 0㎝부터 35㎝이다. 석기간의 접합거리가 평면상에서나 단면상에서 짧은 것이 특징이다.

죽내리유적의 접합유물 중 유문
암제 석핵과 박편이 붙어 하나의 개
체(10점 접합)가 되는 사례는 가로
1.18m, 세로 2.84m 안에서 석핵을
중심으로 대략 2m 이내에 분포한
다. 석기들의 최대 깊이차는 21㎝이
다.

죽내리유적의 접합유물은 2개에
서 10개까지 접합되었다. 접합거리
는 최대 6.64m부터 최소 0.2m까지
이며, 깊이차는 1㎝부터 77㎝까지
였다. 분포범위는 〈표 2〉의 내용과
같이 2~4m에 집중되는 양상을 보
여준다.

한편, 청원 소로리유적 C지구(서
울시립대학교 발굴조사)의 3구덩 1문
화층은 석기제작장이 있다. 1문화
층은 최상부토양쐐기층 아래에 해
당하는 후기 구석기시대유물로 보
고되었다. 이 문화층에서 두 개의

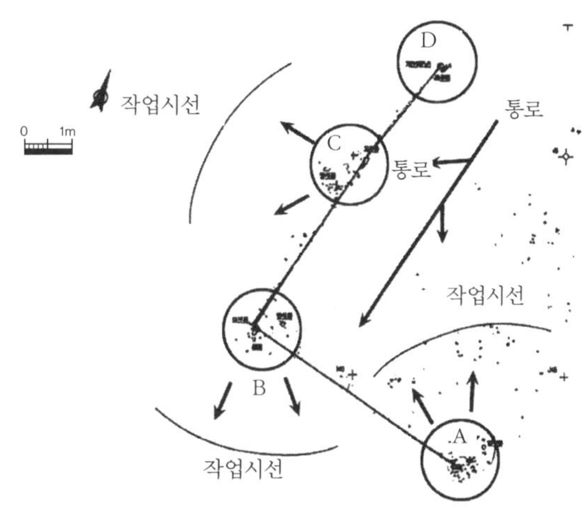

그림 2. 청원 소로리C지구 석기제작장의 석기제작 양상 추정

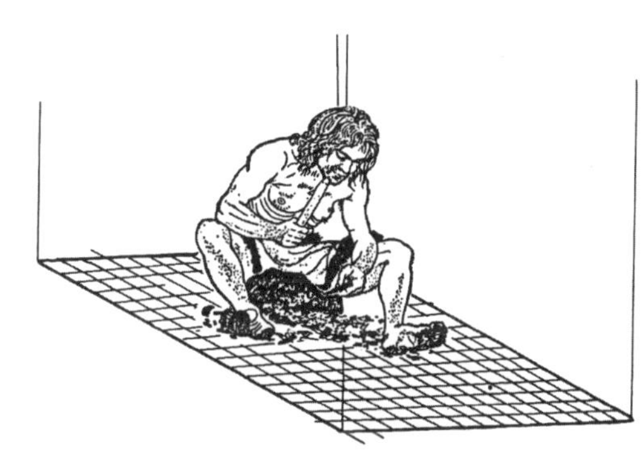

그림 3. 보편적인 작업모습 및 제작공간(Oakley 1958을 石井浩幸 1994에서 재인용)

석기제작공방이 확인되었는데, 25m 남짓 떨어져 있다. 3구덩 큰 공방의 접합유물
24개체는 대개는 가까운 거리이지만, 7~8m나 떨어진 경우도 있다. 8구덩의 작은
공방은 접합유물 4개체만 확인되었다. 두 곳의 공방에서는 모룻돌과 몸돌, 망치돌,
박편, 부스러기들이 상당수 출토되었다. 석기제작장이지만, 완성된 석기의 비율이
매우 낮아 석기제작 후 유적 밖으로 반출되었을 가능성도 있다.

망치돌 또는 모룻돌이 출토되는 양상은 두 가지로 나누어 생각할 수 있다. 작업
공간에서 망치돌이 석기제작에 사용되고 난 후 작업장에 그대로 방치하거나 유기

했을 가능성과 작업공간에서 석기제작을 마친 후 그 공간에서 벗어나 기타의 공간, 예를 들면, 휴식지 또는 거주지로 망치돌을 들고 나온 경우이다.

큰 공방은 13×13m구덩에서 모룻돌 1개, 모룻돌+망치돌세트 3개가 각각 일정거리를 두고 발견되었다(그림 2). 분포상태는 망치돌과 모룻돌을 세트로 석기제작장 공간에 맞춰 먼저 작업 중의 안전거리를 확보한 뒤 석기를 제작했음을 말해준다. 이러한 공간에서 작업이 동시에 이루어졌는지 작업시점이 달랐었는지에 대해서는 석기구성상의 차이가 거의 없고 층위가 다르지 않으므로 최소한 4명 이상이 동시 혹은 시간을 두고 석기를 제작했을 가능성이 높다. 작업자의 자리 배치는 박리된 부산물로 추정할 때 석기의 비산방향을 감안해 서로 겹치지 않게 설정되었다.

또한 제작자는 서로 마주보고 작업하지는 않았으며, 이것은 작업 후의 통로확보와 관련이 있다(그림 2). 소로리유적의 모룻돌간의 거리를 측정한 결과, A와 B는 6m, B와 C는 4.6m, C와 D는 2.5m인데 D의 경우는 작업과 관련해 부스러기가 거의 확인되지 않고 있어 실제 작업장은 A~C였다. D는 예비소재를 단순 가공하는 작업장일 가능성도 있다. 작업공간 내 작업자의 간격은 5~6m 전후로 설정하였다.

히스콕(Hiscock 2005)에 따르면 많은 유물분포사례에서 석기의 비산범위는 직경 1~8m이었다. 타격은 전방타격^{frontal knapping}과 후방타격^{reverse knapping}이 있지만(그림 5), 보통은 전방타격에 의해 작업이 이루어졌다(그림 4, 4-C).[8] 지금까지 우리는 대개 전방타격만을 주

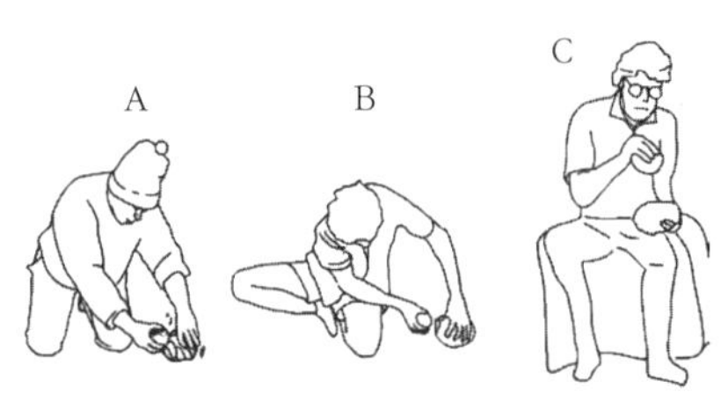

그림 4. A · B.후방타격 C.전방타격(Hiscock 2005)

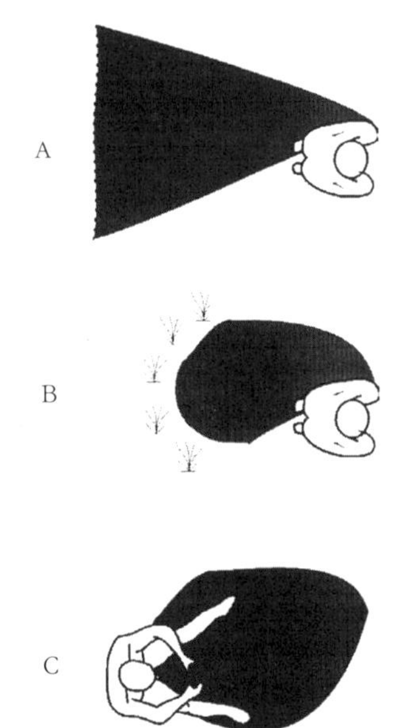

그림 5. A · B.후방타격으로 생긴 작업면의 형태 C.전방타격으로 생긴 작업면의 형태(Hiscock 2005)

---

8 〈그림 4-C〉의 경우 전방타격에 특정 물체에 걸터앉아 작업하는

로 생각하였으나 실제 민족지조사에 따르면 후방타격도 이루어지고 있다. 그리고 전방타격과 후방타격에 의한 작업공간은 평면상으로는 구분하기 쉽지 않지만, 후방타격의 경우 ∧형태로 비산되는 특징이 있다(그림 5).

결국, 접합유물의 거리가 박리작업 중에 비산되어 날아가서 현재의 유적분포를 나타낸다고 보기 어려운 정장리유적의 Ⅱ-8, Ⅱ-4, Ⅱ-9접합유물을 제외한 평균치를 살펴보면, 정장리유적은 석기간의 최대 이격거리의 평균이 3.2m에 불과하다. 죽내리유적 2.51m, 기곡유적 2.47m, 침곡리유적 1.77m, 월평유적 1.95m이다(표 1~5). 252개의 접합거리를 분석한 크지슬라(Cziesla 1990)에 따르면, 접합유물의 79.4%가 2m이내였다. 이러한 현상은 유물사용에 의해 형성된 것으로 보았다. 특히 1m 이내인 경우는 석기제작을 한 곳이므로 2차적인 요인에 의해 교란되지 않았음을 주장하였다. 유적별로 다소 차이는 있고, 석핵과 박편의 접합거리가 박편과 박편의 그것보다 짧은 경우도 있지만, 오히려 먼 경우도 있다. 유적별로 다소 차이는 있고, 석핵과 박편의 접합거리가 박편과 박편의 그것보다 짧은 경우도 있지만, 오히려 먼 경우도 있다.

그러므로 접합거리에 의한 1인당 작업공간은 대략 2.5m이내이다. 그 이상으로 접합된 유물은 작업 중에 비산된 소형부스러기 또는 외부요인에 의해 이동되었을 가능성이 높다.[9] 실제 인간의 작업행위는 평면작업영역에서 직경 1.6m 이상을 넘어서지 못하는 사실과도 관련이 있다(石井浩幸 1994, 그림 6).

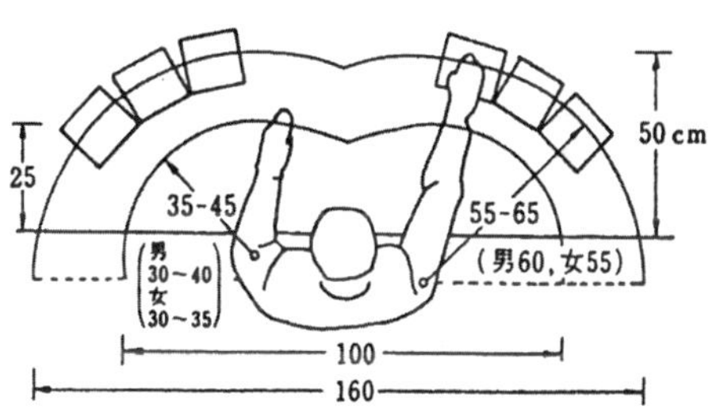

그림 6. 인간의 평면작업영역(Grandjean 1980을 石井浩幸 1994에서 재인용)

모양이지만, 바닥에 앉아서 하는 타격이 있을 수 있다. 이 경우에도 작업범위나 비산방향은 큰 차이가 없는 것으로 생각된다.

9 252개의 접합거리를 분석한 크지슬라(1990)에 따르면, 접합유물의 79.4%가 2m 이내이었다. 이러한 현상은 유물사용에 의해 형성된 것으로 보았다. 특히 1m 이내인 경우는 석기제작을 한 곳이면서 2차적인 요인에 의해 교란되지 않았음을 주장하였다.

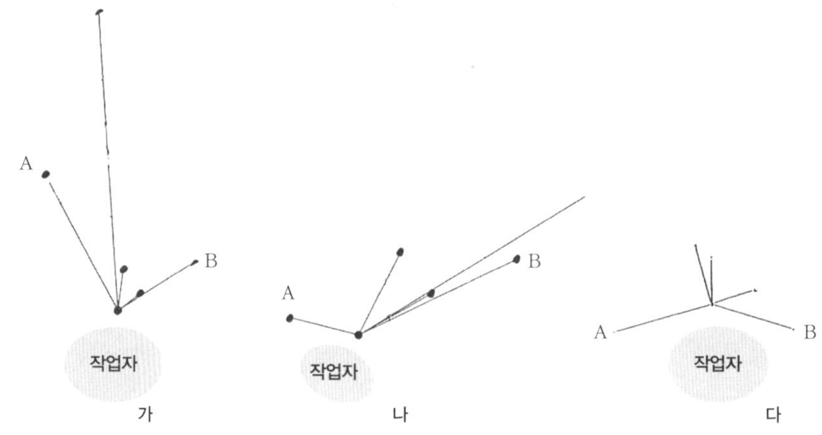

그림 7. 작업자의 위치추정과 유형(가 · 나. 죽내리 다. 소로리)

(2) 작업자의 위치

현재 거의 모든 보고서에는 유물의 분포도가 실려 있다. 그러나 분포도에서 얻을 수 있는 정보 중 하나인 작업 당시의 제작자의 위치같은 것을 추정하기란 쉽지 않다. 그러한 이유 중에는 석기제작 당시의 출토상황이 유적형성과정에서 혼란을 받거나 제작장의 경우 1회성이 아니라 몇 회에 걸쳐 사용되어 앉은 위치가 석기로 덮이는 경우가 빈번하게 일어나기 때문이다.

대개 석기의 비산거리는 제작자의 작업자세와 제작도구, 석재, 제작기술과 밀접한 관련이 있다(그림 6). 박리되는 석기의 하중과 제작 때의 충격강도에 따른 비산거리의 차이도 고려할 수 있다. 일부 연구자 중에는 객관적인 검증이 어려운 사람의 체질차이도 지적하고 있다. 이러한 요인들은 제작자 주변의 석기분포양상의 차이와 비산거리의 오차를 발생시킬 수 있다.

여기서는 그러한 가능성을 염두에 두고, 접합유물의 분포양상에서 작업자의 위치를 추정할 수 있는 방법과 그에 따른 몇 가지 유형을 확인할 수 있었다.

우선 접합유물 중 3점 이상 접합된 유물만을 대상으로 살펴보았다(그림 7).[10]

첫째, 석핵을 중심으로 접합유물 중 가장 바깥쪽에 위치하는 왼쪽(A)과 오른쪽

---

10 앞서 살펴보았듯이 접합유물의 위치가 제작당시와 다를 수 있다. 본고에서 다루고 있는 접합유물은 미묘한 변화는 있었을 것으로 생각되지만, 큰 변화는 없었던 것으로 추정된다.

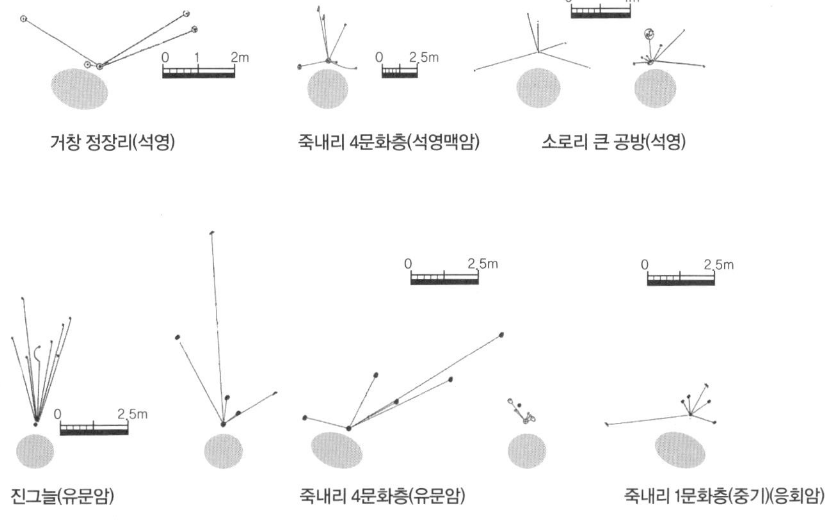

그림 8. 석재에 따른 비산방향의 차이(상단:석영 하단:규질암, ●은 작업자의 위치추정부분)

(B)의 사이에는 일정한 위치가 형성된다. 특히 좌우 두 점 사이의 부채꼴모양의 영역을 주목할 필요가 있다. 〈그림 6〉를 보면 타격방향은 달라도 작업범위 및 비산방향은 작업자를 기점으로 부채꼴 모양이나 타원형으로 형성되고 있음을 알 수 있다.

둘째, 석기를 제작할 때는 일정한 방향으로 비산되는 경우가 많다. 제작자는 작업할 때 몸을 크게 움직이지 않고 석재의 방향을 돌려가면서 박리가 이루어지기 때문이다(그림 3·4). 그로 인해 접합유물 중 비산방향이 집중되는 양상이 확인된다. 비산방향이 집중되는 쪽이 작업 때 타격이 주로 이루어진 방향이자, 작업자의 시선이 있었던 것으로 생각된다(그림 5).

두 가지 사항을 종합하면 〈그림 7〉과 같이 비산방향의 각도(A와 B사이)에 따라 크게 세 가지 유형으로 나눌 수 있다. 가유형은 각도가 90도 이내, 나유형은 90도 ~180도 이내, 다유형은 180도 이상이다.

가유형은 비산되는 석기가 제작자의 앞쪽으로 몰려있는 양상으로 석인기법 또는 석핵의 특정부위의 박리가 집중적으로 이루어지는 경우에 흔히 발생한다(진그늘유적, 죽내리유적, 월평유적). 아울러 전방타격과 함께 후방타격일 가능성도 있다.

나유형은 가유형과 유사하지만, 집중적으로 형성되는 부분과 더불어 일부 석기가 주비산방향과 다른 쪽으로 비산되는 경우이다(정장리유적, 죽내리유적, 진그늘유적). 특히 석기의 비산방향이 한쪽으로 몰리는 〈그림 5-A〉처럼 후방타격일 가능성이 크다. 〈그림 8〉의 진그늘 유적의 유문암접합유물은 명확안 후방타격으로 판단된다. 석인기법에 후방타격의 가능성을 유심히 살펴보아야 하는 이유이다.

다유형은 후기구석기시대에도 확인되지만, 죽내리유적 1문화층의 석영맥암과 응회암으로 만든 석기에서도 확인된다. 비산방향이 작업자의 양옆 혹은 그 뒤로도 위치하는 경우이다. 작업자의 위치를 추정하기는 가장 유리하다. 전형적인 전방타격이다.

(3) 석재에 따른 작업공간의 형태

비산각도는 석영암계통의 석재를 이용해 석기를 제작하는 것이 규질암계통의 석재를 이용해 석기를 만드는 것보다 더 넓었다. 즉 석영맥암의 각도는 나유형이나 다유형이 많았다. 〈그림 8〉의 죽내리 1문화층과 4문화층의 석영맥암은 분포양상은 매우 비슷하다. 하지만 4문화층의 유문암의 경우 석영맥암의 분포와는 달리 앞쪽으로 비산되는 경향이 있고, 그 각도도 좁은 편이다.

이러한 특징은 정장리유적과 소로리유적의 석영으로 만든 석핵과 박편의 접합자료에서도 확인할 수 있다. 여기에는 기술적인 요인도 작용했는데, 박리가 집중적으로 이루어지는 〈그림 8〉의 진그늘유적처럼 후기 구석기시대의 종장박리가 이루어진 경우 더욱 그러하다. 아울러 석영계통의 방사상박리가 이루어지는 석기와 석인기법을 기반으로 한 종장박리의 비산방향과 접합양상은 차이가 있다.

특히 〈그림 5-A·B〉의 사례로 볼 때 후기 구석기시대에는 후방타격으로 작업이 이루어졌을 가능성도 높았다. 이러한 분석은 작업 후의 퇴적환경에 따른 위치변화를 제대로 반영하지 못한 것일 수 있다. 하지만, 추후 접합되는 분포양상을 제대로 파악한다면, 작업자의 수, 작업패턴과 같은 정보를 추론해 낼 수 있을 것으로 기대된다.

5. 소결

유물의 출토맥락은 해당 유물의 일상적 사용과 관련 행위들이 아닌 제작자들의 폐기와 처분 습관을 반영하는 대단히 중요한 자료이다(Mignon 2006). 그러한 맥락 자료 중 구석기시대를 포함한 석기시대의 연구방법 중 석기접합을 통한 접합거리 는 많은 정보를 제공해 주고 있다.

구석기시대의 퇴적층은 오랜 기간에 걸쳐 형성되므로 석기의 위치변화가 생기고 석기제작공간도 물리적인 영향을 받게 된다. 이 때 퇴적층은 그 속에 포함된 유물 의 위치를 변동시켜 혼란을 줄 수 있다.

만약 상이한 지층이면서 두 지층이 만나는 접경에 유물이 위치하는 이른바 '유 물중첩대'의 형성이 관찰된다면, 문화층의 구분은 유물의 평면·수직분포, 박편박 리기술과 동일 모암·접합자료, 유적형성과정 등을 포함해 출토층위의 혼란, 출토 정황과 맥락을 종합적으로 검토할 필요성이 있다. 여기서 고고학적 맥락을 놓치지 않기 위한 세심한 발굴이 요구됨은 물론이다. 이에 대한 정보가 제대로 파악되지 않아 같은 시기의 석기제작지가 다른 시기의 문화층으로 설정될 수 있는 가능성 을 항상 염두에 두어야 한다.

발굴자는 보고서발간 때 문화층을 어떻게 설정했는가에 대한 좀 더 상세한 정의 를 설명할 필요가 있다. 접합유물을 이용한 방법은 출토유물의 동시제작성을 가장 실증적으로 증명해준다.

그리고 평면상의 접합거리를 파악한 결과, 유적 내에서 석기 이동이 이루어졌음 을 알 수 있다. 접합유물의 평균거리가 죽내리유적 4문화층은 최대평균 2.51m, 정 장리유적은 3.68m(일부 원거리이동유물은 제외), 기곡유적은 2.17m이다. 작업자의 반 경 2.5m(직경 5m)와도 거의 일치한다. 개인당 작업공간은 접합거리를 분석한 결과 1인당 작업반경은 2.5m 내외였다. 작업공간 내 작업자의 간격은 5~6m인 경우도 있지만, 민족지 자료를 보면 근접거리에서 작업하기도 했다. 작업방향은 작업자의 안전문제 등을 고려해 서로 다른 방향으로 작업하였거나 동일한 방향을 보고 작 업한 것으로 생각된다. 또한 접합유물의 분포도를 참고한 결과, 암질에 따른 비산

참고사진. 대전 용산동유적의 석인석핵

방향의 차이와 타격방식도 간접적으로 추정할 수 있었다. 이를 통해 작업자의 위치를 추정할 수 있는 계기가 마련되었다. 또한 석기공정에 따른 공간구분의 시도를 확인할 수 있었다.

제
3
부

한국 구석기의 발견과 석기 분석

진주 집현유적 밀개

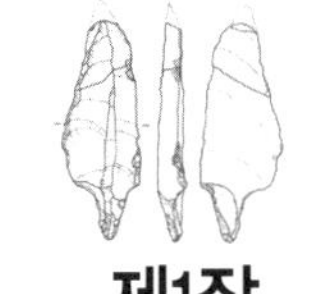

제1장

한국 최초의 구석기에 대한 시론

1. 서론

한반도지역의 선사고고학에 대한 최초의 관심은 19세기말 선교사가 1892년 연해주 얀꼽스끼 패총을 소개하면서부터이다. 함경북도의 조사는 두만강을 중심으로 鐘城, 會寧, 城津을 중심으로 이루어졌다. 현재까지 확인된 바로는 함북지역의 조사는 1910년대부터 이루어졌고, 종성 지역도 1912년에 童巾山유적이 확인되었다(姜仁旭 2008).

일제강점기 동안 한반도에서 일본인의 발굴조사는 벽화나 귀금속 등이 확인되는 고분이 중심이었다. 특히 関野貞의 고적조사(1909~1915)는 한반도 전역(특히 평양과 집안의 고분)과 남만주(집안, 간도)일대였고, 이것은 일본의 식민지 통치를 위한 지역조사의 성격이 강하였다(양시은 2009). 그로 인해 한반도지역의 생활유적과 선사시대 유적에 대한 조사는 제대로 이루어지지 못하였다.

이런 상황에서 선사시대 유물의 경우 정치적 목적과 부합되지 않고, 정치적 연관성을 별로 발견할 수 없었기에 당연히 조사에서 소외될 수밖에 없었다. 아울러 선사시대 유물은 돈이 되지 않으므로 도굴꾼들에게도 큰 관심의 대상이 아니었을 것이다.

한반도 또는 우리나라에서는 1935년 발굴 조사되어 1939·1940년(인쇄본은 1939년, 발표는 1940년)에 연차적으로 보고서가 발간된 동관진유적이 최초의 구석기유적으로 알려져 왔다(森爲三 1939, 直良信夫 1940). 그러나 동관진유적이 발견된 이후에도 1945년 광복 이전에 한반도에서 구석기가 존재했을 것이라고 추정한 사람 또는 연구자는 극히 드물었다. 동관진유적이 발견된 1935년 이후부터 1950년대까지 한반도 내에서 구석기의 존재는 우리가 기대할 수 없는 상상 속의 일과 다름없었다.

1961년 함북 화대군 장덕리에서 털코끼리 뼈가 발견되었으나, 석기는 확인되지 않았다. 그러다가 1962년에 북한 서포항(굴포리)유적에서 밀개 1점이 발견되었고, 1963년에 발굴조사로 북한의 굴포리유적 2개 문화층에서 구석기가 발견되었다(전일권·김광남 2009). 서포항유적은 광복이후 한반도에서 발견된 최초의 구석기유적이다. 남한에서는 1964년 미국인 고고학자 모어(A. Mohr)가 충남 공주에서 석장리유적을 발견하였다. 이곳은 1964년 11월부터 손보기가 학술조사를 실시하였다. 석장리유적은 한반도 남부에서 발견된 최초의 구석기유적이다. 결국 한반도에서 공식적인 구석기연구는 1960년대부터 시작되었다고 평가할 수 있다.

그런데 국립중앙박물관에 소장 중인 橫山將三郎자료 속에 구석기자료 13점이 있다. 그 중 개성이라 기재된 1점을 제외하면 경기도 지역으로 추정되는 곳에서 출토된 12점이 있다.[1]

橫山將三郎은 당시 경성제국대학 예과교수로 재직하던 중 지표조사 등을 통해 많은 유물을 채집하였다. 이러한 자료들은 그가 일본으로 돌아가기 직전인 1945년 국립박물관에 입수되었고 국립중앙박물관 고고부가 '일제강점기자료조사보고'사업의 일환으로 자료를 정리하게 되었다.

그가 어떠한 과정을 거쳐 고고학 소양을 습득하였는지는 구체적으로 알려져 있지 않다. 다만, 구석기에 대한 상당한 지식과 식견을 가지고 있었던 사람임에는 분명하였다. 비록 1953년도의 논문이지만, 1935년에 있었던 지표조사 도중에 구석기일 가능성을 언급하였기에, 이를 통해 석기입수의 과정과 그 의미를 살펴볼 수 있다.

이 장에서는 한반도 내에서 최초의 구석기유적으로 평가받아온 동관진유적의

---

1 이선복(1989)은 橫山將三郎 자료 중 4점의 석기를 소개한 바 있다. 그는 1930년대 문산 부근에서 채집한 것으로 보고하였고, 입수경위 등에 관한 자세한 사항은 더 이상 언급하지 않았다.

신뢰성에 대해 살펴볼 것이다. 아울러 동시기에 채집된 橫山將三郞이 수집한 자료 중 문산에서 출토된 석기 8점을 중심으로 검토하고자 한다. 동관진 유적의 재검토를 거쳐 한반도에서 최초로 구석기가 발견된 정확한 시점을 바로 잡고, 橫山將三郞 자료의 구석기가 가지는 역사적 의의를 살펴보고자 한다.

2. 동관진유적의 재검토

1) 유적의 발견과 재조명

함북 종성에 위치한 동관진은 두만강 연안에 위치한다. 유적은 연대봉이라는 홍적세 대지에 위치한다(그림 1). 이 유적은 1932년 7월에 철도공사를 하던 중 종성군 상삼봉 주변에서 코뿔소뼈가 발견된다는 보고가 있어 森爲三교수(당시 경성제국대학 예과교수)가 1933년에 방문하여 들소뼈, 코뿔소뼈를 발견하였다. 1935년에 이러한 성과를 지질학 잡지에 보고하였다. 이것이 한반도에 있어 홍적세 유물에 대한 첫 보고로 평가받고 있다(裵基同 1990).

이 보고 이후 연대봉유적은 당시 滿蒙학술조사단의 단장이었던 早稻田대학의 德永重康이 1935년 7월부터 2차례에 걸쳐 발굴조사를 실시하였다. 1940년에 발간된 『朝鮮潼關鎭發掘舊石器時代ノ遺物(조선 동관진 발굴 구석기시대의 유물)』이라는 直良信夫의 논문은 한반도 내에서 출토된 최초의 구석기시대 석기 논문으로 평가받아 왔다.

특히 동관진유적은 광복 이후 일제의 식민지 사관에 의한 그릇된 역사인식의 논리로 그 의미가 부정되었다는 김정학(1958)의 주장 이후에 이 유적의 가치가 재조명받게 되었다.

그 후로 동관진 유적(현재 온성군 강안리)은 한반도 내 최초의 구석기유적으로 한국 고고학사에서 큰 위치를 차지하고 있다(김정학 1958·1972, 박영철 1992, 이선복 1995, 이융조 1978·1990·1995·1997·2002, 裵基同 1990·1997, 장용준 2007, 조태섭 2002, 한

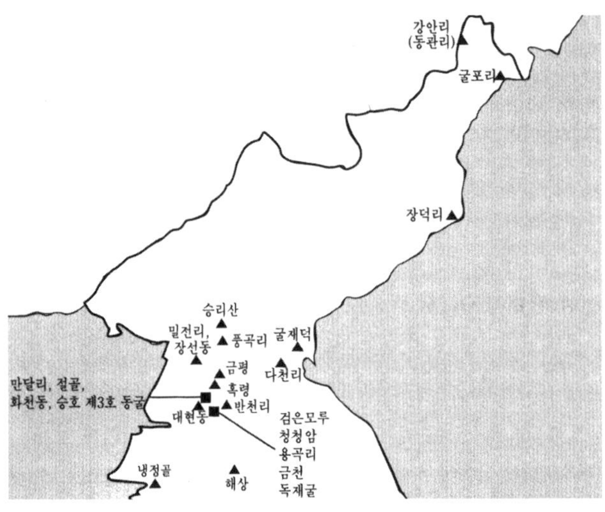

그림 1. 북한지역의 구석기유적과 동관진유적의 위치(한창균 2002)

창균 1997·2000, 黃龍渾 1972). 상당수 연구자는 일제강점기 동안 일본의 식민지사관을 통한 역사 왜곡과 결부시켜 민족의식을 고취시키는 차원에서 동관진유적을 적극적으로 평가해 왔던 것이다.

이에 반해 金元龍(1983·1987)은 동관진유적을 1930년대에 주장된 구석기유적으로 단순 언급하거나, 성춘택 (2007)처럼 구석기로 보이는 유물이 수습되었다고만 적고 있어 구석기유적으로 인정하는데 신중한 의견도 있다. 이들은 한반도의 구석기 학사에서 남북한을 합쳐 1964년에 조사된 공주 석장리유적(손보기 1965)과 1963년에 발굴조사된 웅기 굴포리(도유호 1964)유적을 공식적인 출발로 보기도 했다(金元龍 1983·1987, 성춘택 2007, 이선복 1989·1995).

결국, 동관진유적에 대한 평가는 정식 구석기유적으로 파악하기에는 아직 검토의 여지가 있다는 관점과 일제강점기 동안의 일본의 역사왜곡과 결부시켜 민족의식을 고취시키는 차원에서 동관진유적을 적극적으로 해석해야 한다는 관점이 있다고 하겠다.

2) 유물 출토지점의 문제

德永重康·森爲三(1939)는 『豆滿江沿岸潼關鎭發掘物調査報告』의 기록에 따르면 1935년 7월 24일부터 동관진 연대봉 대지를 발굴 조사하였다.

그들은 동관진 포유류와 함께 발견된 '흑요석가공의 구석기' 및 짐승뼈를 가공한 골각기는 포유류화석과 완전히 섞여서 동일 지층 중으로부터 나온 것으로, 결코 상

부지층이나 다른 곳에서 혼입
된 게 아니라고 주장하였다.
특히 直良信夫(1940)는 동관
진유적에서 출토된 흑요석제
석기는 제 층위에서 발견된
것이라고 재차 강조하였다.

그러나 藤田亮策과 梅原末
治는 이러한 동관진유적 출
토유물의 제 층위 여부에 대

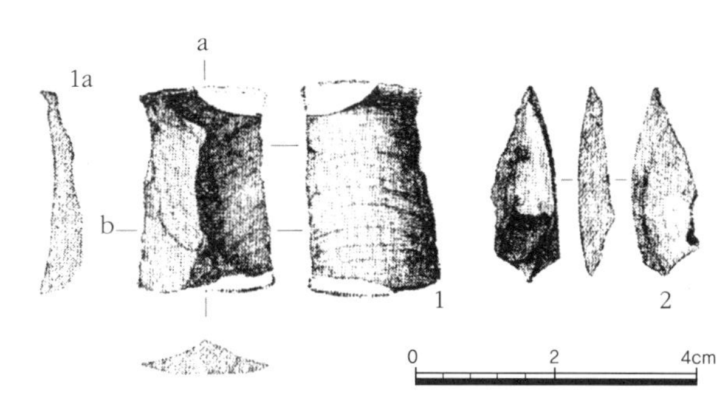

그림 2. 동관진유적의 흑요석제 구석기

한 문제점을 지적하였다(김정학 1958·1972). 그들은 연대봉 단애 中腹 이상에는 신
석기시대 고분이 많고, 부근에서 세석기 계통의 석인과 녹각제품, 그 외 많은 동물
유체가 발굴되고 있어 양자가 이미 혼재 또는 뒤섞여 있었을 것으로 판단하였다.
이러한 상황에서 화석과 석기를 결부시켜 구석기시대로 단정하기 어렵다는 것이
다. 결국, 그들의 이러한 반박은 1960년대에 이르러 우리 민족의 손으로 구석기유
적을 발견하기 이전까지 동관진유적을 부정하는 가장 중요한 논거가 되었다.

이런 사실에 대해 김정학(1958·1972)은 直良信夫가 작성한 보고서의 내용을 토대
로 층위관계에 관해서는 의문의 여지가 없다고 주장하였다. 더 나아가 그는 "동관
진의 연대봉유적은 아직 여러 가지 의문점이 있으나, 한국의 구석기시대 유적으로
간주하는 바이다"라고 주장하였다. 동관진유적의 시기를 유럽의 구석기시대 중기
이후의 것으로 추정하기도 했다. 하지만 그도 지질학적, 고생물학적 견지에서 유적
의 연대는 재검토할 필요성이 있음은 인정하였다.

이러한 상황에서 동관진유적의 1935년 발굴당시의 발굴목적과 방식의 문제점을
지적하고 싶다.

이 유적에서 발견된 흑요석제 석기 2점은 석기가 분명하다(그림 2). 그런데 이것들
이 채집된 장소에 관해 보고자의 증언 이외에 유구실측도나 출토사진과 같은 기
록이 전혀 소개되거나 알려져 있지 않아 구체적으로 검증하기가 어렵다.

이 유적의 본래 조사목적은 석기를 찾는 게 아니었다. 갱신세의 동물화석을 발
굴하는 조사였다. 발굴방식도 보고서에 게재된 사진으로 볼 때 삽으로 파내려가

는 식이었기에 조그만 석기 2점은 교란되었을 가능성이 높다. 또한 조사자들의 발굴방식이 매우 거칠어 실제 석기가 출토되었다고 하더라도 정확한 층위를 밝혀내기가 쉽지 않았을 것이다.

유적 보고서에 게재된 사진을 참조하면, 짧은 시간동안에 조사를 마치기 위해 수십m의 트렌치를 짧은 시간 동안에 조사를 마치기 위해 동물뼈 화석위주로 조사하였고 발굴도구는 삽이었다. 3㎝ 정도의 조그마한 박편석기 2점이 층위적으로 안정되게 출토되었다는 보고자의 말을 그대로 신뢰하기 어렵다.

무엇보다 발굴 당시의 정황을 보면 신석기유물이 홍적세 층의 발굴조사과정에서 상부의 유물이 하부로 혼입되었을 가능성을 시사해주고 있다. 특히 발굴 이전에 벌써 단애면은 잘려 나가 있었기 때문에 상부의 유물이 아래쪽으로 혼입되었을 가능성은 아주 높았다.

3) 흑요석과 구석기

여기서는 동관진에서 출토된 2점(그림 2)의 석기를 검토하여 구석기로 인정하기 어려운 문제점과 이유를 살펴보고자 한다.

첫째, 석기 2점은 구석기시대만 출토되는 석기형식이 아니다. 박영철(1992)은 출토된 석기의 특징이 시대를 가늠하기 어렵고, 배기동(1990)도 두 점의 석기로 석기문화의 전통을 논하기 어려움을 지적한 바 있다.

〈그림 2-1〉은 석인처럼 보이지만 석인이 아닌 단순 박편이다. 이 유물은 흑요석으로 만든 유사석인으로 단순 박편일 뿐이다. 그리고 〈그림 2〉의 박편 2점은 석인기술이나 세석인기술과 연관시킬 수 있는 기술적, 형태적 근거가 없다. 석기 형태만으로 구석기로 볼 수 있는 결정적인 증거가 없는 셈이다. 설사 석인이나 세석인으로 인정하더라도 중국 동북지역, 러시아 연해주에서는 신석기시대까지 이러한 석기들이 사용되었기에 무조건 구석기로 판단할 수 없다.

둘째, 발굴된 범위에 비해 출토된 석기의 수량이 2점에 불과하다.

홍적세유물은 표토로부터 2층과 3층에서 출토되었다. 제2층의 밑에서 하이에나,

털코뿔이 사슴, 들소 등의 뼈와 함께 흑요석
제 석기가 출토되었다. 많은 동물화석과 골
각기로 추정되는 유물에 비해 석기는 2점
밖에 출토되지 않았다. 이 지역에서 신석기,
청동기시대유적에서 흑요석이 다량으로 출
토되는 점을 감안할 때 출토된 석기의 양이
너무 적다. 제 층위 유물이라고 한다면 동일
한 층위에서 일정량의 유물이 함께 출토되
어야만 하지만 그렇지 못하였다.

사진 1. 조창수 기증품(1987)으로 스미소니언박물관
기증(국립중앙박물관 소장, 신9289)

셋째, 동관진유적과 출토양상이 유사하다고 지적된 흑룡강성 顧鄕屯유적은 석기
수량이 적고 석기군에 특징이 없어 직접적인 비교가 어렵다.[2] 顧鄕屯유적은 흑요석
으로 만든 석기가 애당초 출토되지도 않았다. 동물뼈의 유사성은 인정한다고 할지
라도 동관진유적의 석기 2점과 유사한 석기는 출토되지 않았다.

넷째, 이융조(1990)가 동관진유적의 구석기로 지적하였던 〈사진 1〉은 국립중앙박
물관에 소장되어 있다. 이것은 동관진유적과 아무런 관련이 없는 유물(흑요석제 뚜
르개)이다. 조창수씨가 스미소니언박물관에 기증한 유물로 출토정황을 알 수 없을
뿐만 아니라 석기의 제작기법을 보더라도 신석기 또는 청동기시대의 유물이다.

우리는 흑요석이 출토되었다고 구석기유물로 단정지어서는 안 된다. 동관진 구
석기유적과 인접한 상삼봉에서 아직 구석기유적이 확인된 바 없다.[3] 동관진유적의
주변에는 신석기시대 유물이 지표상에 산포하고 있었다. 여기서 출토된 석기들은
대부분 신석기시대나 청동기시대에 해당하는 유물이다.

한반도 동북지방을 포함하는 극동지역에서 흑요석은 러시아의 신석기시대인 자
이사노프카문화에서 많이 사용된 석재이다. 물론 흑요석은 구석기시대, 특히 후기

---

2 석기는 14점으로 그 중 버들잎모양석기, 세석기, 긁개, 밀개 등이 출토되었으며, 대개 3~6㎝정도의 크기이다. 뼈도구
216점, 뿔도구 4점, 이빨도구 11점이 확인되었고 뼈에 새겨진 그림도 4점이 출토되었다(장용준 2007). 출토된 동물상은
털코끼리-털코뿔이 동물군에 해당하며, 연대는 4~2만 년 전으로 추정하였다.

3 물론 추후 조사결과에 따라 발견될 가능성은 있다. 아직까지 이 지역에서 구석기유적이 추가로 확인되었다는 보고는
없는 것 같다.

구석기 말 세석인단계에서 많이 사용되었지만, 동관진유적에서는 세석인과 관련된 유물이 출토되지 않았다. 쿠즈민(Kuzmin)에 따르면 자이사노프카문화 때 백두산이 산지인 흑요석을 이용하였기 때문에 백두산주변 유적에서는 흑요석사용이 증가한다고 알려져 있다.[4]

한반도 동북지역에 있어서 흑요석은 주로 후기 구석기시대부터 청동기시대까지 사용된 석재로 특정 시기에 한정된 석재로 볼 수 없다. 따라서 동북지역에서 흑요석이라는 이유만으로 구석기시대 유물이 될 수 없다.

4) 直良信夫와 동관진유적

(1) 동관진유물의 행방

우리나라에서는 동관진유적 보고서의 작성자 중 한 명인 直良信夫가 일본에서 건너와 한반도에서 발굴조사에 참여한 것으로 널리 알려져 있다. "德永重康와 直良信夫 등이 참여한 가운데 1935년 7월부터 2차에 걸쳐 본격적으로 발굴조사되었다(이융조 1990)"라는 식이다. 그 외 논문들에도 直良信夫가 발굴조사에 참여한 자격으로 마치 보고서를 작성한 것으로 알려져 있다.

하지만 우리나라 구석기학사 또는 고고학사에서 빠짐없이 거론되는 直良信夫는 일제강점기 동안에 한반도를 찾은 적이 없었던 것으로 추정된다.[5] 그는 1933년과 1934년에 발굴조사를 위해 顧鄕屯을 방문하였을 가능성은 있을지 몰라도 1935년도에 실시되었던 동관진유적의 조사에는 참여하지 않았음은 확실하다. 그는 발굴보고서를 작성하는 중에도 동관진을 방문한 적이 없었고, 단순히 발굴된 유물을

---

4 특히 토기가 공반되면서 석인을 이용한 긁개 등의 석기가 발달하는 특징이 있다.

5 이러한 내용은 일본 국립역사민속박물관 春成秀爾, 동경대학 無乙女雅博선생으로부터 대화를 통해 확인받았다. 실제 그의 자료에서도 한반도, 조선과 관련된 내용은 찾아보기 어렵다. 1933년, 1934년에 德永重康의 지시에 따라 直良信夫가 중심이 되어 조사연구단의 별동대로서 고향둔유적의 발굴을 담당하였던 것으로 추정되나 확실치는 않다. 대량의 짐승뼈 화석 등이 출토되었고, 이러한 연구 성과가 1934년, 1936년, 39년에 보고서로서 간행되었다. 이 발굴에서 얻은 동물자료를 통해 直良信夫는 동아시아 신생대 포유류에 대한 해박한 지식을 얻게 되었다. 특히 고향둔 동물군으로 명명하기도 하였다(國立歷史民俗博物館 2008).

정리했을 뿐이다.

김정학(1958)은 동관진유적에서 출토된 거의 모든 유물이 森爲三의 생각대로 舊 경성대학 예과에 보관되던 중 한국 전쟁 때 학교 교사가 폭격을 받아 파괴되어 소실 되었다고 주장하였다. 반면, 黃龍渾(1972)는 동관진출토 유물은 서울대학교 박물관 에 보관되다가 동란 중에 세 점의 화석을 제외하고 모두 소실되었다고 기록하였다.

그러나 이러한 주장과 달리 조사한 바로는 동관진 유물은 일본에서 보고서가 작 성 된 이후 直良信夫의 집과 早稻田대학에 나누어져 보관되어 있었다. 2차대전 당 시 早稻田대학이 폭격을 당하면서 유물은 없어지고, 直良信夫의 집이 화재로 소실 되면서 유물은 자취를 감춘 것으로 추정된다. 그 화재로 인해 그는 1945년 이전에 수집한 대부분의 자료를 잃어버리게 되었다.

일부 남아있는 동관진유물은 구석기시대의 것이 아닌 신석기시대 또는 청동기시 대의 석기로 현재 일본 국립역사민속박물관에 보관 중이다. 이 유물을 실견한 바 로는 구석기시대로 평가되는 동관진유물과는 무관하였다.

결국 우리가 동관진유적의 구석기로 주장해왔던 유물을 연구할 수 있는 유일한 방법은 直良信夫의 논문(보고서)뿐이다.

그가 보고서를 작성하였던 당시의 전반적인 상황을 고려할 때 흑요석제 석기 2 점은 한반도가 아닌 일본 早稻田대학에 있었던 것으로 추정된다. 그렇지 않다면 한반도를 한 번도 방문하지 않았던 直良信夫가 실측도(그림 2)가 있는 보고서를 작 성할 수 없기 때문이다. 直良信夫가 보고서를 작성한 이후에 이 유물들이 서울로 다시 반환되어 왔을 가능성은 희박하다. 누구의 주장이 사실일지는 알 수 없지만, 결국 동관진 유적의 석기 2점은 전쟁 중에 소실된 것이 확실한 것 같다.

(2) 直良信夫의 연구 성향

直良信夫는 1923~1932년의 10년간 요양생활을 하면서 고고학 관련 논문을 발 표하였다. 그는 早稻田대학의 德永重康의 개인적인 조수로 일하면서 고생물학을 배웠다. 1938년부터 이 대학의 이공학부 채광치금학과 도서실의 사무직원으로 일 하였다, 1954년에는 『日本舊石器時代の研究』라는 책도 발간하였다(春成秀爾 2006).

특히 1931년 『人類學雜誌』에 「播磨國西八木海岸洪積層中發見の人類遺品」이라는 논문을 발표하여, 일본에서 구석기시대의 존재를 확증할 수 있었다고 주장하였다. 특이한 점은 이 논문에는 관련된 참고문헌이 없다는 점이다. 그는 정규대학과정을 이수하지 못하였고, 구석기를 체계적으로 공부한 적이 없었다.

그를 유명하게 만든 일본 구석기시대 明石人骨은 1945년 5월 미군에 의한 東京대공습 때 直良信夫의 자택에서 소실되었다.[6] 이러한 소실과정에서 동관진유물의 일부도 사라지게 되었다. 현재 그가 구석기 또는 구석기시대의 것으로 주장했던 자료 중 인정받고 있는 것은 아무것도 없다.

대부분의 연구자가 부정하는 상태에서 芹沢長介(1970)는 화재에서 겨우 건진 直良信夫의 중국 西八木출토 석기 2점을 구석기로 인정하였다.[7] 그런데 이것조차도 1984년 2점의 석기를 관찰 검토한 小田靜夫와 春成秀爾는 자연적인 박리흔이고 인공적인 가공이 없으므로 석기가 아니라고 결론지었다.

直良信夫 스스로는 본인이 학력이 없어 학계의 인정을 받지 못한다고 주장하였으나, 결과적으로 그의 구석기연구는 한계가 있었고 그는 고고학분야에서도 일본 학계의 인정받지 못하였다. 春成秀爾(2006)는 直良信夫에 대해 스스로 수집한 개별 자료를 중심으로 편협된 시야에 사로잡혀 구석기를 보는 안목을 단련하지 않았던 문제점을 신랄하게 비판하였다. 오히려 直良信夫는 일본 최초이자 최후의 박물관학자로 표현될 정도로 광범위한 주제에 걸쳐 논문 등을 발표하였다. 그 덕택에 그는 일본에서 동물생태학, 동물고고학의 개척자로 인정받았다. 실제 그의 학위논문은 『日本古代農業發達史(1956)』이었다. 直良信夫는 아마추어로 시작하여 전문가의 반열에 오른 사람이었지만, 그의 구석기연구에 대한 안목은 한계가 있었다.

일본은 1945년 이전에 구석기가 출토되지 않았던 시기였다. 대부분의 연구자는 구석기에 대한 전반적인 지식이 부족하였다. 早稻田대학에 보고서작성을 위해 가져온 유물을 토대로 보고서를 작성하여 동관진유적에 대한 상황을 정확히 이해하고 작성했다고 보기 어렵다.

---

6 구석기시대 유물로 인정받지 못하였다.

7 하지만, 그 역시 早水臺, 星野유적의 진위여부도 아직 판가름나지 않은 상태지만, 대체로 부정적인 시각이 우세하다.

만약, 그가 주장한 대로 동관진유적의 석기가 한반도 최초의 구석기로 인정한다고 해도 한반도에서 일본보다 앞서 구석기의 존재가 확인되었다는 사실을 일본 정부가 용인하지는 않았을 것이다. 그럼에도 불구하고 直良信夫가 한반도에서 구석기가 존재했음을 주장한 사실은 그의 공명심과 더불어 학자적 용기로 평가할 수 있다.

3. 橫山將三郎자료의 검토

1) 橫山將三郎과 구석기

일본은 1877년 모스가 동경의 大森패총을 발굴하여 근대 일본고고학사가 출발한 이래, 1930년까지만 하더라도 일본 선사고고학을 이끌던 고고학자들은 구석기의 존부에 관해서는 매우 신중하였다(戶沢充則 1996). 大山栢(1933)은 그의 저서『日本舊石文化存否硏究』라는 책에서 일본 내 구석기에 대한 관심을 가질 것을 촉구하였다.

일본에서는 1946년 岩宿에서 相澤忠洋가 석기를 채집(B지점)하였다. 1949년 9월 최초로 구석기발굴조사(A·B지점)가 실시되어, 9월 11일에 關東롬 층에서 구석기가 출토되는 것이 입증되었다(戶沢充則 1996, 芹澤長介 1999). 따라서 일본에서는 1945년까지 정식으로 구석기가 보고된 적이 없었다.

앞서 살펴본 바와 같이 한반도의 경우에도 일제강점기 동안에 국가시책으로써 선사시대를 연구대상으로 계획한 일이 없었고, 이는 석기시대 자료가 사유품으로서 이용가치가 없었기 때문에 구석기조사는 이루어진 적이 없었다.

1934년 藤田亮策은『日本歷史』라는 책에서「朝鮮古代文化」를 석기시대문화, 진한문화의 침투, 낙랑대방문화로 구분하였다. 그는 1942년에 東洋史講座의『朝鮮의 石器時代』에서 석기시대, 금석병용시대, 낙랑대방시대, 삼국시대로 구분하였다. 일본에서 한반도의 구석기를 직접적으로 언급한 것은『朝鮮文化史(1966)』의 '구석기시대’, 『朝鮮史入門(1966)』의 ‘구석기시대 문화’로 기재한 기록(西谷 正 1982)을 볼 때에 1966년의 일이다.

1930년대까지는 한반도지역은 물론, 일본에서도 구석기시대는 존재하지 않는다는 것이 정설이었다. 우리나라가 1945년에 광복을 찾아 橫山將三郎이 일본으로 귀국하게 될 때까지 한국에서 구석기는 공식적으로 존재하지 않았기 때문에 그는 자신이 발견한 것이 구석기라고는 꿈에도 생각하지 못하였다.

우리는 1935년 森爲三 등이 동관진유적에서 구석기를 발견했다고 알고 있지만, 이와 관련한 정식보고서는 1939년과 1940년(直良信夫)에 발간되었다. 橫山將三郎가 한국에 체류하는 동안 이러한 내용이 고고학을 전공하지 않는 사람에게까지 보고서가 전달되었을 리는 만무하다. 아울러 이 보고서는 동물화석과 관련된 연구사업으로 진행되었기 때문에 이에 대한 정보는 그가 더욱 알기 어려웠을 것이다.

어쩌면 일본연구자인 橫山將三郎은 일본보다 한반도에서 구석기가 먼저 출현하였을 것이라고는 상상조차 하기 싫었을지도 모른다. 直良信夫의 회고에 따르면 한반도에서 일본보다 먼저 구석기가 확인되었다는 사실을 밝힌 이유만으로 여러 가지로 고초를 겪었다는 증언이 있다.[8] 당시 상황에서 일본보다 역사서술에 있어 한국에 유리하게 작용될 이러한 사실을 밝히는 것도 쉽지 않았음은 분명하다. 설령 알았다손 치더라도 발표에는 용기가 필요하였을 것이다.

2) 구석기의 발견과 입수경위

橫山將三郎는 당시 경성제국대학 예과교수로 윤리학을 담당하였고, 小田省吳의 권유로 원시문화를 찾기 위해 조선에 건너온 것으로 알려져 있다. 그는 1923년부터 1944년까지 유물을 수집하였다. 서울·경기지역의 유적을 조사하면서 2,000여 점을 수집하였다. 조사한 유적수도 100여 곳에 이른다. 특히 1930년대에 가장 활

---

8 1940년 논문발표 이후, 直良信夫는 헌병대에 끌려가 구타를 당하였다고 한다. 죄목은 일본에서도 구석기가 확인되지 않는데 식민지 조선에 구석기유적이 있음은 조선 역사가 일본보다 더 오래되었다고 해석할 수 있는 빌미를 제공하였다는 것이었다(이선복 1995). 일제강점기 동안 우리 문화에 대한 연구는 불온한 행동이자 사상범으로 규정하는 법률도 있었다(손보기 2002).

사진 2. 박편석기(문산출토)

사진 3. 긁개(문산 출토)

사진 4. 찍개(문산 출토)

사진 5. 찍개(문산 출토)

사진 6. 박편(문산 출토)

사진 7. 찍개겸 몸돌(문산 출토)

사진 2~7. 橫山將三郎 채집 구석기

사진 8. 망치돌(문산 출토)

사진 3. 박편석기(금촌 출토)

사진 10. 박편석기(문산 출토)

사진 11. 주먹대패(불당 출토)

사진 8~11. 橫山將三郞 채집 구석기

발하게 조사하였다. 구석기시대, 신석기시대의 유물도 있지만, 청동기시대의 마제석기가 가장 많은 양을 차지한다(國立中央博物館 2010).

우선 그는 1930년 부산 동삼동패총 조사, 1933년 함북 나남 유판패총 조사 등의 발굴조사에서 층서를 중시하였다. 이를 토대로 유물을 정리하여 5편의 논문도 발표하였다. 토기와 석기에 관한 그의 유물설명은 구체적이면서도 용어도 전문적이다. 석기 관찰의 방법 중 하나인 패각상 박리흔이나 특정한 석재이름을 언급하는 점을 보아도 그러하다. 한 지역의 유물을 수십년간 수집하는 열정과 애착이 있을 정도라면 고고학자로 평가할 수 있을 것이다.

橫山將三郎의 고고학적 지식, 발굴과 유물정리 방법은 당시 일본 선사고고학의 수준과 비교해도 뒤떨어지지 않았다. 실제 그의 성과가 일본고고학사에서 인정받지는 못하였지만, 「고고학 잡지」에 논문이 게재되고 고고학자들에게 인용되었던 점은 아마추어 연구자와는 차이가 있었다(강인욱 2008). 신숙정(1993)은 橫山將三郎이 신석기연구는 물론, 조선의 선사문화를 파악하기 위해 몇 년간에 걸쳐 석기시대 유물만 집중적으로 수집하고, 그의 글 중에 조선을 얕보는 내용이 없는 점을 근거로 연구자로서 높이 평가하였다.

橫山將三郎의 자료 중 구석기로 보이는 유물은 문산, 불당, 백련산, 금촌으로 기재된 것이다.[9] 이것들은 그가 직접 채집 또는 구입하였던 것이다. 문산에서 채집된 구석기들에 대한 기록은 橫山將三郎(1953)의 「ソウル東郊外の史前遺蹟(서울 동쪽 교외의 역사이전의 유적)」에서 추측할 수 있다. 이 글을 통해 문산에서 발견한 구석기의 입수경로를 설명하고 있다. 문산을 제외한 지역의 경우 구석기와 관련된 기록이 없으므로 정확한 출토지점을 가늠하기가 어렵다. 문산의 어느 지점인지에 대한 구체적인 기록이 없다는 사실이 안타깝다. 하지만, 汶山이라고 적혀있는 석기들은 비교적 정확한 입수정황이 남아있다.

橫山將三郎이 1935년 9월 7일과 8일에 망우리유적을 방문했을 때 흑요석제 석기를 발견하였다는 기록이 있다.[10]

그가 흑요석을 수집한 경위를 설명하면서 "介殼狀劈開性[11]의 석질을 사용했던 타제석기가 구릉에서 발견되는 일은 흔하다. 이것은 떨어진 박편에 조정가공을 베푼다. 그것만을 골라내면 누구라도 그것을 타제석기라고 생각하게 된다. 황갈색의 부

---

9 아마도 불당, 백련산은 문산의 어느 석기 채집 장소이며, 문산으로 기재된 것 중 일부는 잡화점에서 구입한 것으로 추측된다.

10 특히 1933년에는 함북 나남 유판패총에서 빗살문 토기와 함께 흑요석제 석기를 채집하였던 경험이 있었다(橫山將三郎 1930). 당시 일본의 繩文시대에 석기제작에 가장 많이 사용한 석재가 바로 흑요석이기 때문이다. 다만 우리나라의 청동기시대 유적에서 흑요석의 출토량이 극히 적다는 점에서 특이한 사례로 볼 수 있다. 실제 그의 자료 중 망우 인창리 등에서 흑요석을 채집하였다.

11 조개 껍질에 보이는 문양처럼 암석에 힘이 가해지면 돌이 깨어지면서 조개껍질의 문양처럼 퍼져나가는 특징을 일컫는다.

싯돌제의 박편석기로 볼 수 있는 것이 많고, 옥수제의 석핵석기로 생각되는 것도 있다."고 적고 있다. 여기서 주목할 부분은 황갈색의 부싯돌제의 박편석기를 채집했다는 점이다. 아마도 이것은 문산지역에서 석기를 채집한 석기들과 유사한 석기들이었을 것으로 추정되지만, 이에 대한 내용은 더 이상 알 수 없다.

그런데, 글의 또 다른 내용 중에 문산을 우연히 방문하여 잡화점 가게 앞에 석기가 진열되어 있던 것을 구입하였다는 부분이 있다. 그 내용은 다음과 같다.

"어느 날, 문산의 뒷골목거리를 걷고 있을 때 작은 잡화점 앞에 먼지가 잔뜩 묻어있는 석기를 진열해 놓은 것에 눈이 멈추었다. 가까이 가서 손으로 들고 보니 구릉에서 발견한 타제석기와 완전히 동일한 것이다. 농가의 고물상은 고려자기 등과 뒤섞어 석기를 놓아둔 경우도 있었기 때문에 별로 이상하지 않았으며, 그게 잡화점인 것이다.[12] 잡화점과 석기는 사실 묘한 대조이다. 그것은 토끼의 뿔(세상에 없는 물건을 비유한 말)로서 석기의 모양이 다른 것들로 몇 개 구매하였다.[13] 그런데, 가게 주인은 안에서 철조각을 들고 나와서 그것도 사라고 권유하였다. 그게 무엇이냐 물으니 이것이 없으면 불을 못 붙인다고 답하였기 때문에 그곳에서 비로소 이 돌이 부싯돌(화타석)인 것을 알았다. 일본의 화타석과는 마치 색과 모양이 달랐기 때문에 석기라고 생각했던 것이다.

그래서 집에 돌아온 후 구릉 위에서 채집했던 이러한 종류의 석기에 화타금을 부딪쳐보니 불꽃이 잘 튀었다.[14] 문산의 잡화점에서 구입해 왔던 것과 완전히 동일하다. 박리되었다고 생각된 면은 화타철에 부딪쳐 떨어져 나간 것으로 판명되었다. 부싯돌에 硫化鑛을 서로 부딪쳐서 발화하는 방법이 이미 석기시대에 이루어졌지만, 아직 구릉 위에서 유산광을 발견하지 못하였기 때문에 석기시대의 발화기라고는 생각되지 않는다. 이 박편이 담뱃대의 대통이나 흡구(물부리)와 공존해서 발견되는 적이 있기 때문에 끽연용인 것 같고 매우 새로운 시대의 것이다. 그러므로 이 박편은 날카로운 도구로서의 석기가 아니라 여기서 문제로 다루고 있는 史前유물

---

12 이로 미루어볼 때 橫山將三郎 자료의 일부가 잡화상이나 고물상에서 매입된 것이 포함되었을 가능성이 있다.

13 橫山將三郎는 잡화점과 석기가 어울리지 않음을 兎の角으로 비유하였으나, 필자는 원래의 뜻대로 토기의 뿔처럼 세상에 없는 물건이라는 뜻에서 토각을 사용하였다.

14 어떤 구릉인지 명확하게 기록하지 않았다. 아마도 불당 또는 백련산으로 추측된다.

도 아니다.

그런데 흑요석은 화타석은 아니기 때문에 개각상벽개성의 석질사용의 석기 문제
는 우선은 흑요석만으로 한정하여야만 한다(橫山將三郎 1953:8~9)."

현재 橫山將三郎의 자료 중 문산, 불당, 백련산, 금촌 이외 지역의 구석기는 찾을
수 없다. 청동기시대의 유물에는 구석기가 포함되어 있지 않다. 橫山將三郎가 문
산 일대에서 유물을 채집한 날짜는 관련 유물의 기록으로 볼 때 1935년(昭和10년)
9월 29일(일요일)이다.[15] 이 때 그는 문산의 어느 구릉에서 구석기와 함께 유문토기
(빗살무늬토기), 석검 검신부편, 석촉, 석촉미완성품, 점토대토기 구연부, 활석제 돌
을 채집하였다. 따라서 橫山將三郎자료 속에 포함된 구석기는 1935년 9월에 문산
을 방문하였을 때 구릉에서 채집한 것이다.

특히 그는 문산의 유물 8점 중 일부는 잡화점에서 석기 모양이 서로 다른 것으
로 여러 개 구입하였다. 석기가 아마도 잡화점에서 진열되어 판매되고 있었던 이
유는 잡화점 주인이 규암제 석핵석기를 부싯돌로 생각하였기 때문이다. 橫山將三
郎도 잡화점 주인의 말을 그대로 믿어 발화기라고 생각하고 석기시대의 것은 아닐
것이라 단정지었다. 그는 한번도 전·중기 구석기시대의 규암제 석기를 직접적으로
본 적이 없었기에 잡화점 주인의 말을 뒤집을 정도로 구석기에 대한 확신은 없었
던 것으로 생각된다.

결국 "흑요석은 발화석으로 사용하지 않기 때문에 방사상열흔(개각상 벽개성)을
보이는 석질을 사용하는 석기의 문제는 우선 흑요석에 한정한다."고 적고 있다. 구
석기시대는 물론이거니와 선사시대의 석기가 아니라고 판단하였다.

그는 한반도(남부)에서 최초로 발견된 구석기라 할 수 있었던 석기가 잡화점 주
인의 부싯돌 사용광경을 보고 우발적으로 만들어진 석기로 판단해버리는 오류를
범하게 되었다. 그리고 규암제 석기의 경우 석기로 생각하였다가 문산에서 부싯돌
로 사용되는 것으로 보고 더 이상 이러한 석기를 수집하지 않았던 것 같다.

만약 그가 이 유물들을 한국과 일본을 통틀어 가장 오래된 시기에 해당하는 구

---

15 파주 금촌은 1935년 10월 13일(일)에 방문하였다고 기록되어 있다.

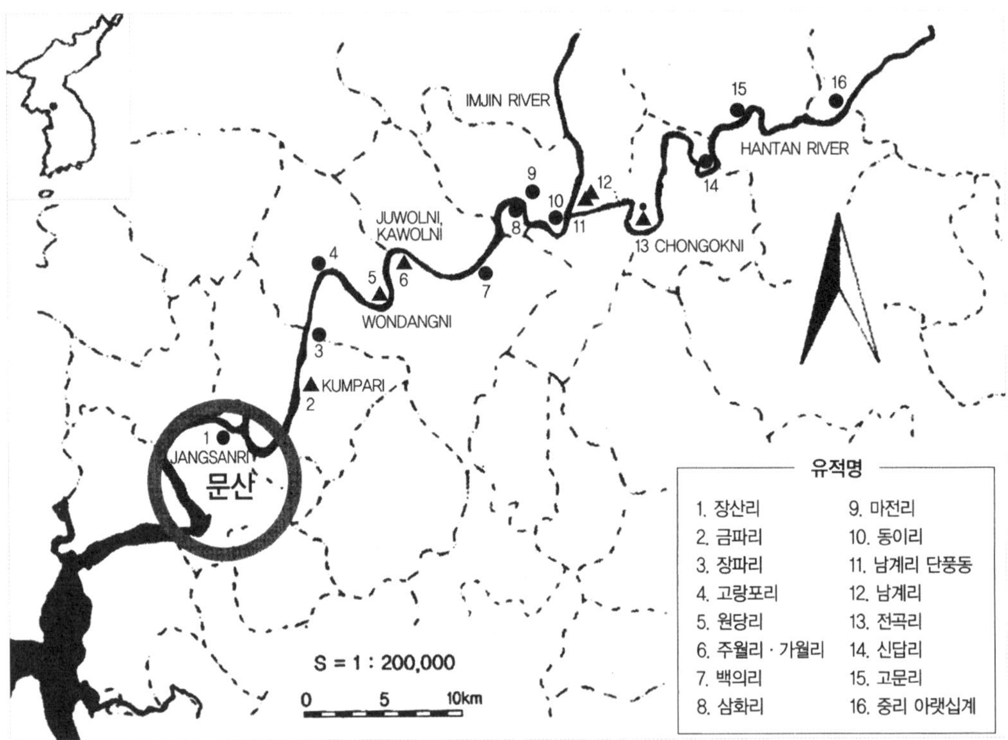

그림 3. 한탄강 · 임진강유역의 구석기유적(배기동 2002)

석기라고 생각하였다면, 이 지역을 여러 차례 재방문하여 추가 조사하였겠지만, 1935년에 문산을 한 차례 방문한 이후로는 이곳을 다시 방문하지 않았다. 실제로 다른 유물에는 정확한 입수날짜, 출토지를 유물에 써놓은 것과 달리 구석기의 경우 '汶山(문산)'이라고만 표기되어 있지 채집날짜가 적혀져 있지 않은 것으로 볼 때 구입한 이후 석기가 아니라고 판단하였기 때문으로 생각된다.[16]

3) 석기의 특징과 연대

임진강유역에는 횡산리, 주월리, 가월리, 금파리, 삼곳리, 동파리, 장산리, 강내리, 아미리, 삼화리, 구미리유적이 있다. 한탄강유역에는 전곡리, 남계리, 원당리유적이 있다(그림 3). 한탄강-임진강유역에서는 다량의 주먹도끼가 채집되거나 발굴되었다.

---

16 여기서 그의 유물관리방법의 일면을 엿볼 수 있다. 그는 직접적으로 채집한 것과 다른 경로로 구입한 것을 분리해서 유물 관리를 하였다.

주먹도끼, 찍개, 가로날 도끼와 같은 석
핵석기가 석기의 주요한 기종이지만, 소
형석기들도 사용되었다. 이곳의 석기들
은 강가의 양질의 규암이나 석영맥암을
주로 이용하였고, 그 외 응회암, 현무암,
편마암 등이 사용되었다.

横山將三郎의 자료 중 구석기로 추정
되는 것은 13점이다. 유물에 적힌 기록
대로라면, 汶山 8점, 金村 2점, 佛堂音 1
점, 白連山 1점, 開城 1점이다. 그 중 문
산·파주지역으로 추정되는 유물이 문
산, 금촌, 백련산, 불당으로 12점이다.
문산에서 채집된 8점은 규암 3점, 응회
암 1점, 석영 4점이다. 이것들은 석핵 또
는 대형박편을 이용하였다. 찍개 4점,
박편석기 2점, 석핵1점, 망치돌 1점이 확
인되었다. 경기도 파주, 문산, 전곡리 등
지에서 발견되는 석기들과 같은 맥락으
로 파악되고 기술적 차이도 없다.[17]

〈그림 4〉는 찍개와 망치돌로 사용된
것으로 고타흔이 아래쪽 자연면에 남아
있다. 연천 횡산리유적에서 출토된 찍개
와 유사하다. 〈그림 5-1〉의 긁개는 파
주 주월리, 가월리, 금파리유적에서 출
토된 긁개와 매우 유사하다. 〈그림 5-2〉

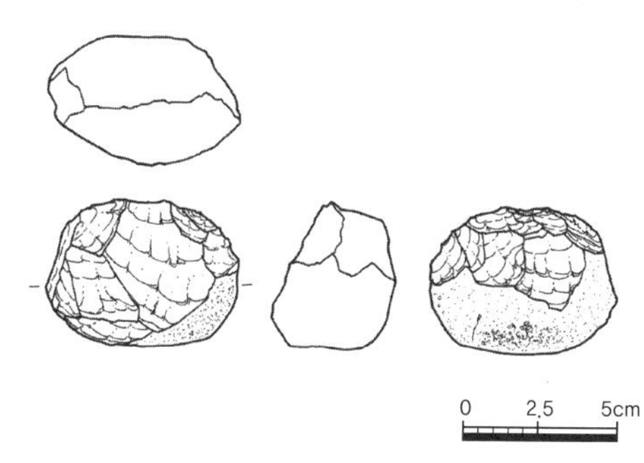

그림 4. 한국 최초의 구석기자료(찍개겸 망치돌, 横山將三郎
자료 중 문산지역에서 채집)

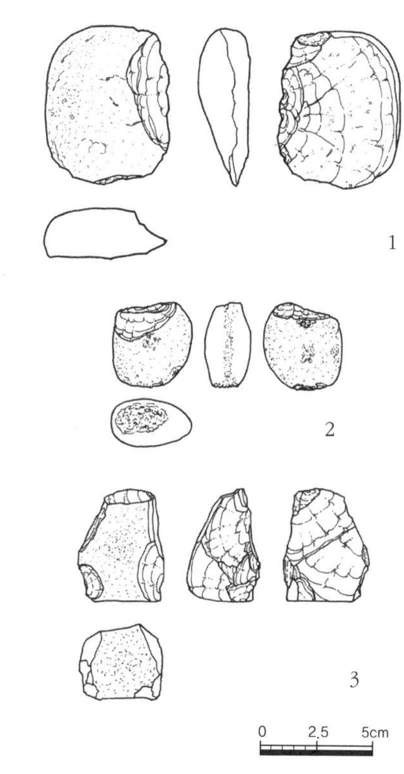

그림 5. 한국 최초의 구석기자료 1.대형긁개 2.망치돌 3.찍개
(横山將三郎자료 중 문산지역에서 채집)

---

17 경기도 한탄강 대지에서 1978년 보웬(G. Bwen)이라는 미군병사가 전곡리를 발견하면서 한탄강-임진강주변은 한국
구석기의 메카가 되었다. 특히 주먹도끼, 찍개와 같은 석핵석기를 중심으로 한 전기·중기 구석기가 집중적으로 확인되
었다.

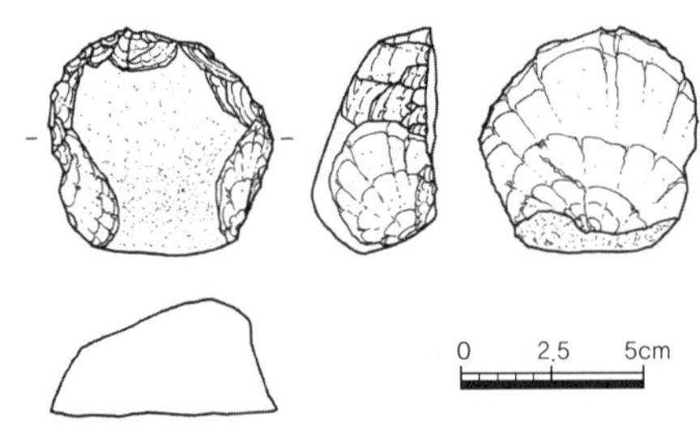

그림 6. 한국 최초의 구석기자료
橫山將三郎 자료 속의 문산지역에서 채집된 주먹대패
불당에서 채집되었으며, 문산지역의 구릉으로 추정됨

는 소형의 석영제 망치돌이다. 위아래를 모두 사용하여 찍힌 흔적이 잘 남아있다. 소형 망치돌로 석핵의 예비조정하거나 소형 박편을 획득할 때 이용하였다. 〈그림 5-3〉은 갈색 규암제로 원석에서 나온 박편을 이용하였다. 석핵이 아니라 찍개로 사용되었을 가능성이 높다. 〈그림 6〉은 주먹대패로 문산의 어느 구릉 이름인 불당이라는 곳에서 채집된 것으로 추정된다. 대형박편을 이용해 만든 석핵석기이다.

이상으로 문산에서 출토된 주요 석기의 세부적인 특징은 다음과 같다.

석기의 소재는 원석 또는 대형 박편을 많이 활용했지만, 소재제작을 위한 박리 기술의 정형성을 찾기 어렵다. 석핵에서 박편을 박리하고자 할 때 필요한 예비조정은 거의 이루어지지 않았다. 박편석기의 예비소재는 형태적인 정형성을 발견하기 어렵다. 橫山將三郎 자료 중 소형석기는 모두 흰 석영으로 만들었다. 이것들의 표면에 자연면이 남아있고 그것이 완전히 제거된 석기는 매우 드물다. 대형 박편석기의 경우 인부 조정은 거의 하지 않는 반면, 파지부의 조정은 정성스럽게 베풀었다.

橫山將三郎이 자료를 채집한 문산지역에는 문산읍에서 확인된 두 개 지점의 장산리유적이 있다(서울대학교박물관 1994, 이선복 2004). 이 유적에서 채집된 유물은 규암 혹은 석영 자갈로 만든 주먹도끼, 찍개, 석핵 등이 출토되었고, 임진강 유적에서 출토된 것들과 크게 다르지 않다.[18] 따라서 기본적으로 파주나 문산지역은 임진·한탄강유역의 석기문화와 그 궤를 같이 한다.

장산리유적은 임진강유역에 용암대지가 형성되기 이전에 만들어진 유적이다. 임진강유역에서 알려진 구석기유적 중 가장 오래된 유적으로 보는 견해가 있다(이선

---

18 동아시아에서는 주먹도끼가 가로날도끼, 양면가공석기, 다각면원구와 함께 출토되는 사례가 없다는 점은 전형적 아슐리안 유물군과 대비되는 특징이다. 특히 동아시아의 주먹도끼의 형태적 특징은 원석의 외형을 최대한 이용하며 최소한의 가공을 베풀었다는 점이다(이선복 2009).

복 2004·2009). 실상 橫山將三郎이 수집한 장소가 장산리유적일 가능성도 배제할 수는 없다.

임진강유역에서 확인된 수십 여 곳의 구석기유적은 하천을 따라 흘러내린 용암대지 위에 형성되어 있다. 이 지역에서 주먹도끼는 78만 년 전 이후, 최소한 20만 년 전 이전에 출현하였다고 보고되고 있다(이선복 2009). 하지만 아직까지 장산리유적의 연대에 대해서는 논의 중이고, 특히 전곡리유적의 연대는 용암대지의 연대와 연관되어 30~3만 년 전으로 알려져 있다(裵基同 2008, 이선복 2009, 松藤和人 2008).[19]

이렇듯 이 지역에 분포하는 구석기유적의 연대를 추정하기란 결코 쉽지 않다. 전곡리유적의 사례를 보더라도 최상부 문화층과 최하부 문화층에서 출토되는 석기들의 제작기술상의 차이를 인정할 수 없다(裵基同 2008). 이는 문산지역의 석기들도 예외는 아니다.

橫山將三郎자료의 석기들은 여러 자료를 참조할 때 유적 연대는 중기 구석기시대 이전의 것이 확실하고, 전곡리, 가월리, 주월리유적은 물론 장파리나 금파리유적의 사례로 볼 때 전기 구석기시대의 것일 가능성도 배제할 수 없다. 향후 문산지역의 추가조사를 기대해 볼 필요가 있다.

4. 소결

1933년 6월에 森爲三가 홀로 연대봉을 조사한 뒤, 갱신세의 포유동물이 먼저 보고되었다. 이 때는 석기가 발견되지 않았다. 그 후, 연대봉유적은 당시 만몽학술조사단의 단장이었던 早稻田대학의 德永重康과 森爲三이 1935년 7월 24일~8월 1일, 8월 8일~10일에 동관진 역의 북동쪽에 위치한 연대봉에서 뼈 화석을 조사하는 과정에서 털코뿔이 등의 뼈와 함께 석기 2점을 찾았는데, 이것이 바로 우리나

---

19 松藤和人(2008)은 전곡리유적이 약 50만 년 전에 전곡분지를 덮었던 전곡현무암의 퇴적 후에 형성되었다고 주장하였다. 아울러 그는 전곡리유적의 연구를 통해 MIS7(242~186ka)을 중심으로 한 시기에 한반도의 주먹도끼를 공반한 대형 석기군이 성행하였다고 보았다.

라 최초의 구석기유물로 알려져 온 것이다.

〈표 1〉을 보면 알 수 있듯이 동관진유적은 橫山將三郞이 구석기를 발견한 시점인 1935년 9월 29일보다 두 달 남짓 일찍 발견되었다. 그로 인해 동관진유적은 우리나라 구석기에 대한 첫 보고이자 학사에서도 뚜렷한 위치를 차지하여 왔다.

지금까지 동관진유적은 우리나라 구석기연구의 출발을 알리고, 일제강점기의 역사왜곡을 증명하는 근거자료로도 사용되곤 했었다. 우리도 이 자료를 구석기연구의 출발로 삼았던 게 사실이었다.

1940년에 발간된 「조선 동관진발굴 구석기시대의 유물」이라는 直良信夫의 논문은 한반도 최초의 구석기시대 유물에 대한 논문으로 평가받고 있다. 아마도 한반도와 관련된 논문 중 구석기라는 제목이 최초로 사용된 것이다.

동관진유적에 대한 논문의 발표연도는 1933년, 1935년 등 논문에 따라 헷갈리게 기재되어 있는데, 1935년 조사에서 森爲三이 석기를 발견한 것으로 德永重康과 森爲三, 直良信夫는 기록하고 있다. 이러한 내용이 세상에 발표된 것은 1939년 이후이다.

德永重康·森爲三(1939)와 直良信夫(1940)의 논고는 인쇄된 내용으로 보면 1939년 3월에 동시에 보고서가 작성된 것으로 되어 있다. 실제로 1939년 德永重康·森爲三의 보고서에는 '별지 直良信夫씨 논문참조'라고 적고 있다. 이들은 구석기유물의 가치를 알고 별도의 논고를 直良信夫가 작성하고 있었음을 서로 알고 있었다.

그런데 어떠한 사유인지는 몰라도 直良信夫의 논고는 1940년에 발표된 보고서 말미에 1939년으로 인쇄되어 출간되었다. 따라서 알려진 것과 달리 실제 구석기의 존재를 보고서에 최초로 알린 것은 直良信夫가 아니라 德永重康·森爲三의 『豆滿江沿岸潼關鎭發掘物調査報告·滿洲帝國間島省大馬鹿溝發掘物調査報告』 보고서이다. 이때가 1939년 3월이다.

발굴조사는 1935년 7월과 8월에 이루어졌지만, 보고서를 발간한 것은 1939년이다. 최초로 보고서에서 구석기의 존재를 발표한 것은 1939년의 德永重康 등이며, 이를 구체적으로 분석한 것은 1940년의 直良信夫가 되는 것이다.

표 1. 우리나라 구석기에 관한 최초의 발견 및 발굴 略史

유적명	출토유물	구석기관련 내용	관련연구자	비고
동관진	흑요석제 석기 2점	1935년 7월 발굴	德永重康 森爲三	구석기가 아님 (신석기 또는 청동기 시대 유물일 가능성 이 높음)
	흑요석제 석기 2점이 제 층위에서 발견되었 음을 최초로 언급	1939년 보고서	德永重康 森爲三	
	흑요석제 석기 2점을 한반도 최초의 구석기 로 주장	1940년 보고서 내 논문	直良信夫	
문산 (橫山將三郎자료)	찍개, 망치돌, 주먹대패 등 8점	1935년(昭和 10년) 9월 29일 채집 및 구입	橫山將三郎	한반도 또는 한국 최초의 구석기
웅기 굴포리 (서포항유적)	밀개 1점(第5區)	1962년 발견 (신석기조사 중)	사회과학원고 고학연구소	해방이후 북한 및 한반도 최초의 구석 기유적으로 평가받 아 옴. *구석기시대 2개 문 화층(중기구석기: 굴 포문화1기, 후기구석 기: 굴포문화 2기)
	석영제 찍개, 칼, 긁개, 뾰족개 등	1963·64년 발굴 (구석기층)	사회과학원고 고학연구소	
공주 석장리	구석기	1964년 5월 발견	Mohr	한국(한반도 남부) 최초로 발견된 구석기유적으로 알려져 옴
	찍개, 밀개, 새기개, 긁개, 세석핵 등 다양 한 시대의 유물 출토	1964년 11월 최초 발굴(1992년까지 12 차례 발굴)	손보기 등	한국 최초의 구석기 발굴조사
연천 전곡리	규암제 주먹도끼, 박편	1978년 4월 발견	Bowen	한탄강임진강변에서 최초로 발견된 구석기유적으로 알려져 옴
	주먹도끼 등	1979년 발굴조사	서울대 등	한탄강·임진강변의 최초의 구석기발굴 조사

이 유적의 석기를 구석기로 인정한다면, 기록상으로 한반도에서 최초로 구석기
가 확인된 것은 동관진유적으로 1935년 7월에 석기가 발견되었고, 정식으로 보고
된 게 1939년이다. 다만 이때는 정확한 구석기를 발견했다고 언급만 하였을 뿐 도

면으로 소개된 것은 1940년(인쇄본 1939년)이다.

그러나 이곳에서 출토된 석기는 분실되어 실물자료를 검토하지 못하였지만, 출토정황, 보고자인 直良信夫의 학문적 기반, 석기의 특징, 주변에서 신석기유물이 분포했었던 점, 골각기의 진위여부, 관련연구자의 증언으로 미루어 볼 때 2점의 흑요석제 석기는 구석기로 볼 수 없었다. 동관진유적은 홍적세에 해당하는 절멸동물들의 동물뼈가 출토된 것은 사실이지만, 골각기와 석기의 진위여부를 감안할 때 비인공유적일 가능성이 높았다. 다시 말해 구석기인들에 의해 형성된 유적이 아니다.

이와 달리 비록 일본연구자이지만, 橫山將三郎이 1935년 발견한 문산지역의 구석기는 광복 이전에 우리나라에서 구석기가 발견되었다는 가장 객관적인 자료로 평가할 수 있다.

橫山將三郎은 광복 이전인 1935년 9월 29일에 문산에서 8점의 구석기를 채집하였다. 또한 그의 조사지역은 서울과 경기지역이었고, 汶山이라는 한자지명을 쓰고 있는 지역도 경기도 파주의 문산이다. 따라서 이러한 유물들이 문산에서 채집되었고 입수일자도 틀림없다.[20] 더욱이 그는 여타의 기록에서 문산지역을 언급한바 없기에 유물채집을 위해서는 문산을 단 한 번 방문하였다.

1935년은 한반도에서 구석기가 발견된 해이다. 그리고 그 자료는 동관진자료가 아닌 橫山將三郎자료로 한국 최초의 구석기이자 한반도 최초의 구석기이다. 동관진출토 석기에 대한 시대판정에 논의가 필요하다고 해도 橫山將三郎 자료는 적어도 한반도 남부, 즉 한국에서 발견된 석기 중 기록상으로 가장 빠른 구석기이다. 중국 북경원인이 1929년에 발견된 것과 비교해도 별로 차이나지 않는다.

다만, 橫山將三郎의 구석기가 정식발굴로 조사된 예는 아니므로 한국에서 최초로 정식 발굴조사한 1964년 석장리유적 발굴조사의 의의는 그대로 유효하다.

아울러 한탄강-임진강유역의 구석기연구의 출발은 지금까지 1978년 4월 주한미공군병사(G. Bowen)에 의해 발견된 경기도 연천 전곡리 한탄강변의 규암제 주먹도끼와 박편의 채집으로 알려져 왔다(金元龍 1983·1987). 그러므로 1978년 전곡리

---

20 橫山將三郎이 1935년에 구석기에 대한 관심을 가지고 있었던 것은 일본 내 구석기를 통해서가 아니라 1931년에 중국 주구점에서 출토된 석영제 석기와 인골화석의 발견에서 관심을 가지게 되었을 가능성이 높다.

유적의 발견 이전에는 임진강유역에서 구석기조사가 이루어진 적이 없었다(배기동 2002, 이선복 1989).

그러나 橫山將三郎 자료를 토대로 볼 때 임진강-한탄강 지역의 구석기의 발견은 1935년으로 소급되어야만 한다. 특히 임진강주변에서 발견된 최초의 구석기는 주먹도끼가 아닌 찍개이었다. 최초의 주먹도끼는 전곡리유적에서 출토되었다.

끝으로 우리나라 구석기연구의 시작을 어떤 기준으로 볼 것인지에 대해서는 논의가 필요하다. 구석기를 최초로 발견한 것을 기준으로 할지, 우리 민족이 직접 발견한 것으로 할 것인지가 그러하다. 대개의 유적들은 발견 이후 발굴로 이어지는 경우가 많지만, 그렇지 못한 유적도 많다. 누가 발견하였느냐가 중요한 것이 아니라 1935년 9월 29일에 한반도의 중심지인 임진강유역의 문산에서 구석기가 최초로 발견되었다는 사실은 부정할 수 없는 진실이다.

橫山將三郎가 1935년 9월에 채집 또는 구입했던 그의 구석기자료는 한반도 또는 한국에서 최초로 발견된 구석기로 고고학사적, 역사적 가치가 매우 높다.

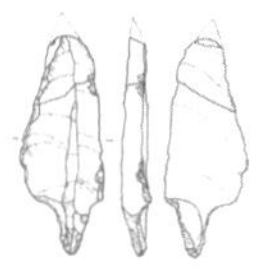

제2장
한국 후기 구석기시대 인부마제석기 시론

1. 서론

　우리나라 고고학편년에서 구석기시대와 신석기시대의 구분은 특정기술의 등장 유무가 중요한 지표 중 하나이다. 구석기시대 사람들은 타제석기(뗸석기)를 가지고 사냥과 채집을 하였고, 신석기시대부터 돌을 갈아서 마제석기(간석기)를 만들었다 (국사편찬위원회 등 2007:20~21). 즉, 도구제작의 기술적 측면에서 구석기시대는 마제석기가 출토되지 않는 반면, 신석기시대는 타제석기가 사라지고 마제석기만 사용했다는 것이다. 그동안 구석기시대는 갈아서 석기를 만들거나 갈린 흔적이 있는 석기가 출토되지 않는다는 것이 일반적이었다.

　최근 후기 구석기유적에서 갈린 흔적이 있는 석기들이 출토되고 있다. 갈린 흔적은 인부마제석기, 망치돌, 지석 등 특정 형식의 석기에만 한정되지 않는다. 그 중 인부가 집중적으로 갈린 이른바 인부마제석기刀部磨製石器가 다수 출토되었다. 이것은 국부마제석부, 부분마연석기, 갈린 석기, 자귀날 도끼, 도끼형 밀개 등 다양하게 불린다. 물론 이 석기는 인부뿐만 아니라 석기 전면에 걸쳐 마연을 시도하였다. 주된 마연부위는 인부刀部이고, 신부身部에는 부분적으로 타격에 의한 박리흔이 그대로 남아있다. 아직까지 출토수량은 적지만, 일정한 형식을 갖추고 있는 것으로 보아 구석기 사람들이 정확한 목적을 가지고 만든 석기가 분명하다.

　그러나 우리나라에서 출토된 인부마제석기들은 벌목용 도끼와는 다른 몇몇 특

징들이 간취되고 있다. 일반적으로 도끼는 나무의 벌채나 가공, 동물해체, 골각^{骨角}
의 가공, 피혁가공(무두질), 동물사냥이나 신체보호를 위한 무기 등 다양한 용도로
사용된다. 석기의 형식정의와 분류는 물론, 그 기능과 사용법에 관해 비록 시론적
이긴 하지만 검토할 필요가 있다.

　이런 측면에서 후기 구석기유적의 인부마제석기가 어떤 장착법을 채택하여, 무
슨 기능을 하였는지를 추정해보고자 한다. 또한 이것과 공반되어 출토되는 유물을
통해 출현시기에 대해서도 살펴보고자 한다.

2. 출토유물의 검토

1) 진주 집현(장흥리)유적

　2001년 부산대학교 박물관에서 발굴조사
하였다. 유물층은 점토층 중 상부층이고, 토
양쐐기를 기준으로는 유물포함층이 그 상부
이다. 출토된 유물은 모두 후기 구석기시대의
것이다. 세석핵, 세석인, 찍개류, 밀개, 반마제
도끼, 지석 등이다(국립대구박물관 2005, 박영철·
서영남 2004, 부산대박물관 2001). 세석인은 湧別
기법에 의해 만들어진 양면조정된 예비소재
를 통해 박리되었다.

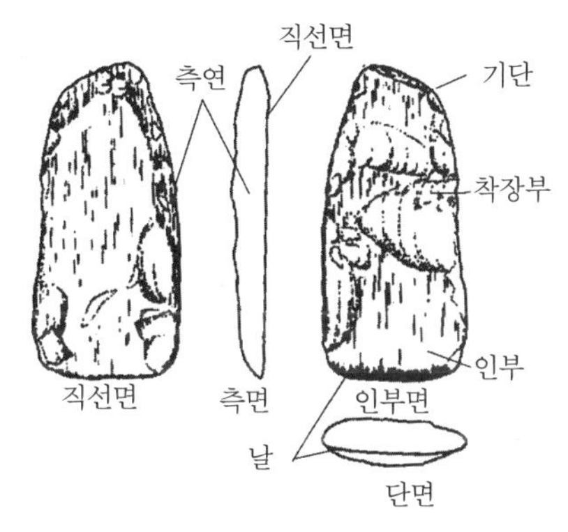

그림 1. 인부마제석기의 명칭

　보고자는 집현유적이 갱신세와 현세의 전
환기 문화에 관한 연구를 진척시키기 위한 전형적인 유적으로 구석기보다는 신석
기시대 석기에 가까우며, 간석기 3점(合刃形 半打半磨 소형도끼 2점, 보습모양 석기 1점)
이 출토된 것으로 파악했다(박영철·서영남 2004).

　〈사진 1-중앙〉은 크기 81×43×11mm(날길이 33mm)에 이암으로 만들어졌다. 신

사진 1. 집현출토 인부마제석기

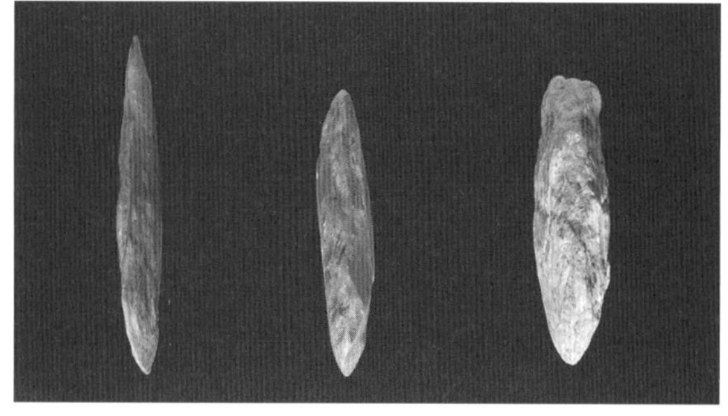

사진 2. 집현출토 사진 1의 측면

북에서 출토된 〈사진 3〉과 형태와 크기가 유사하며, 제작기법도 비슷하다. 석기를 갈기 전에 미리 타격하여 형태를 다듬은 뒤 인부刀部와 표면을 마연하였다.[1] 특히 이것은 인부를 집중 마연하였고, 측면도 부분적으로 갈았으나, 조정박리흔은 일부 남아 있다. 측면의 불규칙적인 박리흔들은 석기를 끈으로 자루에 묶을 때 생긴 것으로 보인다. 인부는 양면 모두 조정되었으나 날은 비대칭인 편인이다. 날은 정면에서 보았을 때 수평이 아닌 기울어진 상태이다. 특히 직선면은 마연상태가 좋지는 않지만 평탄한 편이다.

〈사진 1-좌〉는 크기 98×52×11mm, 날길이 38mm에 청색의 이암으로 만들어졌다고 보고되었으나, 표면의 박리상태로 볼 때 혈암일 가능성도 있다. 출토된 유물은 풍화로 인해 표면관찰이 어렵다. 인부에 명확하게 마연된 흔적이 남아있다. 전체적인 형태는 표주박 또는 주걱모양인데 위쪽의 슴베가 자루에 묶이는 부분으로 이 부위는 타격으로 조정이 잘 이루어져 있다. 슴베는 한 번에 크게 위아래로 조정하여 제작하였으며, 세부적인 가공은 없다. 이 석기는 두께가 11mm에 지나지 않아 벌목용 조갯날도끼로 보기에는 너무 얇다. 단면이 타원형이어서 직선면과 인부면의 구분이 쉽지 않다. 인부면의 날은 비교적 대칭적이지만, 한 쪽으로 치우친 편인이다.

---

1 인부는 도끼나 자귀의 가장 중요한 작업부위이다. 따라서 작업부로도 부를 수 있다.

〈사진 1-우〉는 크기 81×60×
18mm, 날길이 59mm로 유문암으
로 만들어졌다. 납작한 천석을 이
용해 인부를 제외한 직선면과 인
부면을 집중적으로 조정해 직선면
을 편평하게 만들고 결박을 용이하
게 했다. 양측면은 결박을 쉽게 하
기 위해 대칭적으로 조정하였다. 기
단은 착장을 위해 인위적으로 부러
뜨린 것으로 생각된다. 이것은 유

사진 3. 신북출토 인부마제석기

물 상태가 좋지 않아 관찰이 용이하지 않지만, 직선면에 있는 인부는 마연흔이 없
다. 반면, 인부면은 인부를 날과 동일한 방향으로 조정하여 제작하였다.[2] 날을 정면
에서 보면 수평이 아니며, 날이 부분적으로 깨진 흔이 있다. 측면에서 보면 전형적
인 편인이다.

집현유적에서 출토된 세 점의 인부마제석기는 인부면의 인부가 곡선으로 제작되
었다. 직선면의 인부는 마연 부위가 좁은 공통점이 있어 석기형태에 대한 정확한
목적의식을 가지고 제작되었다.

2) 장흥 신북유적

조선대학교박물관에서 발굴하여 32,000여 점의 석기가 출토되었다(이기길 2004).
이것들 중에는 세석핵이 100여점 출토되었는데, 湧別기법에 속하는 것으로 파악
하였다. 밀개 200여점, 새기개 90여점도 함께 출토되었다. 특히 3점의 인부마제석
기와 여러 점의 지석(그림 4-2)이 확인되었다.

토양쐐기가 확인되지 않아 다른 세석인관련 유적과의 층위적인 비교연구가 쉽
지 않다. 그 중 접합석기나 철석영, 갈린 판석둘레에서 숯으로 연대를 측정한 결과,

---

2 본고에서 말하는 인부면은 주로 날이 형성되어 있고, 직선면과 반대되는 면을 지칭한다. 대개 인부면의 인부형태는 弧
狀이거나 인부면적이 넓은 경우가 많다.

18,500±300BP, 21,760±190BP, 25,500±1,000BP이 확인되었다. 문화층 하부의 석기출토면 바로 밑의 숯시료의 연대는 20,960±80BP, 18,540±270BP이다.[3]

신북유적에서 출토된 3점의 인부마제석기 중 2점은 이암, 1점은 사장암으로 제작되었다. 〈사진 3, 그림 4-1〉은 크기가 약 110×52×14mm, 날 길이 약 50mm이다(이기길 2007). 형태와 제작기법이 동일한 집현출토품보다 조금 크다. 마연하기에 앞서 기본적으로 타격조정을 거쳤다. 직선면은 편평하게 갈아졌으며, 인부면은 마연이 제대로 이루어지지 않아 표면이 고르지 못하다. 인부는 편인이며 사용으로 인해 날과 사용흔이 직교한다. 나머지 2점의 석기도 이와 동일한 기능으로 사용된 것으로 추정된다. 이것들 역시 인부의 날이 이지러지지 않았다. 다량의 지석이 출토됨과 동시에 표면의 갈린 흔이 오목하게 들어간 것으로 미루어볼 때 유적 내에서 석기제작은 물론, 날의 재가공에도 지석을 사용하였다.

3) 단양 수양개유적

수양개유적은 남한강에 접해있으면서 충주댐건설에 따른 수몰로 인한 조사에서 제1지점(1983~1985년 조사), 제2지점, 제3지점에서 구석기가 확인되었다(이융조 1984·1985). 후기 구석기문화층에서 석기제작소 49곳과 27,000여 점의 유물이 출토되었다. 석기는 슴베찌르개, 세석핵, 밀개, 긁개, 새기개, 주먹칼, 갈린 석기가 출토되었다. 갈린 석기는 2점으로 추정된다(이융조·우종윤 2005:164).

〈사진 4〉는 길이 126mm로 종장박편을 이용한 것으로 형태적으로 특이하다. 직선면보다 인부면에 마연흔이 집중적으로 남아있다. 집현이나 신북유적에서 출토된 인부마제석기보다 석기의 단면을 보면 중앙이 볼록해 반원형(△형)을 지니고 있다. 〈사진 4-좌〉의 직선면이 자루에 부착되고 우측의 마연된 부분이 위로 가게끔 자루에 부착되었다.

특히 인부면은 마연하기에 앞서 타격으로 석기의 모양을 다듬었다. 고타같은 갈

---

3 문화층의 연대는 교란되었을 가능성도 있다. 8개의 숯시료와 9개의 흙시료의 재질에 따른 연대차이가 제기되고 있어 향후 보고서가 발간되어야 정확한 연대를 추정할 수 있을 것으로 생각된다(이기길 2007:5~43).

기 전에 사용하는 보조기법은 관찰되지 않는
다. 인부면은 평탄하며 부분적으로 갈려있으
나, 모든 면이 갈리지는 않았다. 마연은 인부
에 집중되었고, 측면은 거의 갈리지 않아 타
격 박리흔이 거칠게 남아있다. 인부는 편인에
호상弧狀을 이루고 있으나 날부위의 이빠짐
현상은 거의 관찰되지 않는다.

　〈사진 5〉는 잔존길이 7.2㎝의 신부가 부러
진 갈린 석기이다. 타격으로 형태를 만든 후
인부를 양면으로 조정하였다. 신부의 중앙부
에는 마연흔이 일부 관찰되나 측면부분에는
타격흔이 그대로 남아있다. 인부는 호상을 이
루고 있다. 날의 일부는 사용흔으로 보이는
닳은 흔적이 관찰된다. 인부의 형상과 날의
사용흔으로 미루어볼 때 굴지구나 벌채구보
다는 자귀로 사용했을 가능성이 높다. 신석기
시대에 출토되는 인부마연석부와 형태적으로
유사하고 파손되는 형태도 같아 발굴과정에서 구석기유물과 교란되었을 가능성도
있을 것 같다.

사진 4. 수양개유적의 갈린 석기(이융조 외 2005
에서 전재)

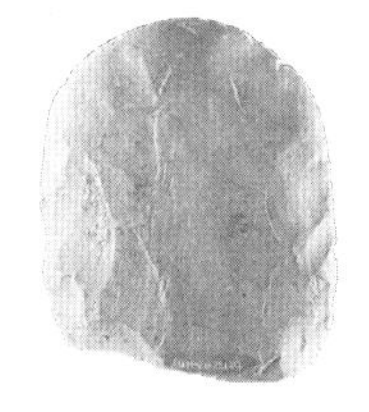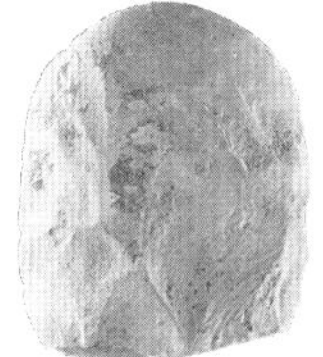

사진 5. 수양개유적의 갈린 석기(이융조 외 2005
에서 전재)

4) 전주 송천동유적

　2004년 전북문화재연구원에서 발굴조사했다. 구석기시대의 인부마제석기를 비
롯한 세석핵이 출토된 유적이다. 유물은 다피트와 라피트에서 확인되기도 하지만,
라피트를 중심으로 집중되는 양상이다. 유물은 석영맥암이 아닌 유문암(98%, 326
점)으로 대부분 제작되었다. 총 331점 중 석기는 8점으로 석인, 세석인, 박편, 마연
된 석기(인부마제석기)가 출토되었다(안효성 2005). 인부마제석기(그림 4-3)는 암갈색점

토층하부에서 다른 석기들과 같이 출토되었고, 교란 흔적은 없었다. 암갈색찰흙층 (3층, 28,460±210BP)과 적갈색찰흙층(4층, 30,800±300BP)의 사이에서 인부마제석기가 출토되었다.

세석핵과 인부마제석기는 토양쐐기가 없는 곳에서 출토되어 토양쐐기와의 비교검토는 어렵다. 출토된 세석핵은 전형적인 밑면쐐기형으로 湧別기법의 퇴화된 형식으로 생각된다. 아직 우리나라의 세석인유적 중 3만 년 전으로 소급될 유적이 존재하지 않는 점 등을 감안할 때 절대연대측정치의 신뢰성이 다소 의심스럽다.[4] 만약 수양개와 송천동유적의 출토상황이 타당하다면, 최상부토양쐐기층 아래에서 세석인과 함께 인부마제석기가 출토될 가능성도 있어 이것의 출현시기가 25,000BP 이전으로 소급될 가능성도 있다(張龍俊 2006).

3. 착장방법과 기능

1) 착장방법

인부마제석기는 도끼의 예와 같이 횡부[橫斧]이나 종부[縱斧]이냐에 따라 착장방법이 달라질 수 있다(그림 2-1·2). 자귀는 대표적인 횡부의 일종이다. 신석기시대부터 청동기시대에 출토된 돌로 만들어진 자귀는 대부분 한쪽 면이 편평하게끔 만들어졌다. 즉, 석기의 넓은 면 중 한 면이 직선면을 지닌다. 자귀[adz]는 날의 폭이 좁고 한 면이 편평해서 경사진 형태의 도구이다(Hranicky 2004:83).

신석기·청동기시대 자귀의 착장방법은 일정한 규칙이 없다. 즉, 자귀는 직선면이 자루의 어느 쪽에 부착되느냐에 따라 상·하·좌우의 세 가지로 나누어진다(그림 2-3·4·7). 자귀는 자루에 부착될 때 인부면이 위로, 좌로, 아래로 어느 위치든 올 수 있으며, 용도에 따라 달라질 수 있다. 기존에는 직선면이 위로 올라오는 방식으

---

4 목탄이 아닌 토양샘플에 의한 연대측정치로 정확한 보고서가 나와야 연대의 신뢰성여부를 판단할 수 있을 것으로 생각된다.

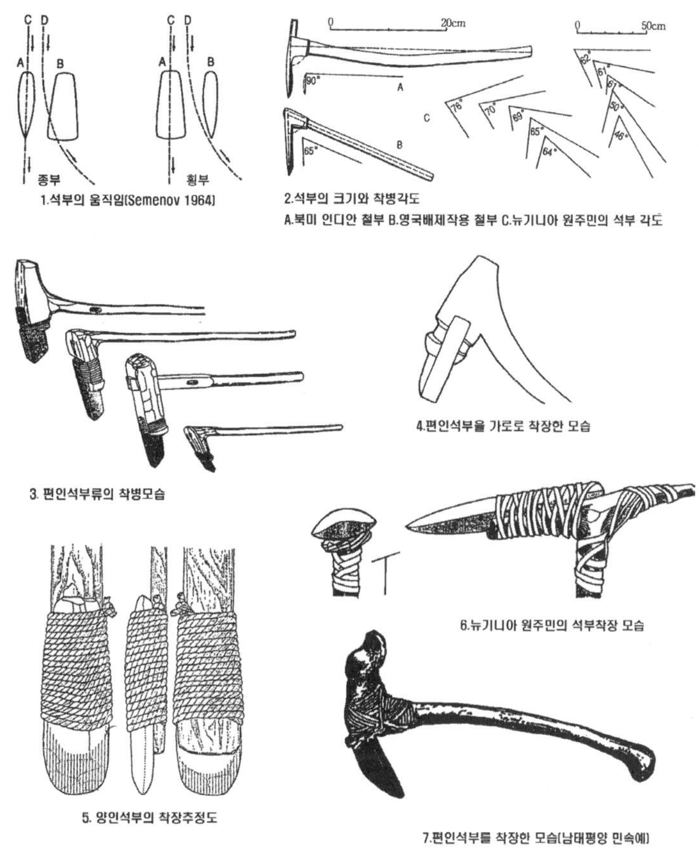

그림 2. 도끼와 자귀의 사용법 및 착장법
1.Semenov(1964) 2 · 4 · 3 · 6 · 7.佐原 眞(2005) 5.鈴木次郎(1983)

로 결박하거나 삽입하는 것으로만 알려져 있었다. 이로 인해 석기의 사용흔이 장착방식과 맞지 않는 현상이 발생한 것이다.

그러므로 신석기·청동기시대에 있어 모든 면이 갈려진 자귀는 착장해서 사용할 때 석기의 형태가 뒤로 갈수록 좁아지게 해 대상물에 가격했을 때 석기가 충격을 받더라도 자루에서 밀려 빠지지 않게 하였다.

자귀는 자루의 석기장착면에 착장하는 방식에 다라 세 가지로 나눌 수 있다. 첫째는 ㄱ자로 된 석기장착면에 구멍을 파서 끼우는 방식(소켓방식)이다. 둘째는 자루의 석기장착면에 석기를 얹혀놓고 끈으로 결박하는 방식(결박방식)이다. 셋째는 신석기시대의 인부마제석부나 타제석부의 착장방식으로 추정되는 〈그림 2-5〉와 같은 방식으로 자루와 평행하게 결박하는 방식이다(鈴木次郎 1983:52).

우리가 주로 알아왔던 착장방식은 〈그림 2-3〉이다. 그러나 〈그림 2-7〉처럼 사용하는 방식도 있어 사용용도에 따라 착장방식도 달라질 수 있다. 예를 들어, 사용목적에 따라서는 이미 착장된 석기라 할지라도 결박을 풀어 날의 위치를 바꾸어 다시 착장할 수 있다. 또한 사용 중에 발생하는 강한 충격으로 인해 석기가 파손되거나 자루에서 분리될 수도 있다. 석기가 한 번 착장되면 폐기될 때까지 석기의 결박부위가 지속적으로 유지되거나 착장방향이 변하지 않는다는 고정관념을 가져서는 안 된다.

구석기시대에 출토된 인부마제석기는 신석기시대의 자귀와 형태적으로 유사한 점이 많다. 이것들 중 인부 이외에 갈린 부분은 자루장착과 연관이 있다. 자루에 부착되는 면으로 추정되는 직선면은 자루와의 접합면적을 높여 밀착이 잘 되도록 하였다. 〈그림 4-1〉의 신북출토품을 보면 명확히 알 수 있다. 인부마제석기의 착장방법은 결박방식과 소켓방식이 적절히 선택되었다. 석기가 자루와 함께 출토되지 않는 이상, 이것이 어떤 방식으로 자루에 착장되었는가를 추정하는 것은 석기표면에 남아있는 장착흔·가공흔·파손흔과 인부의 사용흔을 종합적으로 고려해서 판단해야만 한다. 반타반마牛打牛摩와 전면마연全面磨研의 차이는 작업효율성은 물론 착장방법과 관련이 있음은 분명하다. 다만, 신북, 집현, 수양개유적의 출토품 중 직선면을 지닌 석기는 그 면이 자루에 부착되는 횡부의 착장방식으로 추정된다.

2) 기능

후기 구석기시대 인부마제석기는 목재가공(그림 3-1·3·5), 동물해체와 피혁가공을 중심으로, 골각기가공, 파쇄구로 사용되었을 것으로 추정된다. 여기서는 사용가능성이 높은 것으로 추정되는 목재가공과 동물해체, 피혁가공을 중심으로 살펴보고자 한다.

(1) 목재가공

  목재는 선사시대에 가장 다용도로 사용되었다.[5] 그 이유는 목재는 무게에 비해 강도가 큰 재료이기 때문이다. 특히 비강도^{比強度}가 커 무기를 만들거나 목기제작에 유리하였다. 목재가 도구의 손잡이로 쓰인 이유는 충격강도가 크고 열확산계수가 작기 때문에 기온 변화에도 도구의 온도변화가 매우 적기 때문이다. 아울러 목재는 여러 가지 형태로 가공이 용이해 제작하기에 아주 융통성을 지닌 재료이다. 특히 집을 지을 경우 필요한 구조재 중 구조물의 뼈대를 쉽게 구축할 수 있는 유일한 재료였다(정희석 2004:17~21).

  도구를 제작할 때 목재로 만들어진 자루나 손잡이는 견고함과 기능적인 편리함, 제작의 용이함을 갖추고 있다. 목재는 용도에 맞는 종류와 성질을 파악해야 한다. 도구는 가장 적절한 목재를 선택하고 알맞은 공구를 사용해 가공하는 것이 중요하다.

  후기 구석기시대에 출토된 인부마제석기는 형태적으로는 자귀나 도끼에 가깝다.[6] 먼저 나무 벌채를 위해 사용되는 도끼 기능을 살펴보자. 벌채용 조갯날도끼(蛤刃石斧)는 신석기시대 전기에 해당하는 고성 문암리유적 등에서 출토되었다. 도끼 출현의 이유는 기후가 온난해지면서 삼림자원의 확산이 목재이용의 기회를 증대시키고 주거건축자재의 전환, 대형동물의 감소에 따른 수산자원으로의 관심이 높아지면서 활목두^{丸木舟}의 필요성이 지적되고 있다(近藤義朗 1985).

  이런 점을 고려할 때 신석기시대에 출토되는 정형성이 떨어지면고 미완성이면서 특히 길이에 비해 두께가 얇은(단면이 직사각형) 대다수의 인부마제석기나 타제석기는 벌채구보다는 굴지구의 용도로 사용되었을 가능성이 높다.[7] 따라서 두께가 얇고 날이 비대칭인 인부마제석기는 조갯날도끼로 보기 어렵다. 이런 관점에서 우리나라

---

5 후기 구석기시대는 빙하기에 해당하며, 그 중 한랭기에는 주변에 사용가능한 목재가 없어 도구제작 등에 사용될 목재 수급이 원활하게 이루어지지 않았을 가능성이 있다. 이러한 도구들이 모두 목공구로 사용되었는지에 대해서는 지속적으로 검토가 이루어져야 할 것이다.

6 본고에서는 석부로 통칭되어오던 도끼와 자귀를 벌목용과 목재가공용으로 나누어 서술하고자 한다.

7 신석기시대와 청동기시대의 벌목용 조갯날도끼와 타제·마제의 인부마제석기는 기술적 차이 이외에도 석재와 몸체의 단면두께(단면은 볼록렌즈)가 명확히 차이난다.

의 후기 구석기시대에 조갯날도끼는 아직 출토되지 않았다.

다음은 자귀의 기능이다. 자귀의 가장 중요한 기능이자 도끼와의 차이점은 나무의 벌목뿐만 아니라 베어진 목재를 가공해 다른 용도로 사용할 때 사용되는 조정도구라는 점이다(사진 6). 자귀는 목재를 베기도 하지만, 표면에 있는 좋지 못한 굴곡이나 옹, 껍질 등을 깎아 내어 표면을 좋게 만들기에 유용하다. 때로는 강한 힘보다는 정확하게 다듬는 것이 중요하다. 자귀는 도끼보다 구멍을 파거나 한 부분을 특정 부분을 깊이 파내려 갈 수 있는 장점도 있다. 인부면은 〈그림 6〉과 같이 가공 중에 생기는 목재편을 자연스럽게 말려 처리하기 위해 고안된 것이다.

일반적으로 자귀는 인부의 마연범위와 인부각의 비대칭, 석기의 두 면 중 한 면(직선면)이 수평, 석기단면은 ⌒형·직사각형, 인부의 형태는 ∩형·⌒형, 장착된 석기와 자루의 내각은 70도 전후(벌목용 90도 전후), 사용흔의 생성은 인부면의 인부에 날과 수직되는 방향으로 집중적으로 생성된다(사진 7).

〈사진 7〉의 청동기시대 자귀미완성품은 마연하기 전의 석기로 구석기시대의 인부마제석기와 형태적으로 아주 유사하다. 집현유적 3점, 신북유적 1점, 수양개유적 1점은 모두 한 면이 평탄하고 인부면은 거칠게 다듬어져 있다. 이것들은 양측연이 박리 등으로 조정되어 자루에 착장했을 때 고정이 용이할 뿐만 아니라, 석기의 인부도 아랫부분이 아닌 윗부분에 집중적으로 남아 있다. 자귀의 형태적 특징 중 하나가 바로 자루에 부착하는 면이 편평하기 때문에 단면이 직사각형이거나 ⌒형이 많다.

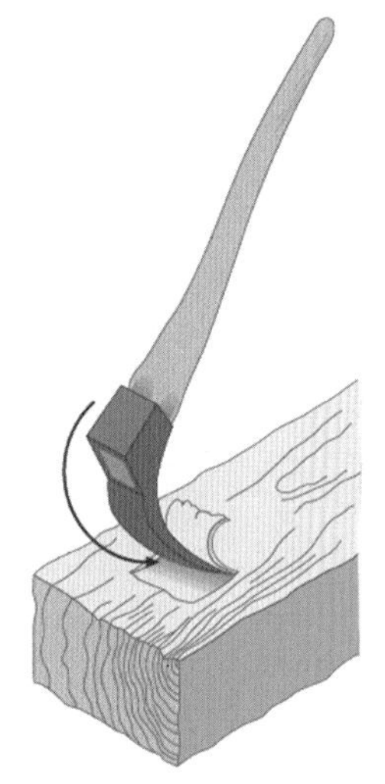

사진 6. 자귀의 사용방법(한국 브리태니커백과사전 인터넷에서 전재)

사진 7. 청동기시대 자귀 미완성품(영문연 서변동 주거지 41호)

조갯날도끼(합인석부)나 자귀(편평편인석부)의 기능 중 나무의 벌목과 가공을 하기 위해서는 석기 중량, 석재 강도, 날의 형태가 중요하다. 목재가공구로 사용되었다면 목재와의 강한 충격에 의해 날이 이지러지거나 부서지는 현상이 관찰되어야 한다. 그럼에도 불구하고 신북, 집현, 수양개유적에서 출토된 인부마제석기는 인부의 이 빠짐 현상이 드물다. 날 상태가 양호한 채 출토되었다.

수양개나 송천동 출토품처럼 반파半破되더라도 날은 온전히 남아있다. 덧붙여 신석기시대 인부마제석부 중 굴지구로 분류된 유물의 경우 인부부분에 굴지작업으로 인해 인부의 날 손상이 명료하게 관찰된다.[8] 즉, 후기 구석기시대의 인부마제석기는 이런 측면에서 크기(특히 폭)가 작고 인부손상이 없으므로 굴지구는 아니었다.[9]

만약 이것이 목공구로 사용되었다고 가정한다면, 앞서 살펴본 착장방식을 감안할 때 형태상으로는 자귀에 가깝다. 세계 각지의 석부를 검토한 佐原眞은 횡부에서 종부로 변화하는 양상이고 일본 후기 구석기시대 석부도 횡부가 우세한 것으로 지적했다(白石浩之 1990:9). 뉴기니아 동남부의 쿠쿠쿠쿠족은 종부자체를 모르고 오직 횡부만 사용하였다(佐原眞 2005). 석부사용자가 종부와 횡부에 대해 모두 다 알고 있다고 이해하는 것은 선입견에 지나지 않는다. 사용자의 필요에 의해 둘 중 하나만 선택될 수도 있다.

(2) 무두질(동물해체와 피혁가공)[10]

후기 구석기시대의 긁개류의 용도는 아주 다양해 특정 기능만을 수행하지는 않았던 것으로 보인다. 인도네시아 중앙부에 위치한 이리안 자야부족에 대한 민족

---

8 본고에서 사용된 인부마제석부는 신석기시대 유물로 구석기시대의 인부마제석기와 구분해 사용하고자 한다. 그러나 선사시대의 석기 중 형태와 기능이 맞아떨어지지 않는 경우가 있는데, 그러한 예가 바로 굴지구와 목재가공구이다. 신석기시대에 출토되는 굴지구인 괭이와 목재가공구의 타제석부와 인부마제석부는 연구자간에도 아직 체계적으로 분류가 이루어지지 못하고 있다. 마제석부(합인석부, 편평편인석부, 석착)의 세분은 더욱 혼란스럽다. 그러한 이유가 이러한 석기들이 형태적으로 유사하기 때문이다.

9 집현, 신북유적은 인부마제석기 뿐만 아니라 갈린 흔적이 명확히 남아있는 지석이 함께 출토되어 유적 내에서 석기제작 또는 인부의 재생과 같은 작업이 반복적으로 진행되었음을 시사해 준다.

10 무두질은 좁은 의미로는 몽둥이로 가죽을 두드릴 때의 행위를 뜻하지만, 본고에서는 가죽가공의 행위에 대한 전반적인 공정을 포괄하는 개념으로 사용하고자 한다.

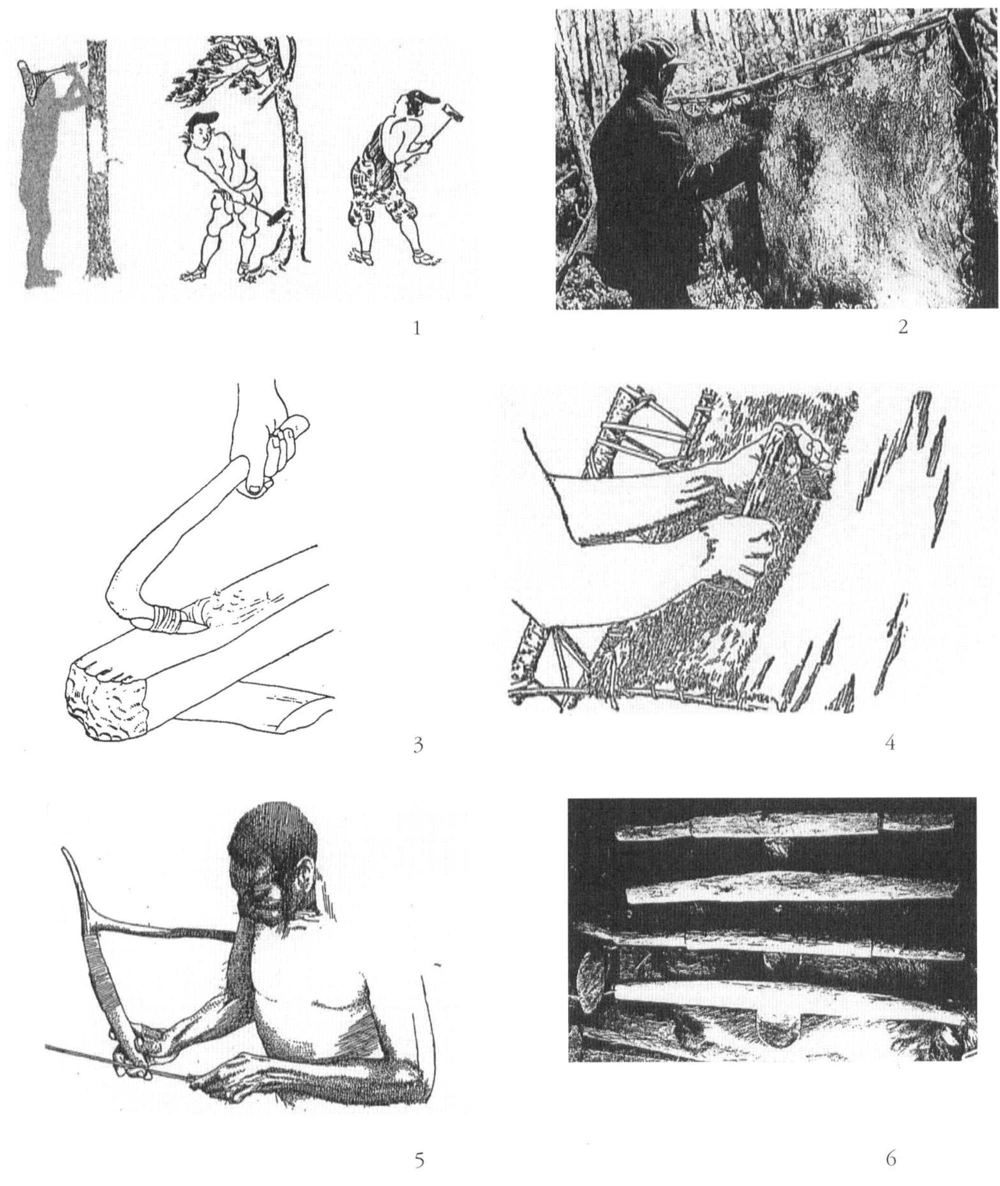

그림 3. 인부마제석기의 기능추정 관련자료
1.자귀와 도끼로 나무를 벌채하는 모습 2.중국 내몽고지역의 에벤크족이 철제도끼로 가죽 내측에 부착된 지방과 썩은 고기를
제거하는 모습(麻柄一志 2006) 3.자귀의 사용모습(Semenov 1964) 4.대만 중부산지 부눈족이 생가족의 표면을 석부로 다듬는
모습(麻柄一志 2006) 5.인도네시아 원주민이 자귀를 이용해 화살대를 다듬는 모습(Pierre pêtrequin 외 1993) 6.캄차카반도의
밀개(상부 2점은 석제, 하부 2점은 철제; 高瀨克範 2004)

지 연구를 참조하면, 도끼는 다른 어떤 도구보다도 유용하게 사용되었다. 특히 창, 활과 화살, 굴지구, 도살용 칼, 뼈바늘 등을 제작할 때도 도끼는 사용되었다(Pierre pétrequin and Anne-Marie Pétrequin 1993). 하지만, 여러 기능이 있겠지만, 앞서 살펴 본 목재가공의 기능을 제외한 무두질의 기능 중 동물해체와 피혁가공용에 대해 살펴보자.

수렵이나 어로를 통해 획득한 포획물은 식용은 물론, 옷을 제작하는데도 사용되었다. 옷은 수피獸皮나 어피魚皮를 이용하여 제작하였다. 이것들에 대한 가공방식을 다음과 같다.

첫째, 수피의 가공공정이다. 건조→육질·지방·내박막(동물 몸 안의 기관을 싸고 있는 엷은 막)제거→매개재 도포→무두질→착색→무두질의 순으로 이루어진다(高瀨克範 2004). 작업공정을 참조하면, 자르고 피혁가공을 동시에 할 수 있는 인부마제석기가 능률적인 도구일 수 있다.

창내유적에서는 다른 유적과 달리 대형 밀개(사진 8)와 긁개가 다량으로 출토되었다. 긁개류는 기능이 아주 다양하다. 이것은 아직도 캄차카반도에서 피혁가공을 위해 긁개를 사용하고 있다. 예를 들면, 순록이나 개같은 가축, 수렵되어온 바다생물 등의 피혁가공에 현무암, 흑요석, 처트와 같은 돌로 만든 긁개(밀개)를 끼운 피혁가공구의 기능을 하였다(高瀨克範 2004:11~15). 〈그림 3-6〉은 밀개를 이용해 짐승가죽에 붙어있는 털을 벗기고 가죽을 다듬었음을 잘 보여준다.

일본에서는 기능연구와 민족지사례로 인부마제석기는 도살과 관련된 동물해체 내지 동물 털을 제거하는 긁개(밀개)의 기능을 했던 것으로 추정하기도 한다(그림 3-2·4). 일본지역 후기구석기 전반에 출토되는 인부마제석기(국부마제석부 또는 斧形석기)는 인부의 파손상태가 목재의 벌채로 생긴 타격흔은 아닌 것으로 판단하고 있다. 繩文시대와 彌生시대의 석부파손흔과 차이가 있다. 이것은 연대적인 괴리도 있어 동일한 계통으로 보기 어려울 뿐만 아니라 목재의 벌채, 가공이라는 기능이 최우선은 아니었다는 것이다. 따라서 인부마제석기는 직접적인 수렵구가 아닌 포획된 사냥감의 해체, 가죽다듬기, 가죽가공에 이용되었을 개연성이 크다고 한다(瘋柄一志 2006:261).

일본 野尻湖유적군은 후기 구석기시대에 해당하는 약 90점의 인부마제석기가 출

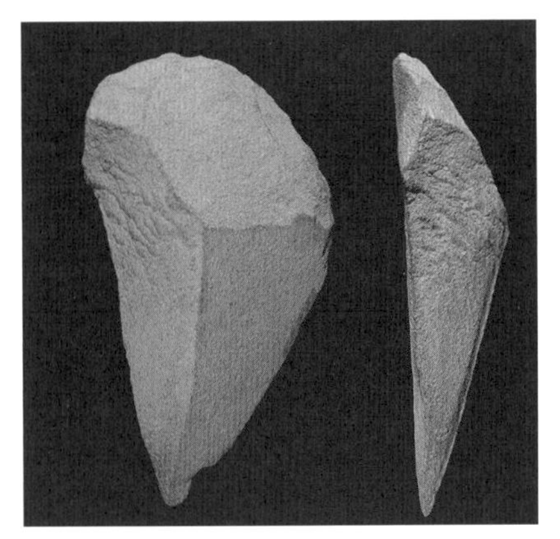

사진 8. 창내유적의 대형 밀개

토되었다.[11] 특히 日向林(히나타바야시)B유적은 41점이 확인되었다.[12] 이 유적은 소형부터 대형의 인부마제석기가 있지만, 8㎝ 미만의 소형석부가 55%를 차지하는 독특한 현상을 보여주었다. 野尻湖유적군은 소형 인부마제석기가 유독 많았다. 보고자는 대형동물의 수렵과 관련된 인류행위의 산물로 해체구의 가능성을 지적했다. 실제 日向林B유적의 인부마제석기에 부착된 지방산 분석에 의해 나우만코끼리와 일본사슴의 지방이 검출되어 석부가 동물해체에 사용되었음을 증명하였다(그림 4-4~6, 谷和隆 1995:22~28).

한편, 석기를 이용한 동물해체에 관한 실험도 참조할 필요가 있다. 내셔널지오그래픽의 '인간, 지구를 정복하다'라는 프로그램에서 실시한 실험이 주목된다. 소를 도살한 후 고기를 해체하는 전문가에게 유럽의 아슐리안식 주먹도끼를 이용해 뼈를 제외한 고기부분만을 해체해 낼 것을 요구했다. 2명이 칼을 이용해 해체할 때 소요된 시간은 약 1시간, 주먹도끼로는 4시간이 걸렸다. 비록 시간은 4배가량 걸렸지만, 작업자가 주먹도끼가 익숙하지 않았고, 칼에 비해 자루가 없어 작업이 불편했던 점을 감안하면 결코 늦은 게 아니었다. 능숙하게 석기를 다루었던 선사인은 동물의 해체시간을 단축시킬 수 있었을 것이다.

그러므로 주먹도끼의 날만큼 날카로움을 지닌 인부마제석기를 이용해 사냥감을 해체하는 것은 충분히 가능했을 것이다. 물론 해체과정에서 뼈와 부딪치면서 석기의 날이 깨질 수도 있지만, 날 부분에 그다지 큰 손상은 없었을 것이다.

둘째, 물고기가죽의 가공공정이다. 중국 혁철족은 중국 동북 오소리강, 흑룡강, 송화강 연안에 살고 있는 소수민족으로 중국 55개 민족 중 유일하게 물고기를 잡

---

11 일본의 후기 구석기시대에서 말하는 石斧는 즉 특정 형식의 석부, 국부마제석부, 부형석기, 석부의 뜻을 담고 있다.

12 인부마제석기는 AT를 포함한 흑색대 점이층(Va층)의 하위 흑색대(Vb층)에서 석기가 출토되었다. 인부마제석기는 환상블록(지름 30m 이내)내에서 1~2m의 범위 안에 밀집되어 나왔다. 인부마제석기가 다른 유적에서는 통상 1~2점이 출토되는데 반해, 이 유적은 2~13점씩 각각 블록별로 나누어져 있었다.

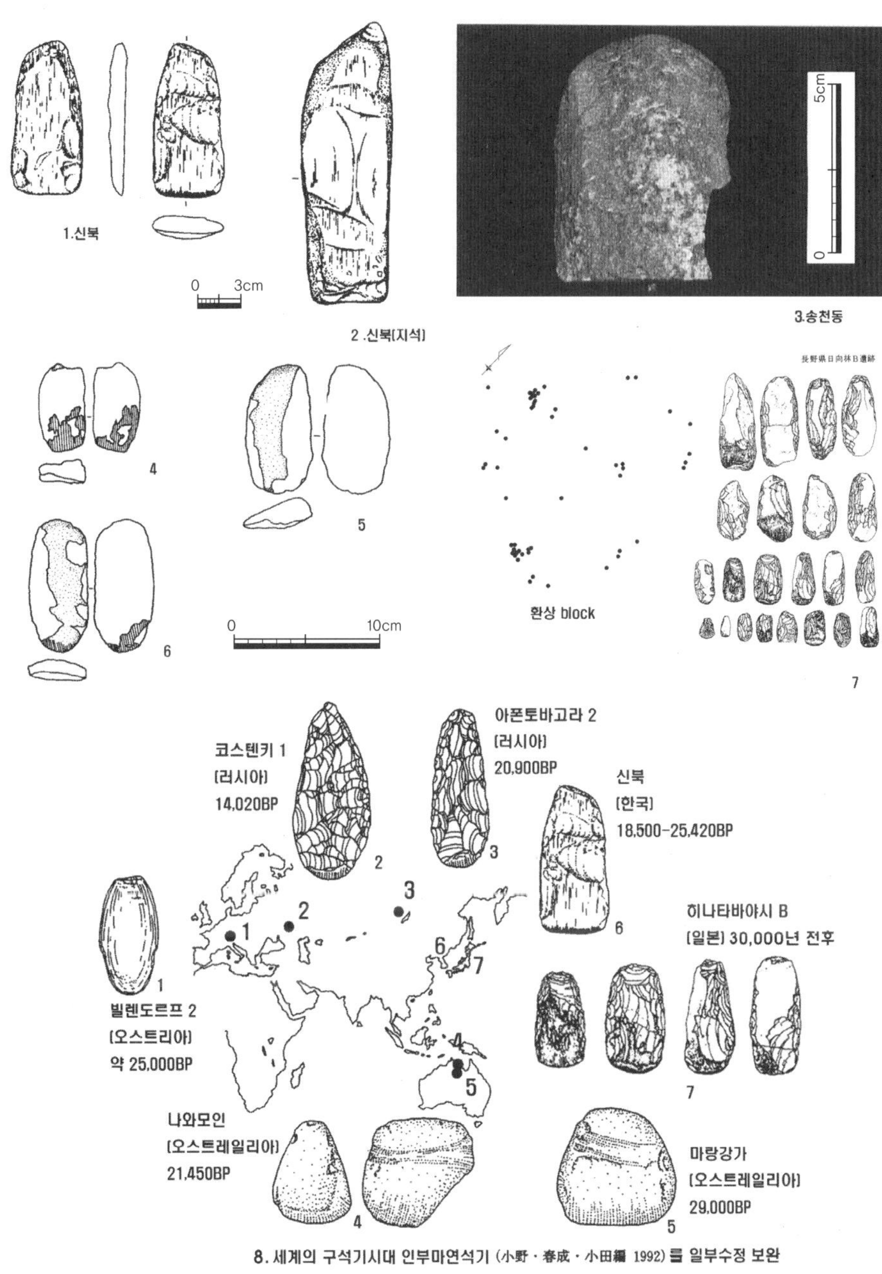

8. 세계의 구석기시대 인부마연석기 (小野·春成·小田編 1992)를 일부수정 보완

그림 4. 후기 구석기시대의 인부마제석기
1·2. 이기길(2007) 3. 안효성(2005) 4~7. 日向林B유적(谷和隆 1995)

고 수렵으로 생활하는 민족이다. 특히 소수민족 중 유일하게 물고기로 만든 가죽인 '물고기가죽(魚皮)'를 이용해 의복을 만들어 사용하였다(董菊英 2005:121~137). 어피의魚皮衣는 대개 비늘이 있는 작은 물고기를 사용했고, 바지(套袴)는 철갑상어, 칼철갑상어, 잉어 등으로 만들었다.[13]

물고기가죽의 공정은 다음과 같다. 어피벗기기→어피말리기→살고기와 지방을 제거하고 비늘없애기→무두질하기→어피선魚皮線(어피가죽으로 만든 실) 만들기→어골침만들기→실꼬기이다.

무두질도구는 남자들이 주로 제작한다. 나무는 목질이 단단한 자작나무와 떡갈나무를 이용한다. 나무망치, 나무몽둥이, 나무칼, 쇠삽, 나무작도 등이 있다. 그 중 도끼모양의 쇠삽과 나무긁개를 이용해 魚皮에 붙어 있는 기름이나 고기를 발라내는데 사용된다. 다만, 어피魚皮를 제거할 때는 이것에 손상을 줄 수 있는 금속칼을 사용하지 않는다. 그러므로 동물해체 때와 마찬가지로 자귀와 같은 석기가 사용될 수 있는 것은 가죽을 다듬을 때이다.

이상 살펴본 바와 같이, 도끼모양을 한 인부마제석기가 죽은 짐승이나 물고기의 가죽을 이용해 피복이나 실을 제작할 때 사용될 수 있음을 추정할 수 있었다. 인부마제석기는 인부의 이빠짐 현상이 적고 석기의 두께가 매우 얇으며, 인부의 사용흔이 날과 직교되게 남아있다. 따라서 이것은 긁개의 기능을 가지면서 무두질할 때 사용되었다.

4. 구석기시대 인부마제석기의 국외 사례

국외지역에서 구석기시대의 인부마제석기가 출토되는 것은 더 이상 드문 일이 아니다. 일본, 호주, 러시아 등에서 다양한 형태의 갈린 석기들이 출토되고 있다(그림 4-8).

---

13 바지(套袴)는 바지통이 2개가 있을 뿐, 밑이나 바지허리는 없다. 남자들이 겨울에 사냥을 하거나 여름에 물고기를 잡을 때 착용한다. 여자들은 산에 올라가 땔감을 하거나 야생채소를 채취할 때 착용한다. 추위에 강하고 잘 마모되지 않으며 방수가 되어 무릎을 보호해준다.

일본은 群馬縣 岩宿유적의 岩宿층의 흑색대 층에서 인부마제석기가 최초로 확인되었다. 인부마제석기가 발견될 당시에는 전기구석기, 무토기신석기, 신석기시대, 후기 구석기 등 일본연구자뿐만 아니라 외국연구자까지 가세해 시대설정에 상당한 논란이 있은 뒤에야 비로소 구석기유물로 확정되었다(白石浩之 1990).

1960년대 후반부터 1970년대에 東京·武藏野臺地를 대규모 발굴조사로 다수의 구석기유적이 확인되었다. 인부마제석기는 전국 200여 곳의 유적에서 600점 이상이 출토되었다(栃木縣立博物館 2003:29). 가장 많은 인부마제석기(斧形석기)가 발견된 지역은 南關東으로 立川롬 하부의 X·IX층이다. X층에서 출현한 뒤 그 위의 층부터는 극도로 출토량이 감소하는 특징적인 경향이 있다. 구주부터 동북지방까지 출토되며, 대체로 AT층(약 2.5만 년 전) 아래에서 출토되고 있다(그림 5, 小田精夫 2003).

대부분의 출토품은 南關東, 北陸에 집중되지만, 현재까지 四國 및 北海道에서 AT층 하부 시기에 해당하는 시기에 인부마제석기는 출토되지 않았다. AT층 상부의 공백기를 거친 후 후기구석기말에 그 출토량이 증가하는 양상이다.

구석기시대와 繩文시대의 사이에 해당하는 神子柴型 石斧가 출토되고 있다. 이것은 시기적으로 앞선 후기구석기 전반의 인부마제석기와는 시간적인 차이는 물론, 형태와 석재가 다르고 繩文시대의 도끼와도 차이가 있다. 그러나 靑森縣 大平山元 I 유적과 茨木縣 後野유적에서 무문토기가 인부마제석기와 대형첨두기가 함께 출토되어 繩文시대의 시작으로 보는 견해가 우세하다.

후기 구석기시대의 석부는 후기 구석기시대 말 혹은 繩文시대 초창기의 神子柴型 石斧와 비교할 때 여러 면에서 차이점이 있다. 후기 구석기시대의 인부마제석기는 오히려 繩文시대의 석부와 공통점이 더 많다(痲柄一志 2006:246~277). 참고로 神子柴型 石斧는 목재가공 혹은 목재벌채도구로 보는 것이 일반적이지만(佐原眞 1994), 집단을 상징하는 위신재로 사용되었을 가능성도 지적되고 있다(安齊正人 1987). 왜냐하면, 神子柴型 石斧는 繩文시대 弥生시대의 마제석부와 비교해 파손비율이 매우 낮고, 타제석부와 후기 구석기시대의 석부와 비교해도 파손이 적기 때문이다.

일본에서 출토되는 유물들의 상당수도 밑면이 직선이면서 인부면이 반호상^{半弧狀,} plano-convex을 이루는 경우가 많다.

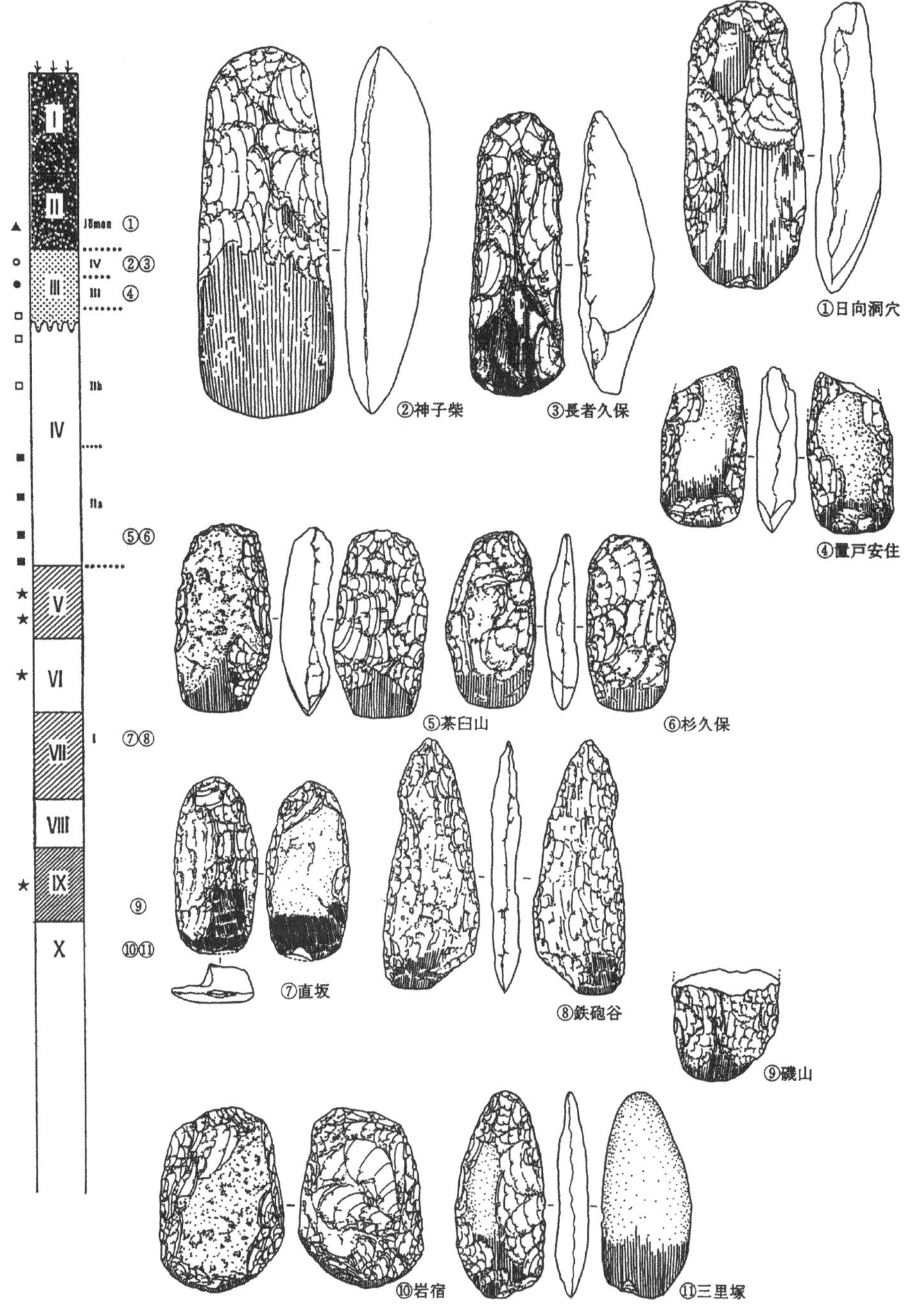

그림 5. 일본 후기 구석기시대 인부마제석기의 출토상황(小田精夫 2003)

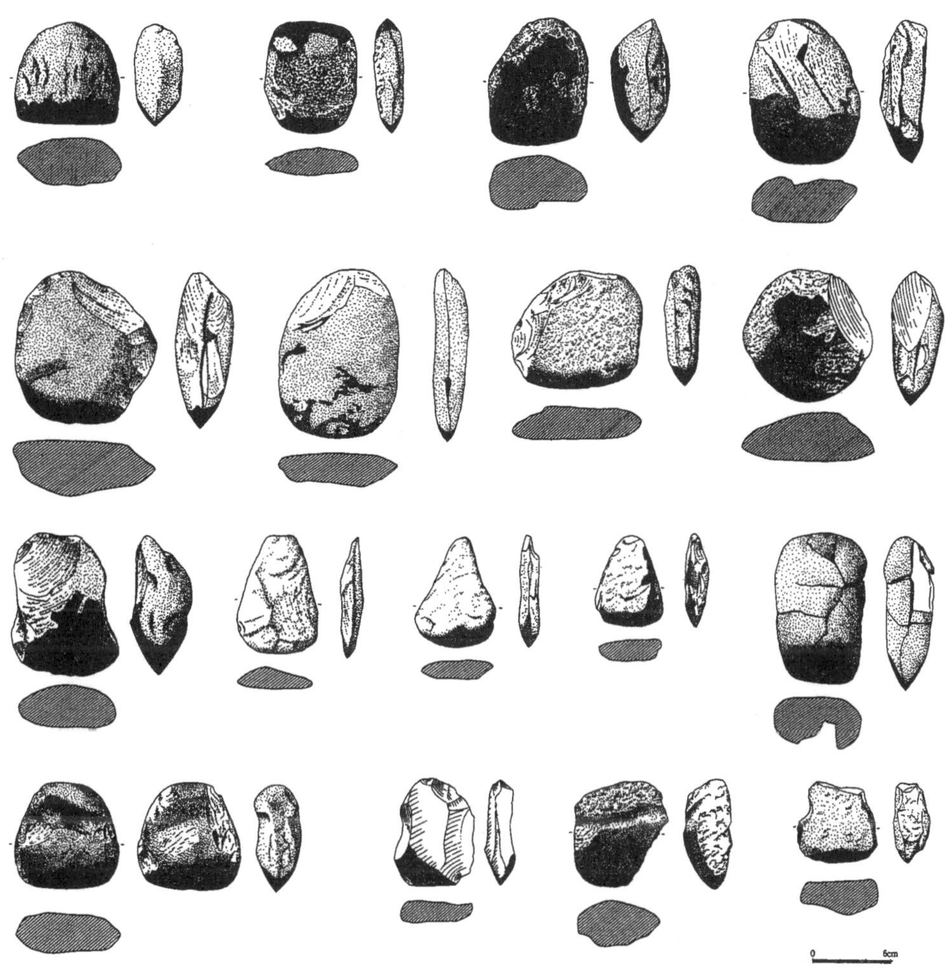

그림 6. 호주지역 나와모인유적 후기 구석기시대의 인부마제석기(小田精夫 2003)

　다음으로 시베리아지역을 살펴보자. 1932년 조사된 러시아의 후기 구석기시대 코스텐키(Kostenki)Ⅰ유적의 제1문화층에서 출토된 플린트제 인부마제석기는 C^{14}연대가 14,020±60BP이다(그림 4-8). 크기는 120×45×25mm로 박편이 아닌 가늘고 긴 석재를 사용해 눌러떼기와 직접떼기로 양면조정하고 인부를 마연해서 만들었다.

　시베리아 아폰토바고라Ⅱ유적의 하층에서 발견된 인부마제석기는 갈린 인부를 지니고 있다. 이 유적의 C^{14}연대는 20,000±300BP이다(Astaljpv 1967:19~23). 연해주의 우스티노프카Ⅰ유적(하층)은 석인이 다량으로 출토되는 반면, 배모양세석핵은 출토되었으나 스폴로 타면을 만드는 전형적인 쐐기형세석핵은 출토되지 않았다. 이곳에서는 한반도와 일본 구주지역에서 출토되는 슴베찌르개가 확인되었다. 인부마제석기는 크기가 약 13㎝이며, 단면은 거의 삼각형에 가까운 반원형이다. 석기의 등면은 직접떼기로 다듬었고, 특히 석기의 자루장착면을 집중적으로 다듬었다. 다만 인부의 갈린 흔적이 사용에 의한 것인지 갈아서 생긴 것인지는 명확치 않다(木村英明 1997:249~250).

　스보로와Ⅳ유적에서는 석인석핵, 배모양세석핵, 양면가공찌르개, 새기개와 더불어 인부마제석기가 출토되었다. C^{14}연대는 15,300±140BP, 15,105±140BP이다. 또한 완신세의 후기구석기의 전통이 남아있는 우스떠 틴푸톤Ⅰ유적의 Ⅳa층 단계와 Ⅳ층에서 인부마제석기가 출토되었다. 이 시기는 스즈나긴문화로 7천 년에서 1만 년 전 사이에 해당한다(小畑弘己 2001:384~386).

　호주에서는 오엔페리지방에서 23,000~18,000BP의 연대를 가진 인부마제석기가 보고되었다(그림 6). 그러나 그 후 15,000년 동안은 이러한 석기의 공백기였다.

　뉴기니아 동부 고지의 카피아바나유적에서는 1만 년 전 이전의 층위에서 인부마제석기가 보고되었다(Mulvaney 1969). 미국에서 보고된 최고最古의 마제석기는 약 7,000년 전의 아케익(Archaic)기이다. 구석기시대의 인부마제석기는 보고된 바 없다(Willy 1966). 아프리카에서 최초로 출현한 인부마제석기(양인)는 잠비아 북부 약 11,000~11,500년 전의 자료이고, 본격적으로 사용된 것은 신석기시대부터였다. 러시아를 제외한 유럽에서는 약 9,000년 전 이후에 출현했다(小田精夫 2003:366).

5. 소결

우리나라에서도 후기 구석기시대에 인부가 집중적으로 갈린 소위 인부마제석기가 출토되고 있다. 인부마제석기의 출현으로 인해 우리나라의 마연기술은 후기 구석기시대로까지 소급되게 되었다(표 1). 이러한 인부마제석기는 세석인 관련유물과 함께 출토되었다. 세석인이 출토되는 유적에서 흔히 발견되는 석기는 밀개이다. 인부마제석기의 출현으로 작업용도에 따라 밀개의 기능이 분화 또는 전문화되었을 가능성이 높다. 인부마제석기의 출현시기는 〈표 1〉를 보듯이, 현재까지는 2.5만 년 전을 거슬러 올라가지 못한다. 세석인문화와 그 관련성이 깊은 만큼 우리나라에 세석인기법이 도입되는 2.5만 년 전 이전으로 소급되기는 어렵다. 앞으로 자료가 증가하면, 일본의 예처럼 3만 년 전의 유물이 출토될 가능성도 있을 것이다.

마제기술은 신석기시대가 되어 마제석기가 본격적으로 제작되면서 적극적으로 채용되었다. 그러나 구석기시대에 마제석기가 출현하였다고 해서 타제기술을 이용해 석기를 제작하는 기술 근간을 해체시켰던 것은 아니었다. 석기문화 내에서 석기형식과 마제기술이 결합하여, 실생활과 관련된 농공구나 목공구같은 전문성이 뛰어난 도구를 제작한 것은 신석기시대가 되어야 비로소 이루어진다.

구석기시대는 정형적인 형태의 목재가공구가 발달하지 못하였다. 구석기유물의 대부분이 타제석기로 제작된다는 점에서 반드시 마연이 이루어지지 않더라도 목공구로 사용할만한 석기는 충분히 존재했을 것이다. 목재가공은 반드시 자귀나 도끼가 있어야지만 가능한 것은 아니다. 때로는 나무껍질을 벗기거나 나무를 다듬는데 타제의 인부가 효율적일 수도 있다. 다만 우리가 알고 있는 정형성 있는 목공구의 존재를 모를 뿐이다.

러시아의 코스텐키Ⅰ, 가가리노, 수포네보, 에리세비치, 말타유적 등에서 출토된 뼈와 맘모스 엄니 등의 연구결과는 잘라지거나 찍힌 흔적, 구멍이 있는 많은 얇고 두터운 엄니들, 어깨있는 석인들, 갈비뼈, 긴 뼈들, 녹각에서 알 수 있는 것은 목재가 단지 도끼로만 다듬을 수 있는 재질이 아니었음을 입증해 주었다. 언급된 유적에서 도끼로 자른 흔적을 지닌 유물은 그리 많지 않았다. 그 중 코스텐키Ⅰ유

적(11,000~12,000BP)의 맘모스 경골에는 도끼로 가격한 흔적이 명확히 남아있다
(Semenov 1976:122~134).

따라서 후기 구석기시대의 도끼사용은 우연히 아니다. 도끼의 기능을 지닌 석기
가 반드시 갈아서 만들 필요도 없다. 인부마제석기는 벌채작업은 다소 무리일지
몰라도 뼈를 부수어 골각기의 소재를 얻거나 골수를 얻는 등의 작업은 일정 중량
의 비정형적인 석기로도 충분히 가능하였다.

우리나라의 구석기시대 인부마제석기의 기능은 첫째, 벌채용이 아닌 목재가공구
로서 기능이 있었다. 다만, 도구제작에 필요한 소재를 만들거나 수피樹皮거가 주목
적이었을 가능성을 앞으로 검토할 필요성이 있다. 둘째, 인부마제석기는 인부와 직
교되게 사용흔이 남아있다. 인부의 이빠짐현상이 적은 점 등으로 미루어 볼 때 가
공 후에도 날손상이 적은 동물해체나 수모獸毛, 어피魚皮제작용 피혁가공용, 즉 무
두질에 사용되었을 가능성이 높다. 아마도 위의 두 기능이 융합된 원시적인 형태
가 신석기시대의 자귀로 발전한 것으로 생각된다.

앞으로 인부마제석기의 정확한 기능을 파악하기 위해서는 사용흔 분석이 보완되
어야 할 것이다.

참고사진. 대전 용호동유적 중기구석기문화층(3문화층)의 갈린석기

표 1. 인부마제석기가 출토된 유적의 특징

유적명	층위 (문화층과 토양색상)		연대(BP)	주요 석재	유물조합상	세석인 기법	참고 문헌
단양 수양개	상부	2문화층 (IV층)	16,400 18,630(2문화층)	혈암, 흑요석, 반암, 처트, 석영	세석핵(195), 세석핵블랭크, 밀개, 긁개, 세석인, 석인석핵, 석인, 슴베찌르개, 능조정석인, 인부마제석기, 새기개	湧別 기법 등	충북대 박물관 1984· 1985
장흥 신북	단일문화층 (쐐기 없음)	밝은갈색 찰흙층	25,420±190 20,960±80 18,500±300 21,760±190 25,500±1,000 18,540±270	산성화산암, 수정, 흑요석, 옥수, 규암, 석영맥암, 반상변정편마암, 편마암, 편암, 사암, 니암	세석핵, 밀개, 새기개, 긁개, 슴베찌르개, 류엽형찌르개, 인부마제석기, 지석	湧別 기법 등	이기길 2004b
전주 송천동	상부		28,460±210	유문암(98%), 기타(2%)	세석핵, 세석인, 인부마제석기, 새기개, 석핵	퇴화형 湧別기법	안효성 2005
진주 집현	구석기 문화층	갈색 점토층 *토양쐐기 상부	SNU20,480±800 (BETA18,730±89) SNU19,480±540 (BETA22,170±120) SNU13,160±280 (BETA19,490±90) BETA19,640±100 BETA20,150±100	석영, 이암, 혈암, 흑요석	석핵, 새기개, 밀개, 긁개, 톱니날, 찍개, 세석핵, 세석인, 스폴, 인부마제석기	湧別 기법 등	박영철 등 2004

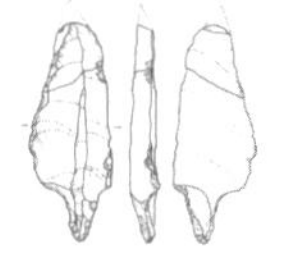

제3장
한국 구석기시대 흑요석 연구의 현황과 과제

1. 서론

환동해안지역은 유라시아 대륙 중 독특하게 흑요석 원산지가 다량으로 확인된다. 흑요석은 화산 지대의 암석으로 SiO_2함량이 많은 마그마의 분출과정에서 높은 점성과 급격한 냉각으로 생성된 유리질 암석이다(장윤득 등 2007). 특정 지역에서 생성된 흑요석은 그 화학조성이 균일하며 다른 지역에서 생성된 흑요석과는 다른 화학조성을 나타내는 것으로 널리 알려져 있다. 우리나라 구석기유적에서 발견되는 백두산 흑요석은 전체적으로 유리질이지만 정장석 반정이 결정질로 다수 발달하고 자철석 결정과 미결정체가 존재하는 특징이 있다(김원사 2007).

흑요석은 광물학적 특징과 생성연대·화학조성 등에 기초하여 원산지를 추정한다. 대개 고고유물의 경우 사람들이 제작하는 과정에서 원래 재료에 여러 변화가 생기게 마련이다. 흑요석은 석기제작을 한다고 해서 화학적 혹은 광물학적 변화가 생기지 않아 분석을 하면 정확도를 보장해주는 장점이 있다.

에티오피아 가뎁^{Gadeb}유적과 케냐 킬롬베^{Kilombe}유적에서 출토된 아슐리안 석기 전통의 주먹도끼는 원산지에서 100㎞나 떨어진 곳에서 흑요석을 운반해 와 만든 것으로 흑요석이 비교적 이른 시기부터 사용된 중요한 석재임을 알게 해 준다(클라이브 갬블 2013). 구석기유적의 경우 한 유적 안에서 원산지가 동일한 흑요석이 출토되기도 하지만, 여러 원산지의 흑요석이 뒤섞여서 출토되기도 한다. 이를 통해 우

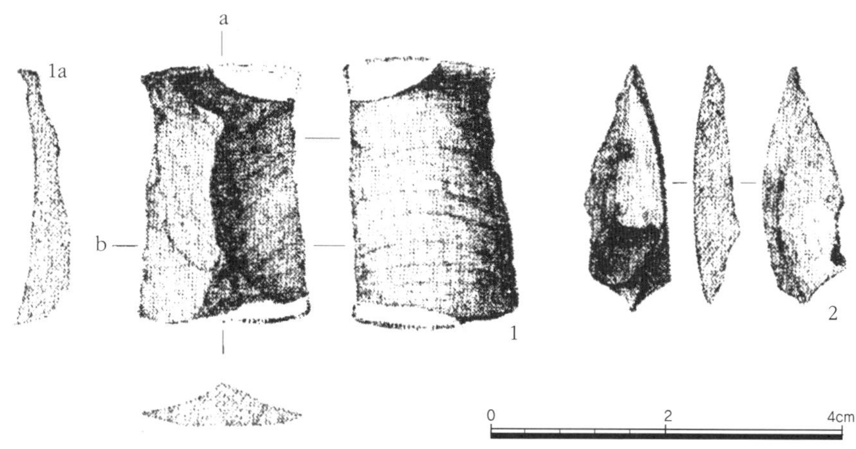

그림 1. 동관진유적의 흑요석제 석기

리가 생각했던 것보다 인류가 훨씬 더 활발하게 이동하고 집단 간에 다양한 접촉이 있었음을 추론해 볼 수 있다. 이런 측면에서 구석기시대는 물론, 선사시대 사람들의 행동영역, 집단관계, 사회양상을 파악할 수 있는 좋은 자료가 바로 흑요석이다. 이러한 특성을 지닌 흑요석을 이용해 선사시대의 네트워크 확립과 인류의 이동과정에 대해 일찍부터 연구가 이루어지고 있다(Renfrew 1969·1975).

또한 흑요석은 석기를 만들기 위해 채취되면서부터 폐기되기까지 다양한 정보를 담고 있고 각각의 라이프스토리를 가지고 있다. 특히 흑요석제 석기의 수급관계와 이용이 사회의 구조적인 변화와 연동시키기에 이르렀다(池谷信之 2009).

한반도에서는 1935년 7월 발굴 조사된 북한지역의 동관진유적이 가장 먼저 발견된 흑요석으로 알려져 왔다(그림 1). 그런데 이 유적(德永重康·森爲三 1939, 直良信夫 1940)의 석기 2점은 중국 동북지역, 러시아 연해주에서 신석기시대까지 이와 유사한 석기들이 사용되었기에 반드시 구석기로 단정하기는 어려움을 앞서 살펴보았다. 동관진유적에서 출토된 동물뼈 자료들이 플라이스토세 말기의 것이 아니라는 것이 아니라 석기 2점이 다른 시대일 가능성이 높다는 뜻이다(장용준 2010).

有光敎一(1962)은 흑요석이 나올 가능성이 있는 지대로 경상북도 영일군 장기면에서 경상남·북도의 경계부근에 이르는 해안지대의 진주암, 함경북도 명주·길주지대의 유리질 용암, 백두산지대의 흑요석을 언급하였다. 하지만, 백두산부근의 흑요

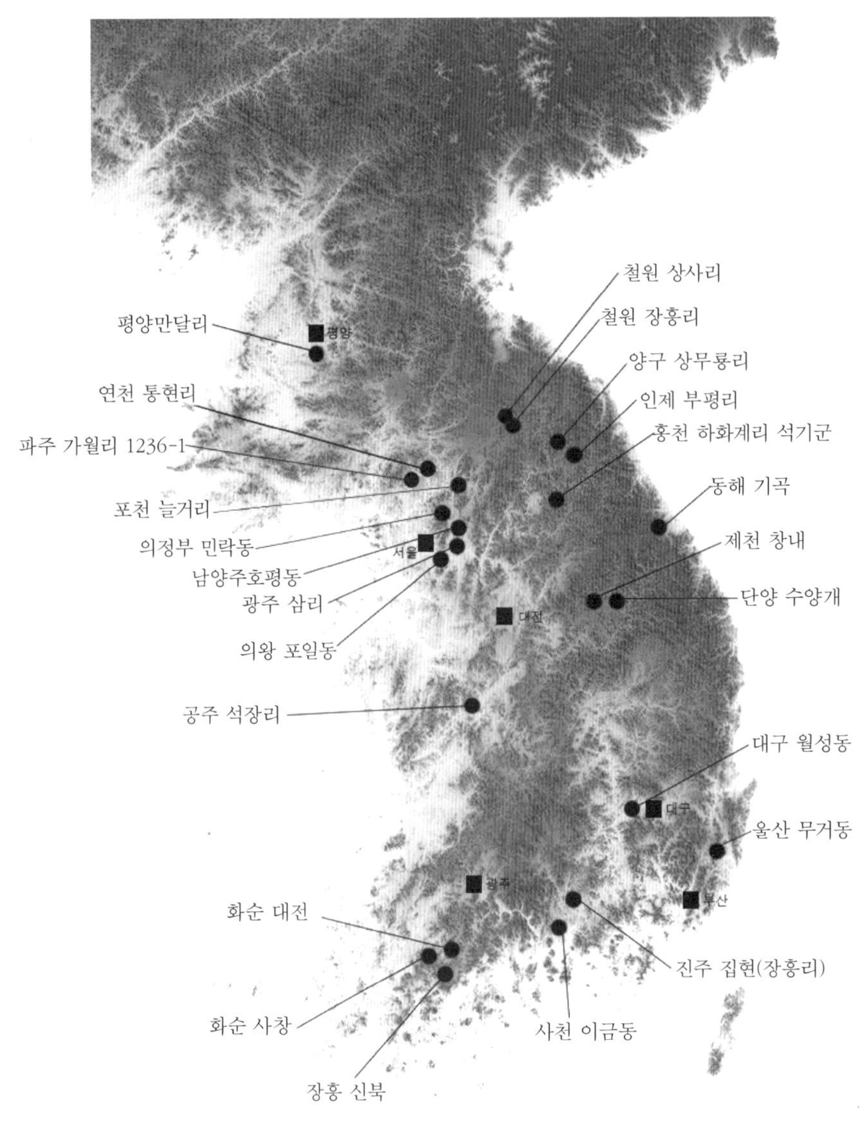

그림 2. 우리나라 후기구석기시대 흑요석출토 유적 분포
(*사천 이금동과 울산 무거동은 청동기시대 유물도 함께 출토되어 시기에 대한 검토가 필요하다.)

석을 제외하고는 석기로 사용가능한 흑요석은 한반도 내에서 아직 알려진바 없다.

2009년도에 한반도에서 흑요석이 출토되거나 채집된 유적은 176곳이었다. 구석기유적은 20곳이며, 여기서 출토된 석기는 약 3,690점이었다(大谷 薫 2009). 2013년 현재 우리나라 구석기유적은 동관진과 만달리(어해남 1999)를 제외하고 28곳에서 4,877점 정도가 확인된다(표 1 참조). 강원도지역은 기곡, 상무룡리, 하화계리 석기군, 장흥리, 화대리, 상사리가 있다. 경기도는 호평동, 민락동, 삼리, 늘거리, 통현리,

포일동이 있다. 경상도는 월성동, 집현, 이금동이 있으며, 충청도는 석장리, 수양개, 창내가 있다. 전라도에 사창, 신북 등에서 확인되었다(그림 2).

경기도 북부지역이나 강원도지역의 후기구석기유적에서 흑요석이 자주 발견되고 있다. 충청남도 이남지역에서 흑요석은 산발적 혹은 단편적으로 확인된다. 이런 지역에서 흑요석이 발견된 유적 수가 적은 이유는 후기 구석기시대 유적이 중기구석기유적 수에 비해 적게 발견되었고, 한반도 남부에는 좋은 원산지가 없고, 흑요석 원산지인 백두산으로부터 멀기 때문일 것이다.

이러한 흑요석 연구의 현황을 검토하면서 여러 과제를 제시하고 몇 가지 대안을 밝히고자 한다.

2. 흑요석제 석기의 특징과 현황

1) 흑요석 사용의 개시 시기

우리나라는 후기 구석기시대에 접어들어서도 석영계 석재를 이용한 석기를 지속적으로 제작하였다. 이 시기에는 고례리와 수양개처럼 규질제 석재로 만든 석인으로 제작하는 특화된 전문도구는 물론, 세석인과 같이 새로운 개념의 조합식 도구가 출현하였다. 석재는 최상부 토양쐐기 포함층에서 쐐기층 상부로 갈수록 규암의 사용빈도가 줄어드는 반면, 석재 종류는 다양해지는 경향이 있다. 구석기시대에 석기제작을 위한 석재는 유적으로 부터 멀지 않은 곳에서 입수해 사용했으나, 후기에는 기본적으로 이러한 기조를 유지하면서도 안산암, 이암, 혈암, 흑요석, 응회암 등 보다 원거리에서 채취된 석재를 본격적으로 사용한다. 특히 제작자가 어떠한 석기를 제작할 것인지에 따라 석재채용방식에도 변화가 일어났다.

그렇다면 흑요석은 후기구석기의 어느 시기에 처음 사용되었을까. 우리나라에 흑요석 원산지는 명확하지 않다. 또한 전기와 중기 구석기시대에 흑요석을 사용한 사례는 보고된 바 없다. 우리나라는 한반도 동북부지역, 즉 백두산 흑요석을 사용한 지역보다 더 빠른 시기에 흑요석을 사용하지 않은 것으로 추정된다. 백두산 흑요석이 사용되기 시작하면서, 그리 멀지 않은 시기에 한반도 남부지역으로 백두산 흑요석이 확산되었는지, 아니면 백두산 동북지역을 중심으로 흑요석 사용이 정착된 이후에 한반도로 유입되었는지는 아직은 정확히 알 수 없다.

우리나라에서 흑요석 사용의 개시연대를 알기 위해 먼저 백두산 주변의 흑요석이 출토된 유적을 살펴보자.

王春雪·陳全家(2006)는 흑요석을 집중적으로 사용하는 중국 동북지역 중 길림성의 류동, 석인구, 북산유적에 대해 '흑요암유적'으로 분류하였다. 장용준(2007)은 중국 동북지역 구석기 자료를 토대로 백두흑요석석기군을 설정했다. 이 석기군은 백두산 흑요석을 이용해 박편제 소형석기의 제작, 석인기법을 활용한 도구제작, 세석인기법의 조합식 석기 제작, 양면조정기법의 활용 등이 특징이다.

이러한 석기군은 백두산의 북동지역을 중심으로 한 흑요석 원산지가 개척되어 새로운 석기재료로 흑요석을 사용하였다. 백두산 흑요석이 멀리 길림 대포소(大布蘇)까지 확인되기도 한다. 특히 세석인석기군의 영향을 받아 15,000년 전부터 신석기시대 7,000년 전에 가장 많이 흑요석을 사용했다(장용준 2007). 중국 동북 3성에서 아직 20,000년 전 이전의 흑요석제 석기군은 발견되지 않고 있지만, 향후에 발견될 가능성은 있다.

그리고 북한지역의 구석기유적 중 흑요석의 사용시기를 알려줄 유적은 현재로서는 만달리가 유일하다. 세석인기법을 사용한 이곳의 중심연대는 20,000~15,000년 전으로 추정된다.

우리나라는 1960년대에 발굴조사된 석장리에서 흑요석이 처음 발견되었다. 최상부 토양쐐기 포함층에서 세석인기법이 출토된 호평동(A구역) 2문화층의 시료를 Intcal 13을 이용한 보정연대는 23,916~23,008 cal BC이다. 그리고 2문화층 중 흑요석이 집중적으로 출토된 철도부지 A구역 흑요석을 이용해 측정한 연대인 21,120±1,820yrs BP도 참조할 필요가 있다.

이기길(2007·2013)은 신북의 연대를 근거로 25,500±1,000BP~23,850±160BP에 백두산과 일본산 흑요석을 사용하였다고 했다. 23,850±160~21,760±190BP와 21,760±190~18,500±300BP에는 일본산 흑요석의 사용, 18,500±300BP이후에는 백두산 흑요석이 사용되었다고 보았다.

하지만, 신북의 흑요석 사용개시 시기로 본 25,500±1,000BP는 보정연대가 29,616~25,786 cal BC(IntCal 13)로 다른 유적에 비해 연대가 너무 빠른 편이다. 그리고 동일 문화층 내에 다양한 연대측정치가 반드시 흑요석제 석기의 연대를 그대로 반영한 것으로 보기 어렵다. 신북에는 슴베찌르개 석기군 등 여러 석기군이 공반하고 있어 석기군에 대한 전반적인 검토가 필요해 이러한 연대설정에는 추가적인 검토가 필요하다. 현 단계에서는 18,500±300BP의 보정연대인 21,124~19,707 cal BC(IntCal 13)에 해당하는 21,000BC 무렵이 신북의 흑요석 사용시기로 추정된다.

우리나라의 흑요석 활용 시기를 장용준(2006)은 25,000년 전 이후, 이헌종·이혜연(2005)도 24,000~21,000년 전으로 추정하였다. 세석인석기군의 거의 대부분이 최상부 토양쐐기 상부에서 출토된다. 흑요석제 석기군들의 보정연대를 검토한 결과, 흑요석 사용 개시연대는 24,000BC 이후로 판단된다(장용준 2006·2013). 이 연대는 보정연대 중 가장 늦은 시기에 해당하는 것으로 연대의 오차를 감안하더라도 아직까지 개시 연대는 25,000BC를 넘지 않는다.

우리나라의 세석인기법은 동북아시아지역에서 보편적으로 인정되는 세석인기법의 출현시기와 기본적으로 그 궤를 같이한다. 러시아 연해주에서도 우리나라 상황과 크게 다르지는 않다. 이 지역에서 흑요석 사용은 후기 구석기 말이 되어야 하고, 20,000BC 이전에 사용된 흑요석제 석기는 아직 발견된 바 없는 것 같다. 연해주지역은 구석기시대에는 백두산보다 현무암 대지(Basaltic plateau)의 흑요석을 많이 사용했지만, 신석기시대 이후가 되면 백두산 흑요석의 사용빈도가 높아지는 현상을 보인다(小畑弘己 2004). 러시아 극동내륙지역의 쐐기형세석핵을 공반한 유적 중 원추형석핵(11,500~11,000BP)은 흑요석으로 대부분 제작되었다(Tabarev 2003).[1]

현재까지 흑요석이 한반도 북부, 중국 동북 3성, 러시아 연해주 지역에서 30,000년 전에 사용되었다는 사례 보고는 아직 없다. 따라서 이러한 지역들에 분포하는 석기군 및 연대를 검토한 결과, 백두산 흑요석을 사용한 석기군은 세석인관련 집

---

1 러시아 연해주의 오시노프카유적에서 시라타키(白滝)산 흑요석으로 추정되었던 유물은 화학조성이 아카이시산(赤石山)와 호로카자와(幌賀沢)와 가까워 홋카이도(北海道)와 남연해주 흑요석과의 관련성이 지적되었다(Kuzmin & Popov et al. 2002). 그러나 Kuzmin et al.(2006)은 아무르강 유역의 흑요석원산지는 아무르강에 있음을 주장하여 홋카이도의 흑요석이 아닐 가능성이 높다(小畑弘己 2009). 따라서 기존에 알려진 것과 달리 홋카이도와 연해주의 흑요석 교류는 아직은 불확실하다.

단과 밀접한 관련이 있다. 우리나라 흑요석의 출현시기는 30,000~25,000BC이다. 한반도의 흑요석제 석기는 세석인이 출현한 이후에 등장했다. 후기 구석기시대부터 우리나라 구석기유적에서 흑요석이라는 검은 돌이 처음 발견된다.[2] 앞으로 토양쐐기 아래층에서도 흑요석은 발견될 것으로 예상되며, 그 사용시기도 올라갈 수 있다고 여겨진다.

2) 흑요석제 석기의 종류와 특징

(1) 석기 종류

후기 구석기시대 사람들은 흑요석과 같은 특정 석재를 고를 수 있는 능력을 지니고 있었다. 그들은 석재를 선택하는 데 있어 형태, 암질의 종류와 질, 색은 물론, 입수가능여부 등을 고려했을 것이다. 흑요석은 원석형태, 예비소재와 같이 완성되지 않은 형태, 완성된 석기형태로 유통되었을 것으로 추정된다. 수렵채집생활을 하는데 있어 흑요석제 석기는 자칫 이동에 걸림돌이 되는 '무게'라는 부담감을 석기의 소형화로 해결하는 대신 흑요석이 지닌 날카로움으로 기능성을 보완한 것이다.

최상부 토양쐐기의 상부층은 (밝은)갈색찰흙층에서 석기가 주로 출토되었다. 대체로 유적 연대는 23,000~10,000BC에 해당한다. 흑요석제 석기 종류로는 슴베찌르개, 밀개, 새기개, 세석인, 세석핵, 뚜르개, 긁개, 찌르개, 부스러기 등이다(표 1, 그림 3). 전체 흑요석제 석기들의 형태학적 통일성은 상당히 떨어진다(이혜연 2007).

흑요석제 석기들 중에는 세석인이 가장 많지만, 세석핵의 수량은 4,877점의 석기 중 겨우 38점에 지나지 않는다. 〈표 1〉을 보면, 지표채집을 제외한 28개 유적 중 세석핵이 출토된 곳은 절반도 안 되는 10곳에 불과하다. 세석핵은 하화계리Ⅰ지구 13점, 호평동 4점, 수양개 3점, 석장리 1점, 하화계리Ⅲ지점 1점, 민락동 1점, 늘거리 3점 등이다. 그 중 흑요석제 세석핵 38점 중 18점이 하화계리Ⅰ지구에서 출토되었다. 하화계리Ⅰ의 경우 소형 흑요석 원석도 사용되고 있어 세석핵의 비율이 높은 편이다. 호평동과 월성동을 제외한 한반도 남부지역에서 흑요석제 세석인과 세

---

2 참고로 흑요석 원산지가 풍부한 일본에서는 이데마루야마유적에서 38,000cal BP에 처음 흑요석이 사용된다(Ono & Yamada 2012). 일본열도에 현생인류가 출현하면서부터 사용되기 시작한 석재로 생각된다.

석핵의 출토량은 극히 적고, 그나마 월성동이 흑요석 출토량이 많다.

호평동출토 흑요석제 석기는 석핵(0.4%), 박편(60.5%), 석인(0.2%), 세석인(37%)이고 잔손질된 석기는 1.7%이다(이혜연 2007, 홍미영 2006). 호평동은 1지역 2문화층에서 흑요석 1,012점, 2지역 2문화층에서 17점으로 1,029점이 출토되었다. 호평동 철도 부지의 흑요석은 검은색과 회색이 있고, 줄무늬와 투명도에 따라서도 분류된다.

최근 포일동 Ⅰ지층에서는 흑요석제 세석핵은 없고 유문암으로 세석핵을 만들었다. 흑요석제 세석인은 2점 확인되었다(한국문화유산연구원·한국토지주택공사 2009, 이수미·심선미 2013). 통현리(서대원·윤병일 2013)에서는 흑요석제 석인, 세석인 등이 출토되었다. 인제 부평리 구석기유적은 발굴조사 결과 2개의 후기 구석기 문화층(약 15,000년 전)과 석기제작지가 확인됐다. 흑요석으로 만들어진 석인, 세석인, 박편 등 100여 점의 유물이 출토됐다. 이와 함께 이암, 반암, 응회암, 벽옥 등으로 제작된 석인석핵과 세석핵, 석인, 세석인, 슴베를 갖춘 유물 등도 다량 출토되었다. 포천 늘거리(이동성 등 2012, 홍성수 등 2013)는 흑요석으로 만든 석기(세석핵, 긁개, 밀개, 새기개, 석인석기 등)가 1,700여 점이나 출토되었다.

앞서 언급했듯이 흑요석제 세석인이 출토된 유적이 세석핵이 출토된 곳보다 유적수나 유물출토량이 훨씬 많다. 그 이유는 다른 곳에서 세석핵을 다듬은 뒤 완성품인 세석인만 유적 내로 반입한 경우, 유동遊動 생활 중 세석인만 유적에다가 저장 또는 유기했을 가능성, 세석인 박리 뒤에 세석핵을 유적 밖으로 반출했을 가능성을 추론해 볼 수 있다.

특히 월성동(李在景 2008)에서는 세석인 4,888점과 세석핵 99점이 출토되었다. 그 중 흑요석으로 만들어진 세석인 145점과 새기개 스폴이 132점이나 된다. 그런데 흑요석제 세석핵은 한 점도 출토되지 않았는데, 이 경우 세석핵이 외부로 반출되었을 가능성을 상정해 볼 수 있다.

흑요석제 세석핵 중 일부는 폐기되는 게 아니라 다른 도구로 활용되어 그 형태가 바뀌었을 수도 있다. 장흥리나 하화계리의 세석핵들처럼 3㎝ 전후한 크기까지 흑요석제 세석핵이 활용되는 것도 흑요석으로 만들어진 예비소재의 형체를 알 수 없게 한다. 또한 하화계리Ⅲ지구 작은솔밭과 호평동에서는 특수한 모양의 흑요석제 뚜르개가 출토되었다. 앞으로 이에 대한 검토도 필요하다.

표 1. 한국의 구석기시대 흑요석의 출토유적과 석기 종류(大谷 薫 2009를 수정 및 추가 보완)
만달리 9점(세석핵 6점, 긁개 1점, 박편 등 2점)

유적명	세석인	세석핵	슴베찌르개	새기개	긁개	밀개	석창	뚜르개	거치상석기	이차가공박편	석인	석핵	박편/부스러기	새기개스폴	세석인스폴	석촉	기타	합계
장흥리	34	4			17	3			1	7			112					178
화대리(1문)																1		1
상무룡리I A지구	23			7	12	26							200					268
상무룡리I (지표채집)					6								28					34
상무룡리II 1문화층					2													2
상무룡리II 지표채집												1	1					2
상무룡리II 1지구	399	13		12	11	5			4	18		3	261	2				728
하화계리I 100지구	29	5		1	7	5			2	15			34	1	5			104
하화계리I 100지구 지표채집					1	1												2
하화계리III	147	1		1	6	2			1	28			288			3		477
기곡B	1				3								16					20
민락동	2	1			2	1							?					6
호평동1지역(II문)	361	4		3	6	3		8			4	2	619				2	1,012
호평동2지역(II문)	1												16					17
호평동철도부지(II문)	3				2	2					1	1	36				1	46
호평동(지표채집)	71	1		1	4	1		1			4		115				2	200
삼리5지구(1문화층)	11		1	1	1			1					48	4				67
창내C지구					1					1			2					4
수양개I 1~4차	19	2	1	2	4	7			1	5	7	2	62					112
수양개I 5~7차		1																1
석장리(5층, 후기)	○	1		○									○					1
월성동	145			7	1		2			2	7		59	132			9	364
집현	1																	1
사창(3문화층)													1					1
신북	1				1	2							24					28
늘거리 1지점	123	5		7	17	12		1		18			430				2	615
늘거리 2지점	○	○		○	○	○							○					470
늘거리 3지점	○												○					79
통현리	5										6		8					19
포일 2지구	2				1	1							14					18
부평리	○										○		○					?
합계	1,378	38	2	43	105	70	2	11	9	94	29	9	2,374	139	5	4	16	4,877

(2) 흑요석과 조합식 석기

흑요석은 세석인을 만들기에 가장 적합한 소재이다. 이렇게 만들어진 흑요석제 세석인을 통한 석기제작은 한반도 내 조합식 석기의 출현과 깊은 연관성이 있다.

호평동에서 흑요석으로 세석핵, 세석인, 뚜르개, 새기개 등을 만들었고, 유문암, 혼펠스, 응회암도 세석핵 제작에 사용되어 규질제 석재가 중요한 석재가 되었다. 홍미영·나나 코노넨코(2005)는 호평동에서 사용흔 흔적이 있는 흑요석제 박편 62점을 선택해, 털이나 가죽, 고기 등의 연한 물체를 자르거나, 얇게 썰기, 무른 나무나 껍질 등을 벗기거나 긁기, 털이나 가죽 긁기 등에 사용되었음을 밝혀내었다. 세석인은 털, 가죽, 고기나 나뭇가지, 풀줄기 등을 자르거나 벗겨내기, 톱질, 긁기 등의 용도로 이용되었다. 접착제를 활용한 조합식 도구제작흔적이 있는 세석인도 확인하였다.

24,000BC 이후부터는 수렵구가 기존의 슴베찌르개와 더불어 조합식 찌르개를 함께 사용하기 시작하였고, 차츰 다른 형식의 찌르개와 더불어 조합식 찌르개는 슴베찌르개를 서서히 대체한 것으로 추정된다.

흑요석제 석기의 유물구성을 보면 자루에 착장할 수 있는 흑요석제 찌르개는 수양개, 삼리에 각각 한 점씩이다. 흑요석제 석인으로 만든 찌르개는 아직 출토된 적이 없다. 한국에서 찌르개는 대부분 흑요석이 아닌 이암, 혈암, 유문암, 응회암 등 다른 석재로 만들어진나.

흑요석으로 만들어진 창이 거의 없다는 사실은 반드시 석재가 부족했기 때문만은 아닐 수도 있다. 유리질로 구성된 흑요석은 다른 석재보다도 비교적 충격에 약하다. 돌로 만들어진 창은 한랭한 환경에서 사용하면 돌이 얼어 목표물에 부딪치거나 땅에 떨어진 경우 파손율이 높아진다(Ellis 1997). 후기구석기인들은 효율적, 효과적인 수렵을 위해 충격에도 강하고 반복적으로 사용할 수 있는 재질의 창이 필요했을 것이다. 특히 그들은 기후변화에 적응하기 위한 새로운 도구형식과 유지관리가 쉬운 도구가 좋았을 것이다.

또한 그들은 파손되기 쉬운 석창의 단점을 보완하고자 도구의 재질변화를 꾀했을 수 있다. 즉, 돌이 아닌 뼈로 만든 창을 이용한 것은 파손에도 대처하기 쉽고 보

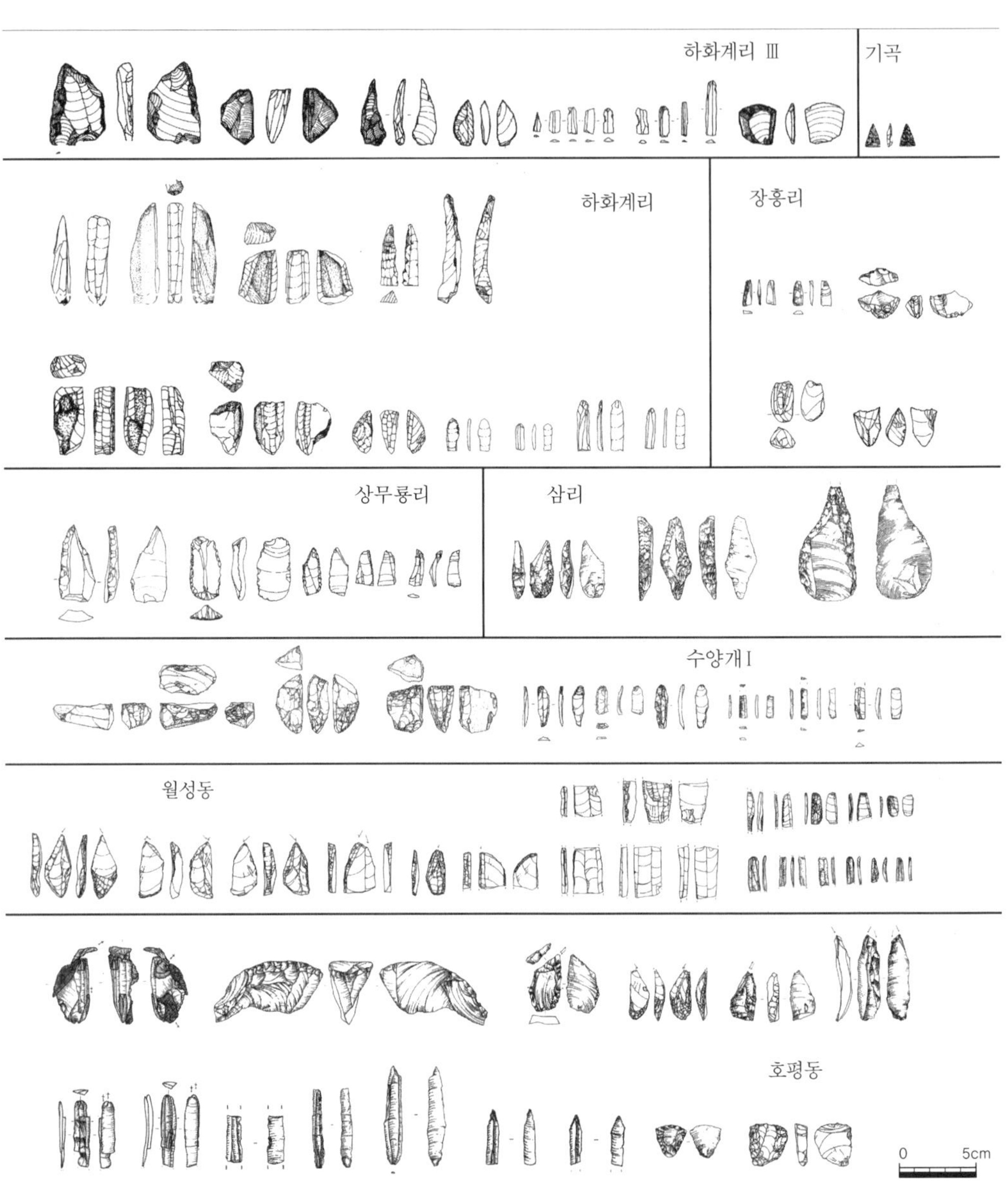

그림 3. 우리나라에서 출토된 흑요석제 석기

수가 용이하고, 좀 더 큰 창을 만들 수 있었기 때문이다. 이런 이유로 흑요석제 석기
군 중에는 조합식 석기의 몸신부에 세석인을 끼울 수 있는 홈을 만드는데도 사용되
었던 새기개가 자주 공반된다. 새기개는 흑요석이 아닌 다른 석재를 활용해서라도
세석인과 함께 제작되었다.

세석인과 흑요석은 MIS 2기간 중 LGM 이후 한반도 전역에 급격히 확산된다. 그

이유는 우선 도구로서의 날카로운 날을 가지고 있고 제작하기에 용이하며, 세석인을 이용한 도구로서의 높은 유지보수성을 지니고 있다. 그리고 수렵대상동물의 변화, 한랭기후에 따른 추위에 강하고 오래 사용할 수 있는 도구의 재질변화 필요성, 이동생활에 유리한 좀 더 가벼운 무게의 도구가 필요했기 때문일 것이다.

(3) 흑요석의 이용 방식

흑요석의 제작공간은 유적에 따라 다른 석재와 섞이지 않도록 별도 공간에서 집중적으로 출토되기도 한다. 김상태(2002)는 장흥리, 상무룡리Ⅱ, 하화계리 사둔지, 수양개, 호평동에서 일정 면적에 집중적으로 출토되고 있음을 지적했다. 민락동(최몽룡 등 1996)에서도 흑요석제 석기는 한 곳에 집중되어 출토되었다. 그리고 호평동에서는 흑요석제 석기가 9×6m범위에 비교적 밀집되어 출토되었다. 호평동 철도부지 2문화층 발굴자료를 보면, 흑요석은 A구역에서 집중적으로 출토되고 석영과 혼펠스는 C구역으로 중심으로 구분되게 출토되었다

한반도지역은 구석기시대 흑요석 이용에 있어 100점 이상 집합적으로 출토된 유적이 적다. 다만, 출토상황으로는 흑요석이 한 곳에 집중적으로 분포하면서 하나의 블록을 이루고 있는 사례가 많은데, 이는 다른 석재와는 다른 시기에 이용되었을 가능성을 고려하기도 한다. 이러한 방식은 작업공간의 분리를 통한 석재사용의 차별화 전략일 수도 있다(大谷 薰 2009).

하지만 유적 내에서 흑요석이 집중된 것처럼 보이는 이러한 분포양상이 석재 중 흑요석의 양이 적기 때문에 생겨난 우연한 결과물인지, 아니면 석기제작자들이 정말로 다른 석재와 구분해서 흑요석을 취급하는 방식을 고수했기 때문인지는 좀 더 면밀한 검토가 필요하다.

한편, 한반도 남부지역에 있어 흑요석은 소형 원석이나 중간 가공품의 형태로 유적 내로 반입되어 석기 제작에 이용되었을 것으로 추정된다. 왜냐하면 흑요석 부스러기가 많이 출토되고 있어 석기제작행위가 유적 내에서 진행되었음을 방증해주고 있기 때문이다. 소형의 부스러기가 많다는 사실은 흑요석을 최대한 사용한다는 점에서 석재효율성이 높았다고 볼 수 있다.

유적명	층위(문화층과 토양색상)		연대(BP)	주요 석재	유물조합상	참고문헌
기곡B지구	2지층 1문화층	밝은갈색 찰흙층	10,200±60	흑요석, 이암, 수정, 화산암계, 석영, 쳐트	긁개, 밀개, 홈날, 뚜르개, 새기개, 찌르개, 세석핵, 세석인, 석촉	이해용 외 2005
하화계리 사둔지	I층	짙은 갈색 고운모래염토 (7.5YR5/8 or 6/6)	×	석영(83.3%), 흑요석, 수정, 반암	주먹도끼, 찍개, 다각면원구, 긁개, 밀개, 세석핵(27점), 세석인(515점), 새기개, 홈날, 새기개스폴	최복규 외 1992
하화계리III 작은솔밭	1문화층	옅은갈색 찰흙층	13,390±60	석영(71%), 흑요석(21%), 수정, 판암, 반암, 이암, 사암, 벽옥, 화강암, 유문암, 규암	찍개, 찌르개, 세석핵(3점), 세석인(162점), 박편, 긁개	최복규 외 2004
상무룡리	III층	갈색진흙층	×	석영(99.1%), 반암, 사암, 흑요석	밀개, 긁개, 새기개, 세석인, 세석핵	강원도 외 1989
민락동	×	×	×	흑요석, 미상석재, 혼펠스, 석영, 수정	흑요석제 40여점(박편, 석인, 세석인), 세석핵, 찍개, 홈날석기 등	서울대박 1996
창내	II층	모래층 (10YR3/6~4/6)	×	석영, 혈암, 유문암, 흑요석, 규암, 반암, 쳐트, 수정	밀개, 긁개, 스폴, 찍개, 석핵, 박편, 창끝찌르개	박희현 1989
화대리	1문화층	밝은갈색 찰흙층	22,000±1,000(BC)	석영(97%), 반암, 사암, 흑요석(1점), 유문암, 화강암	긁개, 밀개, 박편, 새기개, 뚜르개, 톱니날, 화살촉, 찌르개, 찍개, 석핵, 석인, 대석, 주먹대패, 부스러기	최복규 외 2005
삼리 5지역	1문화층	암갈색 점토층 (10YR6/6)	×	석영(91%), 규암(5%), 흑요석(4%)	흑요석제 석기 67점(박편 48점, 세석인 15점, 잔손질된 석기 4점), 새기개, 슴베찌르개, 세석인, 박편	한창균 외 2003
신북	단일문화층 (쐐기없음)	밝은갈색 찰흙층	25,420±190 20,960±80 18,500±300 21,760±190 25,500±1,000 18,540±270	산성화산암, 수정, 흑요석, 옥수, 규암, 석영맥암, 반상변정편마암, 편마암, 편암, 사암, 니암	세석핵, 밀개, 새기개, 긁개, 슴베찌르개, 류엽형찌르개, 갈린석부 *화덕자리 6개	이기길 2013
장흥리	1문화층 (II층)	갈색찰흙층 (10YR 4/6)	24,200±600 24,400±600	흑요석, 반암, 혈암, 이암, 수정, 석영, 규암, 사암	밀개, 긁개, 톱니날, 세석인, 세석핵, 슴베찌르개, 석인	최복규 외 2001

집현	구석기문화층	갈색점토층	SNU20,480±800 (BETA18,730±89) SNU19,480±540 (BETA22,170±120) SNU13,160±280 (BETA19,490±90) BETA19,640±100 BETA20,150±100	석영, 이암, 혈암, 흑요석(1점)	석핵, 새기개, 밀개, 긁개, 톱니날, 찍개, 세석핵, 세석인, 스폴, 갈린석부	박영철 외 2004
월성동	I층	암갈색 찰흙층	3만 년 전(OSL) -보고자는 연대를 다르게 생각	혼펠스(81.17%), 셰일(14.80%), 흑요석(2.76%), 석영, 쳐트 규암	세석인(4,888점), 긁개, 찌르개, 새기개, 세석핵(99점), 석인 등	경북연 2008
호평동	3b지층 (2문화층)	암갈색 점토층	16,190±50, 16,900±500 16,900±720 17,400±400 17,500±200 21,100±200 22,200±600 (1지역)	석영(62.9%), 흑요석(17.6%), 응회암, 유문암, 혼펠스, 셰일, 쳐트 역암, 옥수, 벽옥, 수정	세석핵, 석핵, 박편, 석인, 세석인, 긁개, 홈날, 밀개, 새기개, 뚜르개, 대석	홍미영 외 2005
석장리	12문화층 (집자리)	굳은 찰흙 (7.5YR4/5)	20,830±1,880	석영, 맥석영, 황강편마암, 반암, 화강암, 규암, 유문암, 흑요석, 수정	세석핵, 긁개, 밀개, 새기개, 스폴, 석인, 세석인	손보기 1993
수양개	2문화층 (Ⅳ층)	가는모래 염토층	16,400 18,630(2문화층)	혈암, 흑요석, 반암, 쳐트, 석영	세석핵(195점), 세석핵블랭크, 밀개, 긁개, 세석인, 석인석핵, 석인, 슴베찌르개, 능조정석인, 갈린석부, 새기개	충북대박물관 1984·1985
포일2지구 (4구역)	I지층	표토교란층	×	흑요석, 유문암, 석영, 응회암, 규암 (석핵의 주된 석재는 석영)	흑요석제 석기(박편류), 세석핵, 세석인 등	한국문화유산연구원 2009 이수미·심선미 2013
늘거리	2지층	명갈색 점토층	×	석영이 가장 많으며, 응회암과 흑요석, 수정, 규암, 현무암 등 *응회암(35%)과 흑요석(10%)의 이용 비율	흑요석제 석기(세석핵, 긁개, 밀개, 새기개, 석인석기 등 1400여 점), 주먹도끼, 주먹대패 등	이동성 등 2012 기호연 2012
부평리		×	후기 구석기 문화층 (약 1만 5000년 전)	이암, 반암, 응회암, 벽옥 등으로 제작된 석인석핵과 세석핵, 석인, 세석인, 슴베를 갖춘 유물 등	흑요석제의 석인, 세석인·박편 등 100여 점의 유물	
통현리		×	×			흑요석제 석인, 세석인	서대원·윤병일 2013

후기구석기인들은 석재취급과 제작공정, 작업장 선택에서 흑요석을 특별한 석재로 인식했을 수 있다. 특히 제작공정에서 석재효율성을 제고하고, 〈표 1〉에서 보듯이 제한된 기종에만 흑요석을 이용하는 등의 행동방식을 엿볼 수 있다.

우리나라의 경우 백두산 원산지로부터 멀리 떨어져 있어 유적 내에서 출토되는 흑요석의 양과 무게는 거리에 비례해서 줄어든다. 후기구석기인들은 기술 발달을 위해 더 나은 자연자원을 요구했다. 그들은 이동생활로 인해 활동반경이 더 넓어졌음에도 불구하고, 환동해안지역에서 특정 흑요석 원산지로부터 500㎞를 넘는 흑요석의 이동은 우리나라를 제외하고는 그리 보편적이지는 않다(Chang 2013).

우리나라에서 흑요석을 사용한 집단들은 석인기법도 활용할 줄 알았으나, 실제 유적에서 흑요석제 중대형 석인은 아주 드물다. 흑요석제 석기군 중에는 월성동처럼 흑요석이 아닌 다른 석재로 만들어진 대형 석인이 출토된다. 흑요석으로 석인을 잘 만들지 않는 이유는 원석 크기가 석인을 만들만큼의 길이가 나오지 않았던 것이 주요한 요인일 것이다.

세석인에 비해 석인은 석재 소비량이 많고 제작공정에서 부산물들이 많이 생기는 단점이 있다. 호평동을 살펴보면, 흑요석제 석기가 세석인의 37%를 차지하고, 잔손질된 석기가 1.7%인 점을 감안할 때 흑요석이 세석인 제작에 집중적으로 활용되었다(홍미영·나나 코노넨코 2005). 늘거리의 경우에도 다량의 흑요석제 석기가 출토되었음에도 석기가 전반적으로 작으며, 특히 양면조정 블랭크가 거의 없고, 소형 석기들에 주로 이용되었다.

이와 같은 양상들을 고려하면, 흑요석은 아무에게나 이용될 수 있는 석재가 아닌 최소한 세석인을 능숙하게 박리해 낼 수 있는 집단 내 전문 제작자에게만 허락된 특별난 석재로 간주했던 것 같다. 이러한 제작방식은 흑요석이 풍부한 한반도 동북부지역이나 일본과는 다른 석재이용방식이다.

환동해안지역의 흑요석이용은 수렵채집민의 유동적 생활에 따른 확산과 석재자원의 개발과 관리라는 두 가지 내용이 결합된 산물로 볼 수 있다. 특히 한국에서 흑요석의 사용과 교류는 한 순간에 확산된 것이 아니라 후기 구석기중엽 이후를 기점으로 상당한 시간에 걸쳐 단편적이지만 지속적으로 이루어진 결과물이다. 여기에 현재까지 출토유적수(특히 북한지역)가 적고 절대연대를 알 수 있는 자료가 별로 없어 백두산 흑요석이 석기조성에 얼만큼 영향을 미쳤는지는 아직 파악하기란 쉽지 않다. 한반도 지역에서 세석인은 12,000BC을 전후해 쇠퇴의 길에 접어들지만, 신석기시대 초까지도 세석인 전통은 그대로 유지된다.[3]

(4) 석재의 다변화와 흑요석

한국의 후기 구석기유적 가운데 석기 제작에 있어 단일 석재를 사용한 유적은 아주 드물고, 더욱이 흑요석만 사용한 곳은 없다(표 2). 한 유적에서 적게는 4종류, 많게는 13종류까지의 다양한 석재를 이용해 석기를 제작하였다. 흑요석은 유적 내에서 석재 비중 중 절대 우위를 차지한 적이 없을 정도로 희귀한 석재였다. 이것을 제외한 대부분의 석재는 유적 주변의 강가에서 주로 채집하였다. 이러한 사실은 후기구석기인들이 좋은 석재가 필요하다는 관념은 가지고 있었으나, 특정 석재에 대한 낮은 선호도와 일부 석기에 특별한 석재를 사용한다는 석재채집전략의 차별성을 작용했기 때문이다.

무엇보다 흑요석과 더불어 이암, 반암, 유문암, 혈암 등의 규질제 석재도 사용되었지만, 석영이 상당히 높은 비중을 차지하고 있다는 특이점이 있다. 흑요석이 출토된 유적 중 하화계리 사둔지 1층은 석영 83.3%, 상무룡리 Ⅲ층은 석영 99.1%, 화대리 1문화층은 석영 97%이다. 이 석기군들에서 석영이 차지하는 비중이 90% 이상을 차지한다. 그 외에도 하화계리Ⅲ 작은솔밭 1문화층은 석영 71%이고, 호평동도 석영 석재가 세석인과 흑요석이 출토된 위 문화층에서는 62.9%, 흑요석이 나오지 않은 아래 문화층은 96.5%를 차지하였다. 늘거리도 석영을 가장 많이 사용했으며, 응회암과 흑요석, 수정, 규암, 현무암 등 다양한 돌감을 이용했다.

흑요석제 석기가 출토된 상당수 유적에서 석영이 주요한 석재로 취급받았다. 흑요석이 사용된다고 반드시 석영의 사용이 급감하지는 않았다. 유적 내 다양한 석재, 즉 석재 혼용은 맞춤형 석기제작을 위한 석재 수급전략이다. 또한 석영계 석재만을 고집하는 유적과 달리 다양한 석재를 사용하는 집단은 다른 집단과의 개방적 관계를 지향하고 광범위한 교류나 교역을 실시한 결과일 수 있다. 이는 후기구

---

3 시베리아 극동지역에서도 여전히 발달된 세석인기법이 신석기 전기까지 확인된다.

석기인들이 석재수급을 위한 다양한 루트를 확보하고 있었다고 볼 수도 있다. 추후에 후기 구석기시대 내에서도 시기에 따른 흑요석 원산지 사용의 변화양상도 검토할 필요가 있다.

3. 흑요석 원산지 분석의 현황과 과제

1) 분석 현황

(1) 흑요석 분석법

우리나라에서 흑요석 원산지 분석은 ICP-MS(유도결합플라즈마질량분석기), PIXE(양성자유발 X선 발생법), XRF(X선 형광분석), NAA(중성자방사화분석)을 주로 이용한다. 이중 흑요석 원산지 분석에 가장 많이 이용하는 것은 중성자방사화분석과 X선 형광분석이므로 이를 중심으로 살펴보고자 한다.

중성자방사화분석(NAA)은 '실험재료에 중성자를 조사하면 내부에 불안정한 원자핵을 갖는 원소가 생긴다. 이 원소는 방사능을 발산하고 안정된 원소로 바뀐다. 그때 발산되는 방사능을 측정하면 실험재료 속에 함유되어 있는 원소의 종류와 양을 알 수 있다(히라오 요시미츠 2001:94).' 이 분석은 시료의 양이 소량이고 미량원소에 대한 측정이 가능하다. 이 방법은 비파괴이면서 혼합 시료에 대한 동시 분석이 가능하지만, 실험이 어렵고 분석에 비용이 많이 들고 큰 챔버가 없는 기계는 시료를 파쇄해야만 하는 단점이 있다. 따라서 시료의 파쇄문제로 구석기연구자나 고고학자들이 선호하지 않는 방법이다.

반면, X선 형광분석(XRF)은 '흑요석의 X선 형광 스펙트럼에 있어서 원산지를 분류하는 데 도움이 되는 원소인 칼륨(K), 망간(Mn), 철(Fe), 루비듐(Rb), 스트론튬(Sr), 이트륨(Y), 지르코늄(Zr)을 이용한다.[4] 측정되어진 원소들의 결과를 보여주

---

4 새클리(Shackley 1998)가 흑요석에 대한 미량원소 분석하여 Ba, Sr, Zr, Rb 등의 원소를 이용해 원산지를 찾는 데 성공하였다.

는 그림을 비교해 원산지를 추정하는 방법을 판별도법이라 부른다(히라오 요시미츠 2001:98).' 이 분석법은 비파괴로 시료를 부수지 않아도 되는 게 가장 큰 장점이다. 또한 분석비용이 저렴하고, 장비를 연구자가 구입할 수 있어 원산지 추정에 가장 널리 이용되고 있다.

그리고 X선 형광분석은 시료에 X선을 비추었을 때 방출되는 X선의 파장이 원소마다 다른 성질을 이용한 것으로 포함되는 원소의 양은 X선의 강도로써 표시된다. 특히 이 분석법은 측정이 몇 분 안에 끝이 난다. 측정비용이 적게 든다는 장점과 함께 한 유적 혹은 한 문화층의 흑요석제 석기 전체를 대상으로 분석할 수 있는 강점이 있다(池谷信之 2009). 이런 이유로 고고유물에 대한 다양한 해석을 가능케 해주는 X선 형광분석이 우리나라뿐만 아니라 일본에서 널리 활용되고 있다.

그러나 X선 형광분석을 사용하면, 실험재료 처리 능력이 뛰어나 일정 수준의 흑요석 원산지는 동정이 가능하지만, 정확도에 대한 문제가 항상 지적되어 왔다. 일부 원산지의 흑요석은 흑요석 자체의 분석 위치에 따라서도 성분에 변이가 생기기도 해 확실한 식별을 위해서는 중성자방사화분석이 가장 적합하다. 원산지동정에는 두 방식을 함께 실시함으로써 비교적 크기가 작은 석기자료라 할지라도 아주 명료하게 파악할 수 있다.

이러한 분석에는 고고유물이라는 특수성을 감안하면서 원산지분석을 실시하여야만 한다. 특히 오랜 시간이 경과하면서 생기는 유물의 화학적 변화와 풍화도 분석결과에 영향을 미칠 수 있다(池谷信之 2009). 흑요석제 유물이 화학적 변화가 생기는 경우는 석기제작 중 가열처리가 이루어지는 때와 석기제작 이후에 화덕자리나 불에 달구어질 때이다. 이러한 흔적이 있는 시료나 그러한 유구에서 채취된 시료는 측정에 지장을 줄 수 있으므로 시료 선별에 유의해야만 한다. 유적 내 흑요석의 출토상황을 고려해 시료를 선별해야만 하는 이유가 바로 여기에 있다.

자연과학적인 분석방법은 고고학자가 직접 수행하기 어려워 자연과학자의 힘을 빌릴 수밖에 없는 실정이다. 아울러 우리는 분석된 결과의 자료처리 방식에 의해서도 산지해석이 달라질 수 있는 만큼 유의해서 처리해야만 한다.

(2) 흑요석분석의 연구현황

우리나라에서 출토된 구석기시대의 흑요석들은 1980년대 후반부터 흑요석 원산지 연구가 진행되기 시작하였고, 주요한 연구 성과는 다음과 같다(표 3).

손보기(1989)는 구석기와 신석기의 흑요석 시료 10점을 분석하였다. 구석기시대의 상무룡리, 수양개, 석장리, 신답리, 전곡리출토품과 신석기시대의 오산리, 교평리, 상노대도, 연대도출토품을 중성자방사화분석으로 처리하였다. 석장리, 상노대도, 연대도, 신답리로 구성된 그룹은 원산지를 알 수 없고, 오산리, 교평리, 상무룡리, 전곡리는 백두산그룹, 수양개 그룹은 원산지를 알 수 없는 세 개 그룹으로 나누었다.

강형태(1989)는 상무룡리출토 26점을 원자흡광분석법과 분석데이터의 해석법으로는 주성분분석법(PCA)을 사용하여 분석하였다. 그 결과 흑요석은 성분함량이 다른 3개군으로 분류되며 발굴지구와는 큰 상관이 없었다.

Lee *et al.*(1990)과 이철 등(1991)은 중성자방사화분석으로 구석기시대와 신석기시대의 흑요석제 유물 58점과 4곳의 흑요석 원산지를 검토하였다. 구석기시대는 상무룡리에서 출토된 긁개, 새기개, 뚜르개를 포함한 24점이 분석대상이었다. 상무룡리와 함경남도 경성군 유판유적의 흑요석이 동일한 그룹에 들어가는 것으로 판단하였다.[5]

이동영 등(1992)과 이동영(1998)은 X선 형광분석, 현미경관찰, 미량원소분석으로 하화계리 흑요석을 분석했으나 백두산 흑요석인지는 밝히지 못하였다.

이선복·이용일(1996)의 분석결과는 한반도 남부지역의 흑요석 원산지후보로 거론되었던 지역의 석재와 유적 내에서 출토된 시료가 전혀 일치하지 않았다.

---

5 두 논문은 서로 다른 논문이 아니라 시료와 분석결과가 같은 내용이다.

ICP-MS(유도결합플라즈마질량분석기), PIXE(양성자유발 X–선발생법), XRF(X선 형광분석), INAA 또는 NAA(중성자방사화분석)

유적	자료 수	백두 산	백두 산2	고시 타케	하리오 지마	우시노 다케	불명	계열	방법	비고	문헌
전곡리	1	1							INAA		손보기 1989
장흥리	3	1	2						INAA		Choi·Yu 2005
	3	1					2	산성암, 유문암, subalkaline	ICP-MS	1. 백두산 2. 상무룡리	조남철·최승엽 2009
상무룡리	10	10							INAA		강형태 1989
	21							Peraluminous	주요성분, 미량성분, 자기적 특성	백두산, 일본 규슈계 열과 다름	조남철 등 2004
	24	16					8		INAA	구석기, 신석기 흑요석 분석	Lee *et al.* 1990, 이철등 1991
	21	19					2		NAA(Sr동위 원소비)		조남철 등 2006
	21	15					6	유문암, Subalkaline	NAA	3개 그룹 2개 그룹: 원산지 불명	조남철 등 2005
	3	2					1		INAA		이동영 등 1992
하화계리 I	1						2		ICP-MS		이선복 등 1996
	6	1	5						INAA		Kim *et al.* 2007
하화계리 III	3		3						PIXE		Choi·Yu 2005 Kuzmin 2004
민락동	2						2		ICP-MS		이선복 등 1996
호평동	20	11	7				2		PIXE		Kim *et al.* 2007
삼리	10	10							PIXE		Kim *et al.* 2007
석장리	1						1		INAA		이선복 등 1996
수양개	8	6	2						INAA		Kim *et al.* 2007
신북	10		3	2	1	1	3		PIXE		Kim *et al.* 2007
월성동	5						5	규장질 유물암 으로서 Calk-alkaline	ICP-MS	백두산과 많은 차이. 육안으로 모두 동일	장윤득 등 2007
상사리	6	1					5		ICP-MS		조남철·최승엽 2012
합 계	179	94	22	2	1	1	39				

이융조 등(2004)은 수양개에서 출토된 100여점의 흑요석 석기 중 8점에 대해 주요성분, 중성자방사화분석, 미세조직을 관찰하여 각 흑요석들의 상관관계를 조사하였다. 이를 통해 수양개 흑요석은 성분분석의 차이가 있는 두 부류의 흑요석을 확인하였다. 즉, 이것들은 이러한 결과를 원산지가 같지 않음을 보여주는 것이다. 미세결정의 분석결과는 시료 간에 지질학적 배경이 다른 것으로 판단하였다. 수양개는 최대 3개 이상의 흑요석 원산지에서 채취된 흑요석이 석기제작에 사용되었을 가능성이 있다.

쿠즈민(2004)은 중성자방사화분석으로 흑요석원산지를 실험한 결과, 하화계리(Ⅲ)에서 출토된 흑요석은 백두산 분화구 반층(중국 쪽)의 가장자리에서 채취한 PNK-2 집단에 속하였다.

조남철·강형태·정광용(2006)은 중성자방사화분석을 이용한 미량성분과 열이온 화질량분석기를 이용한 Sr동위원소비를 검토했다. 한반도 구석기 중 상무룡리와 수양개 흑요석이 일본 규슈(九州)지역에서 산출된 흑요석이 사용된 신석기시대 남부지방의 그것과는 다른 부류라는 결과를 얻었다.

장윤득 등(2007)은 월성동의 흑요석을 Sr 동위원소, 암석, 광물, 주원소, 미량원소, K·Ar연대를 분석한 결과, 일본 규슈(九州)지역이나 백두산 기원의 흑요석과 차이가 있다고 주장하였다. 월성동의 흑요석을 근거로 한반도 내에 아직 밝혀지지 않는 흑요석 원산지가 있을 가능성과 한반도 밖의 다른 흑요석원산지일 가능성을 제시하였다. 이 유적에서 세석인에 사용된 석재는 혼펠스, 혈암, 흑요석이다. 흑요석은 회색, 진한 흑색, 연한 흑색(줄무늬)으로 볼 때 최소한 3종류 이상이 사용되었고 원산지가 다른 흑요석의 특징일 수도 있다.

조남철·최승엽(2009)은 장흥리에서 출토된 3점의 흑요석을 대상으로 화학성분이 다른 두 종류의 흑요석이 존재하며 하나는 백두산 부류, 다른 하나는 상무룡리와 같은 부류로 판단하였다.

조남철·최승엽(2012)은 철원 상사리에서는 두 종류의 흑요석이 있으며, 그 중 백두산 흑요석과 관련성이 있지만, 다른 구석기유적과는 상관관계가 없다고 판단하였다.

한국의 구석기시대유적 중 백두산 원산지의 흑요석으로 알려진 곳은 상무룡리,

호평동, 삼리, 신북, 하화계리Ⅲ, 장흥리, 수양개 등이다. 특히 Kim *et al.*(2007)은 25,000~15,000yr BP의 연대를 지닌 구석기유적에서 나온 9개 유적의 흑요석을 분석한 결과, 85%가 백두산 흑요석이라고 주장했다.

그러나 여기서 언급된 백두산 흑요석 85%는 한국에서 출토된 흑요석제 석기 전체 중 85%를 차지한다는 의미가 아니라, 분석된 소수의 흑요석제 석기에만 해당하는 것임에 유념해야한다. 아직 흑요석이 출토된 대부분의 구석기유적에서 흑요석 전체를 대상으로 분석한 사례나 결과는 보고된 바 없다.

따라서 구석기유적에서 분석된 85%의 흑요석제 석기가 백두산 원산지라고 얘기하는 것은 엄밀히 말해 틀린 말이다. 〈표 3〉에서 보듯이 원산지를 알기 위해 분석된 자료수는 불과 179점에 지나지 않으며, 그 중 116점만이 백두산으로 판명되었을 뿐이다. 5,000점에 이르는 흑요석제 석기 중 불과 100여점만 백두산 원산지이므로 2%정도만 원산지를 알고 있을 뿐이다.

지금까지 한반도지역에서 흑요석 원산지로 인정받은 곳은 백두산뿐이다. 그러나 위의 분석결과들은 한 유적 내에서 백두산 흑요석만 사용되지 않았음을 시사해준다. 그리고 상무룡리, 장흥리, 기곡, 수양개 등 일부 시료만을 분석한 결과를 토대로 원산지를 단정하거나 그 결과를 받아들이는 것은 문제가 있다. 유적에 따라 백두산 흑요석도 있지만, 출토유물 중 한 유적 혹은 동일 문화층에서 흑요석이 어느 정도의 비율을 차지하는지, 또한 원산지를 모르는 것은 어느 정도인지, 흑요석은 몇 종류가 사용되었는지 등에 대해 종합적인 검토와 보완이 제시되어야만 한다.

2) 백두산과 한반도 남부의 흑요석

백두산과 연해주지역에는 현무암대지(Basaltic plateau), 그라드카야(Gladkaya) 강 부근, 백두산이라는 세 곳의 큰 흑요석 원산지가 있다(Kuzmin 2008). Kuzmin *et al.*(2002), Kuzmin·Glascock *et al.*(2004)은 중성자방사화분석으로 백두산 흑요석을 PNK-1, PNK-2, PNK-3라는 세 곳으로 나누었다. 석기제작에는 PNK-1이 가장 많이 사용되었다. PNK-2는 한국의 구석기시대유적에서 그 예가 없고, PNK-3

은 석기제작에 적합지 않은 것으로 밝혀졌다(쿠즈민 2004, Popov *et al.* 2005). 그러
나 PNK-3은 한반도에서 확인된 바 없으나, PNK-2는 장흥리, 하화계리, 호평동에
서 확인되었다(표 3). 특히 흑요석의 색조가 검은 것은 PNK-1, 다소 투명한 것은
PNK-2, 불순물이 섞여있는 것은 산지를 모르는 것으로 파악하였다.

현재 백두산 흑요석의 정확한 원산지는 잘 파악이 되지 않고 있다. 백두산 흑요
석은 백두산 화구의 북측 산사면에 대규모로 산출되고 있다고 한다(김원사 2007).
일본 홋카이도의 흑요석 원산지의 이용양상을 보면, 산정상부에 있는 흑요석 노두
까지 가는 경우도 있지만, 하천에 흘러내린 흑요석을 이용하는 경우가 대부분이다.
따라서 백두산 흑요석 산지를 백두산으로만 한정하기 어려운 이유가 여기에 있다.

백두산 원산지의 위치를 알기 위해서는 중국 길림지역의 구석기자료를 참조할
필요가 있다. 특히 백두산 흑요석의 분포지를 추정할 수 있는 유적들이 중국 길림
남부지방에서 확인된다. 중국 연변 화룡 석인구(延邊 和龍 石人溝)에서는 대형 흑요
석 원석으로 만든 석기가 발견되고 있다(장용준 2007, 陳全家 等 2006a·2006b; 그림 5).

이러한 정황들을 볼 때 우리가 익히 알고 있는 백두산 흑요석 원산지는 중국의
발굴성과, 그리고 북한지역 신석기시대 대부분의 흑요석제 석기가 함경북도 회령
시, 은성군, 무산군, 나진, 김책에 집중적으로 분포하는 점을 감안하면 백두산 화
구의 북쪽과 동북지역을 석기제작에 이용 가능한 흑요석이 집중적으로 분포하는
핵심권역으로 설정할 수 있다. 특히 이 지역의 흑요석 일부는 강을 따라 멀리 이동
한 것으로 유추해 볼 수 있다(그림 4).

구석기시대는 신석기시대와 달리 흑요석제 석기가 백두산을 중심으로 폭넓게 분
포하는 것이 아니라 두만강을 중심으로 백두산의 동북부에 해당하는 북한 함경북
도와 양강도 동북지역, 중국 길림성 화룡시와 용정시로 어느 정도 사용범위가 한
정된다(그림 4). 이런 백두산 흑요석 중 일부가 여러 루트를 통해 한반도 남부로 유
입된 것으로 추정된다. 아직 연해주지역의 흑요석이 우리나라에 들어왔다는 보고
는 아직 없다.

현재 우리나라에서는 야구공 크기만한 정도의 흑요석 원석도 발견된 바 없다. 무
엇보다 하화계리에서 소형 원석들을 이용해 석기를 제작한 흔적을 찾을 수 있지만
(사진 1), 원석 그 자체로 흑요석이 유적에서 출토된 예는 거의 없다. 또한 우리나라

그림 4. 백두산 주변의 지형과 중국 연변 화룡 석인구A: 延邊 和龍 石人溝. 동그라미 부분이 백두산 흑요석 원산지의 중심권역으로 추정되는 곳이다.

는 10㎝크기 내외로 주로 만들어지는 슴베찌르개 정도의 석기를 양산해 낼 수 있는 흑요석 원석이 발견된 적도 없다.

늘거리에서 출토된 흑요석은 현재까지 약 1,700여 점으로 단일 유적에서는 가장 많이 출토되었다. 세석핵, 세석인, 밀개, 새기개 등 작고 정교한 석기들을 제작하는데 청색·녹색·붉은색·회색·갈색 등 다양한 색상의 흑요석이 발견되었다. 이러한 흑요석들은 모두 동일한 원산지가 아닐 가능성이 높다.

이선복·이용일(1996)은 몇 점 안되는 분석자료이지만, 홍천 하화계리, 의정부 민락동, 공주 하봉리의 흑요석이 동일 원산지일 가능성을 제기하였다. 아울러 신생대 화산암지역이 아닌 알려지지 않은 소규모 산출지역에서 흑요석을 채취했을 수도 있다고 보았다.

이융조 등(2004)은 수양개의 흑요석 석기 중 8점을 관찰하여 최대 3개 이상의 흑요석원산지가 있음을 확인하였다. 조남철 등(2004)과 조남철·강형태 등(2006)이

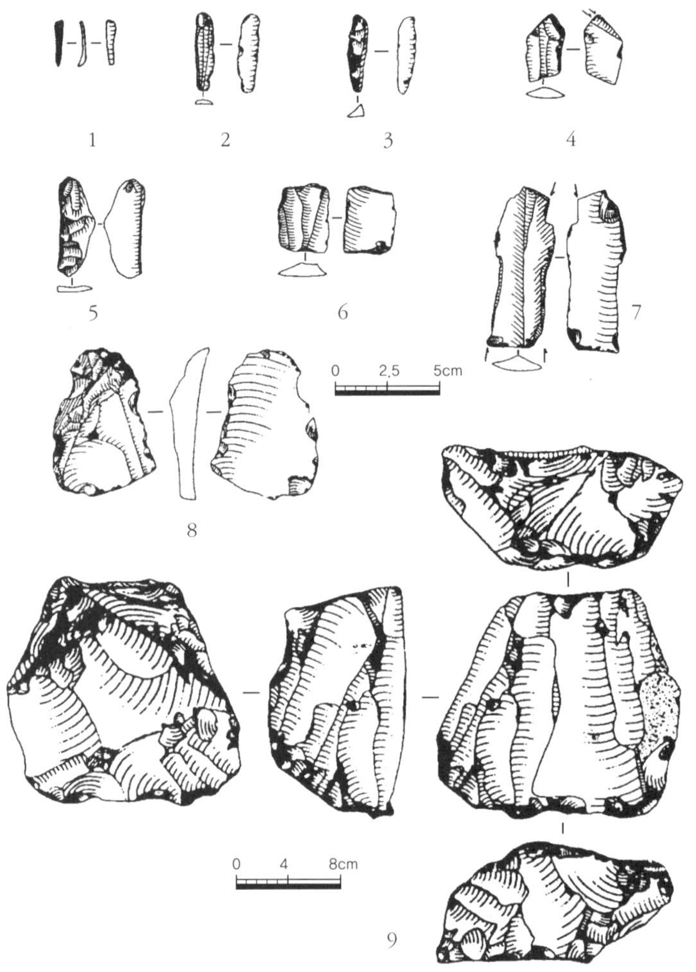

그림 5. 백두흑요석석기군II(중국 길림 석인구 흑요석원산지유적, 장용준 2007) 1 · 2.세석인 3.새기개 스폴 4 · 7.새기개 5.잔손질된 박편 6.석인박편 8.밀개 9.석인석핵

분석한 상무룡리와 수양개에서 출토된 흑요석 중에는 백두산 원산지가 아닌 다른 흑요석이 사용되었을 가능성이 있었다. 조남철 등(2005)은 상무룡리의 흑요석을 세 그룹으로 구분했다. 이는 각 그룹이 흑요석 원산지가 다름을 의미한다.

특히 상무룡리는 장흥리와 함께 갈색 및 붉은 색 바탕에 검은 색 반점이나 줄이 있는 흑요석이 출토되었다(장용준 2006, 사진 2). 이런 흑요석이 늘거리와 포천 어룡동 에서도 확인되었다. 이러한 흑요석은 옥수와는 전혀 다른 암질로 이것들은 흑요석 의 일종으로 일본 홋카이도에서 특수하게 발견되는 하나토카치(花十勝石)와 아주 유사하다.

최근 백두산 주변의 대동(大洞) 유적 등 일부 지역에서 발견되고 있다고 전해진다. 이러한 갈색흑요석이 홋카이도에서 직접 온 것이라기보다는 백두산에서 왔을 가능성이 높다. 특히 상무룡리에서 석인으로 만든 히로사토(廣鄕)형 세석핵도 출토되고 있어 흑요석이 세석핵의 형태로 반입되는 경우도 있었던 것으로 추정된다. 이러한 갈색흑요석이 백두산이 원산지라면 독특한 색조덕분에 굳이 흑요석 분석을 하지 않더라도 원산지를 파악할 수 있게 되므로 흑요석 연구의 좋은 표지자료가 될 수 있어 분석결과를 기대해 볼 만 하다.

사진 1. 하화계리 Ⅰ 출토 소형 원석을 이용한 세석핵(정확한 원산지 분석은 이루어지지 않음.)

한편 신북에서는 고시타케越岳원산지 흑요석 2점과 하리오(針尾)원산지 흑요석 1점이 확인되었다(Kim *et al.* 2007). 이 유적에서는 일본 규슈산 흑요석이 확인되어 구석기시대에도 일본산 흑요석이 유입되었음을 최초로 알려지게 되었다(이기길 2007). 우스티노프카, 오시포프카유적에서도 연해주의 흑요석이 아닌 백두산계 흑요석이 사용되었다. 현재까지 일본지역에서 백두산 흑요석이 발견된 사례는 없다.

장윤득 등(2007)의 분석에서 희토류 원소 중 Eu의 결핍현상이 확인된 양양, 홍천, 의정부, 공주의 흑요석이 확인되었다. Sr동위원소비와 Sm값이 모두 높은 것은 수양개, 상무룡리의 흑요석이다. 이러한 그룹들을 볼 때 중부지방에 흑요석 원산지가 있을 가능성이 검토되어야만 한다. 小畑弘己(2004·2009)는 하화계리의 소형 흑요석(사진 1)의 비실용성과 화학분석결과대로 백두산흑요석이 아닐 가능성, 신북의 백두산흑요석이 석기에 사용되지 않는 PNK-2인 점을 근거로 한반도 중부지역의 알려지지 않은 원산지가 있을 가능성을 제기하였다. 특히 철원지역을 흑요석 원산지가 있을 가능성을 높다고 보았다.

사진 2. 철원 장흥리출토 갈색흑요석

　이런 사례를 포함해 앞서 살펴본 바와 같이 이제 우리나라도 구석기유적 내 복수원산지에서 가져온 흑요석들이 혼용되어지고 있다. 한국의 구석기유적에서 출토된 흑요석의 분석결과는 백두산계 흑요석도 있는 반면, 여러 종류의 백두산 흑요석을 포함한 한 유적에서 여러 종류의 흑요석이 사용되었다. 다만, 이러한 흑요석 원산지에 대한 다수의 분석결과를 보면 원산지를 알 수 없다는 가장 큰 어려움에 직면해 있다.

　지금까지 구석기시대는 백두산 흑요석, 신석기시대는 백두산산과 일본 규슈산을 이용한다는 이원론적 접근은 한계에 이르렀고, 원산지 분석에 대한 접근 방식의 수정이 불가피하다. 한반도지역의 흑요석은 기존의 백두산 흑요석은 물론, 연해주지역, 강원도와 경기도, 경상북도지역, 일본 규슈 원산지의 유입 등을 다양한 각도에서 원산지를 검토하여 찾아내어야만 한다.

　위의 결과들을 참조하면, 한반도 중부지역(경기도, 강원도, 충청북도)에 소규모 흑요석 원산지가 존재할 가능성이 아주 높다. 여기서 반출된 흑요석이 한반도 남부지역에 적은 양이지만 확산되어 사용되었을 가능성을 배제시켜서는 안 된다.

　특히 한반도 남부 내 흑요석 원산지를 찾는 것이 급선무이다. 일본 내에서도 흑요석 원산지가 모두 밝혀진 것은 아니다. 그만큼 원산지를 찾는 일은 어려운 일이다. 백두산 흑요석이 아닌 백두산 어디 원산지의 흑요석인지도 정확하게 밝힐 필요가 있고, 새로운 원산지를 구체적으로 제시할 필요가 있다. 향후 원산지에서 어느 정도 크기의 흑요석원석들을 채취하였고, 원산지에서 원석 혹은 석기가 어떠한 형태로 반출되었는지도 살펴볼 문제이다.

4. 한반도 내 흑요석 유입과 교환

1) 백두산 흑요석의 유입 가설

구석기시대 사람들은 흑요석을 직접 채취했을 수도 있지만, 물물교환 등으로 흑요석을 획득했을 가능성도 있다. 다만 현 시점에서 획득방식을 구체적으로 입증하기에는 관련자료가 부족한 게 사실이다. 특히 한반도 내 원산지가 명확하지 않은 우리나라에 있어 흑요석 교환에 대한 접근은 원산지를 가까이에 두고 있는 중국 동북지방이나 일본과는 조금은 다른 시각으로 접근할 필요가 있다.

우리나라는 원산지가 있는 백두산 원산지에서 아주 멀리 떨어져 있어 흑요석자원의 획득과 이용방식이 다를 수밖에 없다. 그럼에도 불구하고 본고에서는 다소 이론적이나마 입수와 교환모델을 제시해 보고자 한다.

환동해안지역 구석기인들의 흑요석 입수는 직접입수하는 방식인 직접채취형모델과 간접입수하는 방식인 교환형모델과 중개형모델을 고려할 수 있다. 전자는 구석기인들이 백두산주변에 산포하는 여러 원산지를 직접 찾아가는 방식이다. 후자는 수렵채집민들인 구석기인들이 흑요석에 대한 구체적인 정보를 모두가 알고 있었다고 보기 어려워 원산지를 직접 찾아가는 게 아닌 교환과 같은 다양한 수단으로 다른 사람의 손을 거쳐 입수하는 방식이다. 여기서는 백두산 흑요석을 중심으로 한 입수 방식을 살펴보고자 한다.

(1) 직접채취형 모델

한반도 남부지역에 사용된 백두산 흑요석을 직접 채취하는 경우는 흑요석 채취단을 파견(왕복이동)하는 경우와 백두산에서 채취 후 한반도 남부로 이동하는 것(편도이동)이 있다. 전자는 한반도 남부에 머물던 집단이 직접 흑요석을 채취하러 원산지인 백두산까지 직접 찾아가 흑요석을 구하는 것이다.

예를 들면, 외국의 경우 흑요석 원거리 이동사례가 많이 확인된다.

독일 남부의 후기 구석기시대 동굴유적에서 600㎞나 떨어진 지역에서 동물껍데기를 구하거나, 중동 지역에서는 흑요석을 400㎞나 떨어진 터키 넴루트 대그라는 곳에서 채취하여 사용하기도 하였다(그레이엄 클라크 1999). 또한 13~10만 년 전의 탄자니아 북부 뭄바^{Mumba} 바위그늘 유적의 흑요석제 석기 7점은 320*㎞*나 이동한 것이었다(클라이브 갬블 2013).

신석기시대 태평양의 뉴브리튼의 흑요석은 약 3,000년 전에 동쪽으로는 피지, 서쪽으로는 사바까지 6,500㎞에 걸쳐 교역되어 가장 넓은 분포기록을 세웠다(콜린 렌프류·폴 반 2011).

일본 홋카이도의 유노사토^{湯の里}유적에서는 토카치^{十勝}산, 시라타키^{白滝}산, 아카이가와^{赤井川}산이 한꺼번에 확인되었다. 나가노현^{長野県} 노지리^{野尻}호수주변 유적군의 구석기를 이용해 분석한 결과 7개 유적의 16점이 원격지 흑요석이었다. 이케가미네^{霧ヶ峰} 흑요석 중 유적과 가까운 신슈^{信州}산도 있지만, 아오모리현^{青森県} 후카우라^{深浦}산처럼 드물게 최대 490㎞나 떨어진 곳도 있었다(望月明彦 2002).

Kuzmin·Popov *et al.*(2002)은 사할린지역의 후기 구석기~초기철기시대 35개 유적 79점의 흑요석제 석기를 분석한 결과, 홋카이도지역의 흑요석이 후기 구석기시대에는 사할린 남부(거리 300~750㎞)에 이르렀던 것으로 파악했다. 하지만 대륙쪽의 하바롭스크^{Khabarovsk}의 일부 유적에서 홋카이도 흑요석이 출토되었다고 알려져 있으나 명확한 것은 사할린과 홋카이도뿐이다. 후기 구석기시대 말에 남연해주에서 백두산계 흑요석이 400㎞ 정도 이동한 것이 확인된다.

위와 같은 다양한 사례를 통해 생각해보면, 철원 장흥리에서 백두산까지는 지도상의 직선거리는 450㎞이고 왕복 900㎞정도이다. 실제 구석기시대의 사람이 걸어간다면 교통로 등이 제대로 되어 있지 않아 1,000㎞ 정도를 걸어서 다시 유적으로 되돌아온다는 것은 당시의 이동교통로 등을 감안할 때 몇 개월, 아니 그 이상을 걸어야하는 무척 고단하고 위험한 여정이었을 것이다. 일본 조몽^{縄文}시대의 유적 영역을 반경 10㎞ 정도로 추정하고 있어 이러한 거리가 얼마만큼 먼 거리인지를 가늠해 볼 수 있다. 이러한 방식의 흑요석 획득이 불가능하지는 않지만, 효율성

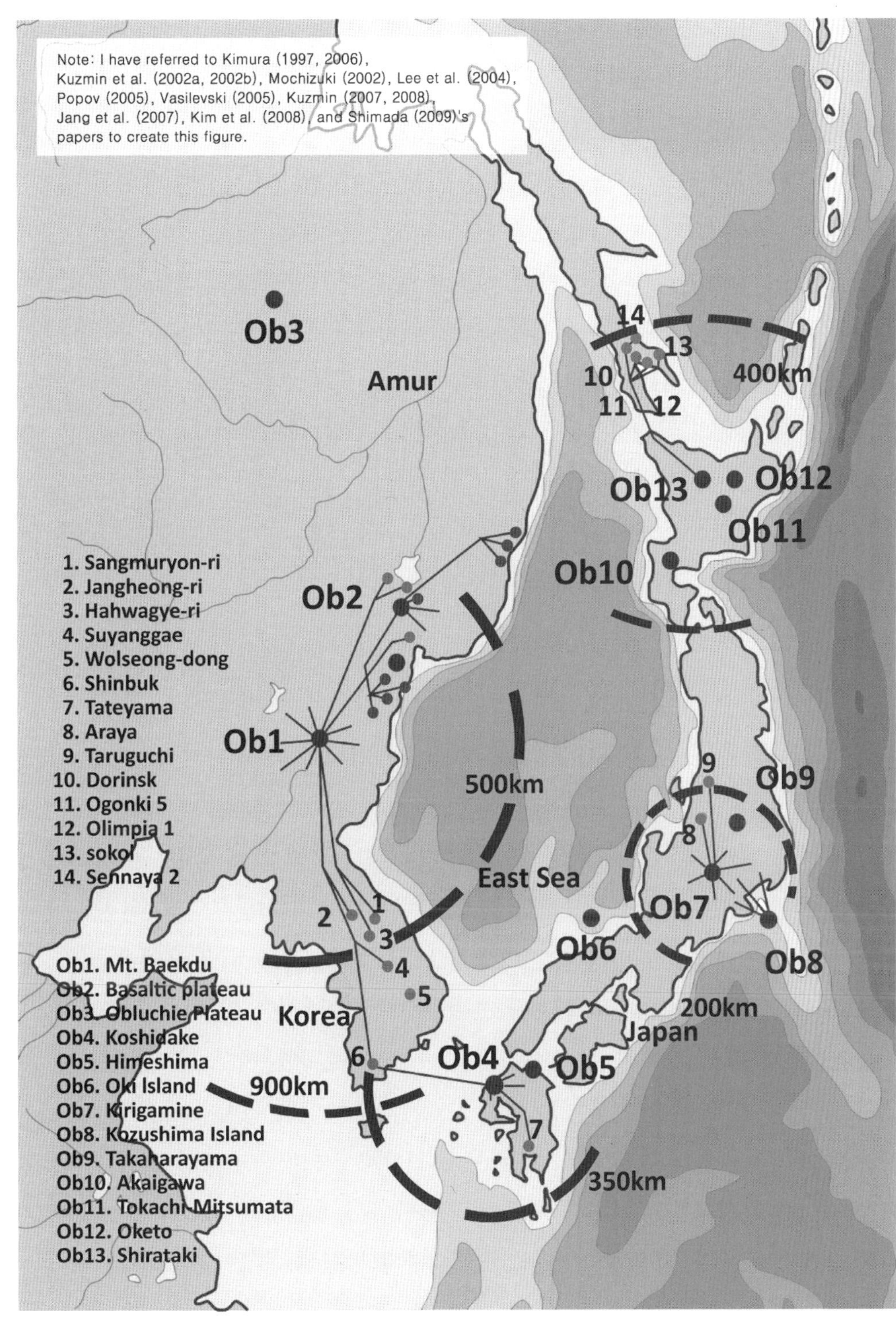

그림 6. 환동해안지역의 흑요석네트워크(Chang 2013)

이 매우 떨어지는 것은 사실이다.

다시 말해, 원거리에 위치한 어느 한 집단이 흑요석 원산지를 순례, 순회하는 방식은 가능성이 낮다고 본다. 따라서 후기구석기인들이 직접 채취한 뒤 편도이동방식, 즉 북에서부터 남으로 이동하는 과정에 남부지역으로 흑요석이 유입된 것으로 생각된다.

다만, 후기 구석기시대 사람들에게 거리의 멀고 가까움은 그리 중요하지 않았다. 필요하다면 생존을 위해서는 원거리이동도 마다하지 않았을 것이다. 이러한 사실은 러시아의 코스촌키I유적의 양면가공석기의 표면에는 운송 때 생긴 석기의 손상흔을 통해 인류의 장거리이동을 추정한 실험연구결과를 통해서도 알 수 있다(木村英明 2005).

한편, 백두산 원산지 내 직접채취는 두 가지 모델(A)이 있다. 이것들은 흑요석 채취의 목적이 사용에 있고 교환을 목적으로 하지 않는다.

① 단일원산지 직접채취형(그림 7. A-1)

이용자가 원산지를 찾아가서 석재를 구하는 직접 접근에 해당한다. 원산지 혹은 원산지에서 멀지않은 하천으로 흘러내린 것들도 모두 원산지로 가정한다. 흑요석에 대한 정보를 알고 있는 사람이 직접 흑요석 원산지에서 채취하고 소비하는 방식이다. 백두산 흑요석 원산지 주변에 산포하는 중국 길림남부지역, 한반도 동북지역의 유적이 대체로 해당한다. 그리고 백두산 주변을 이동하던 개인이나 집단이 흑요석을 구한 후 한반도 남부지역으로 이동하는 경우도 있다.

클라이브 갬블(2013)에 따르면 석기의 운반거리가 증가하면 도구류의 형식이 변화하고, 먼 곳에서 운반된 석기는 거의 모두 성형 석기로 분류할 수 있는 잔손질된 박편이거나 석인의 형태였다. 이런 사례나 상무룡리에서 출토된 석인제 히로사토형 세석핵의 형태를 감안하면 사람이 이동하면서 흑요석제 석기와 원석의 크기, 수량 그리고 중량은 점점 줄어든 것으로 생각된다. 특히 흑요석을 채취할 때 이동의 편이성을 높이기 위하여 불필요한 부분을 제거시켜 무게를 줄인 뒤 중간가공품을 가지고 이동했을 수도 있다.

우리나라 구석기유적 중 이 모델에 해당하는 곳이 있는지의 여부는 백두산과의 거리가 멀어 명확한 증거를 찾기가 쉽지 않다. 만약 하나의 원산지에서 채취한 흑요석이라면 다수의 유적이라 할지라도 흑요석은 모두 동일한 원산지일 것이다. 그러나 이용자가 두 곳 이상의 원산지를 방문한 경우라면 다른 종류의 흑요석이 발견될 것이다.

② 복수원산지 직접채취형(그림 7. A-2)

여러 집단이 둘 이상의 서로 다른 흑요석원산지를 방문하여 다양한 흑요석을 획득한다. 이것은 동일한 장소에서 여러 원산지의 흑요석을 입수하거나 한 지역에서 얻은 흑요석을 지니고 다른 원산지로 이동하는 경우도 있다. 다른 집단과의 교환을 목적으로 흑요석을 채취하지 않는다는 점이 특징이다. 원산지가 여러 군데인만큼 다양한 원산지의 흑요석이 유적 내에서 출토될 가능성이 높다. 백두산 흑요석도 세 종류가 있어 유적 내 PNK1~3이 나온다면 여기에 해당될 수도 있다. 다만, 한 집단이 여러 종류의 흑요석을 사용한 것인지 아니면 각기 다른 집단들이 원산지가 다른 흑요석을 사용했기 때문인지는 현재로서는 파악하기 쉽지 않다.

(2) 간접입수형모델

① 교환형 모델

폴라리(Polanyi 1975)는 교역을 '그 장소에서 얻을 수 없는 물건(물질)을 상대적으로 평화적인 수단을 이용해 획득하는 방법'으로 정의하였다. 특히 그 대상은 어디까지나 집단의 외부에 기초한 것으로 어떠한 경우에도 먼 곳으로 부터 물건을 획득과 운반을 수반한다. 아울러 교역을 세 가지 모드로 나누었는데 상호관계(호혜주의), 물물교환, 재분배로 분류하였다. 얼(Earle 1982)은 교환^{exchange}을 사람에서 사람으로, 또는 사회집단에서 사회집단으로 전해지는 물건의 공간적 분포로 정의하였다. 마르셀 모스(2002)는 고대 사회의 교환은 고립된 개인들 사이가 아니라 무리를 대표하는 집단 사이에서 발생할 확률이 높다고 보았다. 또한 이것은 재화와 용역의 교환만

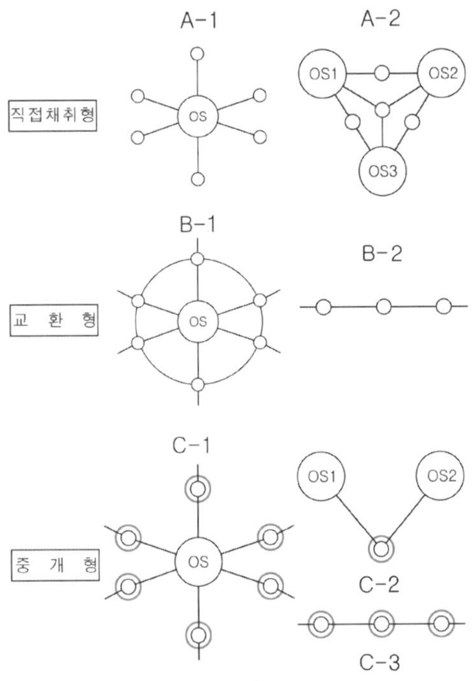

그림 7. 흑요석 원산지 입수 및 교환 모델(OS 원산지, ◯ 소비지(유적) 또는 소비자

이 아니라 호의, 오락, 의례, 군사적 도움, 여성, 어린이, 춤, 잔치의 교환으로 정의하였다.

렌프류(Renfrew 1969)는 교역^{Trade}을 평화적인 매개인을 통해 물건이나 상품의 호혜적인 교환, 교역 또는 이동으로 정의하였다. 이러한 물건을 통한 교류는 상징, 가치, 종교적 관념 등과 같은 비물질적인 내용도 상호간에 영향을 받는 경우가 많다.

사람들이나 유적들 간에, 혹은 중개지에서 일어나는 물물교환은 원산지를 방문했던 사람들 간의 교환, 원산지를 방문하지 않고 백두산과 한반도 남부의 어느 지점사이에 존재하는 흑요석 중개지로부터 흑요석을 구하는 경우가 있을 수 있다. 현재 이러한 중개지가 북한지역에 존재했을 수 있지만, 자료부족으로 확인할 방법은 없다. 교환을 하기 위해서는 다른 집단과의 만나는 장소 혹은 지정된 장소가 서로 약속되어 있어야 하기에 사회조직의 발달도 추측해 볼 수 있다.

그러나 한반도 남부에 살았던 후기 구석기시대 사람들은 원산지를 직접 방문하기 보다는 지리적으로 가까운 중개지나 교역자를 통해 획득하는 것이 효과적이었을 수 있다. 다만 이러한 경우 흑요석을 분석하더라도 원산지와 중개지의 원석은 모두 백두산으로 판명되어, 분석을 통해 획득방법을 입증하는 것은 불가능하다. 먼저 흑요석 교환방식을 구체적으로 살펴보자.

가. 원산지중심 교환형(그림 7. B-1)

흑요석을 채취하고자 하는 이용자들이 하나의 원산지를 중심으로 원석이나 예비소재, 석기를 이동 또는 확산, 교환하는 방식이다. 서로 다른 개인이나 집단이 각자가 보유한 흑요석을 교환함으로써 사용범위를 형성 및 확대해 나간다. 하나의 원산지가 중심이 되고 그것을 중심에 두고 주변으로 확산된다. 이 방식은 단일 원산지를 대상으로 작업이 이루어지므로 유적이 다르다고 할지라도 다른 원산지의 흑요석은 발견되지 않는다. 흑요석의 채취지점에 따라 흑요석 원석의 크기와 양이 유적에 따라 차이가 있을 수 있다. 그러나 원산지에 가깝다보니 채취된 흑요석의 양이 많고, 크기도 크다. 점차 교환이 진행된다면 흑요석의 수량과 크기는 줄어든다.

나. 단순 교환형(그림 7. B-2)

원산지와 떨어진 흑요석을 보유한 주변집단들 사이의 물물교환이 여기에 해당된다. 우리나라 구석기유적 중 일부는 흑요석을 지니고 있는 다른 집단과의 교환으로 흑요석을 공급받았을 수도 있다. 이 모델대로라면 모든 유적의 사람들이 흑요석을 구하러 백두산까지 찾아갈 필요가 없다. 일부 수렵채집민들에 의해 구해진 원산지의 흑요석이 주변의 여러 사람들에게 공급되어 흑요석의 사용이 확산되어 갔을 것이다. 물물교환으로 2차, 3차 이상의 교환 또는 재분배도 여기에 포함된다. 사실상 이러한 물물교환의 구체적인 경로를 밝히는 것은 현시점에서는 아주 어렵다. 흑요석 중 사람이 직접 이동하면서 남긴 대상물도 분석을 하면 사람들 간의 교환을 통한 대상물로 해석될 수도 있다. 유적의 출토상황과 석기 등에 대한 정밀한 검토가 필요한 이유이다.

② 중개형 모델

가. 원산지중심 중개형(그림 7. C-1)

　특정 집단들이 흑요석을 채취해 중심지 역할을 하면서 흑요석을 필요로 하는 집단에게 제공한다. 이 모델은 여러 이유로 인해 흑요석을 직접 획득하지 못하는 이용자가 원산지주변에 형성된 중개지를 통해 얻는 방식이다. 하지만 다른 지역의 원석은 중개되지 않는다. 중개자는 원산지를 방문할 수도 있지만, 이용자는 원산지를 방문하지 않는다.

나. 원산지결합 중개형(그림 7. C-2)

　두 곳 이상의 원산지에서 채취된 흑요석이 하나의 중개지에 모인 뒤 중개되는 모델이다. 여러 원산지에서 얻은 흑요석들이 중개지에서 다른 이용자에게 제공된다. 복수의 원산지에서 나온 흑요석이 다른 유적으로 확산될 가능성이 높다.

다. 단순 중개형(그림 7. C-3)

　원산지와 상관없이 중개지와 중개지가 흑요석을 교환하는 것으로 출처를 알 수 없는 흑요석들은 물론, 여러 지역의 흑요석이 교환된다. 우리나라 구석기유적 중 백두산 흑요석의 유입은 직접적인 채취보다는 여러 단계를 거치면서 한반도 남부에 까지 유입되었을 가능성이 있다. 백두산에서 원거리에 있는 장흥리, 하화계리 석기군, 호평동, 신북은 단순 교환형 및 단순 중개형일 수도 있다.

　위와같이 흑요석 원산지 입수 및 교환 방식을 크게는 세 가지 모델, 세분해서 7가지로 분류하여 살펴보았다. 동북아시아에서 백두산 흑요석을 제외한 흑요석의 이동거리는 보편적으로 300km를 넘지 않는 것이 대부분이다(Chang 2013, 그림 6). 원산지로부터 300km를 벗어난 지역에서 확인되는 석기들은 주로 박편 혹은 소형 원석, 완성된 석기, 예비소재의 형태이다. 흑요석제 석기나 원석 수량들의 무게는 급격하게 줄어든다.[6] 후기구석기인들이 기술 발달을 위해 더 나은 자연자원을 요구한 것은 사실이지만, 그들의 이동능력을 벗어난 범위에서는 흑요석의 교류나 중개는 일어나지 않는 게 특징이다.

백두산 흑요석 원산지로부터 멀리 떨어진 한반도 남부의 구석기유적에서 여러 원산지의 흑요석이 출토되었다는 사실은 A-2모델, B-2모델, C-2모델, C-3모델을 적용시켜볼 수 있다. 하지만, 흑요석의 유통에 대한 정확한 것은 무엇보다도 자료가 부족하므로 추후의 연구성과를 기대해야만 할 것 같다.

2) 백두산 흑요석의 남부로의 확산경로

렌프류 등(Renfrew *et al.* 1968)은 석기조성 중 흑요석이 80% 이상을 차지하면서 원산지에서 300*km*이내의 영역을 공급지대[supply zone]이라 부르고 이 영역의 외측을 접촉지대(contact zone)로 구분하였다.

우리나라 내에는 아직까지 공급지대에 해당하는 흑요석관련 유적은 없다. 흑요석 원석의 크기가 대체로 작고, 자연면이 거의 남아있지 않다는 점이 백두산 흑요석을 대량으로 사용하는 원산지유적과는 확연히 다른 사용패턴을 지니고 있다. 우리나라 백두산 흑요석은 렌프류 등의 주장에 따르면 한반도 남부지역과의 거리가 300㎞ 이상으로 모두 접촉지대에 해당한다.

백두산 흑요석의 확산은 백두산 주변지역과 두만강을 중심으로 퍼져나갔을 가능성이 높다. 연해주에서 백두산 흑요석의 출토유적들 중 한반도와 가까운 지역은 모두 두만강유역 가까이에 위치한다. 이것들은 백두산까지 직접 가서 흑요석을 채취한 것은 물론, 두만강 하류 유역까지 흘러내려온 흑요석을 채취한 것으로 추정된다. 구석기시대에 중국 동북 3성 지역 중 백두산 서편에 위치한 압록강 주변에

---

6 랜프류(Renfrew 1984)는 근동지역의 흑요석교류를 당사자 간이 직접적인 접촉보다는 여러 단계의 다른 이웃이 매개가 되어 교환되는 형태이면서 원산지에서 거리가 멀어질수록 석재의 크기나 풍부함이 줄어드는 것으로 파악했다. 흑요석은 원산지에서 200-300*km*의 이내에서는 거의 평탄한 곡선을 그리다가, 그것을 넘어서면 급격한 하강곡선을 그리는 Fall-Off Model이 유명하지만(Renfrew 1975), 마야유적의 흑요석 밀도(Obsidian Density)의 연구사례를 보면 반드시 그렇지는 않다(Raymond 1977).

서 구석기시대의 흑요석관련 유적은 드문 편이다.

한반도, 중국 동북 3성, 연해주지역 중 구석기시대에 흑요석이 거의 확인되지 않는 곳이 한반도 서북부지역과 요령성지역이다. 그 이유는 백두산 동북부측에 주로 흑요석 원산지가 위치하기 때문이다. 또한 백두산 남쪽으로 2천 미터가 넘는 산들로 이루어진 산맥들이 넓게 분포한다. 특히 함경산맥과 마천령산맥이 십자형태로 뻗어있고, 개마고원, 낭림산맥, 묘향산맥도 흑요석이 한반도 서남쪽으로 확산되지 못하는데 한 몫 한 것 같다. 이러한 산과 산맥들이 한반도 서북부 지역으로 흑요석을 유통시키는 데 장애가 되었을 것이다.

서북한지역에는 만달리가 현재로는 유일한 구석기유적이다. 길림 북부지역에서 백두산 흑요석은 발견된 바 없다. 길림성지역에 흑요석 유적이 적은 것은 여전히 발굴조사가 많이 진행되지 않았기 때문이다. 발굴조사가 늘어나면 백두산 북부, 즉 길림성 남부지역에 구석기시대 흑요석유적이 증가할 것으로 예상된다.

백두산 흑요석이 비교적 폭 넓게 확산된 신석기시대와 달리 구석기시대에는 백두산 동북부를 중심으로 두만강유역을 타고 한반도 동북지역과 연해주지역으로 백두산 흑요석이 확산된 것으로 추정된다. 압록강쪽으로는 흑요석관련 유적이 거의 없다는 사실만 보더라도 두만강과 그 지류가 흑요석 확산에 큰 역할을 했을 가능성을 유추해 볼 수 있다.

앞서 언급한 한반도 동북부지역의 높은 고원과 2,000m이상 고산들이 즐비한 자연지형으로 인해 구석기시대에 백두산 흑요석의 확산은 한반도 정중앙루트를 이용하기 어려웠을 것이다. 두만강과 그 지천을 중심으로 백두산주변, 청진, 회령 등을 거점지역으로 하면서 동해안을 따라 확산되는 것이 가장 주요한 루트였을 것이다. 어느 지점이 될지는 아직 불확실하지만 한반도 중부지역을 거치면서 대동강, 한탄·임진강, 북한강주변지역으로 유입되고, 일부는 한반도 남부지역으로 계속 확산된 것으로 추정된다(그림 8).

따라서 남부지역에 백두산 흑요석의 유입과 확산은 동해안 흑요석루트를 기점으로 해서 한반도 내륙 쪽으로 확산되었을 것이다. 이러한 확산경로는 신석기시대에 오산리 등 동해안에 위치한 유적에서 흑요석이 발견되는 것도 이때까지 동해안 중심의 흑요석루트가 살아있었음을 간접적으로 보여준다.

흑요석의 입수나 교환 거리가 멀수록 그 수량이나 크기가 급격히 줄어드는 점을 감안할 때 유적수나 흑요석제 석기의 출토수량이 적어지는 것은 당연한 결과이다. 실제로 구석기유적이 거의 조사되지 않은 동해안의 고성, 속초지역을 제외한 경기도와 강원도지역은 우리나라에서 흑요석이 가장 많이 출토되고 있다. 우리나라의 흑요석 중심지역은 결국 한반도 중부지역이다. 아직 북한지역에서 흑요석이 출토된 유적수가 적어 결론을 내리기에 이르지만, 우리나라에서 흑요석이 가장 먼저 출현했을 지역은 한탄강, 북한강(소양강), 강원도 동해안 지역, 즉 한반도 중부지역이 백두산 흑요석의 원거리 중개지 또는 집산지였을 가능성을 조심스레 추론해 본다.

5. 과제와 제안

앞서 살펴본 바와 같이 구석기시대에 한국에서 출토된 흑요석에 대한 원산지분석은 단편적이지만 지속적으로 시도되어 왔다. 또한 구석기시대의 흑요석관련 유적수도 느리지만 계속 증가추세에 있다. 그러나 흑요석제 석기를 이해하기 위한 이러한 노력에도 불구하고 우리나라 흑요석 연구에는 여러 가지 산적한 과제가 남아 있다. 이에 대한 흑요석 연구의 진전을 위해 몇 가지 제안을 하고자 한다.

첫째, 흑요석 보유기관은 분석을 위한 샘플시료의 제공에 적극적으로 나설 필요가 있다.

파괴분석인 경우에는 분석용 샘플

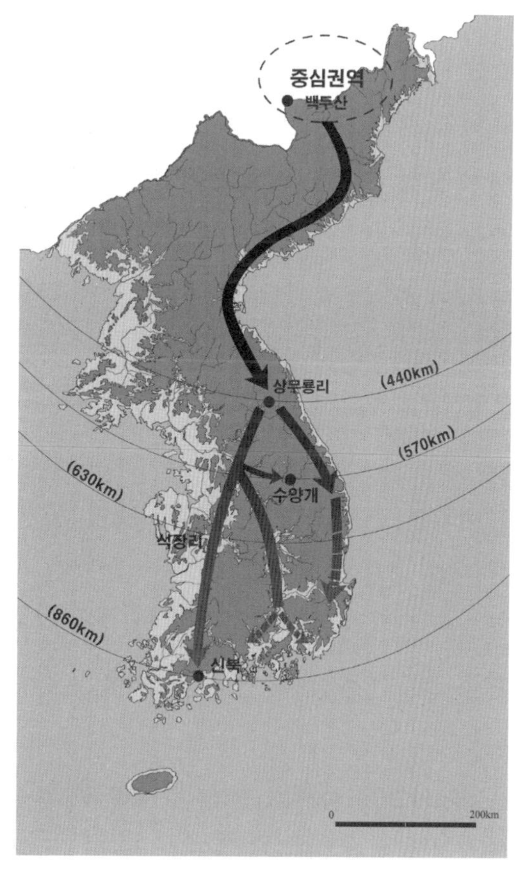

그림 8. 백두산 흑요석의 확산 추정루트

을 구하기가 싶지 않지만, X선 형광분석과 같은 비파괴분석의 경우라면 연구가 진행될 수 있도록 적극 노력할 필요가 있다. 해당 기관이 분석에 회의적이다 보니 유적에서 출토된 흑요석 중 일부만 분석되거나 아예 분석이 이루어지지 않는 경우가 많다. 발굴 조사기관은 물론, 보관기관에서는 비파괴분석인 경우는 원산지 분석에 대한 적극적인 협조와 자세가 필요하다. 일부 연구자는 이렇게 분석시료를 구하기 어렵다 보니 특정 유적에서 출토되거나 개인이 채집한 흑요석을 방법만 달리하여 반복적으로 분석하는 문제점도 발생하고 있다.

둘째, 한 유적 또는 동일한 문화층에서 출토된 흑요석 전체에 대해 분석하는 이른바 '전수조사'의 실시이다.

왜냐하면 출토된 흑요석 샘플의 일부만으로는 흑요석 원산지가 다를 경우 중요한 정보를 놓칠 수 있기 때문이다. 현재 우리나라에서 흑요석 분석은 자의적 기준에 의해 시료가 선별되고, 분석할 때 부서지거나 해도 무방한 그리 중요하지 않은 것들, 단순히 발굴기관에서 제공해 주는 흑요석 편들, 채집된 흑요석편들 위주로 분석되고 있다. 이런 경우 고고학자가 정말로 원하는 정보를 얻을 수 없다. 무엇보다 흑요석 시료의 선별기준과 문화층 등과 같은 고고학적 정보가 제대로 소개되거나 반영되어야만 해석에 대한 가치는 높아질 수밖에 없다. 흑요석으로 만들어진 중요한 석기들의 원산지를 아는 것이 앞서 말한 단순 석기나 원석보다 더 많은 고고학적 정보를 줄 개연성이 훨씬 높은 것은 당연하다.

일본 내 흑요석 원산지는 화학조성에 따라 100곳이 넘게 알려져 있다(堤 隆 2004, Sato *et al.* 2007). 그 중 흑요석 3대 원산지는 혼슈本州 중앙의 기리가미네霧ヶ峰, 규슈지역의 고시타케越岳, 홋카이도의 시라타키白滝이다(安蒜政雄 2009). 일본에서는 1994년 이케야 노부유키池谷信之, 모치즈키 아키히코望月明彦 등이 주도한 연구에서 흑요석 전수조사에 해당하는 '전점全点분석'을 처음 시도하였다. 즉, 유적 내 출토된 모든 흑요석에 대해 분석을 실시함으로써 정량적인 원산지정보가 제공할 수 있게 되었다.

이케야 노부유키(2009:40)는 이러한 분석방법의 장점을 다음과 같이 정리하였다. 흑요석에 관한 정확한 원산지 조성, 흑요석제 석기의 박편박리기술과 석기형태에 있어 특정 원산지와의 관련성, 흑요석 석재의 원산지별 반입양상, 원산지별 평면분포와 그 검토에 기반한 유적구조론적의 전개가 그것이다. 그리고 최근 일본에서는 유적 내 흑요석에 대한 전수조사를 통해 원산지 정보는 물론, 집단의 이합집산^{離合}^{集散}의 양상까지도 파악하고 있다. 서로 다른 흑요석을 유적 내에서 어떻게 활용했는지도 추론할 수 있다.

앞으로 우리나라도 유적에서 출토된 흑요석제 석기 중 일부만을 분석하고, 그것이 그 유적에서 출토된 흑요석 전부에 대한 분석결과로 오인해버리는 실수를 저질러서는 안 된다. 단지 여러 흑요석 중 몇 개가 그러한 원산지일 가능성이 있을 뿐이다. 분석결과 이외에 성급하게 원산지를 추측하는 것은 금물이다. 이것이 바로 '흑요석 전수조사'가 필요한 이유이다. 그리고 전수조사는 동일한 분석방법으로 진행되어 통일성과 일관성을 유지해야 한다.

셋째, 흑요석 연구를 위한 각종 기초 DB의 정리 및 확보이다.

여기에는 흑요석제 석기의 사용흔관련 DB, 흑요석 원산지 DB(국내뿐만 아니라 동북아시아지역), 흑요석 원석 등에 대한 표준시료의 DB, 우리나라 흑요석제 석기에 대한 DB 등이다.

우선 흑요석 연구방법의 정리 문제가 있다. 특히 분석방법과 분석원소가 다르고, 여러 연구자가 다양한 방법으로 분석을 실시하고 있어 흑요석 성분을 객관적으로 비교할 통일된 기준마련이 필요하다. 동일 시료는 동일한 방법으로 분석한다면 같은 결과가 나와야 한다.

앞으로 백두산을 비롯한 흑요석 원산지는 물론, 유적에서 출토된 모든 흑요석에 대한 표준데이터를 확보하고 정리하여야만 한다. 여기에는 원산지명칭의 통일도 중요하다. 흑요석연구가 활발하게 이루어지고 있는 일본에서도 흑요석 원산지분석에 있어 여러 문제점이 지적되고 있다. 특히 연구자와 기관이 상당수 증가하였지만, 각 연구자와 기관 사이에서 원산지명칭과 그 범위, 비교의 기준이 되는 표준자료의 불일치나 미공표 등으로 인해 연구를 해나가는 데 있어 문제가 되고 있다(佐藤宏之 2012).

분석방법의 일관성과 연구자마다 다른 도표 등도 정리될 필요가 있다. 동일한 시료에 대해 다른 연구자가 분석하는 것은 분석의 신뢰도를 높이는 좋은 방법이다. 하지만, 동일 시료가 아닌 단순히 동일 유적의 시료가 동일한 결과를 보장해주지는 않는다는 사실을 간과해서는 안 된다. 여러 기관에서 공통적으로 검증한 표준 시료를 제작해 원산지 분석작업에 활용해야지만 분석의 정확도와 신뢰도를 높일 수 있다. 아울러 서로 다른 시대의 흑요석을 분석하는 것도 좋지만, 동일 시대 내 흑요석에 대한 분석을 우선적으로 실시하고 다른 시대의 자료와 비교분석할 필요가 있다. 그 후 서로 다른 시대의 흑요석 사용집단의 생활패턴, 제작방식 등 다양한 정보를 비교해 보면 좋은 정보를 구할 수 있을 것이다. 흑요석의 유통은 석재뿐만 아니라 석기의 형태로도 유통이 가능하기 때문이다.

한편, 흑요석제 석기의 기능을 이해하기 위한 사용흔 분석의 기초 자료를 정립할 필요가 있다. 석기 사용흔은 파손^{breakage}, 미세박리흔^{microflaking}, 선상흔^{striation}, 마멸^{abrasion}, 사용흔광택면^{microwear polish}, 잔류물과 부착물^{residue}의 내용들이 반영되어야 한다. 아울러 오랜 시간이 흐르면서 발생할 수 있는 석기의 화학적 풍화와 기계적 풍화로 인한 사용흔의 변화도 고려되어야만 한다. 이러한 분석의 가장 기본은 본인이 만든 사용흔 분석 비교자료인 '사용흔 포트폴리오'를 만들어 활용하는 것이다. 본인이 직접 다양한 실험과 관찰을 통해 만든 자기만의 사용흔 비교자료는 실제 유물과 대조해서 기능을 분석할 때 가장 좋은 지침이 될 수 있다. 물론 외국연구자와의 공동연구나 외국의 사용흔 사례 등을 참조하면서 사용흔 분석연구를 진행할 수도 있다. 하지만, 연구자라면 시간이 오래 걸리고 힘이 들더라도 우리나라 석기에 맞는 흑요석 사용흔 분석자료를 확보하는 것이 한국 구석기연구의 기초를 다지는 데 큰 도움이 될 것이다.

무엇보다 우리 석재를 활용한 '한국 구석기 사용흔 데이터베이스'를 축적하는 것이 중요하다. 현재 우리나라 연구자에 의한 석기 사용흔연구는 몇몇 연구자들에 의해 진행되고 있으나, 이러한 사용흔에 대한 보다 정밀한 검토를 위해서는 통일된 분석방법과 다양한 실험연구결과의 축적이 요구된다. 또한 이러한 자료가 발표 등을 통해 다른 연구자와 공유되고 상호 보완되었으면 하는 바이다. 분석기초자료는 사용흔을 통한 석기의 기능연구에 꼭 필요한 작업이다. 이를 통해 사용흔분석이 단순한 석기의 기능연구가 아닌 사용에 관한 다양한 동작과 생업적 특징 등도 알수 있게 될 것이다.

넷째, 구석기시대부터 신석기시대까지도 연구가 가능한 흑요석 전문가의 양성이다.

현재는 자연과학자의 힘을 빌어야만 가능하지만, 구석기전공자 중에서 우리나라 흑요석에 대한 전문가가 배출된다면 좋을 것이다. 구석기연구자와 자연과학자가 공동연구로도 분석과 해석이 불가능하지는 않다. 다만, 한 사람의 흑요석 전문가를 양성하는 데는 오랜 시간이 필요하다. 앞으로 우리나라 후기구석기유적이 늘어나고 흑요석이 더욱 많이 출토된다면 구석기연구에 있어 전문연구자는 더욱 절실할 것이다. 흑요석 원산지에 대한 정보는 단순히 원산지에 대한 정보를 제공해 줄 뿐, 이를 응용한 석기의 내력, 즉 채취, 제작, 유통, 폐기에 대한 사실 등은 고고학자의 해석이 전적으로 필요하기 때문이다.

다섯째, 한반도 내 다양한 흑요석 원산지를 발견하는 작업이다.

우선적으로 백두산 흑요석원산지에서 흑요석 분포지점과 채석지 등을 조사할 필요가 있다. 이를 통해 채취된 지점을 명확하게 알 수 있는 분석용 샘플이어야지만, 분석결과의 신뢰도를 높일 수 있다. 간접적, 혹은 이차적으로 입수된 흑요석 샘플을 계속 사용하는 것은 흑요석 원산지를 밝히는 본질적인 문제를 해결하는데 한계가 있다.

흑요석 원산지를 찾기 위한 다양한 분야와의 학제간의 연구가 필요하다. 무엇보다 연구회활동 등을 통한 흑요석을 찾기 위한 탐사나 현장조사가 이루어져야한다. 원산지가 명확하지 않은 우리나라는 원산지를 찾는데 더 많은 노력과 시간이 필요하다. 원산지를 찾지 못한다면 흑요석 채취, 교역 등 다양한 정보를 해석하는데 가장 큰 걸림돌이 될 수밖에 없다.

여섯째, 흑요석의 입수방식 연구이다.

흑요석의 입수, 교환, 확산 등은 한 순간에 이루어진 것이 아니라 상당한 시간에 걸쳐 지속적으로 이루어진다. 물물교환에서 중개지는 원산지를 중심으로 하면서 집단 간에 호혜적 거래가 이루어지는 특정 장소 또는 생존지역에 위치하는 것으로 추정된다. 무엇보다 중개지는 특정 석재에 대한 정보와 석기소재를 제공하는 기능은 물론, 석기제작법이나 수렵채집을 비롯한 다양한 생존정보 등을 공유할 수 있었다는 점에서 또 다른 의미가 있다. 흑요석의 교환이 각각의 집단에게 상호이익을 줄 때 더욱 활발해졌을 것이다.

끝으로 환동해안지역의 흑요석이용은 수렵채집민의 유동적 생활과 석재자원개
발전략과 밀접한 관련이 있다. 흑요석 등 우리나라 구석기연구가 한걸음 더 발전
하기 위해서는 유관분야의 전공자가 많이 배출되어야만 한다. 위에서 제안한 여러
문제점 중 표준분석법의 미확립, 유적 내 출토수량이 적어 분석되는 시료의 양이
매우 적은 점, 흑요석 원산지와 석기와의 대응관계 및 유입경로 등 다양한 문제점
들은 쉽게 해결할 수 없는 과제이다. 그러다 보니 흑요석의 원산지에 대한 구체적
인 접근이 쉽게 이루어지지 못하고 있다.

흑요석 원산지를 결정하기 위해서는 자료의 대표성, 분석결과의 해석, 원산지시
료에 대한 분석미비 등의 문제가 해결될 필요성이 있다(이선복·이용일 1996). 그러나
흑요석이 출토된 유적이 증가하고 있는 현 시점에서도 분석연구가 진행되고 있으
나, 근본적인 여러 문제점은 여전히 해결하지 못하고 있다.

이러한 어려움에도 불구하고 이러한 분석들이 우리 연구자의 손으로 분석을 거치
면서 원산지 분석에 대한 새로운 방안과 후속 연구자의 양성이 함께 이루어질 필요
가 있다. 우리가 주도적으로 연구를 이끌어가면서 외국과의 공동연구도 진행되어야
한다. 중국 동북지역, 러시아의 연해주, 일본과의 성과 공유도 반드시 필요하다.

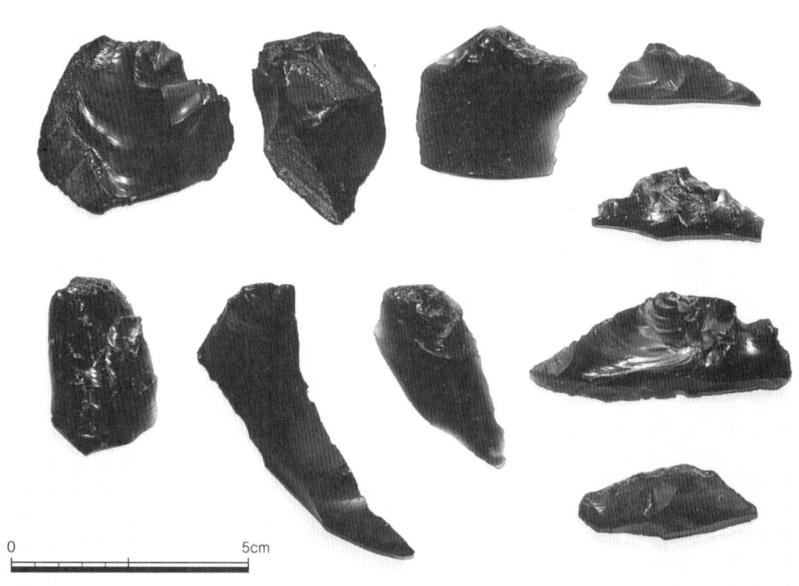

참고사진. 호평동출토 흑요석제 석기

제
4
부

중국 동북지역 후기구석기문화의 변천과
기술다양성 연구

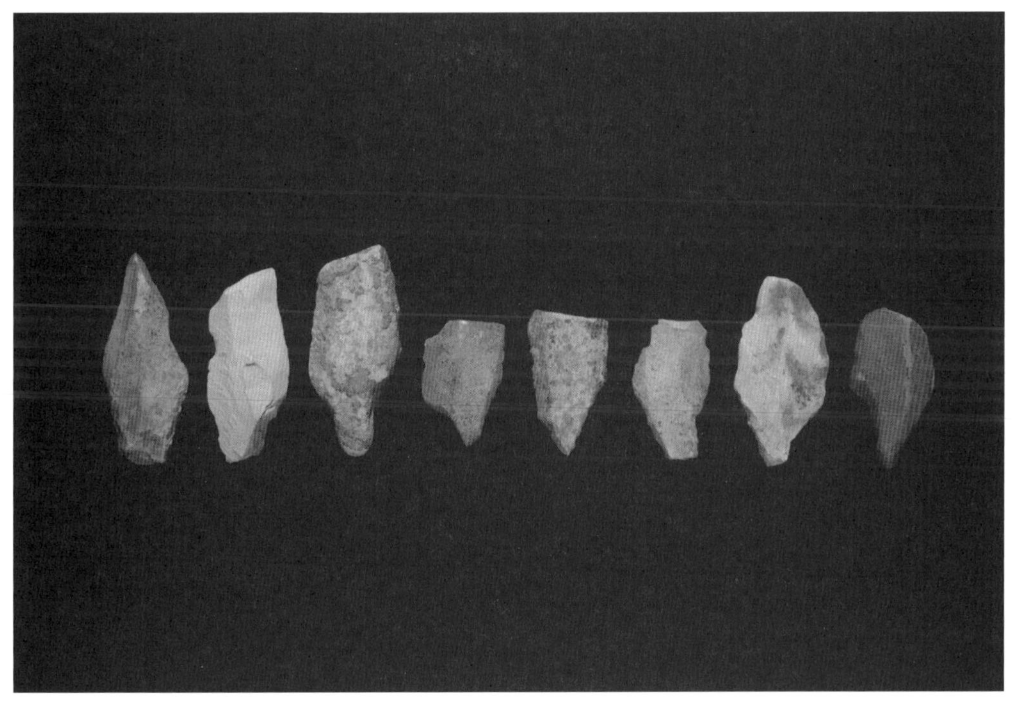

밀양 고례리유적의 슴베찌르개(파손품)

1. 서론

中國 東北地域 중 遼寧省, 吉林省, 黑龍江省, 이른바 東北 三省地域은 현재 50여 곳 이상의 후기 구석기유적이 확인되고 있다. 중국 정부가 수립되기 이전인 1932년 黑龍江省 昂昂溪유적에서 신석기유적이 발견된 뒤, 1931년 顧鄕屯유적에서 동물화석이 발견되어 1933~1934년 일본인 德永重康 등(1934)이 발굴 조사해 다량의 제4기 포유동물화석과 석기를 처음으로 발견하였다(尹贊勳 1934). 그 뒤 東北 三省지역은 遼寧省을 중심으로 金牛山, 建平, 安圖, 楡樹유적 등에서 인류화석이 출토되어 많은 연구자의 주목을 받아왔다.

1990년대 초까지만 해도 遼寧省지역의 전기 구석기시대의 金牛山, 廟后山유적과 중기 구석기시대의 鴿子洞유적을 제외하면, 吉林省과 黑龍江省지역에서 3만 년 이전에 해당하는 석기군이 확인되지 않았다. 그러나 최근 중국 東北 三省에서 발견된 吉林省 樺甸 仙人洞의 最下層(4層)은 16~23만 년 전으로 밝혀졌다. 이 지역에서 가장 오래된 석기군으로 평가받고 있다. 吉林省과 인접한 내몽고지역에 위치한 金斯太동굴유적은 8층 중 5~6층에서 르발르와찌르개^{Levallois point}가 출토되었다. 보고서가 발간되어야 정확히 알 수 있겠지만 동북아시아지역 중 가장 동쪽에서 출토된 르발르와계통의 유물로 평가받고 있다. 알타이지역의 르발르와 석기군과 비슷한 시기로 최소 10만 년 전까지 연대가 올라갈 가능성이 높다.[1]

동북지역은 지리적으로 한반도와 인접해 있어 한반도의 석기계통을 파악하기 위해 매우 중요하며, 다양한 석기제작기술이 확인되고 있다. 그러나 어떤 지역보다 연구의 필요성이 높았지만, 1990년대 중반 이후 한국 내에서는 이와 관련된 연구가 소개되거나 연구된 사례가 거의 없었던 게 사실이다(손보기 1990, 장호수·홍현선 1990, 韓國國立忠北大學校 先史文化硏究所·中國 遼寧省 文物考古硏究所 1996).

따라서 이와 같은 중요한 의의를 지니고 있는 중국 동북지역의 후기 구석기시대의 주요 유적에서 출토된 유물의 검토를 통해 석기군의 특징과 석기의 박리기

---

1 吉林大學 邊疆考古硏究中心의 구석기연구실에 소장되어 있고, 아직 정확한 발굴보고서는 발간되지 않았다. 이 유적은 다양한 층위에서 유물이 출토되었고, 특히 시베리아지역의 무스테리안관련 유물과 석재와 제작기법이 아주 유사하여 앞으로의 연구성과가 주목된다.

술 및 도구조합상이 가지는 의미를 파악하여 이러한 석기군이 가지는 기술적 특징을 살펴보고자 한다. 석기군을 몇 개의 유형으로 설정하여 석기군의 변천이 가지는 문화적 의미와 동북지역 석기군의 계통이 중국 연구자들이 주장하는 바와 같이 華北지역의 석기군에 있는지 주변의 영향인지에 대한 계통을 검토할 것이다. 또한 한반도에서 구석기시대부터 청동기시대까지 출토되고 있는 黑曜石의 原産地연구가 답보상태에 있는 현시점에서 원산지 유적의 자료를 통해 원산지문제와 흑요석제 석기의 특징을 살펴보고자 한다.

2. 주요 유적의 검토

1) 遼寧省地域

遼寧省지역의 地勢는 東쪽과 西쪽은 높고 中央이 낮다. 遼河를 중심으로 서쪽과 동쪽으로 나뉘며, 산지와 구릉면적은 62%를 차지한다. 평원은 30% 내외이다. 동부의 낮은 산과 구릉은 遼東산맥, 北東 방향은 千山山脈이 위치한다. 석회암동굴이 매우 발달된 지역으로 동물화석과 인류화석을 발견할 수 있는 좋은 지질학적 특징을 지닌 곳이다. 동북평원의 일부인 遼河평원이 드넓게 자리 잡고 있으며 華北지역과 인접해 그 지역문화와의 유사성을 주목받고 있는 곳이다. 遼河지역 동쪽에서 인류화석 또는 구석기가 확인된 유적은 本溪 廟后山, 本溪 廟后山 東洞, 海城 小孤山, 營口 金牛山, 營口 藏山, 大連 古龍山, 沈家臺 등이다. 大凌河를 중심으로 한 遼寧省 서남부지역은 鴿子洞, 建平人 化石, 凌源 西八間房, 丹東 前陽人유적이 분포한다(辛占山·顧玉才 1996).

그림 1. 중국 동북지역의 후기구석기유적
1.漠河 老溝河 2.十八站 3.老卡 4.清和屯 5.昻昻溪遺蹟 大興屯 6.哈爾濱 荒山 7.哈爾濱 顧鄕屯 8.哈爾濱 閻家崗 9.乾安 靑山頭 10.乾安 大布蘇 11.柳樹 大橋屯 12.周家 油坊 13.學田 14.紅嘴子 15.九站西山 16.仙人橋洞 17.壽山 仙人洞 18.撫松 仙人洞 19.海城 小孤山 20.大連 古龍山 21.鴿子洞(中期舊石器) 22.西八間房 23.小南山 24.沈家臺 25.輝南 邵家店 26.琢春 北山 27.和龍 柳洞 28.和龍 石人溝 29.丹東 前陽 30.大坎子

(1) 古龍山(Gǔlóngshān)遺蹟

遼寧省 大連市 复縣鎭 교외 古龍山 동쪽 언덕에 위치하는 석회암질의 동굴유적
이다. 1981~1982년에 大連自然史博物館에서 발굴 조사하여, 4개 층위를 확인하
였다. 제1층은 붉은색 점토층으로 대량의 척추동물화석이 출토된 주요한 화석층위
이며 4점의 석기(그림 2-B)가 출토되었다. 제2층은 황색점토층으로 많은 화석이 출
토되었고, 제3층은 회황색점토층으로 소량의 척추동물화석이 나왔다. 最下層인 제
4층은 옅은 황색 점토층으로 대량의 척추동물화석이 출토되었다. 古龍山동물군은
모두 77개종이다. 그 중 어류 2종, 파충류 1종, 포유동물 57종, 조류 17종이다. 동
물군 중에는 절멸종이 9종이며 척추동물의 화석 중에는 털코끼리뼈와 7종의 말뼈
도 포함되어 있다. 제1층의 동물화석을 이용한 절대연대(C^{14})는 17,610±240BP, 제
4층은 40,000년 전으로 밝혀졌다(周信學·孫玉峰·王家茂 1984, 尤玉柱·李毅·孫玉峰·王
家茂 1985).

(2) 小孤山(Xiǎogūshān)遺蹟

遼寧省 小孤山村 부근의 仙人洞에 위치한다. 지형적으로 낮 동안에는 해가 항상
동굴을 비춰주고 바로 앞에 강이 위치하여 지형적인 측면에서 사람이 살기에 매
우 적합한 곳이다. 1981년 발견되어 같은 해에 시굴조사가 이루어졌다. 1983년과
1990년 遼寧省박물관과 중국 과학원 고척추동물과 고인류연구소가 정식으로 조
사하였다. 층위는 아래부터 1~5층까지로 나누어진다. 그 중 1~4층에서 인류화석,
석기, 골각기, 장신구, 동물화석이 출토되었다. 1층은 동물화석과 석기, 2층은 동물
화석과 문화유물, 3층은 석기, 골각기, 동물화석, 작살, 창끝, 4층은 소량의 석기와
동물화석이 출토되었다. 5층은 신석기시대 토기와 마제석기는 물론 淸나라 때의
화폐도 출토되어 교란되었을 가능성이 높다.

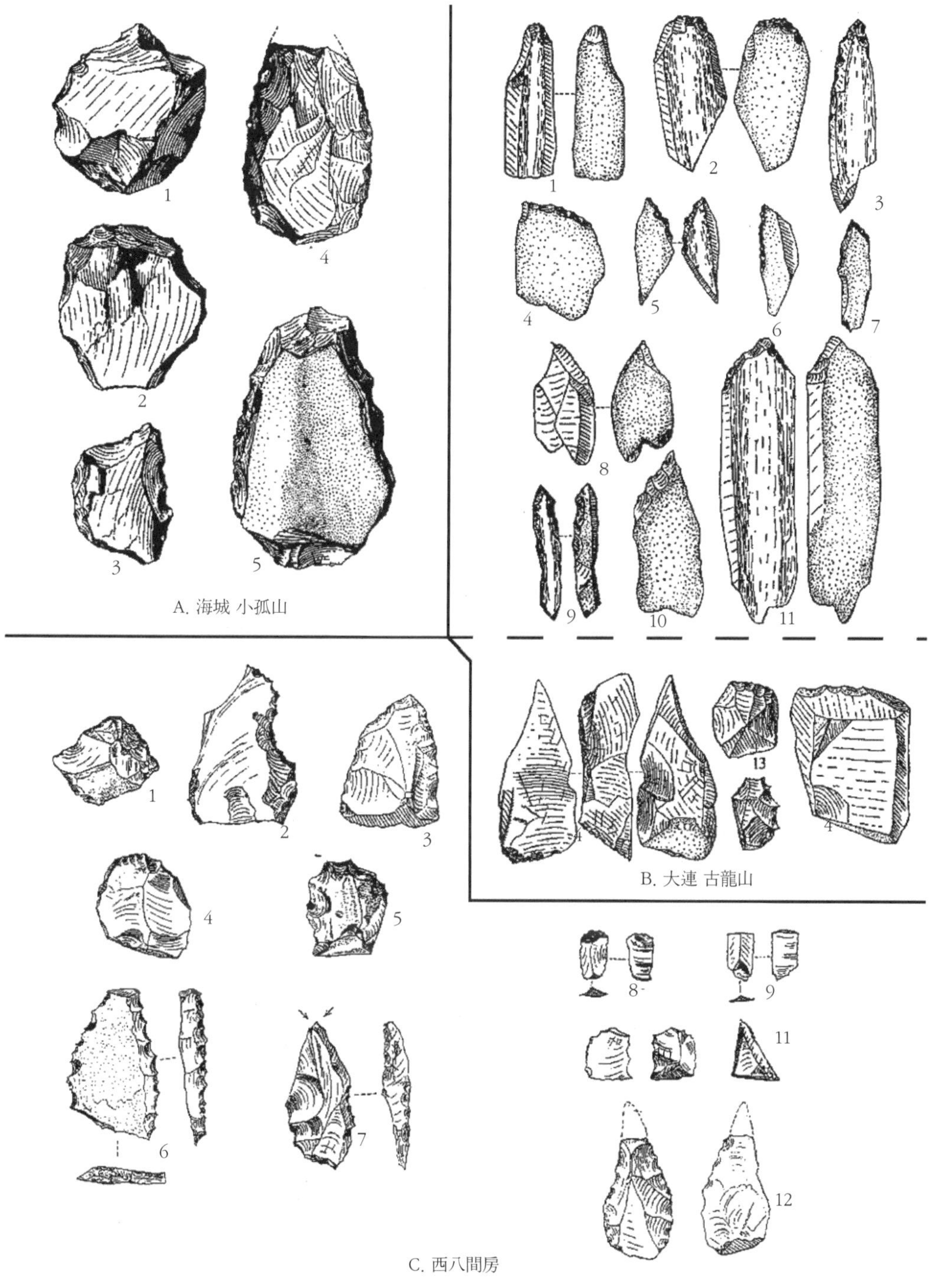

그림 2. 遼寧省地域의 後期 舊石器時代 主要 遺蹟(縮尺不同)
A.海城 小孤山(張鎭洪 등 1985) B.大連 古龍山(周信學 등 1984, 상단은 골각기, 하단 4점이 석기) C.西八間房(遼寧省博物館 1973)

석기 석재는 맥석영, 석영암, 옥석을 사용하였다. 그 중 동굴 앞에 널리 분포하는 맥석영을 많이 이용해 석구, 찌르개, 뚜르개, 새기개, 찍개, 긁개 등을 제작하였다. 박편제 긁개가 가장 높은 비율을 차지하며 直接타격과 兩極타격으로 제작했다(그림 2-A). 동물군 중 식육류와 우제류가 71.5%로 당시 환경이 삼림과 초원동물군 위주였음을 알 수 있다. 동물화석은 38종으로 털코끼리, 수달, 들소, 물소, 사슴, 털코뿔이 등이 있다. 갈아서 만든 장식품 중 우제류 동물의 炮骨로 만든 작살 1점, 동물사지골로 만든 창끝 1점이 출토되었다. 중국 후기 구석기시대의 유일한 예이다. 장신구 125점 중 구멍 뚫린 이빨로 만든 완성품 116점, 깨진 것 9점이 확인되었다. 이것들은 주로 소형식육류와 사슴송곳니로 제작하였다. 코끼리앞니를 이용해 만든 뼈바늘 3점(그림 9-8~10)도 출토되었다. 열형광측정법으로 40,000±3,500BP, C^{14}연대가 30,000~40,000BP가 확인되었다(張鎭洪·傅仁義 등 1985, 黃慰文·張鎭洪 등 1986, 趙賓福 2003). 이때는 溫暖濕潤期에 해당하지만, 출토된 동물양상을 보면, 오히려 한랭기에 해당한다. 불탄자리가 층위상으로 4층과 3층을 중심으로 두 층으로 형성되어 있고, 동굴입구 쪽에서 안으로 들어갈수록 기울어진 형상이다. 지금도 석영제 석기가 출토되고 있다.

(3) 沈家臺(Chénjiātái)유적

遼寧省 小凌河 支流의 작은 언덕에 위치하는 야외유적이다. 황토상퇴적의 中上部 층위 내에서 타제석기와 동물화석이 출토되었다. 석기는 주로 마노와 석영암으로 제작되었다. 동물군으로 볼 때 늦은 갱신세 중기에 해당한다. 西八間房유적보다는 이른 시기로 보고되었다(呂遵諤 2004). 보고된 자료가 적어 유적의 자세한 상황과 유물의 성격을 알기 어렵다.

(4) 西八間房(그림 2-C, Xībājiānfáng)遺蹟

遼寧省 凌源縣의 西八間房村의 서남쪽 400m에 위치하는 야외유적이다. 遼寧省박물관이 1972년 시굴조사하고 1973년 발굴조사했다. 그 결과 2점의 채집품을 포함해 모두 51점의 석기를 찾았다. 층위는 3개로 나뉘며, 最上層인 3층의 하부에

서 석기가 출토되었다. 석재는 황갈색 부싯돌, 수정, 마노, 석영, 화성암이 사용되었다(遼寧省博物館 1973). 석기 51점 중에는 긁개, 톱니날석기, 홈날석기, 밀개를 비롯해 세석인으로 보이는 소형석기와 斜行刃 새기개를 비롯해 엄지손톱형 밀개가 여러 점 출토되었다. 특히 길이 10cm 전후의 대형 수석제 석인은 등면의 날과 인부의 날이 평행한 전형적인 석인으로 파악되었다(加藤眞二 2000).

2) 吉林省地域

吉林지역의 地勢는 東南部가 높고 西北部가 낮다. 동남부는 산지와 구릉이 자리잡고 있다. 서북부는 평원으로 동남부의 산지와 구릉은 동쪽방향의 산맥과 하천이 뒤섞여 있다. 서북부에는 동북평원에 속하는 松嫩평원이 있고, 남쪽의 遼河평원과 북쪽의 松嫩평원사이에 松遼分水嶺이 있다. 남쪽은 백두산을 중심으로 하여 두만강이 흐르고 있다. 下流는 松花江, 遼河, 鴨綠江, 豆滿江, 二道白河 등 5개의 큰 水系가 있다. 松花江의 유역면적이 가장 넓다. 구석기유적이 주로 분포하는 곳은 松花江유역의 長春과 吉林, 두만강유역의 琢春, 延吉, 圖門, 和龍이다.

(1) 周家 油坊(그림 3-C, Zhōujiā yóufáng)遺蹟

吉林省 榆水縣의 서남쪽 18km에 위치한다. 松花江과 拉林河사이의 황토대지의 야외유적이다. 1977년 吉林省 지질과학연구소와 吉林省 문물공작대가 발굴했다. 7개 지점에서 동물군 35종을 포함한 松花江털코끼리, 털코뿔이 등이 보고되었다. 1지점은 5개층 중 2층에서 화석유물이 출토되었다. 2지점은 11개층으로 나누어지나, 층위는 다소 불확실하다. 절대연대는 제1지점 26,740±735BP, 26,100±850BP, 제2지점 31,800±90BP, 7,380±100BP, 7,300±100BP, 7,250±140BP, 6,060±100BP이다. 석기는 제1지점의 안정된 층위에서는 15점이 출토되었다. 석핵 2점, 박편 6점, 부스러기 10점 등이다. 석재는 현무암이 가장 많으며 안산암, 맥석영, 유문암도 사용하였다. 석핵 중 반암을 이용해 르발르와기법과 유사하게 양면조정된 석핵 1점도 있다. 자연면 타면과 박리면 타면을 사용해 박편을 박리하였으며 마름모꼴 긁개와 손톱모양 밀개가 출토되었다. 박편을 이용하여 先端部를 조정한 찌르개

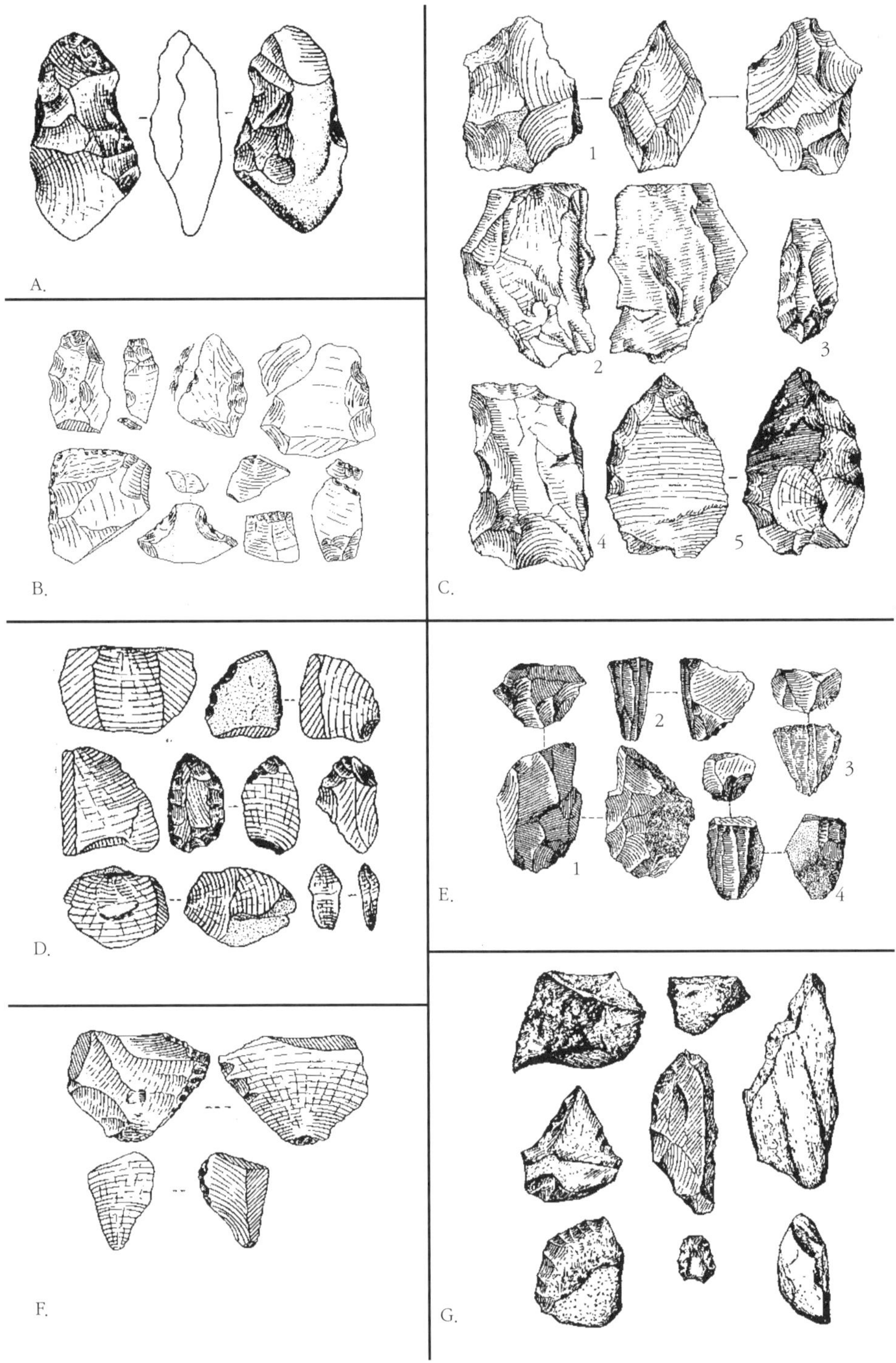

그림 3. 吉林省地域의 後期 舊石器時代 主要 石器群(縮尺不同)
A:新鄕砖場(陳全家 1996; 중기 구석기) B.仙人洞(陳全家 등 1994) C.楡樹 周家 油坊(孫建中 등 1981) D.吉林 西山(陳全家 1996)
E.乾安 大布蘇(董祝安 1989) F.仙人橋洞(陳全家 1996) G.楡樹 大橋屯(姜鵬 1990)

1점이 특징적이다. 골각기는 1·2·4·7지점에서 출토되었다. 총 51점 중 28점이 층위 상에서 발견되었고 나머지 23점은 채집 유물이다(孫建中·王雨灼·姜鵬 1981).

(2) 壽山 仙人洞(그림 3-B, Xiānréndòng)遺蹟

仙人洞유적은 吉林省 樺甸市 서북쪽에 위치한다. 해발 460m에 지표에서는 110m에 자리 잡고 있는 동굴유적이다. 1991년 吉林大學 고고학계에서 시굴조사했다. 1993년 吉林大學 고고학계와 吉林省 문물고고연구소가 발굴조사했다. 1991년 시굴조사에서 3개의 지층 중 하부의 2층과 3층에서 많은 유물이 출토되었다. 층위는 모두 3개 층이다. 아래의 2층과 3층에서 포유동물화석과 석기가 출토되었다. 47점의 석기와 12종의 동물화석이 확인된 동굴유적이다. 석재는 각암을 가장 많이 이용하였다. 그 다음으로 석영, 유문암, 반암을 사용했는데, 주변 강가에서 모두 채집된 것이었다. 석핵 4점, 박편 30점, 작은 돌덩이 5점, 기타 완성된 석기 8점(망치돌, 긁개, 찍개) 등이 출토되었으며, 석기제작소로 추정하였다. 동물군 중에는 森林과 疏林에 서식하는 동물이 41.1%를 차지하고 초원형 동물이 41.4%였다. 일부 동물종으로 볼 때 현신세에 해당하는 종도 포함되어 있었다(陳全家·李其泰 1994).

(3) 乾安 大布蘇(그림 3-E, Dàbùsū)遺蹟

吉林省 乾安縣 大布蘇泡子 東岸의 가장자리에 위치한 세석기유적이다. 1950년대에 석기 몇 점이 발견된 이후, 1970년대에 孫建中, 姜棚 등이 지질과 고고조사를 실시했다. 1985년 6월에 중국 과학원 고척추동물과 고인류연구소에서 발굴을 실시하여 487점의 석기가 출토되었다. 모두 8개의 층위 중 석기가 출토된 층위는 6층이지만, 정확한 층위양상에 보고되지 않았다. 松嫩평원과 遼河평원의 사이는 嫩江이 위치한다. 1단구 상부의 고토양층에서 1,000점이 넘는 석기가 출토되었다. 세석핵과 세석인의 수량이 가장 많이 확인된 유적 중 한 곳이다.

박편으로 만든 석기는 많지 않지만, 석기제작과 관련된 부산물이 많다. 석재는 수석을 중심으로 석영, 단백석, 흑요석 등이 이용되었다. 석기 중 13%가 자연면을 지니고 있다. 세석핵은 4점으로 타면이 정교하게 조정되었다. 半원추형과 쐐기형으로 분류할 수 있다. 세석인도 121점이 출토되었다. 석기는 박편을 이용해 만들었고, 6종의 다양한 긁개가 확인되었다. 석기에 따라 눌러떼기로 제작된 것도 있다(姜棚(崔茂藏 譯) 2004, 孫建中 등 1984). 구석기시대 최말기 또는 10,000BP로 추정되는 유적으로 14종의 동물화석이 출토되었다. 大布蘇유적의 세석기의 특징을 董妸安은 7가지로 정리하였다(董妸安 1989).

(4) 大橋屯(그림 3-G, Dàqiáotún)遺蹟

吉林 楡樹縣 劉家鄉 大橋屯 大橋溝에 위치하는 野外유적이다. 남쪽 2km정도 떨어진 곳에 周家 油坊이 있다. 1988년 楡樹박물관과 吉林省 문물고고연구소에서 조사하였고, 1988년에 시굴조사했다. 층위는 모두 4개층으로 나누어진다. 최하층인 1층(회녹색뻘이 포함된 가는 모래층)에서 동물화석과 함께 석기가 출토되었다. 周家 油坊의 지층과 비교할 때, 이곳에서 출토된 석기와 포유동물화석은 1단구의 아랫부분에서 출토되었다. 현신세 지층에 속하지만, 후기구석기시대에 해당하는 것으로 파악하였다. 1988년 조사를 통해 젖먹이짐승 15종을 포함해 털코끼리, 털코뿔이, 오르도스큰뿔사슴 등 초식동물이 80%를 차지하였고 절멸동물은 많지 않았다. 森林이 稀少한 疏林이나 草原 환경시기에 형성된 유적이었다.

박편석기와 긁개가 많고 석재는 석영암, 맥석영이 76.5%를 차지했다. 석기는 17점으로 잔손질을 통해 외날가공한 것이 62.5%였다. 박편을 이용한 원형밀개는 석영암으로 만들어졌고, 배면에서 등면으로 조정한 것이 대부분이다. 석핵 6점은 單設타면과 多타면으로 나눌 수 있고, 대부분 직접떼기로 박리하였다. 석기 이외에도 깨어진 뼈조각들이 많이 출토되었다. 인공 타격흔을 지닌 것이 35점이며 완성된 뼈도구는 2점이다. 姜鵬은 이 유적이 후기 구석기시대, 즉 갱신세 만기에 속하는 이유에 대해 석기, 동물화석, 뼈도구, 최후하이에나가 깨문 흔적이 있는 뼈 등을 이용해 4가지로 정리하였다(姜鵬 1990).

(5) 前郭 靑山頭(Qīngshāntóu)遺蹟

吉林省 前郭縣 靑山頭에 위치하며 嫩江과 西遼河의 사이에 자리잡고 있다. 1981

년 吉林省 地震局 野外隊가 구조조사 중 확인한 유적이다. 1982년에는 吉林省 지질국구역지질조사대가 인골, 장식품, 동물화석을 발견하였다. 1983년에는 중국과학원 고척추동물과 고인류연구소, 吉林省 지질국구역 지질조사대, 吉林省 문물고고대가 조사하였다. 층위는 총 10지층 중 10~8층은 현신세 혹은 신석기시대지층이며 8층이 신석기시대에 해당하며, 제7~1층이 갱신세 만기에 속한다. 인골화석이 7층 윗부분에서 출토되었는데 C^{14}연대는 7층 상부가 10,940±170이 확인되었다. 이것들은 山頂洞人·下草灣人·柳江人과 같은 계통의 원시적인 특징을 지녔다. 지표에서 6점의 석기가 채집되었다. 그 중 새기개 1점, 긁개 1점, 박편 4점으로 모두 수석으로 만들어졌다.

포유동물화석은 제7층과 6층에서 출토되었다. 13개 속종 중 설치류 46%, 우제류 38%, 식육류 16%를 차지하며 絶滅動物도 5종 포함되었다. 하지만 털코끼리·털코뿔이 동물군과 유사하다. 그렇지만 출토유물 중 털코끼리가 없고 멸종비율이 적으면서 현생종이 우세한 것으로 볼 때 이러한 동물군의 과도기적 형태를 보여주었다(尤玉柱 등 1984).

(6) 長春 紅嘴子(Hóngzuǐzi)遺蹟

長春市에서 남쪽으로 8km 떨어진 幸福鄕 紅嘴子村에 위치한다. 1987년 長春市 지질학원에서 실습조사 때 발견되었다. 1990년대 초반에 吉林大學과 공동조사하였다. 층위는 정확하지 않으나, 흑회색 가는 사질점토층에서 석핵 1점, 박편 1점, 긁개 1점이 출토되었다. 긁개는 직접떼기로 양면가공되었고 날의 형태는 휘어졌다. 포유동물화석은 25점이며, 털코끼리, 곰, 들소 등이 출토되었다. 지층은 현신세에 속하지만 지질연대는 갱신세 만기에 해당한다(程新民 등 1993).

(7) 吉林 西山(Xīshān)遺蹟

1991년 吉林大學에서 처음 발견하여 지표조사로 석기 11점을 채집하였다. 1992년에 다시 석기 5점이 채집되어 모두 16점이 확인되었다(그림 3-D). 제3단구에서 유물은 출토되었다. 지층은 모두 4개층이다. 제3층에서 석기가 출토되었으나 동물화석은 나오지 않았다. 석재는 맥석영을 가장 많이 사용하였는데, 석기 총수량의 75%를 차지한다. 그 다음 규질암, 흑요석, 수정 순이다. 긁개가 가장 많다. 단타면 석핵, 뾰족한 칼, 박편, 양극떼기를 한 석핵 등이 있으며, 박편은 타면조정을 베풀기도 했다. 석핵은 자연면타면을 이용했다. 직접떼기한 것이 1점, 양극떼기에 의한 것이 2점이다(陳全家 1996).

(8) 蛟河 仙人橋洞(Xiānrénqiáodòng)遺蹟

吉林省 蛟河市 拉法鎭 小砬子山 仙人橋 아래에 위치한다. 1993년 吉林대학 고고학계의 야외조사 중 발견되었다. 그 해 시굴조사에서 인류가 불을 사용한 흔적과 석기를 발견하였다. 층위는 모두 3개 지층이다. 제1층에서만 끝이 뾰족한 긁개와 단순 긁개의 두 점(그림 3-F)이 출토되었으나 동물화석은 발견되지 않았다. 제2층에서 불을 사용한 흔적이 발견되었지만 인공유물은 나오지 않았다. 규질암과 화강암을 석재로 이용하였다. 직접떼기로 박리하였지만, 박편의 타면은 點狀으로 작은 것이 특징이다. 만기 갱신세에 해당하는 후기 구석기시대 만기로 설정하였다(陳全家 1996a).

(9) 抚松 仙人洞(Fǔsōng xiānréndòng)遺蹟

유적은 吉林省 撫松縣 東南쪽으로 2km 떨어진 곳이다. 1992년과 1994년에 조사가 이루어져 각종 포유동물화석과 석기를 발견하였다. 지층은 모두 3개층이다. 제1층과 제2층에서는 유물이 출토되지 않았지만, 최하층인 3층에서 석기와 포유동물화석이 출토되었다. 석기는 박편 2점, 긁개 2점, 자갈돌석기 1점 등이다. 석기 가공은 등면에서 배면쪽으로 주로 이루어졌다. 석재는 석영반암과 현무암을 주로 사용했다. 직접떼기로 떼어낸 박편을 이용해 박편제 석기를 제작하였다. 석기 유형은 大形석기군으로 동북지구 20여 군데의 유적 중에서는 가장 큰 석기를 제작한 석기군에 해당한다. 시베리아지역과 그 유사성이 주장되기도 한다. 동물화석은 털코끼리·털코뿔이 동물군에 해당한다. 초식동물군이 57%로 육식성동물군보다 조금 많다. 당시 仙人洞유적의 주변은 삼림초원환경으로 추정했다(姜鵬 1996, 王文興 1996).

(10) 輝南 邵家店(그림 6-13·14, Shàojiādiàn)遺蹟

吉林省 輝南縣 邵家店村 동북쪽 산비탈의 정상부에 위치한다. 2003년 발견되어 다음해에 소규모 시굴조사가 이루어졌다. 해발고도 414m이며 지표부터는 200m지점에 위치한다. 산비탈의 정상부는 비로 인해 삭평되어 기반암이 거의 드러나 있어 석기의 원래 층위를 찾지 못하였다. 두 차례조사에서 출토된 석기 57점 중 석핵 7점, 박편 23점, 완성된 석기 12점 등이 있다. 동물화석은 출토되지 않았다. 석영, 흑요석, 단백석, 수석, 유문암의 다섯 종류의 석재를 사용했다. 석재의 사용비율은 석영 45.6%, 흑요석 31.6%, 단백석 14% 등의 순이었다.

석핵 7점 중에는 박편을 이용한 배모양세석핵이 한 점 출토되었는데, 붉은 색을 띤 수석제로 길이 3.2cm, 폭 1.2cm, 두께 0.8cm에 타각은 80도이다. 세석인은 출토되지 않았다. 박편은 석영, 흑요석, 단백석, 수석으로 만든 것이 있고 석영이 가장 많은 수를 차지한다. 석기들의 타점 크기가 작은 것으로 보아 직접떼기 이외의 기법도 사용되었다. 석기 종류로는 각종 긁개, 사용흔이 있는 박편이 대부분이다. 중국 북방지역의 전형적인 석기제작기술을 사용한 석기군으로 대다수의 석기가 소형이면서 4cm이하이다. 마제석기와 토기편은 출토되지 않아 구석기시대 만기로 추정하였다(陳全家 등 2006a).

(11) 延邊 琢春 北山(그림 7-22~33, Zuóchūn běishān)遺蹟

吉林 琢春市 北山유적은 北山臺地 上에 위치한다. 2002년 吉林대학 邊疆考古研究中心에서 발견하여 소규모 시굴조사를 실시했다. 유적은 제2단구 위에 있다. 해발 114.1m, 서쪽으로 두만강까지는 4km 정도 떨어져 있다. 지층은 모두 3개층으로 석기는 2층(황색아점토층)에서 단 1점만 출토되었다. 나머지 석기 51점은 지표채집품이다. 석기 52점 중 석핵 3점, 박편 42점(세석인 1점 포함), 완성된 석기 7점이다. 흑요석, 유문암, 맥석영, 각혈암, 응회암을 석재로 사용했다. 흑요석 86.5%, 맥석영 5.7%, 유문암 3.8%, 각혈암 1.9%, 화산응회암 1.9%의 비율이다. 직접떼기와 양극떼기로 소형박편을 박리해 석기를 제작하였다.

琢春 北山유적은 구석기시대 후기의 세석인기술의 전통을 지닌 유적이다. 下川

유적을 대표되는 華北지역의 세석인기술전통의 영향을 받았으면서도 現地化된 면도 엿보이는 유적이다. 주변지역의 석기군과 비교하여 2만 년 전으로 보았다(陳全家 등 2006b). 출토된 유물 중에는 兩面調整된 찌르개로 추정되는 석기가 함께 출토되었기에 유적 연대는 후기 구석기시대 중엽까지 소급되기는 어렵다.

(12) 和龍 柳洞(그림 7-1~21, Liǔ dòng)遺蹟

두만강유역의 제2단구위에 위치하며 吉林大學 邊疆考古研究中心에서 2002년 발견하여 和龍市 문물관리소와 공동으로 2004년 발굴조사했다. 吉林省은 동남쪽이 높고 서북쪽이 낮은 형세를 보이는데, 동쪽의 백두산은 新華夏系 隆起帶에 속한다. 유적 지층은 5개로 나누어지며, 3층(회황색토)에서만 출토되었다. 석재는 흑요석이 93.6%를 차지하고, 유문암, 안산암, 마노, 이암, 각혈암도 사용되었다.

출토된 석기 142점 중 안정된 층위에서 출토된 것은 4점뿐이다. 석핵 10점은 양극떼기와 직접떼기로 만든 석핵 8점과 흑요석으로 만들어진 쐐기형 세석핵 2점이 있다. 박편은 69점으로 97.1%가 흑요석으로 만들어졌다. 타면은 자연면타면, 조정타면, 点타면의 형태로 남아있다. 석기는 30점으로 박편을 이용해 주로 제작되었다. 긁개류와 밀개가 가장 많은 비율을 차지한다. 석기 중에는 사용흔을 지니고 있는 것도 있다. 표면에 찍힌 흔적이 남아있는 대석 1점이 출토되었다(陳全家 등 2006c).

세석핵은 2005년 보고에서 추가로 3점(세석인을 박리하기 전의 예비소재)이 더 확인되어 모두 5점이다(陳全家 등 2005). 그러나 2점은 세석핵의 소재라기에는 형태가 거친데 반해, 나머지 1점은 등면과 배면에 양면조정함과 동시에 세석인박리면에 능조

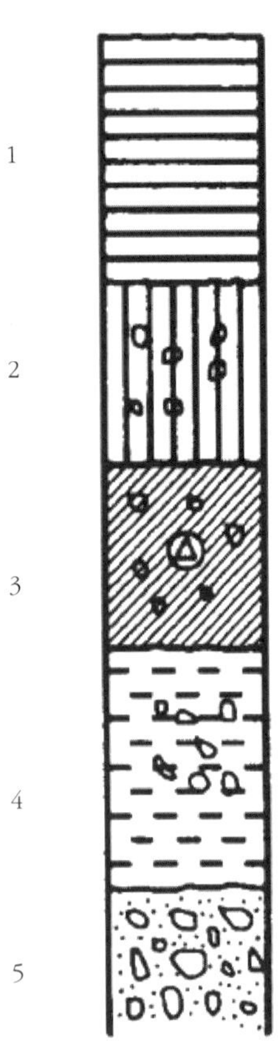

그림 3-1. 柳洞유적의 지층도(1층 흑색경작토, 2층 각력포함된 옅은 황색토, 3층 각력포함된 회황색토, 4층 각력포함된 황색토 5층 모래포함된 각력층)

정을 베푼 흔적이 남아 있다. 밀개는 박편의 끝을 조정한 것이다. 사각형과 역삼각형의 두 가지 형식이 있다. 전자는 배면에서 등면으로 조정해 인부를 만들었으나 후자는 양방향으로 조정하였다. 대각선 새기개, 찌르개 등 다양한 형식의 석기가 출토되었다.

(13) 延邊 和龍 石人溝(그림 8, Shíréngōu)遺蹟

和龍縣 龍城鎮 石人村의 서쪽 산의 제2단구에 위치한다. 동쪽으로는 백두산지의 신화하계 융기대에 속한다. 2001년과 2002년에 농민이 흑요석 박편석핵(무게 15kg)과 석인석핵(무게 3.5kg)을 신고하면서 유적이 알려졌다. 吉林大學 邊疆考古研究中心과 和龍縣문물관리소가 공동으로 2004년 조사를 실시했다. 석기는 4개 지층 중 지표의 1층을 제외한 2층(황회색점토층), 3층(모난돌이 포함된 사질황토층), 4층(모난돌이 들어있는 연한 황색토층)에서 출토되었다. 시굴조사에서 출토된 석기는 40점이며 모두 흑요석이다.

대형석핵은 길이 29.3cm, 폭 27.9cm, 두께 19.9cm, 무게 15kg으로 두 개의 타면을 지닌 것이다. 주요 타면의 길이는 29.3cm, 폭 27.9cm이며, 길이 18.9cm나 되는 대형박편을 박리했다(사진 1). 석인석핵은 길이 17.5cm, 폭 18.8cm, 두께 10.5cm이다. 3개의 타면을 지니며 타면조정을 거친 뒤 최대 17.0cm크기의 석인을 박리했다(그림 8-9). 그 외에도 세석인, 새기개가 출토되었다. 마제석기와 토기편은 출토되지 않았다(陳全家 등 2006d). 새기개스폴과 더불어 모서리형 새기개와 대각선새기개가 확인된다. 백두산 흑요석의 원산지를 밝힐 수 있는 아주 중요한 유적이다.

3) 黑龍江省地域

黑龍江지역은 동쪽과 북쪽이 러시아지역과 인접해 있고, 西쪽과 南쪽은 내몽고지역과 吉林省에 접해있다. 東北 三省 중 吉林省과 遼寧省을 합한 것보다 더 큰 면적을 차지한다. 黑龍江을 중심으로 松花江, 牧丹江을 비롯해 東南쪽으로는 烏蘇里江, 西北쪽으로는 嫩江이 위치한다. 中央은 얕은 구릉이나 평지를 이루는 반면, 동쪽으로는 小興安嶺이 위치한다. 서북쪽으로는 大興安嶺이 산맥을 형성하고 있다.

사진 1. 吉林 石人溝유적의 흑요석원석(29.3×27.9×19.9cm, 무게 15kg) *필자촬영

후기 구석기유적은 중앙의 松嫩平原에 위치한 哈爾濱市와 그 북쪽, 黑龍江省의 남동쪽의 동부산지에 많이 분포한다.

동굴유적은 遼寧省과 吉林省의 일부지역에 많이 분포한다. 黑龍江省의 경우 동굴유적의 예가 드문 반면, 야외유적의 비중이 높다. 현재까지 黑龍江省에서 확인된 구석기유적은 28곳이며, 그 중 14곳은 발굴조사가 이루어졌으나 나머지 유적은 지표채집된 곳이다. 松嫩평원의 주요유적은 荒山, 顧鄕屯, 閻家江, 靑和屯, 大興屯, 景星이다. 동부산지에는 交界·學田·小南山유적, 大興安嶺에는 十八站·老溝河·老卡·碾子山유적이 분포한다. 또한 松嫩평원에서 지표채집된 유적으로 東輔廳, 沙曼屯, 万家, 半拉城子, 肇東澇州, 四方臺, 海伦鎭유적과 동부산지에 双鴨山, 寶淸, 東寧, 延壽, 賓懸居仁, 小嶺유적이 있다(叶啓曉 2004).

黑龍江省에서 가장 오래된 구석기유적은 阿城市 交界유적으로 약 17만 년 전으로 추정되고 있다. 東北 三省에 위치한 구석기유적 중에서 가장 북쪽에 위치한 前期 구석기유적으로 알려져 있다. 그 외 유적은 대부분 후기 구석기시대에 해당한다.

(1) 荒山(그림 4-A, Huāngshān)遺蹟

黑龍江省 哈爾濱市에 위치한 야외유적이다. 1936년 석기와 털코뿔이·털코끼리 동물군의 화석, 1953년·1957~1959년에는 석핵과 동물화석, 1960년에는 인공흔이 있는 뼈조각, 1964년에는 1점의 석기와 털코끼리·털코뿔이·첫소, 1975년에는 석기와 많은 수의 동물화석, 1979년에는 골각기와 동물화석이 확인되었다. 석기는 박편 3점을 포함해 긁개 4점, 찌르개 3점, 새기개 1점이 출토되었다. 절대연대(C14)는 30,000~23,860BP이다(潭英杰 1982). 荒山유적에 대한 정식보고서가 발간되지 않아 정확한 발굴상황과 출토층위는 알기 어렵다.

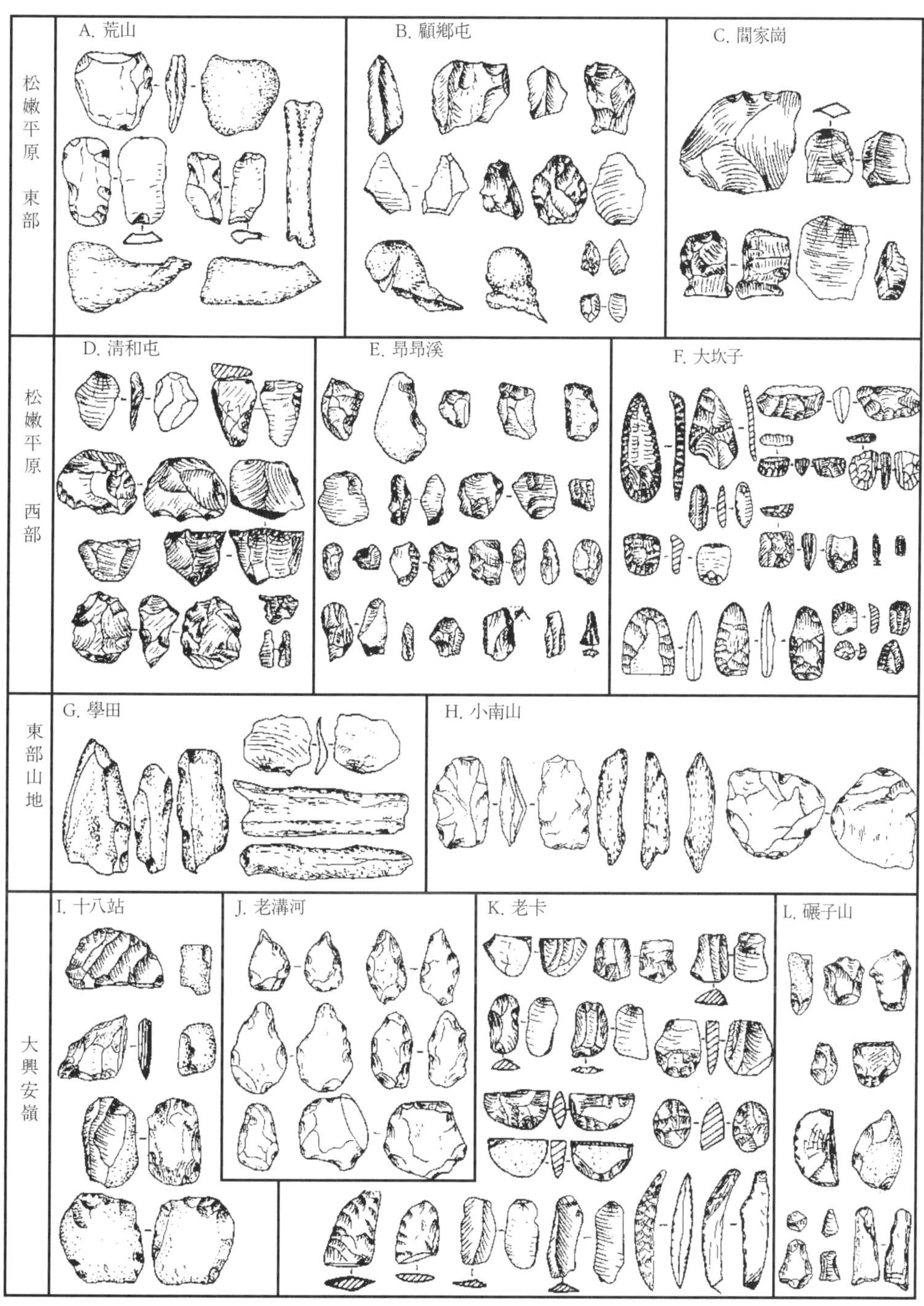

그림 4. 黑龍江省地域의 後期 舊石器時代 主要 石器群(縮尺不同) : 叶啓曉 2004에서 轉載

(2) 顧鄕屯(그림 4-B, Gùxiāngtún)遺蹟

黑龍江省 顧鄕屯유적의 松花江 右岸에 자리잡고 있다. 해발 125~140m에 위치한다. 1930년 봄에 농민이 동물뼈 한 점을 발견하여 黑龍江省박물관에 신고했다. 1931년 E.E.Ahnert와 A.S.Loukashikinjin이 시굴조사했다. 1933년에서 1957년까지 모두 8차례 발굴조사가 이루어졌다. 모두 6개 층으로 이루어져 있다. 층위는 1층(가는모래)은 짐승화석, 2층(연한노란색 가는모래층)은 털코끼리뼈와 문화유물, 3층(검은 모래층)은 동물화석, 4층(연한노란색 모래층)은 동물화석, 5층(연회색 고운모래점토층)은 조가비와 동물화석, 6층(검은찰흙층)으로 나뉜다. 석재는 현무암을 가장 많이 사용했고, 처트, 석영, 벽옥, 옥수 등이 이용되었으나 석재의 질은 좋지 않다. 석기는 14점으로 그 중 버들잎모양석기, 세석기, 긁개, 밀개 등이 출토되었으며, 대개 3~6cm 정도의 크기이다. 직접떼기와 양극떼기를 주로 활용하였고, 타면조정과 二次加工의 흔적이 남아있다. 뼈도구 216점, 뿔도구 4점, 짐승치아로 만든 도구 11점이 확인되었다. 뼈에 새겨진 그림도 4점이 출토되었다. 털코끼리-털코뿔이동물군에 해당한다. 연대는 4만 년~2만 년 전으로 추정하였다(姜棚(崔茂藏 譯) 2004, 裵文中 1954, 孫建中 1988).

(3) 昂昂溪 大興屯(그림 4-E, Ángángxī dàxīngtún)遺蹟

黑龍江省 齊齊哈爾市 大興屯 昂昂溪유적의 강의 둔덕에 위치한 유적이다. 1928년 철도가설 중 러시아군이 細石器가 출토되는 신석기유적을 발견한 이후, 1930년부터 1982년에 걸쳐 5차례 조사가 이루어졌다. 층위는 모두 4개층이다. 2층(황색모래)에서 갱신세만기의 퇴적층 상부에서 동물화석, 석기, 재와 불탄뼈가 발견되었다. 1층에서 출토된 짐승화석을 이용한 절대연대는 11,800±150BP로 밝혀졌다.

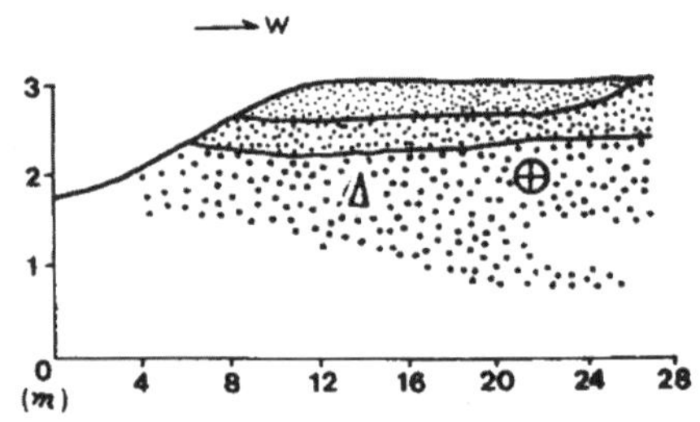

그림 4-1. 大興屯유적의 단면도

포유동물의 화석은 1981년부터 9종, 11종, 11종이 각각 확인되었다. 들말, 들소, 첫소와 같은 사멸종과 더불어 육식류가 없는 것이 특징이다.

석기 60점 중에는 燧石을 가장 많이 사용했다. 석영과 화성암도 드물게 사용하였으며 주로 강에서 채집하여 공급하였다. 석핵 7점, 박편 44점, 부스러기 3점, 석기 6점으로, 특히 세석핵, 세석인 등이 출토되었다. 세석핵은 靑色頁巖으로 원추형에 가깝다. 불에 탄 뼈와 재층이 발견되어 불을 상당히 자유롭게 다루었던 집단으로 파악되고 있다(高星 1988). 박리기법은 직접떼기, 눌러떼기, 양극떼기가 사용되었고, 縱長剝片을 이용한 석기가 많은 것이 특징이다.

(4) 十八站(그림 4-l, Shíbāzhàn)遺蹟

黑龍江省 呼瑪18站의 大興安嶺 北部의 黑龍江 支流 呼瑪江의 단구상에 위치하는 4곳의 후기 구석기유적으로 중국 내 구석기유적 중 最北端에 위치한 유적이다. 1975년과 1976년은 중국과학원 고척추연구소와 黑龍江省박물관이 공동으로 조사하여 석기 1070점을 확인하였다. 1979년은 중국 사회과학원 고고연구소와 黑龍江省박물관이 석기를 채집하였다. 그 중 제1지점이 유물이 가장 풍부하였다. 모두 4개층 중 제3층(황갈색사력층)에서 석기가 출토되었다. 4개 지점 중 석기는 모두 2층과 3층에서 주로 출토되었다. 석기 천여 점 중 석핵, 박편, 긁개, 새기개 등 많은 박편석기가 확인되었다. 석재는 現地의 응회암, 수석, 유문암 등이 이용되었다. 세석기는 수량이 적지만, 형태와 형식, 예비조정과정으로 미루어 볼 때 상당히 기술적인 정형화가 이루어졌다.

下川·虎頭梁·昂昂溪大興屯·西八間方유적 등과 깊은 관련이 있는 것으로 보고되었다. 2005년 5월과 6월에 중국 과학원 고척추동물과 고인류연구소와 黑龍江省문물고고연구소가 공동으로 75075지점을 조사하였다. 모두 4개 층위 중 제1층은 유물이 출토되지 않았다. 제2층은 석기는 출토되었으나 토기는 확인되지 않았다. 제3층은 석기가 출토되었으나 제4층은 유물이 출토되지 않았다. 석기는 모두 41점이 출토되었다. 주로 일반적인 박편, 석인, 석핵, 긁개, 자갈돌석기 등이다. 세석기는 출토되지 않았다(于汇歷·張曉凌 2006, 魏正一·干志耿 1981).

(5) 淸和屯(그림 4-D, Qīnghétún)遺蹟

　訥河市 淸和鄕 淸和屯에 위치한다. 嫩江의 상류 해발 280~290m에 있다. 1960
년 黑龍江省 문화국이 嫩江 沿岸의 고고조사 때 지표에서 석기를 채집한 제1지
점과 1993년 訥河市 문물국관리소가 석기를 발견한 제2지점이 있다. 제1지점은
1993년 黑龍江省 문물연구소가 발굴조사하였다.

　제1층은 경작토로 석기와 소량의 모난 자갈돌이 포함되어 있다. 제2층은 황토상
점토층으로 석기와 박편, 모난돌이 함께 출토되었다. 제3층은 유물이 출토되지 않
았다. 석기는 72점으로 제1지점 10점, 제2지점 62점이다. 그 중 제2지점의 14점을
제외하면, 석기는 모두 지표나 경작층에서 채집되었다. 석기 종류에는 석핵 19점(여
러면 석핵 15점, 배밑모양석핵 3점, 추형석핵 1점), 박편 37점, 찍개 5점, 긁개 8점, 망치돌
2점, 새기개 1점 등이며 녹색규질암을 이용해 석기를 만들었다. 토기편과 세석기는
확인되지 않았다. 제2지점의 지층연대를 기준으로 2.1~0.8만 년 전으로 추정하였
다(于汇歷 1996).

(6) 小南山(그림 4-H, Xiaonanshan)遺蹟

　黑龍江省 遼河 小南山 烏蘇里江에 위치한 야외유적이다. 1980년에 중국 고척추
동물과 고인류연구소에서 발굴조사하였다. 모두 6개층으로 2층(회갈색점토층)에서
석기와 털코끼리뼈가 출토되었다. 나머지 층에서는 유물이 발견되지 않았다.

　화산응회암을 이용해 만든 외날긁개 1점과 주먹도끼모양 석핵 1점이 출토되었다.
대부분 중소형석기 중심으로 화산응회암을 주로 이용하였다. 뼈로 만든 1점의 찌
르개와 여러 개체의 털코끼리뼈가 다량으로 출토되었다. 문화층에서 출토된 석기
가 많지 않아 정확한 석기양상을 파악하기는 어렵지만, 소형석기유형(周口店문화계
통)에 속하며, 14C연대는 13,000±460BP이다(楊大山 1981).

(7) 漠河 老溝河(그림 4-J, Lǎogōuhé)遺蹟

　黑龍江省 漠河縣 老溝河 南岸1-2둑에 위치하는 야외유적으로 중국의 最北部에

위치하는 유적 중 하나이다. 1981년 군인이 석기를 발견하여 黑龍江省박물관에 신고하여, 黑龍江省박물관이 조사를 통해 석기를 발굴하고 賈蘭坡의 감정을 통해 구석기유적으로 알려지게 되었다. 모두 4개의 지층이 확인되었다.

석기는 제3층 황토상점토 내부에 일부 작은 돌이 끼어있는 층에서 출토되었다. 석기는 황색사암과 석영암을 이용하였으며 주변의 석재를 활용하였다. 모두 14점 중 석핵 4점, 찍개 2점, 찌르개 7점, 긁개 1점으로 분류되었고, 크게 중소형의 찌르개와 긁개로 양분할 수 있다. 석핵은 모두 자연면타면에 작업면은 여러 차례의 박리가 이루어진 흔적이 남아있어 비교적 이용율이 높았다. 보고자는 이 유적의 성격을 十八站유적과는 다소 차이가 있는 것으로 보고 小南山유적의 지층연대와 비교하여 대략 2만 년 전으로 추정하였다(楊大山 1982). 또한 대형석기 문화유형과 지층을 근거로 약 4~3년 전으로 보는 연구자도 있다(叶啓曉 2004:53)

(8) 閻家崗(그림 4-C, Yánjiāgǎng)遺蹟

黑龍江省 哈爾濱市 閻家崗 松花江지류에 제2단구에 위치하는 야외유적이다. 1982년 哈爾濱市 문물고고공작반 조사 때 동물뼈를 발견하였다. 1982년~1983년에는 黑龍江省 문물공작대, 黑龍江省박물관, 哈爾濱市 文物管理站이 발굴하였다. 1984~1985년에는 중국과학원 고척추동물과 고인류연구소가 발굴함으로써 모두 4차례에 걸쳐 조사되었다.

1982년과 1983년의 발굴보고에 따르면, 1982년에는 모두 6개층으로 3층과 4층에서 포유동물화석이 출토되었다. 1983년에는 4개층 중 TA3구덩이의 2층(황토상아사토)과 1층(가는모래층)에서 석기가 몇 점 출토되었으나 위치가 정확하지 않다. 동물표본은 모두 2,500여 개이다. 척추동물화석 31종은 초식동물이 중심이고 털코끼리, 물소, 들소, 캐나다말사슴 등 멸종동물이 25.9%에 이른다. 꽃가루조사결과, 초원성의 메마르고 서늘한 기후로 현재보다 기온이 다소 낮았다.

석기 9점은 찍개, 긁개, 박편 등이다. 석재는 차돌, 부싯돌, 반암, 응회암, 화강암, 장석암을 이용했다. 뼈도구는 찌르개 17점, 자르개 6점이 출토되었다. 둥근 형태의 집터가 4개가 20~40m 간격으로 설치되어 있었다. 14C연대는 22,370±300BP가 확인되었다(于汇歷·尤玉柱 1988, 魏正一·楊大山 등 1986, 尹开屛·魏正一 1990).

(9) 學田(그림 4-G, Xuétián)遺蹟

黑龍江省 伍常縣 學田村에 위치하며 松花江 지류의 제2단구에 위치하는 야외 유적이다. 1986년 발견되어 1986년 말에 黑龍江省문물고고연구소에서 H8601과 H8602지점을 발굴한 이후 모두 4차례 조사되었다. H8601지점은 5개층, H8602지점은 8개층으로 나눌 수 있고, 두 지점은 층위퇴적물의 구성, 화석의 출토층위, 석화정도와 포유동물화석의 종류는 기본적으로 일치한다.

이 유적에서는 동물화석 2,300여건이나 출토되었지만 석기는 1986년에 3점, 1993년 10점밖에 출토되지 않았다. 1986년 조사된 H8601지점에서 확인된 4개 지층 중 2층(회록색 뻘층)에서 인골, 짐승뼈, 석기가 출토되었다. 松花江털코끼리, 들말, 털코끼리, 사슴과, 털코뿔이, 식류류, 들소 땅쥐가 분류되었다. 사멸종 3종이 발견되어 당시의 기후가 한랭한 빙하주변의 동토지대였음을 알 수 있었다. 털코끼리화석이 전체의 80%이상을 차지하였다. 인근의 周家 油坊유적과 비슷한 시기로 추정하였다. 동물화석의 분석으로 포유동물의 성인개체가 적고 어린개체의 동물뼈의 출토량이 많고 머리뼈나 이빨 등 특정부위가 많은 것을 근거로 인류의 수렵활동과 연관지워 해석하였다(于匯歷 1988).

(10) 老卡(그림 4-K, Lǎokǎ)遺蹟

黑龍江省 呼瑪縣 三卡鄉 老卡村에서 西北쪽으로 약 200m 정도 떨어진 곳에 위치한다. 유적의 東쪽에 黑龍江이 있다. 1989년 黑龍江省 문물고고연구소에서 조사했다. 인류화석과 포유동물화석은 출토되지 않았지만, 지표에서 53점의 석기를 수습하였다. 정확한 층위는 알려지지 않았다. 석재는 규질암, 유문암위주로 소량의 단백석과 마노도 있었다. 직접떼기를 기본으로 양극떼기와 간접떼기를 함께 사용하였다. 박편과 석핵 중에는 자연면타면이 적었다.

석기 기종은 간단하다. 대형석기는 찍개가 있고 소형석기는 긁개, 찌르개가 있다.

박편 중에는 소량의 석인도 포함되어 있다. 주요 석기는 석핵, 박편, 공구의 세 가지로 분류할 수 있다. 석핵 3점은 모두 單타면이며, 박편 35점은 직접떼기로 떼어졌고 그것의 형태는 모두 불규칙적이다. 찍개, 긁개, 찌르개가 있으며 찌르개는 부분적으로 눌러떼기가 사용되었다.

昻昻溪유적 大興屯, 十八站유적 등의 후기 구석기유적과 비교하여 기술적으로 다소 원시적이다. 소형찍개, 긁개, 작은 박편으로 볼 때 華北의 小石器문화전통에 해당하는 것으로 보아 大興屯유적이나 十八站유적보다는 다소 이른 것으로 알려져 있다(趙賓福 2003, 黑龍江省文物考古硏究所 1996). 또한 석기와 크기 등을 분석하여 周口店-峙峪系 文化傳統으로 보기도 한다(叶啓曉 2004).

(11) 碾子山(그림 4-L, Niǎnzishān)遺蹟

大興安嶺의 동쪽 山麓의 아래쪽에 있는 齊齊哈尓市 碾子山의 동남쪽의 끝에 위치한다. 1983년과 1984년에 걸쳐 齊齊哈尓市 文物管理站이 발견하였다. 黑龍江省박물관과 공동으로 25개 지점을 조사하여 석기 321점, 동물화석 30점을 확인하였다. 대부분의 화석과 석기는 지표상에서 채집되었으나 일부 유물은 경작토와 흑색 및 흑황색 사질토층의 점토층에서도 출토되었다.

출토된 화석은 털코끼리, 동북들소, 진씨영양, 멧돼지, 사슴, 반양으로 6종이 확인되었고 털코끼리와 털코뿔이 동물군에 속하는 것들이다. 석기는 석핵 8점, 찍개 50점, 찌르개 15점, 자르개 10점, 긁개 59점, 그물추 1점, 박편 168점, 떼진 흔적이 있는 돌 10점이다. 직접떼기와 간접떼기로 주로 만들어졌으며 가공은 거친 편이다. 장석반암과 응회암을 석재로 사용하여 대형 찍개, 대형 찌르개, 박편 등을 제작하였다. 세석기도 출토되었는데 수석, 석수, 마노, 규질암 등으로 만들어졌다(叶啓曉 2004).

3. 석기군의 종류와 변천

1) 石器群의 種類

표 1. 東北 三省의 후기 구석기시대 석기군의 종류

석기군의 분류	석기군의 특징	공반유물	대표유적
비석인계 박편석기군	•직접떼기를 통해 박리된 불규칙 박편을 이용해 석기제작 •석영암, 맥석영, 각암, 판암, 현무암을 중심 석재로 사용해 대형석기와 소형석기제작 •비율은 낮지만, 석영 이외에도 수석처럼 다양한 석재를 사용하여 석기를 제작 •기종구성에서 긁개를 가장 많이 제작 •기부가 가공된 찌르개는 확인되지 않음 •불규칙 박편석기의 비율이 높아짐	불규칙박편, 찌르개, 긁개, 밀개, 구심박리 석핵, 역기, 찍개 등	小孤山, 學田, 周家油坊, 淸和屯, 閻家崗, 壽山 仙人洞, 九站西山, 大橋屯, 荒山, 下白龍
세석인석기군	•석영보다는 수석, 유문암, 흑요석 등을 석재로 이용 •북방계 세석인관련, 양면조정 또는 박편의 배면을 이용하여 예비조정 •전형적인 쐐기형 세석핵의 제작 •전형적인 새기개와 밀개의 제작	세석핵, 세석인, 긁개, 밀개, 새기개, 석인 등	十八站, 顧鄕屯, 昻昻溪, 大興屯, 大布蘇, 西八間房
백두흑요석석기군	•박편을 이용한 중·소형석기의 제작 •백두산흑요석을 석재로 사용 •흑요석의 교류 또는 이동이 확인됨 •석인을 이용한 가공류의 석기가 많음 •석기제작 때 잔손질의 빈도가 높고, 양방향 조정이 많음 •양면조정방식이 사용됨	석인, 세석핵, 세석인, 긁개, 새기개, 밀개, 양면조정찌르개 등	柳洞, 北山, 石人溝

석기의 소재가 되는 박편(세석인포함)의 제작방법과 석재의 선택방법을 기준으로 〈표 1〉과 같이 非石刀系 剝片石器群, 細石刀石器群, 白頭黑曜石石器群으로 분류할 수 있다. 기존에 소형박편 석기군으로 분류되어 온 비석인계 박편석기군은 주변지역과의 기술적인 구분을 위해 석인관련유물이 출토되지 않는 점 등을 고려해 非石刀系라는 용어를 사용하였다. 백두흑요석석기군의 경우 넓은 의미에서는 세석인석기군에 포함될 수 있다. 하지만, 吉林省지역을 중심으로 백두산흑요석으로 추정되는 석재사용이 특정 시점에 나타나고 있어 그 문화상이 기존의 세석인석기군과는 다소 차이가 있어 새로운 석기군으로 설정하였다.

(1) 非石刃系 剝片石器群

　중국 동북지역은 遼寧省의 廟后山(16만 년 전)유적, 金牛山(28만 년 전)유적, 黑龍江省의 阿城 交界(17만 년 전)유적이 있어, 동북지방에는 20만 년 전 부터 인류가 살았음을 알 수 있다.

　특히 廟后山유적은 원석을 그대로 이용한 석핵석기의 예가 드문 반면, 대형박편의 넓은 박리면을 활용해 석기를 제작하기도 하였다.[2] 소형박편을 얻기 위해서는 동일한 타면에서 연속적으로 박리하여 박편의 등면에 자연면이 남아 있지 않고, 타면을 형성한 뒤에 박리한 점은 발달된 기술적 양상이다. 金牛山유적도 유물의 출토수량이 많지는 않지만 석영과 맥석영을 주로 이용해 긁개와 소형찌르개, 박편 등을 제작하였다. 吉林省의 新鄕砖場유적의 대형박편을 이용해 만든 주먹도끼(그림 3-A)는 절대연대가 6.2 ± 0.6만 년 전으로 확인되어 중기 구석기시대로 판명되었다(陳全家 1996b).

　후기 구석기시대에 들어선 이후에도 일정 기간 동안 이러한 전통이 계승되어 小孤山유적 4층, 小南山유적과 老溝河유적처럼 대형박편을 이용해 석기를 제작하는 석기전통이 우세하였다.

　결국 동북지역의 후기 구석기시대 이전의 석기군은 석영을 핵심적인 석재로 사용하였다. 석핵석기와 소형 박편을 이용한 긁개류가 대표기종으로 제작되었지만, 석인과 같은 종장박편계열의 석기군이 확인되지 않는 것이 특징이다. 전반적으로 석기의 구성이나 제작상의 차이가 크지 않은 점으로 볼 때 기술적인 동질성을 보유했던 시기였다.

---

2 遼寧省의 遼寧省박물관과 遼陽박물관에 나누어져 유물이 전시되고 있다.

표 2. 遼寧省지역의 비석인계 박편석기군의 석기조합상과 특징

遺跡名	出土層位	遺蹟形態	出土遺物	石材	技術的特徵	뼈도구	動物相	參考文獻
遼寧丹東前陽	모난돌이 포함된 황색 점토층	동굴	석기 3점: 소형찍개, 박편	맥석영, 석영암, 안산암	박편석기군	모름	동물군 18종으로 현생종중심 *인골화석출토	林一璞 등 1985
遼寧喀左二布尺	퇴적층 불안정	동굴	석기 4점: 박편 1점, 긁개 3점	수석, 마노	소형석기 제작전통	1점	동물화석 10여 종	叶啓曉, 2004
遼寧古龍山洞窟	4층 중 1층 (붉은색 점토층)	동굴	긁개 2점, 박편 1점, 석핵 1점	석영암	소형박편석기로 긁개위주의 석기를 제작, 불규칙박편석기군	찌르개, 새기개 등 다양한 종류가 출토됨	수만점 이상이 출토됨, 털코끼리와 코뿔소 동물군	周信學 등 1984 尤玉柱 1985 周信學 등 1990
遼寧小孤山	5층 중 4층~1층에서 유물 출토	동굴	석핵, 박편, 석구, 찌르개, 뚜르개, 새기개, 찍개, 긁개	맥석영(가장 많이 사용), 석영암, 옥석	석영계 석기로 대형석기와 소형석기가 혼재 석인과 세석인 관련 유물확인 모호	바늘, 작살, 창끝 찌르개 등	식육류와 우제류가 71.5% 38종(털코끼리, 수달, 들소, 물소, 사슴, 털코뿔이 등)	張鎮洪 등 1985 黃尉文 등 1986
遼寧沈家臺	모름	야외	타제석기	마노, 석영암	박편석기군	모름	늦은 갱신세 중기	潭英杰 1982

중기 구석기시대에 소형박편석기를 제작한 대표적인 유적으로는 鴿子洞유적이 있다(鴿子洞發掘隊 1975). 석재 종류가 다양하고, 석기는 자연면을 이용한 타면이 많기는 하지만, 박리타면도 사용하였다. 불규칙박편을 이용한 톱니날석기가 가장 많이 제작되고, 그 외 홈날석기가 확인되었다. 이곳의 사례로 본다면, 중기 구석기시대 후반부터는 석기의 소형화와 석재에 대한 새로운 선택기준이 발생했음을 엿볼 수 있다. 그렇지만, 北京이나 泥河灣지역의 유적처럼 후기 구석기 전반에 종장박편을 지향하는 박리기술로의 변화는 일어나지 않는다.

앞선 시기와 유사하게 석영, 맥석영, 각암, 현무암 등을 주요 석재로 사용하였다. 대부분 비석인계 불규칙박편으로 박리의 규칙성은 물론 석기의 규격성도 관찰되지 않는다(그림 5). 이러한 사실은 석재의 효율적 이용과 생산된 박편의 규격성을 보장받지 못한다는 측면에서 이 지역 석기군의 기술적 한계를 엿볼 수 있다.

사진 2. 鴿子洞출토 중기구석기시대의 박편석기

　따라서 동북지역의 비석인계 박편석기군은 후기 구석기시대 이전부터 소형박편 석기에 대한 제작개념과 기술공정을 보유한 상태였다. 〈표 2〉와 〈표 3〉의 석기의 종류나 특징을 보더라도 現地의 기술을 토대로 발전한 것이지 다른 전통의 영향을 받아 생성된 것은 아니었다. 遼河지역 중 吉林省 동부지역은 다른 지역보다 비 석인계 박편석기군이 발달한 지역으로 석영을 이용한 석기전통이 매우 강하였다. 특히 遼河의 동쪽지역은 아직 세석인관련 유적이 발견되지 않았고, 서쪽도 西八間 房유적 외에는 없다.

　前期와 中期 구석기시대 석기제작전통을 이어받은 동북지역 석기군은 〈표 2·3〉 의 출토유물에서 알 수 있듯이 주변지역에 위치한 한국의 고례리·수양개·진그늘 유적, 러시아의 우스티노프카유적(小畑弘己 2004) 등에서 출토된 稜調整[crest]기법과 관련된 석기가 출토되지 않는다(장용준 2004·2006).

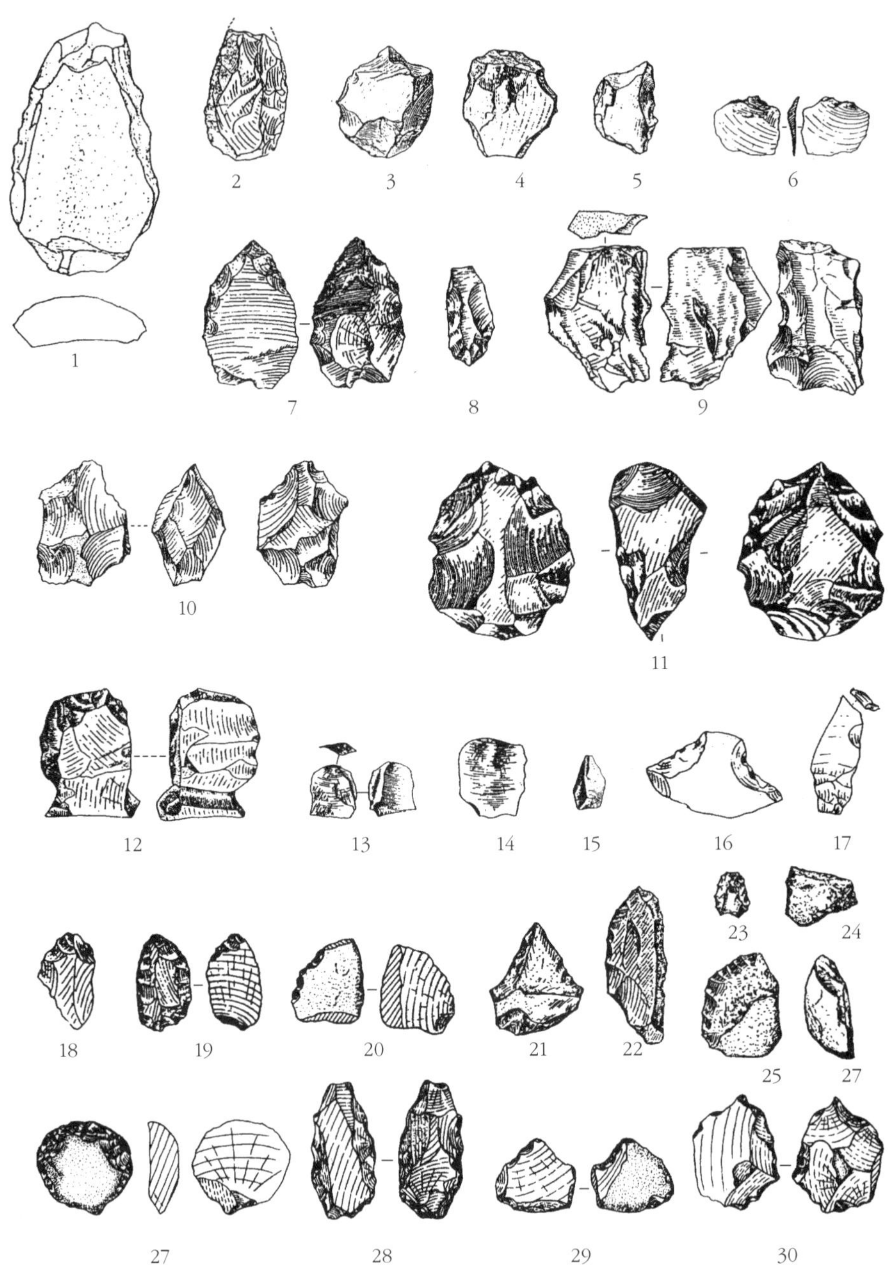

그림 5. 비석인계 박편석기군
1~5.小孤山(張鎭洪 등 1985) 6.學田(于滙歷 1988) 7~10.周家 油坊(孫建中 등 1981) 11.淸和屯(于汇歷 1996) 12~15.閻家崗(魏正一 1986) 16·17.壽山 仙人洞(陳全家 1994) 18~20.九站西山(陳全家 1996) 21~26.大橋屯(姜鵬 1990) 27~30.下白龍(陳全家 등 2004)

遼寧省지역은 석기의 수량이 적지만 긁개류가 중심이고, 吉林省은 긁개, 밀개, 찌르개 등 기종이 다양하면서 석기제작의 증거인 석핵이 출토되고 있고 黑龍江省은 석핵, 긁개, 찌르개와 함께 역기의 비중이 높은 게 특징이다. 찌르개는 확인되지만 한반도에서 출토되는 슴베찌르개剝片尖頭器와 같은 수렵구의 출토량이 상대적으로 적은 것도 특징이다. 東北 三省지역은 박편석기 중에서도 소형석기가 우세하고 긁개류같은 가공구가 주로 제작되는 예가 많다. 풍부한 동물뼈에 비해 석기의 출토량이 적고 정형성이 떨어지는데, 대체로 종장박편이나 석인을 박리하기에 石材의 質이 좋지 않으며 출토된 석기 중에서도 균질제 석재가 별로 확인되지 않는 사실에서도 알 수 있다(표 2·3).

표 3. 吉林省과 黑龍江省의 비석인계 박편석기군의 석기조합상과 특징

遺跡名	出土層位	遺蹟形態	出土遺物	石材	技術的特徵	뼈도구	動物相	參考文獻
吉林 長春 紅嘴子	흑회색의 가는사질 점토층	야외	석핵, 긁개	모름	직접떼기	모름	유동물화석은 25점, 털코끼리, 곰, 들소	程新民 등 1993
吉林 周家 油坊	모름	야외	석핵, 박편, 긁개, 밀개, 찌르개 등 21점(제1지점출토), 지표 4점	현무암(가장 많음), 안산암, 맥석영, 유문암	르발르와형식과 유사한 양면조정된 석핵, 자연면타면과 박리면타면을 이용	찌르개, 굴지구 등 51점	첫소, 들소, 털코끼리, 털코뿔이 등 35종	孫建中 등 1981 趙賓福 2003
吉林 壽山 仙人洞	모름	동굴	석핵, 박편, 망치돌, 긁개, 찍개	각암(가장 많이 사용), 석영, 유문반암, 석영암	직접떼기와 양극떼기를 사용	모름	초원형동물	陳全家 등 1994
吉林 楡樹 大橋屯	1단구 아래	야외	석기 17점: 석핵, 박편석기, 긁개, 원형밀개, 석영암제 찌르개 2점	석영암과 맥석영이 76.5%차지	가공은 배면에서 등면으로 조정, 단설타면과 다타면, 대부분 직접떼기로 박리	뼈찌르개, 상아제 긁개 등	포유동물 15종, 털코끼리, 털코뿔이, 오르도스큰뿔사슴 등 초식동물이 80%	姜棚 1990

吉林 前郭 靑山頭	7층 상부	야외	지표에서 6점: 새기개 1점, 긁개 1점, 박편 4점	수석	박편석기군	모름	인골화석, 설치류 46%, 우제류 38%, 식육류 16%를 차지하며 절멸동물도 5종 포함	尤玉柱 등 1984
吉林 西山	제3단구 3층	야외	석핵 3점, 박편 5점, 석괴 4점, 긁개 등 4점	석영, 규질암 등	직접떼기와 양극떼기가 사용됨, 불규칙박편석기	없음	없음	陳全家 1996
吉林 蛟河 仙人橋洞	3층 중 제1층	야외	끝이 뾰족한 긁개와 단순 긁개	규질암, 화강암	불을 사용한 흔적, 직접떼기로 박리했지만 간접떼기를 사용했을 가능성도 있음	없음	없음	陳全家 1996
吉林 下白龍	6층 중 1층	야외	석기 31점: 석핵, 박편, 둥근밀개, 긁개, 역기, 찌르개	판암(가장 많이 사용) 안산암, 유문암, 현무암, 사암, 석회암, 각암	석기는 주로 판암으로 제작, 직접떼기, 자연면타면과 조정타면	없음	없음	陳全家 등 2004
吉林 抚松 仙人洞	3층 중 3층	동굴	박편 2점, 긁개 2점, 찍개 1점	석영반암, 현무암	직접떼기, 박편석기우세, 등면에서 배변쪽으로 조정		최후하이에나, 곰, 야생마, 야생돼지 등(털코끼리-털코뿔이동물군)	王文興, 1996 姜棚 1996
黑龍江 龍江 景興	지표채집	야외	석기 250점	수석, 마노, 석영	직접타격, 간접타격, 눌러떼기로 가공	없음	포유동물화석 5종	叶啓曉 2004
黑龍江 碾子山	지표, 표토, 점토층	동굴	석핵, 찍개, 찌르개, 자르개, 긁개, 그물추, 박편, 쐐기형소형석핵	장석반암, 응회암, 수석, 석수, 마노, 규질암	불규칙박편석기, 세석기, 소형 각주형 석핵	없음	털코끼리, 털코뿔이, 영양 등	叶啓曉 2004
黑龍江 漢河老溝	제3층	야외	석핵, 찍개, 찌르개, 긁개, 박편	사암, 석영암	자연타면, 직접떼기가 주요한 조정수법, 중대형의 박편을 많이 생산	없음	없음	楊大山 1982
黑龍江 小南山	제5층(담회황색점토층)	야외	한날긁개, 도끼형석핵 등 모두 2점	화산응회암	출토수량이 적어 기술수준을 알기 어려움	골기	털코끼리	楊大山 1981

黑龍江 闡家崗	모름	야외	찍개, 단인긁개, 박편	석영암, 흑색 프린트, 차돌, 부싯돌, 반암, 웅회암, 화강암, 장석암	대형박편석기와 소형박편석기가 혼재한 양상	찌르개, 자르개 등 골제품 100여 점 (직접타격 으로 제작 됨)	삼림형종류 25%, 초원형종류 71.2%(털코끼리, 松花江털코끼리, 동굴하이에나, 물소, 들소, 캐나다 말사슴)	黑龍江省 文物管理 委員會 등 1987 魏正一 등 1986
黑龍江 學田	회록색 뻘층, 제3·4층	야외	박편	석영암, 담황색비세암(유문암)	소형박편 1점만 보고되어 알기 어려움	투창용 첨상기, 뼈창	松花江털코끼리, 들말, 털코끼리, 사슴과, 털코뿔이, 땅쥐, 들소	于匯歷 1988 叶啓曉 2004
黑龍江 淸和屯	제1층, 제2층 *2지점 2층출토 14점을 제외하고는 모두 지표채집	야외	제1지점 10점 제2지점 62점 다면체석핵, 배밑모양석핵, 추형석핵, 박편, 찍개, 긁개, 망치돌 등	갈색규질암, 회색혈암 등 거의 한 종류의 석재만을 사용	직접떼기를 중심으로 양극떼기기법, 눌러떼기를 병용. 자연타면과 조정타면을 함께 사용, 구심박리기법이 특징	없음	없음	于匯歷 1996
黑龍江 黃山	황색사질 점토층, 황토층	야외	박편(3), 긁개(4), 찌르개(3), 새기개(1), 석핵, 세석기, 갈린마제석부	석영암	소형 박편(길이 6cm), 직접떼기와 양극떼기 사용하였고 타면조정은 베풀었으나 이차가공은 드뭄	뼈도구(10)	털코끼리, 털코뿔이, 원시소, 들말	潭英杰 1982 叶啓曉 2004 趙賓福 2003

결국 석재의 전환이 일어나지 않고서는 석인과 같은 균질한 크기의 박편을 양산해 내는 것이 쉽지 않았던 것이다. 이 석기군은 동북지역에서는 후기 구석기시대 전시기 동안 지속적으로 사용되었고, 해체가공을 위한 소형의 긁개류 제작을 위한 박리기술의 産物이었다.

(2) 細石刃石器群

현재까지 중국 세석기문화에 대해 많은 중국연구자는 그 起源址를 華北지역으로 생각하거나 現地의 기술전통을 기반, 혹은 주변지역의 문화접촉을 통해 발생한 것으로 파악하고 있다(표 9 참조). 중국 내 연구자들은 세석인문화의 기원과 계통은 現地에서 발생했다는 견해(賈蘭坡 등 1972, 安志敏 1978, 王建 등 1994, 王益人·王建 2000, 侯亞梅 2003, 李超榮 2004), 교류와 같은 문화접촉의 산물이라는 견해(陳淳 1983, 高星 등 2002), 現地기술과 문화교류의 혼합이라는 견해(加藤眞二 2000, 王幼平 2004)가 있다.

중국 내에서는 丁村 77:01지점의 26,400±800BP, 下川 21,700±1,000~16,400±900BP, 育紅河 17,330±500BP 등이 세석인기원과 관련된 유적들이다. 특히 峙峪은 박편석기에서 세석인기술이 발달한 것으로 보고, 동북아시아지역의 세석인출현지의 하나로 주목받아왔다. 하지만 중국 북부지역의 세석인기술의 출현을 1.8~1.7만 년 전으로 보는 견해도 있어 연대측정치에 대한 신뢰문제가 여전히 과제로 남아 있다. 陳淳(1983)은 세석핵의 형태에 따라 8가지로 분류하고,[3] 河北省의 虎頭梁, 陽原, 東谷坨유적 등은 내몽고의 석기기술의 영향을 받아 양면조정을 통해 예비소재(blank)를 제작하는 북방계통의 석기군으로 파악하였다.[4]

東北 三省의 세석인석기군은 遼河지역 西八間房, 黑龍江省 十八站, 顧鄕屯, 大興屯, 大子陽山, 大布蘇, 大坎子유적이 있다(黑龍江省文物考古研究所 1998). 대부분 세석인유적은 黑龍江, 松花江, 嫩江과 같은 하천유역을 중심으로 입지한다. 黑龍江省은 松嫩평원과 嫩江에 많이 분포하며 遼西지역은 西八間房유적 以外에는 없다(그림 1 참조).

세석인석기군은 비석인계 박편석기군이 석영 중심으로 석재를 이용했던 것과 달리, 〈표 4〉에서 보듯이 수석, 규질암, 마노, 석영 등 다양한 석재를 활용함과 동시에 吉林省 中·南部지역을 중심으로 흑요석을 이용해 세석인을 제작하기 시작했다. 공반되는 유물은 세석핵, 세석인, 긁개, 밀개, 새기개, 톱니날석기, 홈날석기 등이며, 전형적인 밀개와 새기개의 증가가 두드러진다. 〈그림 6-6~8·20~21〉처럼 현재까지 보고된 세석인의 형태는 길이가 짧고 폭이 넓으나, 〈그림 6-2·5·15~19〉의

---

3 寬型석핵, 楔形석핵, 窄型楔形석핵, 錐形석핵, 柱形석핵, 半錐形석핵, 船形석핵, 漏頭形석핵으로 나누었다.

4 중국의 대표적인 세석인기법 중 河套기법은 양면조정 블랭크(blank)를 준비하여 장축방향으로 스폴을 박리해서 타면을 만드는 것이 특징이다. 일본의 湧別기법과 유사하다. 虎頭梁기법은 양면조정 블랭크를 준비해서 횡방향에서 여러 차례의 박리를 거쳐 타면을 만드는 것이다. 한 번 또는 여러 차례의 박리에서 타면을 만들어 낸다. 석핵의 양측끝에서 세석인이 박리되는 것이 특징이다. 일본의 矢出川기법의 하나와 유사하다. 陽原기법은 편면조정 블랭크를 준비하여 타면의 길이를 조절하는 노치(notch)를 넣은 후 장축방향의 박리에서 타면을 만들어내는 것이 특징이다. 일본의 峠下기법과 유사하다.

세석핵 작업면을 보면 전형적인 세석인도 박리되었다.[5]

표 4. 세석인석기군의 석기조합상과 특징

遺跡名	出土層位	遺蹟形態	出土遺物	石材	技術的特徵	뼈도구	動物相	參考文獻
遼寧 西八間房	3층하부	야외	석기 51점: 긁개, 톱니날석기, 홈날석기, 밀개, 세석인	황갈색 화석, 수정, 마노, 석영, 화성암	석기는 대체로 소형 사행인 새기개를 비롯해 엄지손톱형 밀개, 집중적으로 출토	없음	포유동물 5종 중 현생종 4종, 절멸종 1종	遼寧省博物館 1973 加藤眞二 2000
黑龍江 大坎子	7층 중 석기출토지점은 알 수 없음	야외	석기86점: 석핵, 박편, 세석인, 세석핵, 찌르개, 긁개, 갈린석부 등	마노, 벽옥, 비세암(이상 3종이 가장 많이 사용됨), 유문암, 규질암, 현무암, 단백석	세석인과 석기제작에 눌러떼기기법이 사용됨, 마연기술의 사용, 조정이 많음	없음	동물화석 10종 45점	叶啓曉 2004
黑龍江 老卡	지표채집		석핵 3점: 박편 35점, 찍개, 긁개, 찌르개	규질암, 유문암 위주, 단백석, 마노	불규칙박편, 찌르개발달, 華北의 소석기문화전통, 주구점-치욕계 문화전통	없음	없음	趙賓福 2003 黑龍江省文物研究所 1996
黑龍江 十八站 (05년 조사)	제2층, 제3층	야외	박편, 석인, 석핵, 긁개, 찍개 등	수석(주요석재), 규질암	직접떼기, 간접떼기 등	없음	없음	于匯歷 2006
黑龍江 十八站 (76-77년 조사)	제2층(사질점토층)	야외	세석인, 석인, 돌자귀, 박편제긁개, 쐐기형세석핵	규질암수석(주요석재), 석영, 마노, 혈암, 화강암, 란석	주변의 석재를 이용, 직접떼기와 양극떼기, 눌러떼기와 간접떼기			魏正一 등 1982
	제3층(역석층)	야외	다양한 석핵, 박편, 석기, 쐐기모양석핵, 긁개, 찌르개, 석인, 새기개		주변의 석재를 이용, 직접떼기의 양극떼기, 석인석핵은 단타면			
黑龍江 昂昂溪 大興屯	1층/2층	야외	찍개, 긁개, 새기개, 박편, 석핵, 세석핵, 석인	옥수, 마노, 수석	세석인기법이 확인되고 박편석기의 비중이 높음 타면조정도 베풂	없음	11종: 우는토끼, 들말, 들소, 첫소 등 육식동물이 없음	黃尉文 등 1984 高星 1988
黑龍江 顧鄉屯	2층(연노랑가는모래층)	야외	석기 14점: 버들잎모양석기, 세석기, 박편, 긁개, 밀개	현무암, 쳐트, 석영, 벽옥, 옥수	소형박편 석기군, 불규칙박편우세	뼈도구 216점, 뿔도구 4점, 이빨도구 11점	큰뿔사슴, 영양뿔, 털코끼리	潭英杰 1982, 德永重康 등 1934

---

5 정식발굴조사가 많이 이루어져야지만, 세석인처럼 소형의 유물을 찾아낼 수 있을 것으로 생각된다.

西八間房유적은 역삼각형의 세석핵과 함께 세석인, 중앙인형 새기개, 톱니날형 석기, 손톱모양 밀개 등이 출토된 전형적인 세석인석기군에 해당한다(그림 6-19~31). 十八站유적은 〈그림 6-1·2〉처럼 반달모양의 세석핵블랭크와 함께 전형적인 쐐기형 세석핵이 출토되었고, 大布蘇유적과 더불어 양면조정기술을 활용해 석기를 제작하였다.

大布蘇유적에서는 〈그림 6-17·18〉처럼 쐐기형(단면 삼각형, 이등변삼각형)과 〈그림 6-15·16〉처럼 반원추형의 세석핵도 출토되었다. 세석핵 4점 모두 스폴을 박리하지 않는 대신에 세석인박리면에서 조정하여 타면을 형성시켰다. 예비조정은 박편을 주로 이용하였으며 자연면이 남은 경우도 있다. 3점은 밑면조정을 거쳤지만, 한 점은 별다른 조정을 거치지 않았다. 大興屯은 半圓錐形의 세석핵(그림 6-9)이 여러 점의 세석인과 함께 출토되었다. 세석핵 중 〈그림 6-13〉처럼 배모양세석핵과 유사한 것이 있기는 하지만, 타면을 중심으로 양측변을 조정한 예는 아직 없다.

세석인기법의 예비소재제작에서 관찰되는 기술적인 흐름은 양면조정의 쐐기형에서 반원추형이나 방형과 같은 非쐐기형의 형태로 변화해 나갔다. 하지만, 양면조정기술이 석촉이나 석창과 같은 석기제작에 활용되기 시작하면서 부터는 양면조정된 세석핵이 다시 등장하기도 한다. 十八站유적과 顧鄕屯유적의 세석인기술이 遼寧省지역에서는 관찰되지 않지만, 한반도 남부의 수양개, 집현, 민락동, 해운대 중동유적 등에서는 쉽게 발견되고 있어 그 기술적인 연관성을 짐작할 수 있다(張龍俊 2002).

동북지역 세석인석기군은 세석핵과 세석인의 출토수량이 적어 석기접합과 같은 작업공정이 불가능하고, 석인기술이 적극적으로 활용되지 못하였다. 여러 세석핵의 형식 중 연해주나 한반도 남부, 중국 남부지역에서 확인되는 배모양세석핵의 출토사례가 극히 드문 게 특징이다. 또한 스폴과 같은 기술과정을 알 수 있는 유물이 없고 석기의 복원작업 예가 없어 기술적 복원이 힘들다.

顧鄕屯유적에서 버들잎모양석기가 출토되었다고 보고되었으나, 아직 이 석기군의 출현단계에서는 양면조정 찌르개의 사례가 알려져 있지 않다. 이러한 점은 세석핵의 제작기술 중 양면조정기술의 부재와도 밀접한 연관이 있다. 〈표 4〉에서 보듯, 顧鄕屯유적에서 다양한 뼈도구가 제작된 예로 미루어 볼 때 토양적 특징이나

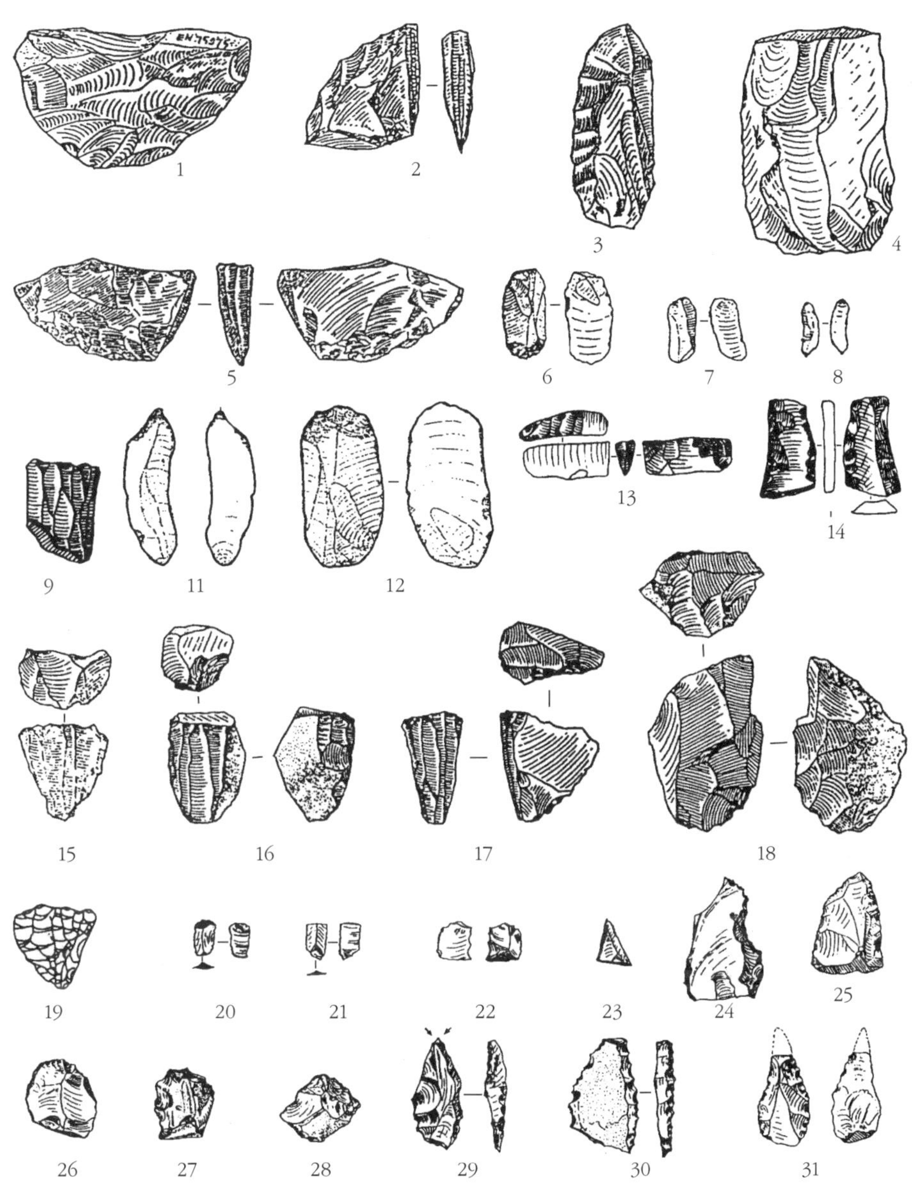

그림 6. 세석인석기군
1~4.十八站(魏正一 1981) 5.顧鄕屯(潭英杰 1982) 6~12.昂昂溪 大興屯(高星 1988) 13·14.邵家店(陳全家 등 2006) 15~18.大布蘇(董祝安 1989) 19~31.西八間房(遼寧省博物館 1973)

발굴사례가 적어 출토되지 않았을 뿐 다양한 뼈도구가 함께 제작 또는 사용되었을 것으로 추정된다.

중국 동북지역의 세석인석기군은 예비조정방법에 따라 黑龍江과 松花江을 중심으로 분포하는 〈그림 6-1·2·5·17〉의 양면조정형, 〈그림 6-17·18〉의 밑면쐐기조정형, 〈그림 6-9·13·15·16·19〉의 비조정형으로 나눌 수 있다. 예비소재를 기준으로 하면 原石이용형과 剝片이용형으로 구분할 수도 있다. 前者는 양면조정 뒤 스폴을 박리하며 몸체에 자연면이 남아있지 않으며 단면이 세장한 쐐기형태인 반면, 後者는 박편의 밑면에 쐐기조정을 거의 거치지 않고 세석인박리면이 석기의 最大幅이 되는 경우가 있다. 전반적으로 양면조정기술을 이용한 찌르개, 세석핵, 새기개, 뚜르개 등은 물론 스폴이나 능조정박편처럼 기술과정을 알 수 있는 석기가 드물며, 세석핵이 대량으로 출토되는 유적 例가 적어 제작과정을 파악하기가 쉽지 않다.

표 5. 백두흑요석석기군의 석기조합상과 특징

遺跡名	出土層位	遺蹟W形態	出土遺物	石材	技術的特徵	뼈도구	動物相	參考文獻
吉林和龍石人溝	4층 중 2~4층	야외	석인석핵, 박편석핵, 새기개, 긁개, 새기개스폴, 세석인 등	흑요석 (100%)	직접떼기, 간접떼기, 눌러떼기 대형 석인을 박리한 석인기법이 발달, 새기개기술발달	없음	없음	陳全家 2006
吉林輝南邵家店	지표채집	야외	석기 57점: 석핵 6점, 세석핵 1점, 박편23, 긁개 등 12점	석영, 흑요석, 단백석, 수석, 유문암 등	직접떼기, 간접떼기 이차가공의 빈도가 많음, 세석인기법	없음	없음	陳全家 2006
吉林延邊琢春北山	3층 중 2층(대부분 지표채집)	야외	석기 52점: 석핵 3점, 박편 42점 (세석인 1점), 완성된 석기 7점	흑요석 (86.5%),, 유문암, 맥석영, 각혈암, 응회암	직접떼기와 양극떼기로 소형박편을 박리하여 석기를 제작, 세석인기술, 양면조정기술의 사용	없음	없음	陳全家 2004
吉林乾安大布蘇	모름	야외	석기 1000여 점, 세석핵, 세석인, 긁개	수석, 석영, 단백석, 흑요석	석기제작의 부산물, 반원추형과 쐐기형 세석핵, 다양한 긁개	모름	동물화석 14종	姜棚 2004
吉林和龍柳洞	5개로 나뉘며 3층 (회황색토)	야외	석기 142점 중 4점만 층위 내에서 출토 세석핵, 긁개, 밀개, 새기개, 박편, 석핵, 대석, 대형첨두기편 등	흑요석이 93.6%를 차지 유문암, 안산암, 마노, 이암, 각혈암	세석인기법(양면조정), 밀개와 새기개 등 정형적인 석기제작기법이 적용된 석기형식, 흑요석을 집중적으로 사용	없음	없음	陳全家 등 2005 陳全家 등 2006

(3) 白頭黑曜石石器群

　후기 구석기시대 전반과 중반에는 대부분의 석재를 주변에 산재되어 있는 것을 구해 석기를 제작하는 경향이 높았다. 후반 이후부터는 이러한 추세에 변화가 생긴다. 두만강유역, 즉 백두산의 北東지역을 중심으로 한 흑요석원산지가 개척되어 새로운 석기재료로 흑요석이 채택되고, 백두산 흑요석이 吉林 大布蘇유적까지 확인되는 점으로 볼 때 석재의 원거리이동현상도 나타난다.

　王春雪·陳全家는 흑요석을 집중적으로 사용하는 柳洞, 石人溝, 北山유적에 대해 '黑曜巖遺蹟'으로 분류하기도 했다.[6] 백두흑요석석기군은 백두산이 原産地인 흑요석을 사용해 박편을 이용한 소형석기의 제작, 석인을 이용한 종장박편제 도구의 제작, 세석인을 이용한 조합식 석기의 제작, 양면조정기법의 활용 등 석기제작수준이 상당히 높았다. 석기를 제작할 때는 잔손질의 빈도가 높고, 兩方向 조정이 많으며, 심지어 전면에 걸쳐 눌러떼기로 조정된 예가 많다. 〈그림 7·8〉에서 보듯이 흑요석제 석기의 특징은 조정빈도가 높아짐과 동시에 박리된 후의 刃部를 그대로 사용하기보다는 조정에 의존하였다. 석기는 많은 조정을 거침으로 인해 정형성과 대칭성이 뛰어났다. 석기기종이 후기 전반의 박편석기군과 비교해 석기형식에서 명확한 차이가 있다. 비석인계 박편석기군과 세석인석기군 중 석영암계통의 석기제작을 脫皮하여 흑요석을 집중적으로 사용하는 새로운 문화양상이 출현한 것이다.

　또한 和龍 石人溝유적은 29cm나 되는 대형 흑요석원석이 출토되었다. 현재까지 발견된 흑요석 중에서는 가장 큰 것이다. 이것은 원산지가 백두산일 가능성이 높다(사진 1). 왜냐하면, 석재가 이 정도 크기라면 운반하기가 용이하지 않고, 원석의 직접적인 이동보다는 現地에서 일차가공을 거친 뒤 무게를 최소화시켜 박편이나 석인의 형태로 외부로 반출시키는 것이 효율적이기 때문이다. 실제 20cm나 되는 석인을 박리한 흔적을 지닌 석인석핵도 한 점 출토되어 이러한 사실을 입증해 준다(그림 8-9).

　성급한 판단일 수 있겠지만, 백두흑요석의 사용시스템은 대형원석에서 소재를

---

6 두만강유역의 후기 구석기시대의 흑요석관련 유적에 대해서는 다음의 논문에 잘 정리되어 있으므로 참고하기 바란다(王春雪·陳全家 2006).

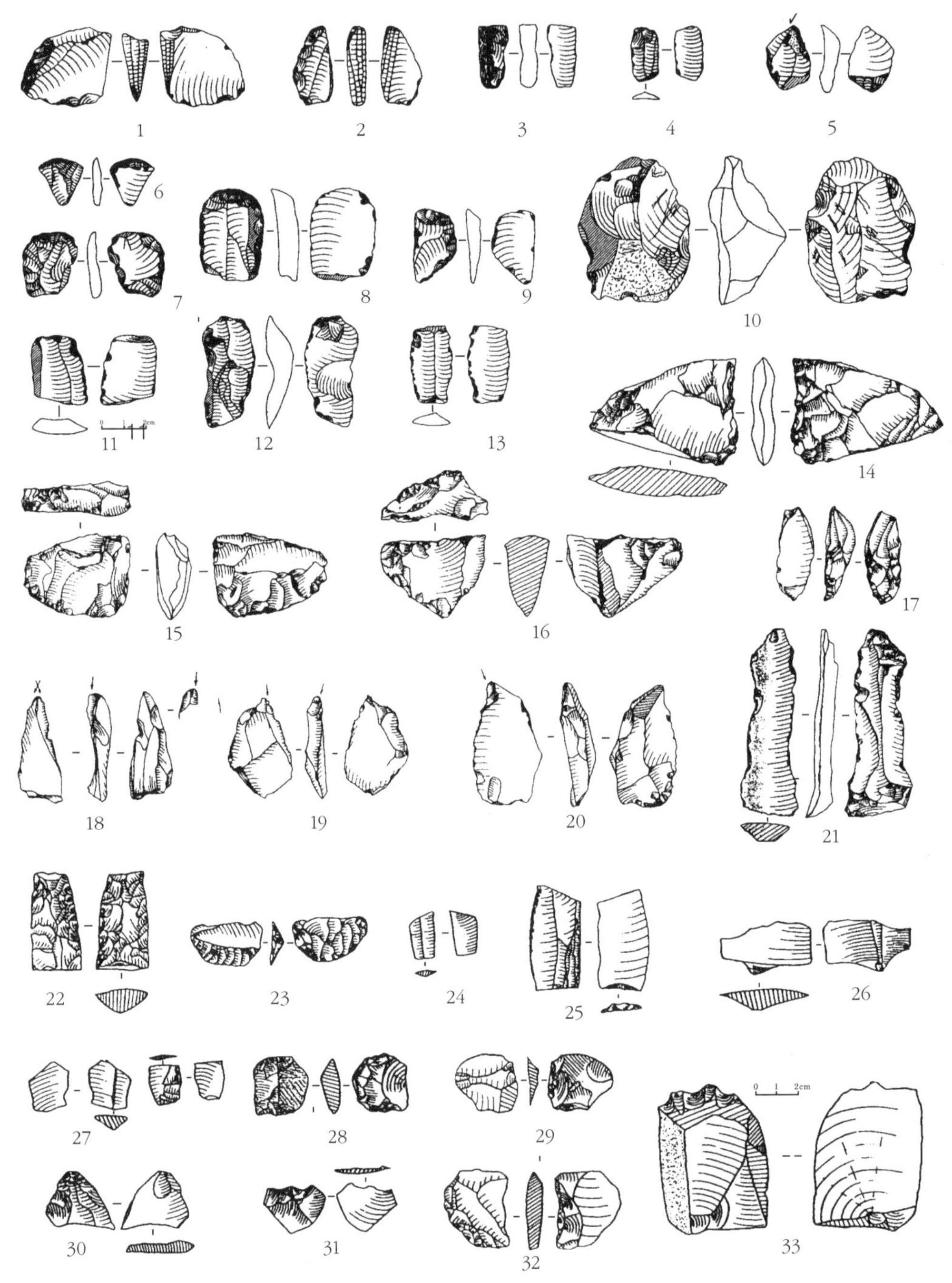

그림 7. 백두흑요석석기군 Ⅰ. 1~21. 和龍 柳洞(陳全家 等 2005) 22~33.琿春 北山(陳全家 等 2006)

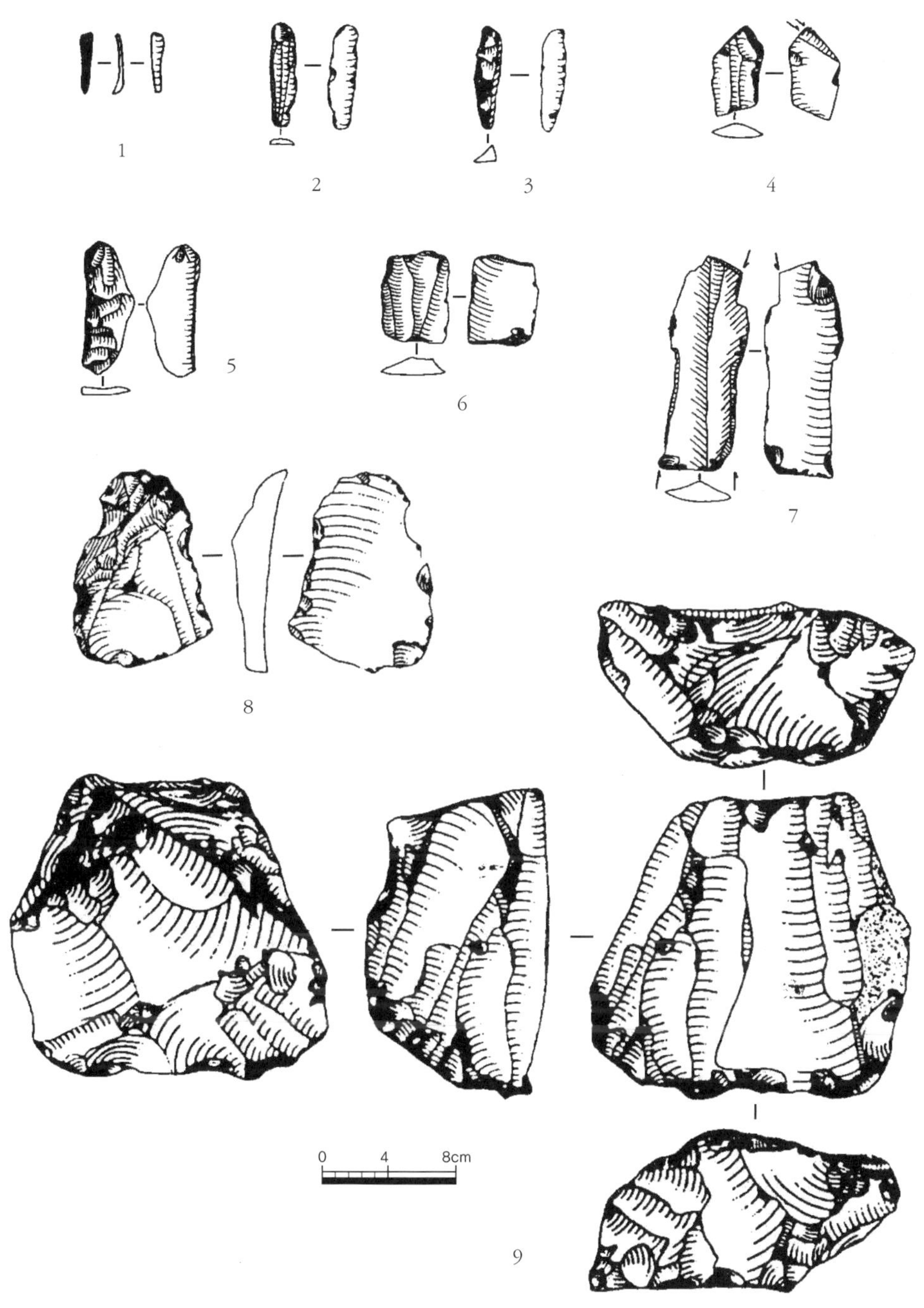

그림 8. 백두흑요석석기군Ⅱ(吉林 石人溝 흑요석원산지유적, 陳全家 等 2006)
1·2. 세석인 3. 새기개스폴 4·7. 새기개 5. 잔손질된 박편 6. 석인박편 8. 밀개 9. 석인석핵

집중적으로 박리하는 예비소재 생산유적을 통해 석기 소재를 제작하고 분배하는 유적(소재생산형: 石人溝유적)과 그 하위의 단계에서 직접적으로 석기를 제작해 사용하는 유적(사용유적: 邵家店, 北山, 柳洞)으로 나눌 수 있다.

한편, 세석핵은 박편을 예비소재로 주로 제작되었다. 세석인석기군과 마찬가지로 밑면만 조정하는 형(그림 7-1), 타면만 만드는 형(그림 7-2), 양면조정형(그림 7-15·23)이 있다. 양면조정형은 黑龍江省의 十八站유적(그림 6-1·2·5)과 동일한 기술계통이다.

〈표 5〉에서 보듯 세석인석기군과 동일하게 새기개와 밀개의 제작이 늘어난다. 밀개는 소형박편을 이용해 배면에서 등면으로 조정하거나 兩방향으로 조정하였다. 새기개는 中央刀型(그림 7-18·19), 斜行刀型(그림 7-5·8-4), 直角刀型(그림 7-20·8-7)으로 나눌 수 있다. 다만 언제부터 이것들을 이용하여 석기를 제작하였는지는 정식 발굴조사가 이루어지지 않아 정확하게는 알 수는 없다. 아마도 세석인석기군의 영향을 받아 1.5만 년 전부터 신석기시대 8천 년 전이 가장 많이 흑요석을 사용했던 시기로 생각된다. 두만강유역을 중심으로 한 석기군으로 두만강석기군으로 부를 수도 있다.

2) 石器群의 變遷

東北 三省지역의 석기군을 세 개로 분류하여 살펴보았다. 이러한 석기군은 특정 시기에만 출현한 것도 있지만, 문화발전의 연속적인 선상에서 새로운 석기제작기술이 추가되는 양상도 보여주었다. 석기군의 제작기술과 절대연대(표 7) 등을 참조하여 후기 구석기시대를 전반, 중반, 후반, 종말기의 4단계로 설정하였다(표 6).

전반(4~2.0만 년 전)은 비석인계 박편석기군 중 석핵석기와 박편석기가 함께 출토되는 시기로 세석인기법이 출현하지 않는다. 석영계 석재를 중심으로 한 석기제작이 두드러진다. 吉林省 남부에서 쉽게 발견되는 흑요석이 동북지역의 후기 구석기시대 전반에 해당하는 석기군에서는 발견되지 않는 것이 석재운용전략의 특징이다. 박리기술은 직접떼기와 양극떼기가 주로 사용되었다. 구심박리를 이용해 중·소형의 박편도 획득했다. 불규칙 박편중심의 석기제작, 소형긁개와 톱니날중심의 도구류, 석영계통의 석재의 지속적인 사용, 유경식 석창의 不在, 전형적인 새기개의

不在, 내몽고지역의 영향을 받은 것으로 추정되는 구심박리기술의 석핵이 周家 油坊유적(그림 5-10)과 淸和屯유적(그림 5-11)에 존재한다.

표 6. 중국 동북지역의 후기 구석기유적의 편년

단계	시기 (BC)	비석인계 박편석기군	세석인 석기군	백두흑요석 석기군	문화적 특징	석재
종말기	1.0~0.8만 년 전	顧鄕屯 大橋屯 十八站 大坎子 靑山頭	后套木嘎 大興屯 2층	北山 邵家店	원추형 세석핵 등장 양면조정기술의 발달 석촉출현 토기의 등장 인부전체를 조정하는 경우가 많아짐 갈린석기사용 (석부 등)	•이전 시기의 전통을 계승 •吉林남부지역 은 흑요석을 집중 이용 •이전 시기의 전통을 계승 •吉林남부지역 은 흑요석을 집중 이용
후반	1.5~1.0만 년 전	小南山 老卡 紅嘴子 景興	邵家店 西八間房 大興屯 1층	柳洞 石人溝 大布蘇	흑요석이용 세석인기법발달 (특히 쐐기형세석핵) 새기개(중앙인형, 모서리형) 소형밀개	
중반	2.0~1.5만 년 전	北山 荒山 撫松 仙人洞 下白龍 閻家崗 古龍山동굴 廟后山7층 小孤山2층	十八站 大布蘇 淸和屯 제1지점		밀개의 본격적인 사용 다양한 석재의 사용 세석인기법의 출현 (눌러떼기기법의 출현)	•수석 등 다양 한 석재사용 (석영암위주 에서 탈피)
전반	4~2.0만 년 전	九站西山 荒山 老溝河 顧鄕屯 周家油坊 淸和屯 小孤山 3층과 4층 學田			선단조정찌르개 긁개발달 방사상박리 (유사르발르와석핵) 선단조정찌르개 비석인계 소형박편의 박 리기술 석핵석기의 감소	•석영암 중심

　출토된 모든 동물뼈가 직접적인 수렵행위의 결과물로 보기는 어렵지만, 털코끼리가 석기와 공반되는 사실은 인류의 수렵행위와 결코 無關하지 않음을 傍證해 준다. 소형박편석기의 발달은 털코끼리·털코뿔이 동물군을 대표하는 寒冷동물군의 출현과 무관하지 않다. 빙하기의 발달에 따른 森林形 생계방식에서 草原形 생계방식으로의 변화에 기인한 移動性을 담보로 석기의 단순화가 진행되었다. 그 대신에

복합도구가 증가하는 양상이 나타난다.[7] 기술박편 또는 석핵이 多量으로 출토되는 석기제작지유적이 드물고 사냥감을 따라 이동하는 臨時居住處에서 일시적으로 석기가 제작되었던 것이다. 이러한 석기군 중 석기생산관련 유적이 드물고 定住의 중요한 특징 중 하나인 竪穴住居가 나타나지 않는 점도 이를 뒷받침해 준다.

또한 비석인계 박편석기군은 한국의 슴베찌르개, 일본의 박편첨두기와 나이프형석기, 中國 華北지역의 소형찌르개와 같은 특정형식의 찌르개가 관찰되지 않는다. 찌르개가 발달한 지역은 縱長指向의 剝片技術이 발달한 데 반해 東北 三省지역은 석인이나 종장박편을 떼는 박리기술이 출현하지 않는데 그 원인이 있다. 박리가 용이한 均質制 石材를 이용한 석기제작의 容易性을 선택하기보다는 거칠고 투박하더라도 석영처럼 석기의 강도를 중시하는 경향이 強하였다.

유물구성상을 보더라도 石槍의 先端部에 석기를 부착하는 방식으로 만들어진 수렵도구에 의존하기보다는 뼈나 나무로 된 창, 함정을 이용한 동물사냥, 협동에 의한 사냥법 등 아직 밝혀지지 않은 수렵행위가 적극적으로 개발되었을 개연성이 크다. 이러한 양상은 생계방식의 多元化의 측면에서 접근할 필요가 있다.

비석인계 박편석기군은 이른바 석기제작에서 패턴화된 석기형식을 보유하지 못한 집단이었다. 다소는 자의적이고 臨機應變的인 도구제작을 통해 생존을 위해 시급하게 제작된 것이다. 석인이나 세석인 제작집단과 비교하면 환경에 대처하는 기술적 능력이 부족하고 활동영역이 넓지는 않았다. 그 결과, 수렵이나 생존정보에 대한 네트워크가 형성되지 않았고 독자적인 생활영역을 구축했던 것으로 판단된다. 현재까지의 자료만으로 집단 내부의 작업들이 性的 分業으로까지 이어졌는지는 알기 어렵다.

---

7 세노그람에 의한 기후환경의 해석에 따르면 숲환경은 0.5~5kg의 종이 많으면서 250kg 이상의 종은 거의 나타나지 않는 반면, 초원과 같은 개활지의 경우 0.5~5kg 사이의 종이 아예 없거나 드물다. 또한 습한 환경에서는 종수가 많고 큰 젖먹이종이 많은 데 반해 건조한 환경은 종수가 적고 큰 젖먹이종이 적다(조태섭 2005:230). 동북지역에서 출토된 동물상으로 미루어 볼 때 후기 구석기시대에 東北 三省지역은 털코끼리, 털코뿔이, 들소 등이 중심이 된 대형동물군이 전반적으로 출토되고 있다. 당시 환경은 삼림이었다기보다는 초원이었다. 특히 털코끼리는 遼寧省 古龍山·小孤山, 吉林省 紅嘴子·油坊·大橋屯, 黑龍江省 碾子山·小南山·閻家崗·學田·荒山유적 등에서 시기에 상관없이 출토되고 있다. 다만, 남쪽에 위치한 遼寧省지역은 黑龍江省지역의 세석기유적 말기와 달리 털코끼리·털코뿔이가 점차 사라져 출토 예를 찾아보기가 어려워 세석인석기군의 늦은 시기에 환경변화가 있었음을 알 수 있다.

표 7. 중국 동북지역의 후기 구석기유적 절대연대표

유적명	층위	측정시료	C^{14}년대 (yrs BP)	비고	참고문헌
黑龍江 龍江·白土山	黃土狀亞砂·亞粘土層	原牛化石	9,250±130	原牛	黎興國 等 1987
黑龍江 昂昂溪·大興屯	제2트렌치 2층	破碎骨	9,460±80	밀개·쐐기형 세석핵	黎興國 等 1987
吉林省 靑山頭	제7층상부		10940±179	석기 6점 (지표채집)	尤玉柱 등 1984
黑龍江 昂昂溪·大興屯	제1트렌치 1층	파쇄골	11,470±150	밀개·쐐기형 세석핵	黎興國 等 1987
遼寧 喀左·二尺布安杖子洞穴	3층	골편	12,482±157		社會科學院考古實驗室, 2001
黑龍江 饒河·小南山	지표아래5m 사력층	털코끼리 화석	12,910±410	후기구석기· 골기	黎興國 等 1987
吉林 安図·明月溝		말	12,940±535	野馬	黎興國 等 1987
黑龍江 海拉尔·北山磚廠	황토상아사토층	原牛化石	14,790±480	原牛	黎興國 等 1987
黑龍江 海拉尔·北山磚廠	지표아래8m	털코끼리 상아	16,920±2,000*	소형박편석기군	王令紅 1989
遼寧 復縣·古龍山洞穴		뼈화석	17,090±240	긁개·骨器·破碎骨	黎興國 等 1987
黑龍江 哈尔濱·閻家崗		뼈화석	21,740±300	후기구석기	張之桓等 2003
黑龍江 哈尔濱·黃山	顧鄕屯조지층	목재	23,190±650		黎興國 等 1987
吉林 楡樹·周家油坊 第4地点	지표아래 4.4m	수지	23,460±800		黎興國 等 1987 孫建中 等 1981
遼寧本溪·廟後山	7층	野牛骨化石	23,880±570	긁개	遼寧博·本溪市博 1986
吉林安図·明月溝		털코끼리 견갑골	25,810±535	털코끼리	黎興國 等 1987
吉林 楡樹·周家油坊 第4地点	지표아래 6~7m	낙엽송	25,360±850	原牛·野牛·털코끼리	黎興國 等 1987 孫建中 等 1981
吉林楡樹·周家油坊第4地点	지표아래 5.4m	낙엽송	26,740±735*		仇士華 等 1990 孫建中 等 1981
遼·寧本溪·廟後山東洞	2층	웅경골화석	27,240±680	후기 구석기?	遼寧博·本溪市博 19861
吉林安図·明月溝		털코끼리치아	27,905±730	털코끼리	黎興國 等 1987

유적	층위	시료	연대 (B.P.)	비고	출전
吉林 楡樹·周家油坊		털코끼리 화석	28,910±1,185	털코끼리	黎興國 等 1987 孫建中 等 1981
黑龍江 哈尔濱·顧鄉屯			29,150±700	석기, 골기	叶啓曉 2004
黑龍江 哈尔濱·顧鄉屯	지표아래 4.3~4.6m	고토양	29,340±870	상층 고토양	黎興國 等 1987
黑龍江哈尔濱·黃山	顧鄉屯조지층	목재	30,000±700		黎興國 等 1987
吉林 楡樹·周家油坊		털코끼리 化石	30,900±875	털코끼리	黎興國 等 1987 黎興國 等 1981
黑龍江 哈尔濱·廟鄉屯	지표아래 7.7m	고토양	33,660±3,270	하층 고토양	黎興國 等 1987
吉林 安図·明月溝		털코끼리치아	34,370±1,795	털코끼리	黎興國 等 1987
吉林 楡樹·大康家屯	제2단구 퇴적물	털코끼리 상아	38,290±2,000	만기경신세중부	黎興國 等 1987
黑龍江 哈尔濱·顧鄉屯	지표아래 15m 이탄층	실트	>40,000		黎興國 等 1987
黑龍江 伍常·學田	상하문화층		24,500±400 38,800±3,500 39,600±3,500 40,200±3,500	인류화석·박편	張之桓 等 2003 叶啓曉 2004

중반(2.0~1.5만 년 전)은 비석인계 박편석기군과 함께 세석인석기군이 출현한다. 주변지역의 세석인유적의 출현연대를 고려한다면, 2.5만 년 전까지 소급될 가능성도 있지만, 東北 三省지역에서 세석인문화의 출현기에 해당하는 관련유적은 아직 확인된 바 없다. 현재까지 이 지역에서 세석인석기군이 2만 년 전 이상까지 소급될 만한 유적은 아직 발견되지 않았다(표 7참조, 仇士華·陳鐵梅·蔡蓮珍 1990, 黎興國·劉光聯·許國英 1987, 王令紅 1989, 中國社會科學院考古研究所考古科技實驗研究中心 2001, 張之恒·黃建秋·嗚建民 2003, 松藤和人 2004).

이 당시의 기후는 매우 寒冷乾燥하였다. 閻家崗·小孤山동물군, 古龍山·前陽동물군이 생존하였던 시기였다. 초원동물이 서식했던 평원이었다. 석재가 다소 粗惡하여 소형박편을 박리하기 위한 양극떼기의 비율이 한반도지역이나 연해주지역보다 높은 편이며, 눌러떼기도 사용되었다. 소형박편을 이용한 긁개와 함께 밀개가 본격적으로 나타났다. 석영암에 偏重되던 것이 마노, 유문암, 수석, 벽옥, 흑요석 등 석재 종류가 다양해진다.

〈그림 5-7〉처럼 박편을 이용하여, 先端부분을 집중적으로 조정한 찌르개가 제작되지만, 기부를 제작한 흔적은 없다. 눌러떼기를 이용한 세석인기술의 출현, 吉林省과 黑龍江省을 중심으로 한 北方形 세석인관련 유물의 집중적인 출토와 쐐기형 세석핵(양면조정형, 박편의 배면이용형)이 발달한 점은 주변지역과의 활발했던 접촉이나 이동의 결과물이었다. 세석인문화는 黑龍江과 松花江의 兩面調整 技術文化와 遼河지역의 非兩面調整 技術文化로 兩分할 수 있다. 前者가 흑요석제 석기문화를 탄생시키는 기술적인 기반이 되었다.

유물구성상에서 세석인석기군의 경우 일반적으로 석인기법을 보유하고 있었다. 그것을 이용한 도구제작이 통상적으로 이루어지는 데 반해 東北 三省지역은 이전 시기의 비석인제 박편을 이용해 석기를 제작하고 있는 특수성을 보인다. 東北 三省의 세석인석기군이 주로 분포하는 嫩江과 松花江유역의 유물양상으로 보아 吉林지역은 북한 북부지역·내몽고지역과 黑龍江省은 러시아지역과의 직·간접적인 연관성을 지닐 수밖에 없다. 후술하겠지만, 黑龍江지역에서 출토되는 세석인석기군까지 華北지역의 세석인기법의 영향을 받았다고 해석하거나 비석인계 세석인석기군에 의해 자체적으로 발생했다고 보기에는 지리적인 거리만큼이나 기술적 관련성이 희박하다.

동북지역의 세석인석기군의 성격을 어떻게 파악할 것이냐는 북방문화의 한반도 유입의 경로선상에 위치하고 있는 한국의 후기 구석기문화의 성격을 파악하는데도 중요한 문제임에 틀림없다. 특이한 점은 세석인이 출토되는 유적(백두흑요석석기군 포함) 중 야외유적만 있을 뿐 동굴유적은 없다.

후반(1.5~1.0만 년 전)은 비석인계 박편석기군, 세석인석기군, 백두흑요석석기군이 함께 나타나며, 특히 흑요석을 이용한 석기군이 눈에 띈다. 세석인기술이 발달하여 組合式 찌르개가 제작되었음을 새기개(中央刃型, 直角刃型)와 밀개를 통해 알 수 있다. 백두흑요석석기군의 출현은 黑曜石을 이용한 새로운 기술출현의 시발점으로 평가할 수 있다.

이 단계의 석기문화는 직접떼기는 기본으로 하여 눌러떼기를 세석인 박리에만 국한시키지 않고 새로운 도구제작에도 사용하는 등 다양한 용도로 활용하였다. 이러한 기술을 이용한 양면조정된 석창, 석촉, 석도 등의 제작은 도구 기능이 다변화되어 가는 현상을 반영한다. 눌러떼기를 이용하면 얇고 깊게 떼어낼 수 있다는 기법상의 특징을 극대화시키기 위해 흑요석의 물리적 성질을 활용하였다. 흑요석제 석기문화는 중국 북부지역의 泥河灣지역이나 華北지역의 석기문화나 비석인계 박편석기군의 영향을 받은 것으로 보기에는 기술적인 면이나 석재의 이용방식 면에서 상당한 乖離가 있다. 그러므로 세석인문화가 발달되지 않았을 뿐만 아니라 흑요석이 출토되지 않는 遼河지역보다는 吉林省과 黑龍江省지역, 沿海州지역의 세석인기술의 영향으로 출현한 것이다.

세석인석기군의 출현은 以前시기에 구축되지 못한 사회적인 네트워크형성이 초보적이지만 등장하기 시작했음을 알려준다. 비석인계 박편석기군에서 보이지 않는 특수한 석재 사용과 세석인을 이용한 複合石器composite tool의 제작기술을 공유하는 현상은 빙하기 때 점점 고갈되어 가는 식량자원의 획득방법에 대한 정보공유의 결과물이다. 또한 석기의 경량화에 따른 유동영역의 확대도 문화적인 공통성을 창출한 한 요인이었다.

종말기(1.0~0.8만 년 전)는 후기 구석기와 신석기의 移行期로 흑요석제 석기제작의 발전, 양면조정기술의 발달(양면조정 세석핵·석촉·석창·석도 등), 새기개의 발달, 흑요석을 중심으로 한 石材의 遠距離移動 및 交換體系의 成立, 圓錐形세석핵이 등장한다. 圓錐形세석핵의 출현은 遼寧지방 신석기문화 중 紅山문화의 査海지역의 세석인기술과 동북지역 신석기시대의 흑요석제 석기제작에 영향을 미쳤다. 吉林지역 북부에 위치한 后套木嘎유적처럼 갈린 석부, 양면조정석촉, 양면조정 세석핵, 밀개, 양면조정찌르개 등이 출현하며, 지표에서 토기편도 일부 출토되었다.[8]

백두흑요석석기군의 양면조정세석핵은 박편의 배면을 많이 활용하였다. 특히 타면을 제작할 때 배면에서 등면으로 橫方向 조정을 연속적으로 베푼 뒤 스폴(spall)을 박리하는 기술적 특징이 나타난다. 원추형세석핵의 등장은 쐐기형 세석핵의 쇠퇴를 대변한다. 하지만, 지역에 따라 조합식 석창은 여전히 사용되었다. 이러한 경

---

8 華北지역 중 토기가 가장 먼저 출현한 곳은 于家溝와 于南庄头에서 출토된 것으로 대략 1만 년 전후의 연대이다. 특히 우가구에서는 원추형세석핵, 쐐기형세석핵, 류엽형찌르개, 밀개 등이 토기와 함께 출토되었다(謝飛·李珺·劉連強 2006).

향은 수렵도구가 구석기전통을 벗어나 차츰 활을 이용한 새로운 수렵방식의 등장을 예고함과 동시에 변화된 환경에 대한 새로운 대처방법이 절실했음을 의미한다.

무엇보다도 終末期의 백두흑요석석기군은 한반도 동북부의 신석기시대 석기문화의 근거가 되었다. 석인을 이용한 다양한 석기, 세석인, 석촉, 석도, 밀개, 긁개, 새기개 등이 주요한 석기형식이었다. 한반도 신석기시대의 원류를 찾는데 있어 백두산 동쪽의 두만강을 중심으로 북한의 함북지역 북부와 중국 동북지역 중 吉林省 延吉지역의 흑요석으로 만든 석기가 출토되는 유적을 앞으로 주목할 필요가 있다. 요령지방의 세석기문화도 신석기 이후에도 지속적으로 사용되었고 원추형 세석핵의 발달이 눈에 띈다. 반면 吉林지역의 경우는 기존의 구석기시대의 백두흑요석석기군에 석촉과 가공이 많은 석기들이 상호간에 보완작용이 일어나면서 신석기시대까지 존속한다.

4. 석기제작기술과 계통

1) 製作技術의 多樣性

러시아의 프리바이칼지역에서 바다표범을 포획하기 위한 작살 중 小孤山유적의 뼈작살(그림 9-1)처럼 기부에 돌기가 있는 유형은 글라스코보형이라 부른다. 작살이 출현하는 것은 바다표범의 뼈가 출토되기 시작한 중석기시대보다 훨씬 늦은 만기 신석기시대~초기청동기시대이다(小畑弘己 2001). 小孤山출토품의 경우 기부의 돌기와 몸신의 돌기와의 간격이 긴 편에 해당하므로 시기적으로 신석기시대 말에 해당될 수도 있겠다. 하지만, 바이칼지역과 중국 동북지방의 지리적 격차를 고려한다면, 굳이 러시아지역의 편년에 맞출 필요는 없다.[9] 작살 형태는 기부에 하나의 돌기가 있고 몸신의 양쪽에 돌기가 있다. 이것은 러시아 중석기시대의 베르호렌스카야산 I유적의 출토품과 거의 동일하다. 중국에서는 후기 구석기시대부터 신석기시

---

9 최초 보고된 도면과 달리 先端部가 基部가 되고, 基部가 先端部일 가능성이 높다.

대에 걸쳐 5점의 뼈작살이 알려져 있으나 이와 유사한 예는 없다. 기부에 구멍이 있는 형식은 아직 알려져 있지 않다.

小孤山유적에서 출토된 상아와 동물뼈로 만든 뼈바늘 3점(그림 9-8~10)은 일부 끝부분이 파손되었다. 그렇지만, 이것은 거의 완형에 가까우며 바늘의 구멍은 양쪽에서 마주보게끔 투공하였다. 裝飾品은 담비·작은 들고양이·사슴의 윗견치와 肉食類동물의 견치를 소재로 하여 구멍을 뚫은 것이 4점(그림 9-3~6), 조개껍질에 구멍을 뚫은 것은 1점(그림 9-7)이다. 러시아지역의 코코레보1유적, 쿨라유적에서도 바늘이 출토되었다. 쿨라출토품은 대략 2만 년 전의 연대를 지니고 있다. 小孤山유적의 연대도 2만 년 전을 전후한 시기로 생각된다.

구멍을 내는 작업은 처음에는 석기를 이용하여 깬 뒤 透孔하였다. 조개껍질의 투공부에 赤色顏料가 남아 있는 것으로 볼 때 적철광이 사용되었다(顧玉才 1996). 러시아의 우스티 베라야유적 제II발굴지역의 제5토층(중석기시대층)에서 개의 매장유적이 확인되었다. 여기서 출토된 개머리에는 사슴 송곳니 8개로 만든 목걸이가 발견되었다. 출토지점은 8960±60BP의 절대연대가 나온 층의 하부이다. 그 외에도 우스티 드라가야묘지유적 제1호묘 출토 목걸이, 지가로보 티호에 프레소묘지유적 제1호묘의 머리장식 등이 小孤山유적에서 출토된 것과 상당히 유사하다(小畑弘己 2001).

특히 小孤山유적의 조가비연대가 10,870±240BP이다. 바늘·조가·목걸이장식이 나온 山頂洞유적의 13,000~29,000BP(AMS), 10,470±360BP(14C)의 연대를 참조할 필요가 있다(陳鐵梅·袁振新 1992).[10] 장신구와 어로구의 출현은 만빙기의 급격한 환경적 변화에서 오는 심리적인 스트레스를 해소하고 동물뼈를 이용해 주술을 통한 식량획득에 대한 염원을 표현함과 동시에, 水中生物을 이용한 새로운 食糧原의 開發이라는 측면으로 볼 수 있다.

그리고 이 시기의 인류는 전통적인 타제석기를 계승함과 동시에 눌러떼기·간접

---

10 뼈바늘은 上室의 상부에서 출토되었고 下室에서 구멍 뚫린 조개, 인골 3점, 적철광석 가루, 구멍 뚫린 자갈과 돌구슬이 출토되었다. 山頂洞유적의 上室문화층에서 동물뼈를 이용한 연대자료에서 AMS측정을 한 결과 13,200±160, 27,500±380, 23,700±350, 27,370±410, 25,700±360, 28,680±460, 29,100±520을 얻었다. 하나의 문화층에서 다양한 연대측정치가 확인되어 후기 구석기에 해당하는 유적임에는 분명하지만, 그 안에서 시기를 설정하는 것은 상당한 어려움이 있다. 이는 1961년 최하층의 동물뼈시료를 이용해 측정된 18,340±410BP와 1990년에 下室의 사슴의 사지골을 이용해 측정해서 나온 10,470±360BP를 참고할 필요가 있을 것이다.

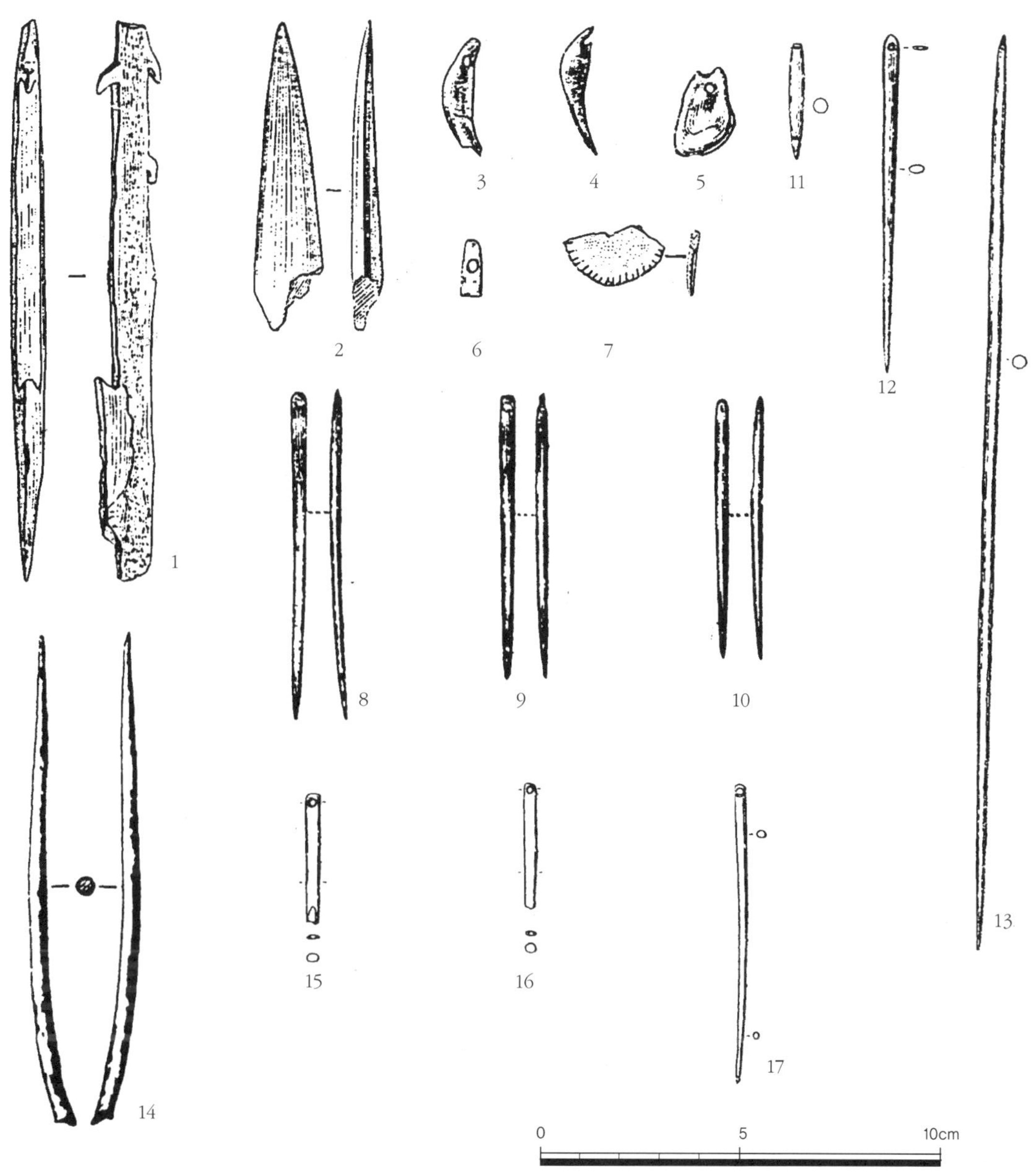

그림 9. 중국 동북지역과 주변지역의 석기 이외의 기술다양성관련 유물
小孤山(1.뼈작살 2.창끝 3~7.장신구 8~10.바늘; 黃慰文 등 1986),
코코레보1유적(11~13.바늘; 木村英明 1997), 北京 山頂洞(14.바늘; 裴文中 1999) 쿨라(15~17.바늘; 木村英明 1997)

떼기, 磨硏·透孔기술은 물론, 山頂洞유적처럼 장식품·뼈바늘(그림 9-14)·원시 조각예술품과 매장이 확인되었다(裴文中 1999). 小孤山유적은 뼈로 만든 작살, 찌르개, 장신구가 출토되었다. 東方廣場유적에서는 불을 사용한 흔적과 함께 峙峪에서

는 석촉이 출토되는 등 매우 다양한 인간행위의 흔적들이 확인되었다. 山頂洞의 14C연대가 18,865±420, 10,770±360으로 알려져 있었으나, 재측정으로 23,000 ~33,000년 전으로 파악되어 연대가 다소 遡及되었다(陳鐵梅·袁振新 1992).

작살과 창끝으로 미루어 볼 때 小孤山人은 자르고, 톱질하고, 깎고, 마연하는 기술을 보유하고 있었다(黃慰文·張鎭洪 등 1986). 비록 유물의 출토수량은 적지만, 이러한 유물에서 알 수 있는 기술적 특징은 현재 사용되는 여러 기술들이 후기 구석기시대에 이미 사용되고 있었다. 그들은 돌뿐만이 아니라 어떤 재료라도 자유롭게 활용해서 새롭게 도구를 창출해 낼 수 있는 발전된 문화를 보유하고 있었다.

2) 系統

華北지역은 대형석기가 특징인 匼河-丁村系 또는 大石片砍斫器-大三稜尖狀傳統, 소형석기가 특징인 周口店 제1지점-峙峪계 또는 船頭狀刮削器-雕刻器전통이 있다. 前者는 역기, 三稜大尖狀器, 주먹도끼, 사냥돌, 긁개 중 석핵석기의 비중이 높다. 後者는 박편을 이용해 긁개, 찌르개, 새기개, 역기로 가공구의 비중이 가장 높은 차이점이 있다(賈蘭坡 1986). 특히 華北지역의 소형석기(小石器)전통은 馬圈溝, 小長梁, 東谷坨 등의 전기 구석기시대부터 板井子, 峙峪, 西白馬塋유적의 후기 구석기유적까지 계승되는 것으로 알려져 있다(謝飛·李珺·劉連强 2006).

중국 북부지역은 劉家岔유적출토 석기군을 모태로 峙峪, 下川 下層, 塔水河유적에서 석인석기군이 출현하는 것으로 대체로 파악하고 있다. 加藤眞二는 峙峪석기문화의 시대를 기존의 기술전통을 토대로 생업활동의 특수화를 계기로 석인기술의 확립과 그 석기제작기술의 편입으로 대표되는 인류의 새로운 기술적 대응이 일어난 시대라 주장하였다. 그는 遼寧省을 포함한 중국북부지역의 석기군을 대형석인 박리기술군(A유형), 소형석인 박리기술군(B유형), 석인기술을 지니지 않은 석기군(C유형)으로 분류하였다(加藤眞二 2000).

하지만, 중국 東北 三省에서 A유형과 B유형은 전반과 중반에서는 확인되지 않는다. 이러한 양상으로 보아 東北 三省지역에서 후기 구석기 전반의 석기군은 중기 구석기시대 석기군의 기술전통을 계승한 것으로 볼 수 있다. 석인기법과 같은 새로

표 8. 중국 내 후기 구석기관련 주요 견해

내용	賈蘭坡 (1972)	黃慰文 (1989)	張森水 (1990)	李炎賢 (1993)	辛占山·顧玉才 (1996)	陳全家 (1997)	張森水 (1999)	王幼平 (2004))	叶啓曉 (2004)
구분	華北을 二大傳統으로 구분	후기를 5개지역으로 설정	후기구석기문화를 두 석기군으로 분류	4개의 문화계열 설정	遼河지역의 석기군을 두 계통으로 분류	동북지역을 3개의 석기유형으로 구분	남북 二大석기군으로 구분하고 지역에 따라 총 9개 유형으로 세분	3단계로 분류	黑龍江지역 세 개유형으로 분류
세부 내용	1.匼河-丁村系 (찍개-三稜尖狀器전통) 2.周口店 제1지점-峙峪系(船底形긁개-새기개 전통): 華北지역 세석기문화의 모태	華北지역: 소형석기전통, 석인석기군, 세석인석기군	1.소형석기공작 A: 直承單一類 (樓房子, 薩拉鳥蘇, 峙峪, 爪村) B: 遠乘簡單類 (小南海) C: 組合內容多樣類(山頂洞) 2.종장박편-세석기공작 A:종장박편석기군(水洞溝) B: 單-典型 세석기석기군 亞型 (下川, 油坊, 爪村 상층문화) C:多成分 混合 세석기석기군(虎頭梁, 丁家溝)	1.석인을 특징으로 하는 문화계열(水洞溝유적) 2.세석인을 특징으로 하는 문화계열(丁家溝, 下川, 虎頭梁, 薛關) 3.점상타면박편을 특징으로 하는 문화계열(猫猫洞, 穿洞) 4.박편을 특징으로 하는 문화계열(小孤山, 峙峪, 山頂洞, 小南海 등)	1.소석기계통(仙人洞, 古龍山, 前陽 등): 맥석영과 석영암위주로 석기개체가 매우 작고 직접폐기와 양극폐기가 박편을 떼는 중요한 기법이며, 긁개, 역기 등 2.세석기전통(西八間房, 沈家臺): 수석, 마노, 수정 등 좋은 석재를 사용해 타면조정하여 간접폐기로 제작. 석기유형은 긁개, 역기, 찌르개를 중심으로 그 외 돌송곳, 새기개 등	1.동부산악지대의 큰 석기(大石器)제작유형 2.중부구릉지대의 작은석기(小石器)위주의 제작유형 3.서부 초원지대의 세석기위주의 제작유형	1.북방: 廟后山유형, 丁村문화B조유형, 水洞溝유형, 淸水河유형, 下川유형, 孟家泉유형 2.남방: 觀音洞유형, 猫猫洞유형, 銅梁유형	1.박편석기(3.0만 년 전~2.0만 년 전)단계 2.박편과 자갈돌석기단계(2.0만년~1.5만 년 전) 3.자갈돌과 갈린석기단계(1.5만년~1.0만 년 전)	1.大石器위주의 문화유형 2.小石器위주의 문화유형 3.細石器특징의 문화유형
비고				4개의 문화계열이 병행 발전하고 각각으로 계승 발전하는 것이 특징			지역적 석기군이 병존하고 다양성이 인정		

운 기술이 아직까지는 확인되지 않는다.

1972년 賈蘭坡가 華北지역의 二大傳統論을 제시한 이후 후기 구석기시대는 중기 구석기시대의 전통을 이어받은 소형석기전통과 華北지역의 세석기전통이 중국 내 구석기문화의 주된 흐름이었던 게 사실이다. 그러한 영향아래에서 辛占山·顧玉才는 遼河지역석기군을 소석기전통과 세석기전통으로 분류하였다. 陳全家는 동북지역을 3개유형으로, 叶啓曉는 陳全家의 분류를 토대로 黑龍江省지역을 3개 유형으로 나누었다(표 8 참조). 결국 큰 석기유형이 부가되느냐의 차이는 있지만, 소형석기와 세석기가 공통적으로 존재하는 것을 기본 근저에 깔고 있다. 華北지역 석기군을 염두에 두고 東北 三省지역의 석기문화를 단순한 논리로 바라보는 것은 접근방식에서 문제가 있다.

한편 趙賓福은 북방지역의 문화전통을 소석기위주의 문화전통과 석인-세석기위주의 문화전통으로 구분했다. 그는 기술기반을 간접떼기와 눌러떼기의 채용으로 보기도 하였다(趙賓福 2003). 十八站유적이 확인된 黑龍江(아무르강)유역에는 러시아지역에서 발견된 많은 세석인석기군이 위치한다. 이 강의 下流에는 즈메이나야, 포로가야, 바르카스나야, 우스티우리마유적 등 10개 유적과 연해주의 우스티노프카, 그로마투하, 스보로보유적 등 11개 유적을 포함해 20여개의 유적이 확인되었다. 특히 셀렘자유적군에 대해 데레비얀코는 쐐기형세석핵, 프리즘형 석핵, 양면가공석기, 밀개, 대형긁개, 새기개, 석인제 석기 등을 근거해 2.5만년~1.1만 년 전으로 연대를 상정하였다(木村英明 1997, 木村英明 編, 1998).

十八站유적과 가장 가까운 곳에 위치한 우스띠우리마유적의 제1지점은 3층의 화덕을 이용해 얻은 19,360±65BP이다. 세석핵은 쐐기형세석핵(양면조정을 이용한 전형적인 湧別기법)이 사용된 석핵과 박편의 배면이용형, 타면스폴, 새기개, 양면조정찌르개, 석인 등이 확인되었다. 따라서 東北 三省지역도 세석인문화가 2만 년 전 이상으로 소급되기는 어렵다. 〈그림 6-1·2·5〉는 이런 유적과 기술적으로 유사한 것으로 볼 때 동일 계통으로 생각되며, 1.5만 년 전이 그 중심연대로 추정된다.[11]

---

11 黑龍江省의 十八站의 연대를 魏正一 등은 1만 2천 년 전으로 추정하였고 華北지구의 세석인기술과 밀접한 관련이 있는 것으로 판단하였다(魏正一·千志耿 1981).

아무르강유역의 셀렘자유적군은 동아시아지역에서 4개의 문화층을 지니면서 다양한 형식의 석기종류와 여러 형식의 세석핵이 공반되어 나타난 가장 오래된 세석인석기군으로 주장되기도 했다(Derev'anko 1998). 하지만 석기 조합상과 주변유적과의 비교로 셀렘자유적군의 연대를 1.5만 년 전 이전으로 올라가지 않을 것이라는 주장도 제기된바 있다(小畑弘己 2001). 실제 한국지역에서 湧別기법과 같은 제작기법의 성행연대는 2만 년 전을 전후한 시기에 많이 출현하고 있다. 그 이후로 양면조정기술이 서서히 쇠퇴한다. 일본의 경우 양면조정기술을 활용한 蘭越기법이 사용되었지만, 실제 湧別기법의 중심연대는 1.5만 년 전 이후이다(張龍俊 2006b). 따라서 十八站유적과 顧鄕屯유적출토 세석핵의 연대가 2만 년 전을 소급될 가능성은 거의 없다. 세석핵의 세석인박리면을 볼 때 기술적으로 아직 전통이 남아 있고 다른 지역의 세석인과 비교할 때 質的으로 우수하므로 1.5만 년 전 아래로는 내려오지 않을 것 같다. 吉林省과 黑龍江省의 중·북부지역의 세석인 기술전통은 黑龍江유역의 세석인석기군의 한 부류로 보는 것이 맞다. 다만, 遼寧省의 세석인석기군과는 제작기법에서 차이가 인정된다.

그런데 북방초원지역을 포함한 동북지역에서 소형석기가 후기 구석기시대에도 우세했던 주된 이유는 다음과 같다. 석재가 성공적으로 교체되지 못해 縱長剝離가 容易하지 못했던 점, 석영계 석기전통의 지속성, 稜調整crest技法의 不在로 석인 중 대형석인을 박리할 수 있는 기술을 습득하지 못한 점, 석기로 제작된 수렵도구 중 中·大形 찌르개의 불필요성, 수렵대상 동물군의 차이, 유적 내에서 차지하는 석기의 비중차이 등 다양한 요인을 꼽을 수 있다.

華北지역의 석기군 중 峙峪유적의 예를 보면, 시간이 지날수록 기존의 소형석기에 소형석인이 추가되는 양상을 보여준다. 하지만, 東北 三省은 비석인계 박편석기군이 후기 구석기시대 종말기까지 큰 변화없이 사용되었다. 河北省 북부, 山西省 북부, 내몽고자치구 河套지구, 寧夏 自治區 內의 유적은 세석인기술이 출현한 이후, 수석의 사용이 늘었다. 峙峪·薩拉鳥蘇유적 등은 여전히 도구제작의 소재로 석영을 많이 사용하였다.

표 9. 중국 내 세석인문화관련 연구견해

연구자	내 용	관련유적
賈蘭坡·蓋培·優玉柱 (1972)	• 峙峪유적의 자료가 세석기문화의 원류 • 華北의 후기 구석기문화가 華北의 발달된 세석기문화의 기반이 됨	峙峪
蓋培·衛奇(1977)	• 후기 갱신세의 쐐기형석핵과 첨두기를 특징으로 한 문화를 '북태평양 지구 馬蹄形 문화대'로 설정	虎頭梁
安志敏(1978)	• 세석기로 대표되는 석기군은 중국 華北지역에서 출현하고, 후기 구석 기시대에는 이미 세석기의 원형이 형성 • 전형적인 세석기는 구석기시대 말엽에 출현하고 중석기에서 신석기시 대에 성행	
陣淳(1983)	• 세석기문화의 공통성은 동북아시아·서북아메리카와 華北지구에 긴밀 한 문화교류의 증거	
張森水(1990)	석인기술이 발달한 水洞溝 등의 '긴 박편제작(長石片工業)'에서 석인문 화가 발생	
李炎賢(1993)	• 후기 구석기문화를 병행발전하는 4계열로 분류하고 세석인문화를 2 계열로 분류 • 錐形·쐐기형세석핵과 세석인을 특징으로 하고 박편과 석인을 소재로 한 석기를 공반	丁家溝·下川· 陽原 虎頭梁· 薛關
王建 등 1994	• 下川유적의 14C연대는 23,000~16,000BP, 丁村유적 77:01지점의 연대는 26,500BP이므로, 下川문화의 전형적인 세석기는 丁村유적 77:01지점에서 발전 • 세석기는 下川문화와 유사하며 기술적으로도 숙련되었기 때문에 丁村 문화가 후기 구석기시대에 이르러 발달된 세석기문화의 영향을 받음	下川
王益人·王建 (2000)	• 下川유적이 동아시아 세석인문화의 기원	下川
高星 等(2002)	• 서방과 북방의 문화가 융합되어 나타난 석인기법이 중국 북방지역의 양극기법과 결합한 뒤 양질의 프린트를 이용하면서 세석기가 출현한 뒤 각 지역으로 확산	水洞溝 제2지점
侯亞梅(2003)	• 東谷坨석핵과 쐐기형석핵과의 비교검토를 통해 쐐기형석핵의 자체발 생의 가능성과 소형석기전통과의 관련성을 주장	東谷坨
加藤晋二(2000)	• 중국 북부지역의 세석인기술은 주변문화의 접촉은 있었을 수 있지만, 角錐狀세석핵은 시베리아지역에 널리 분포한 쐐기형 세석핵과는 다르 므로 세석인기술과 植刃器의 개념만을 받아들여 現地의 기술로 만 들어짐	
王幼平(2004)	• 배모양세석핵은 북방 서부쪽의 박편석기에서 유래 • 석인과 쐐기형세석핵은 문화교류의 결과 • 배모양세석핵에서 쐐기형세석핵으로 내재적 문화발전이 확인되며 소 형박편전통을 계속 발전시키면 배모양이 됨	
李超荣(2004)	• 세석인문화의 기원은 華北지역 중기의 許家窯유적의 원시적 稜柱形 석핵, 漏頭形석핵, 종장박편, 손톱모양밀개가 확인되는 점으로 볼 때 세석기기술은 구석기시대 초기의 양극타격, 직접타격에서 유래 • 후기구석시대 석인과 세석인문화는 전기와 중기구석기시대의 제작기 술을 계승한 것	許家窯

또한 흑요석이 중심이 된 백두흑요석석기군의 대형 석인은 華北지역의 세석인석기군과는 전혀 다른 형태이다. 北京을 중심으로 한 華北지역과 소형박편석기군의 전통은 상호 공유했을 수는 있겠지만, 세석인석기군의 계통은 보다 복잡하다. 아울러 이 지역의 세석인석기군과 달리 동북지역의 세석인석기군은 백두흑요석석기군으로 발전한 뒤 다시 신석기시대의 석인문화로 계승된다. 그러므로 백두흑요석과 석인촉이 발견되지 않는 華北지역과의 직접적인 연관성을 주장하기는 어렵다.

즉, 華北지역의 세석인석기군이 중국 동북지역의 그것보다 반드시 시기적으로 앞선다고는 단정할 수 없다. 중국 東北 三省지역의 면적은 한반도면적의 2배나 될 정도로 아주 넓다. 그와 동시에, 러시아, 몽골, 북한지역과 인접해 있어 하나의 문화를 형성하는데 있었다. 내부적인 문화발전은 물론 외부의 영향을 받을 수밖에 없는 지리적 여건을 갖추고 있어 華北지역보다 일찍이 세석인기법의 등장했을 가능성도 배제시켜서는 안된다. 遼寧省지역의 경우 北京이나 河北省의 泥河灣지역의 문화적 영향을 받지 않을 수는 없었을 것이다. 하지만 중국 북부지역도 아직까지 시베리아 구석기문화가 南下하여 두 문화가 접촉되었다는 증거는 명확하지 않다.

5. 소결

東北 三省(遼寧省, 吉林省, 黑龍江省)은 기존에 소형박편석기군과 세석인석기군 또는 큰 석기전통이 추가되는 유형으로 분류되었다. 기술적인 특징을 명확하게 하기 위해 석인계 박편석기군, 세석인석기군, 백두흑요석석기군으로 細分化시켰다. 이런 석기군은 이동형 생계에 적합한 소형석기라는 점에서 후기 구석기시대의 유동적 생활의 한 단면을 추론할 수 있었다. 또한 석영계통의 석재를 固守하지 않고 다양한 석재를 채택하는 등의 기술적용의 영역이 넓어졌음을 알 수 있었다.

후기 구석기시대는 전반, 중반, 후반, 종말기의 네 단계로 설정하였다. 대략 4만 년 전~8천 년 전에 해당하였다.

東北 三省 중 遼寧省지역은 西八間房유적을 제외하고는 세석인기술이 명확하지

않은 상태이다. 특히 동북지역은 정식조사 된 2만 년~1.5만 년 전의 절대연대를 지닌 세석인관련 유적이 드물어, 그 기원을 파악하기는 쉽지 않았다. 吉林省과 黑龍江省의 경우 松花江과 黑龍江에 분포하는 쐐기형 세석핵으로 미루어 보아 華北지역의 영향을 받았다기 보다는 인접한 내몽고와 시베리아지역과 접촉했다. 十八站, 大布蘇, 顧鄕屯유적에서 출토된 세석핵이 예비석핵의 제작을 채택한 점은 遼寧省지역과는 다른 기술체계임을 보여준 것이었다. 遼寧省까지는 華北지역의 영향이 간접적으로 미쳤거나 기존의 비석인계 박편석기제작기술을 토대로 세석인기술을 출현시켰을 가능성도 배제할 수 없다. 다만, 吉林省과 黑龍江省의 세석인기술은 자체발전보다는 주변지역의 세석인문화와 접촉을 통해 이루어진 것이었다. 결국 東北 三省 중 遼寧省지방의 경우 華北의 泥河灣지역이나 內蒙古지역의 세석인문화가 영향을 미쳤다고 볼 수 있는 증거는 아직 없었다.

한편 小孤山유적의 작살이 시베리아에서 출토되는 뼈작살과 비교하면, 2만 년 전~1.5만 년 전을 전후한 것으로 추정되며, 제작자들은 높은 수준의 가공기술을 보유하고 있었다. 東北 三省지역의 후기 구석기시대의 석기문화는 유적 내에서 석기가 차지하는 비중이 낮은 해체가공중심에서 생존을 위한 적극적인 식량획득의 노력이 반영된 수렵도구중심으로 再編되는 경향을 보여주었다. 비석인계 박편석기군과 비교해 세석인석기군은 새로운 도구제작기술을 공유함에 따른 활발한 교류도 엿볼 수 있었다.

아울러 吉林省을 중심으로 넓게 분포하고 있는 백두흑요석석기군은 양면조정에 토대를 둔 쐐기형세석핵의 제작기술의 영향을 받아 성립된 것이었다. 박편을 이용해 세석핵을 제작하는 것도 동일한 기술개념의 변형에 지나지 않았다. 중국 동북지방의 석기계통을 파악하는데 華北지역을 중심에 두고 다른 주변지역과의 관련성을 深度깊게 고려하지 않는 것은 一元論的 解釋의 확장결과로 볼 수 있었다.

지금까지 백두산 흑요석의 원산지를 둘러싼 많은 논쟁이 있었지만, 대형 흑요석제 원석이 발견된 石人溝유적을 통해 흑요석원산지를 찾을 수 있는 가능성이 열렸다는 점에서 큰 의의가 있었다. 이러한 사실은 향후 한반도지역의 흑요석제 석기의 기원을 찾는 실마리를 제공해 줄 것이다.

끝으로 현재까지 東北 三省지역의 석기군의 특징 중 하나는 석인석기군이 거의 발견되지 않는다는 점이다. 발굴조사가 적었던 것이 일차적인 원인으로 생각된다. 한국의 例처럼 1990년대 말부터 본격적인 석인기법이 논의되었듯 동북지역도 향후 발굴성과를 기대해 본다.

참고사진. 중국 요령성 선인동유적(사진 중앙 하단 부분의 동굴)

참고사진. 중국 요령성 선인동유적

선사시대 도구사용 사례

한반도의 주먹도끼(국립중앙박물관 구석기실)

문신을 한 마오리족 사람으로 나무 빗을 꽂고 귀걸이와 고래 이빨 펜던트로
장식(Bellwood 1978)

문신(文身)이란 '신체의 치장으로 특정한 의미를 표현하는 복식의 일종'이다(조현설
2002).

1991년에 알프스에서 발견된 5,300년 전의 미라의 신체에 47곳의 문신이 있었다.
2,000년 전의 이집트의 미라, 2,400년 전에 시베리아 파지리크의 미라, 루마니아
쿠트네이유적의 토우 전신에도 문신은 발견된다. 중국에서는 신석기시대부터 문
신이 시작되었다. 하이난다오 여족, 윈난 태족, 타이완 고산족 등 현재 남아있는
소수민족에서도 문신의 풍습은 확인된다. 세계적으로 미라는 고고학 발굴성과에
따르면 신석기시대에 시작된 것으로 보기도 한다(왕샤오등 2012). 하지만 실물자료
는 없지만, 구석기시대에도 이러한 문신이 있었을 가능성은 얼마든지 있다.

중국 역사문헌 중 가장 오래된 문신기록은 『산해경』 10권에서 확인된다. "…조제국(雕題)이란 나라는 욱수(郁水)의 남쪽에 위치하고 욱수는 상릉남해에서 발단되었다"라는 기록 중 조제는 조액(雕額)으로 이마에 문신하는 것을 의미한다. 또한 『예기(禮記)·왕제편(王制篇)』에 "동방에 이(夷)라고 불리는 소수민족이 문신하고 또는 불로 음식을 익혀서 먹지 않다는 것이 발견되었다"라고 기재되어 있기도 하다(왕샤오등 2012, pp.30~31.에서 재인용). 만약 동이가 한반도에 있는 나라를 의미한다면 고대 우리 민족도 몸에 문신을 했음을 추측할 수 있지만, 이(夷)에 해당하는 민족 개념이 우리 민족을 의미하는지는 확실치는 않다.

그러나, 『삼국지(三國志)』 동이전(東夷傳) 한(韓)에는 '그 나라 북방의 중국군(中國郡)에 가까운 제국(諸國)은 그런대로 약간의 예속이 있지만, 멀리 떨어져 있는 지역은 흡사 죄수와 노비가 모여 사는 곳과 같다. …중략… 그 고장 남자들은 간혹 문신(文身)을 한 사람도 있다.'는 기록이 있다. 또한 변한(弁韓)의 '어린 아이가 출생하면 곧 돌로 그 머리를 눌러서 납작하게 만들려 하기 때문에 지금 辰韓사람의 머리는 모두 납작하다. 왜와 가까운 지역이므로 남녀가 문신을 하기도 한다.' 『후한서(後漢書)』 동이열전(東夷列傳) 한(韓)의 기록에는 '변진(弁辰) 사람들은 진한(辰韓) 사람들과 뒤섞여 사는데, 성곽과 의복은 모두 진한(辰韓)과 같으나 언어와 풍속은 다른 점이 있다. 변진(弁辰) 사람들의 모습은 모두 신체가 장대하고 머리칼이 아름다우며, 의복은 깨끗하고 형법은 엄격하다. 변진은 왜국(倭國)과의 거리가 가깝기 때문에 문신한 사람이 상당히 있다.'는 기록이 있다(국사편찬위원회 한국사데이터베이스 인용).

이와 같은 자료들은 우리 역사에 있어 문신에 대한 가장 오래된 기록으로 평가받고 있으며, 우리 민족도 문신을 하기도 했음을 입증해주는 것이다. 조현설(2002)에 따르면 이러한 문신은 바늘로 찔러 먹물을 넣는 방식인 찌르기문신(刺文身)을 했던 것 같다. 또한 한반도 지역(중부와 남부 삼한지역 중심)에서 문신이 변한과 진한지역에 비교적 한정되었다는 점도 주목할 만하다.

고대 중국에서는 넓은 지역에 걸쳐 다양한 민족들이 몸에 문신하였음을 역사기록에서 확인할 수 있다. 함블리(Hambly)의 연구에서 세계 문신의 80%는 남·북위 40도 사이에 분포하는데 열대, 아열대, 온대 기후 지역이 해당한다. 남·북위

20도 사이에 거주하는 민족은 거의 문신현상이 나타나는 핵심지역이다(왕샤오둥 2012, p.41.을 재인용).

왕샤오둥(2012)은 문신의 상징적 의미를 성인과 혼인, 민족, 등급과 신분 혹은 지위, 용맹과 공적, 애도, 시원(始愿: 원망), 종교, 징계, 군인으로 정리했다. 또한 문신은 화를 피하고 복을 찾는 기능, 토템 기능, 민족 구분과 가족 집단의 표지, 혼인 기능, 장식과 성적 흡인의 기능이 있다.

마오리족은 뉴질랜드의 원주민으로 폴리네시아의 타히티 섬 부근에 살았었다. 문신은 바늘이 아닌 우히(Uhi)라고 하는 끌을 이용했다. 선사시대 사람들에게 있어 문신은 다양한 목적과 기능을 가진 원시 예술의 출발이었다. 아직 우리나라 선사시대는 물론, 그 이후의 시기에서도 문신과 관련된 유물이 확인된 바는 없다.

나무를 베고 가공하는 목공구는 신석기시대부터 출현하기 시작하여, 청동기시대가 되면 세분화되기 시작한다. 우리나라 청동기시대의 석기 중 대표적인 목공구로는 합인석부, 주상편인석부, 유구석부, 편평편인석부가 있다. 석부는 착장방식에 따라 횡부(橫斧)와 종부(縱斧)로 나눌 수 있다. 목공구의 발달은 도작농경의 시작과 함께 인구가 증가하고 그에 따른 집을 만들고 도구를 만드는데 있어 나무의 수요가 늘었기 때문이다.

【도끼】

오스트레일리아 원주민의 도끼(Mccarthy 1967:59)
1. 자루달린 둥근 날 도끼(Kangaroo Cree, Clarence River) 2. 날을 가진 전투용 도끼(arnhem Land)
3. 자루달린 둥근 날 도끼 4. 자루달린 자갈돌 망치돌(Palmer River, Cape York, Queensland)
5. 나무줄기를 자루로 사용한 도끼 6. Kodja(south-west Australia).
2~4. 나무를 쪼개서 도끼 삽입

【자귀】

쿠쿠쿠쿠족은 자귀가 가장 중요한 도구이다. 하지만, 그들은 도끼에 대한 지식을 가지고 있지 않다. 즉, 횡부방식의 도끼를 사용하지 않는다. 우리가 선사시대를 연구함에 있어 도끼와 자귀의 공반관계를 당연시 여기는 경향이 있으나, 반드시 그렇지 않을 수도 있다.

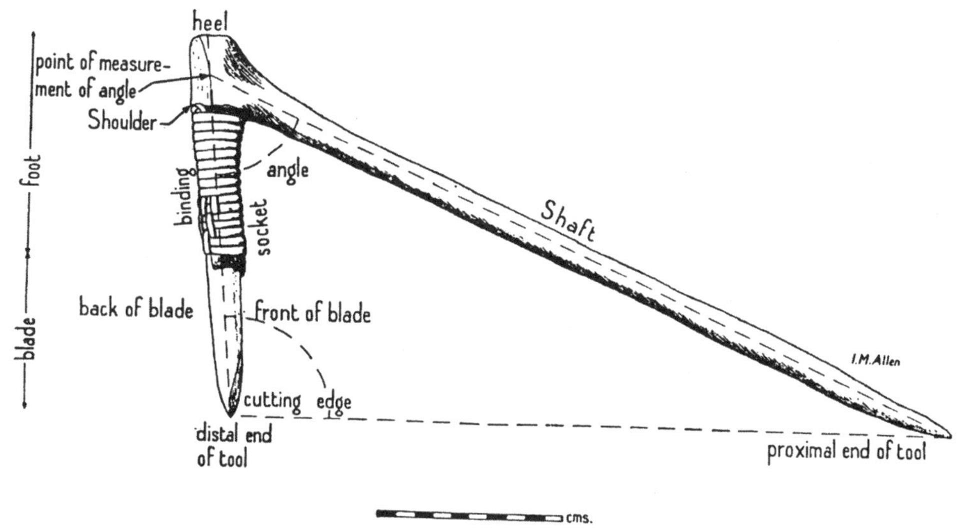

뉴기니아 쿠쿠쿠쿠족의 자귀(Beatrice Blackwood 1964)

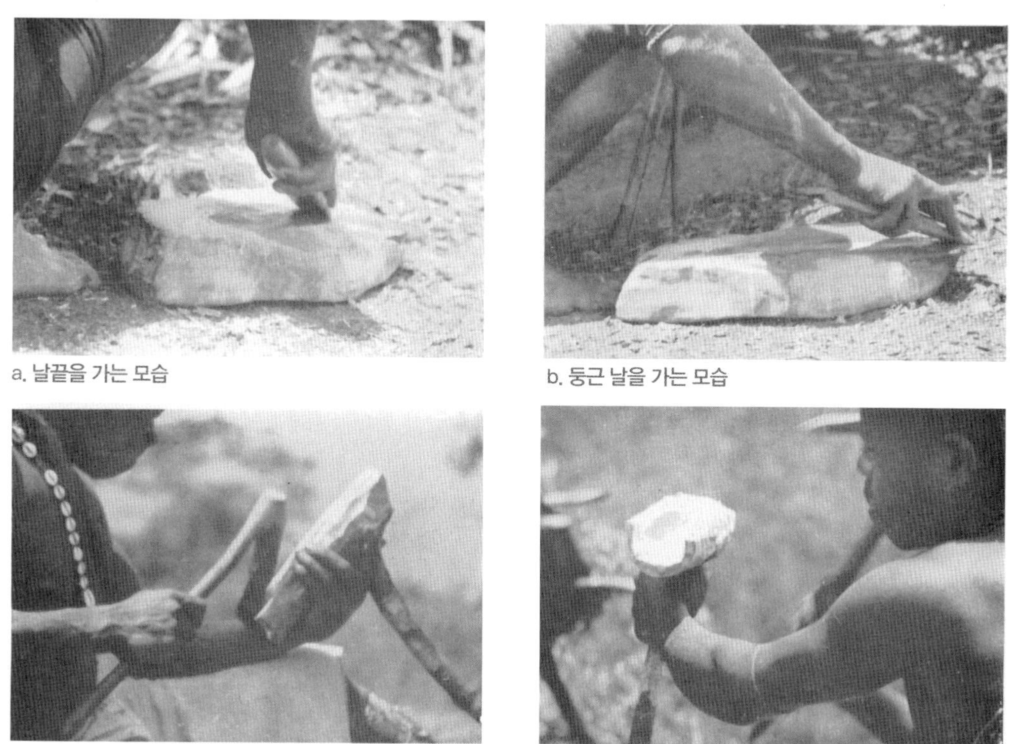

a. 날끝을 가는 모습

b. 둥근 날을 가는 모습

c.자귀의 소켓의 바깥을 다듬는 모습

d. 소켓의 안쪽을 만드는 모습

뉴기니아 쿠쿠쿠쿠족의 자귀만드는 모습(Beatrice Blackwood 1964, plate II)

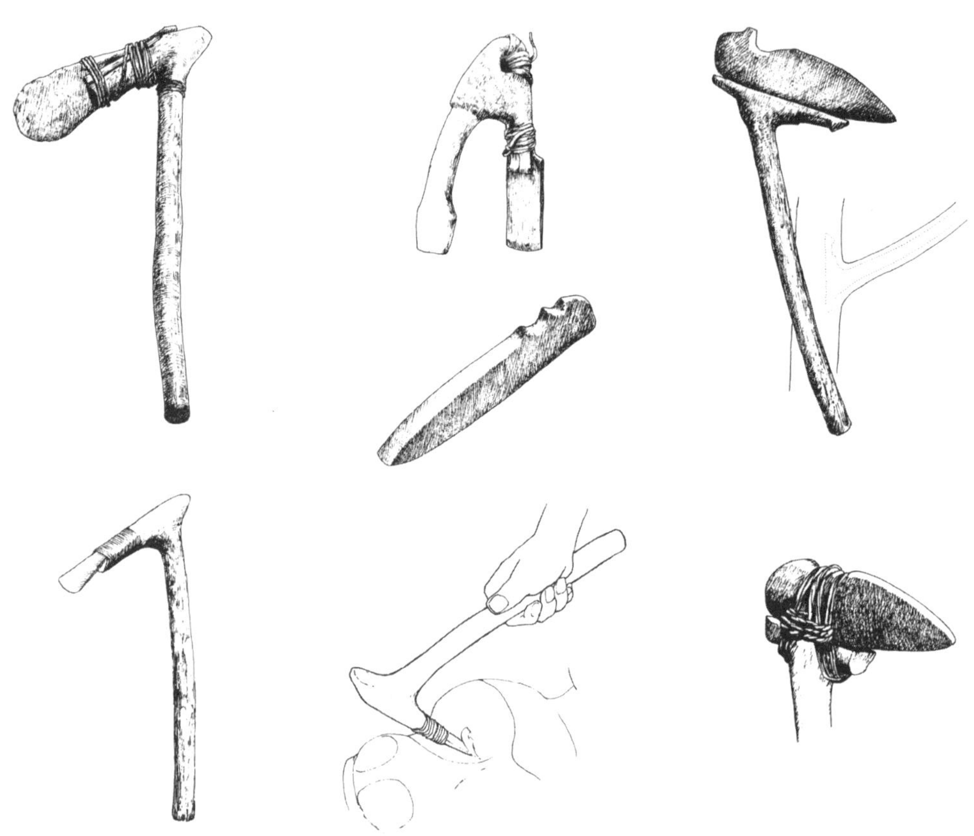

아메리카 북서해안 인디언들이 사용하고 있는 다양한 형태의 자귀들(Hilary Stewart 1984:33)

【자귀와 끌】

자귀와 같은 ㄱ자형의 자루뿐만 아니라 일자형의 자루와 결합하여 자루머리부
분을 두드려 끌의 기능을 높이는 방식으로도 사용된다.

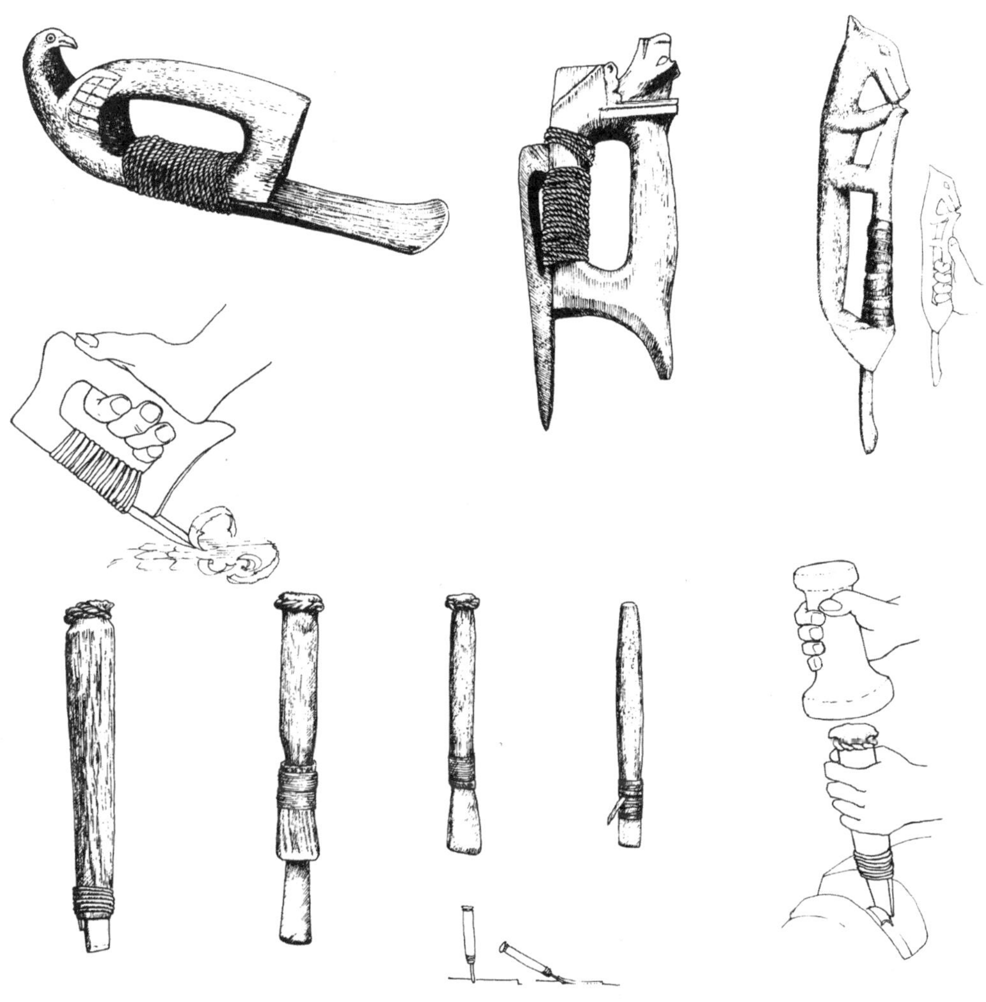

아메리카 북서해안 인디언들이 사용하는 자귀와 끌(Hilary Stewart 1984:34)

【편평편인석부】

이 석부는 네모난 모양이며, 다른 도끼와 달리 납작하고 외날(편인)을 지닌다. 지금의 대패나 끌과 유사하다. 나무를 깍거나 다듬는 데 사용했던 도구이다.

스위스 신석기시대의 편평편인석부의 자루장착모습(Clark 1952:9)

【자귀를 이용한 벌목】

통나무배를 만들 때 나무를 불로 먼저 태운 뒤에 자귀로 속을 파내면 훨씬 효과
적이다. 작업시간을 단축시키는 것이 가능하다.

아메리카 북서해안 인디언들이 나무를 태운 뒤 자귀를 가지고 나무를 베는 모습(Hilary Stewart 1984:37).

【남태평양 투아모투제도의 자귀 (1920~30년)】

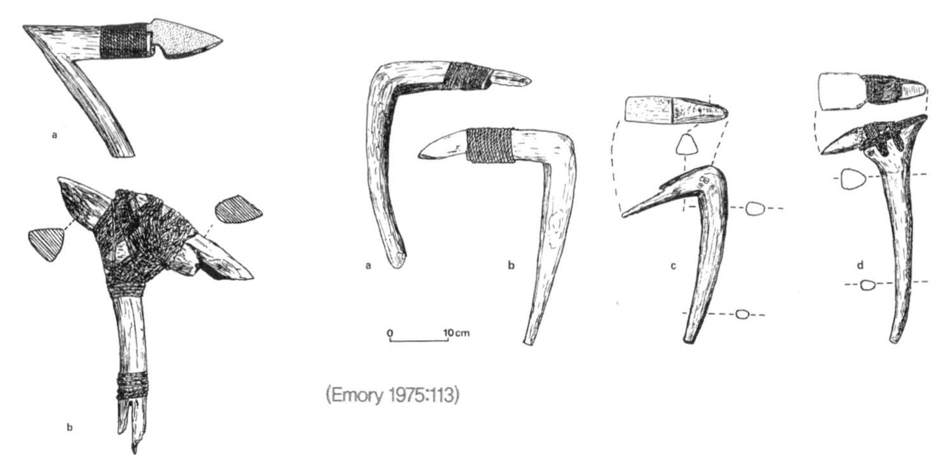

(Emory 1975:112)

【장식석부】

자루의 삽입은 나무를 반으로 갈라서 끼운 뒤 묶는 방식이다. 소켓과 자루는 따로 제작한 뒤에 고정한다. 석부가 개인에게 있어 중요한 장식품이 될 수 있다.

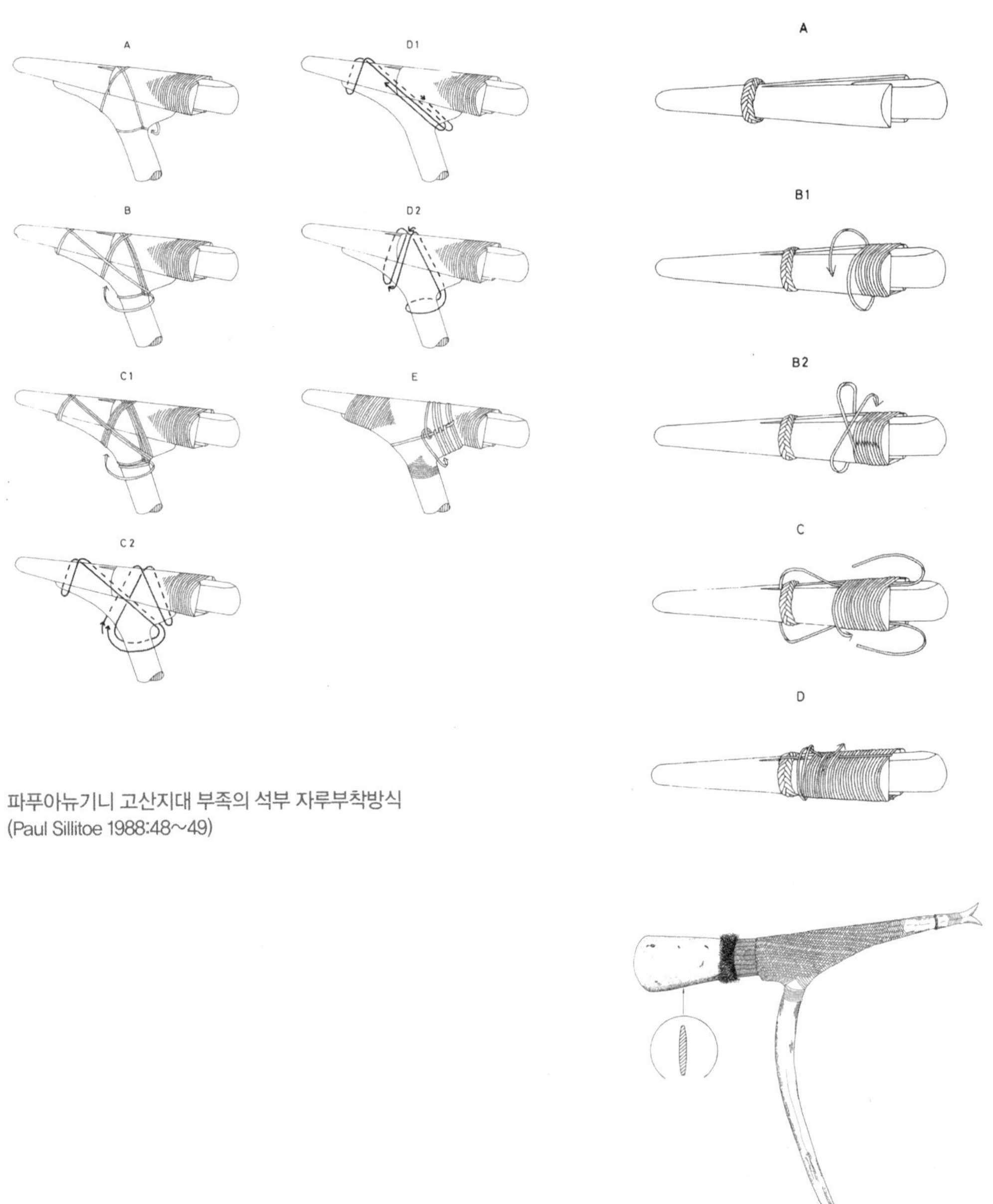

파푸아뉴기니 고산지대 부족의 석부 자루부착방식
(Paul Sillitoe 1988:48~49)

장식석부(Paul Sillitoe 1988:456)

【구멍뚫기(천공)】

베아트리체 블랙우드(Beatrice Blackwood)는 1936년부터 1937년 사이에 9개월 동안 뉴기니아에 거주하는 현대의 석기시대 사람들을 관찰하고 사진을 촬영했다.

쿠쿠쿠쿠(Kukukuku) 부족의 사람들은 창은 사용하지 않고 곤봉만을 사용했다. 그리고 활과 화살이 그들의 주된 무기였다. 석기제작자는 석제 곤봉을 만들기 위해 먼저 곤봉에 사용되는 둥근 모양의 돌에 자루를 끼울 수 있도록 구멍을 뚫어야 한다. 이러한 구멍은 우리나라 청동기시대에 주로 출토되는 별모양도끼나 달모양도끼에서도 확인된다.

곤봉에 사용되는 돌은 멀리서 구해오기도 했다. 석재 종류는 화강암을 주로 사용했다. 너무 무른 돌을 사용하면 깨어지기 쉽기 때문이다.

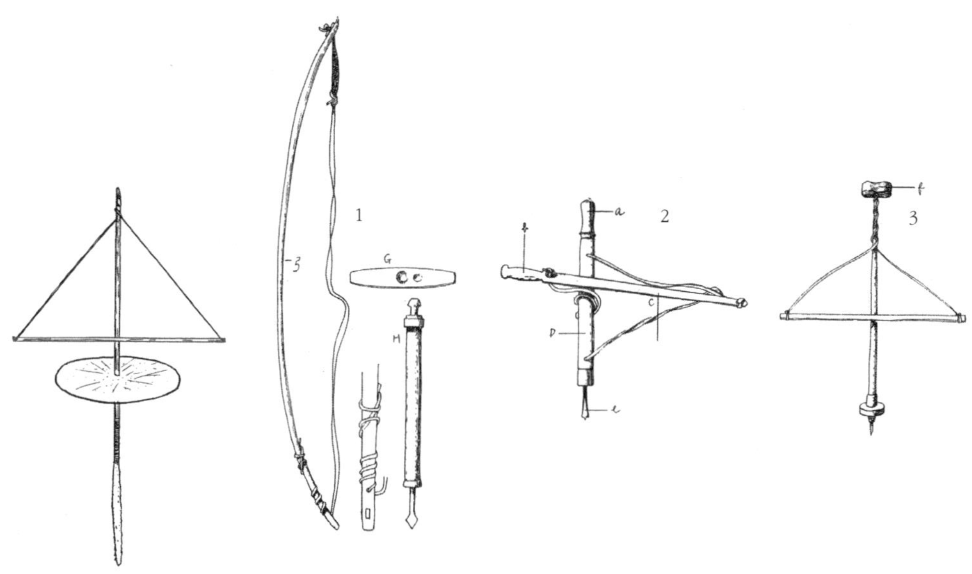

남태평양 투아모투제도의 펌프드릴 (1920~30년)(Emory 1975:141)

활비비를 이용한 투공도구(1940년대 만주와 중국지역)(染木 煦 1941:180)
1. 수레를 만드는 목수가 사용한 활비비(舞錐)
2. 보통의 활비비
3. 武轉

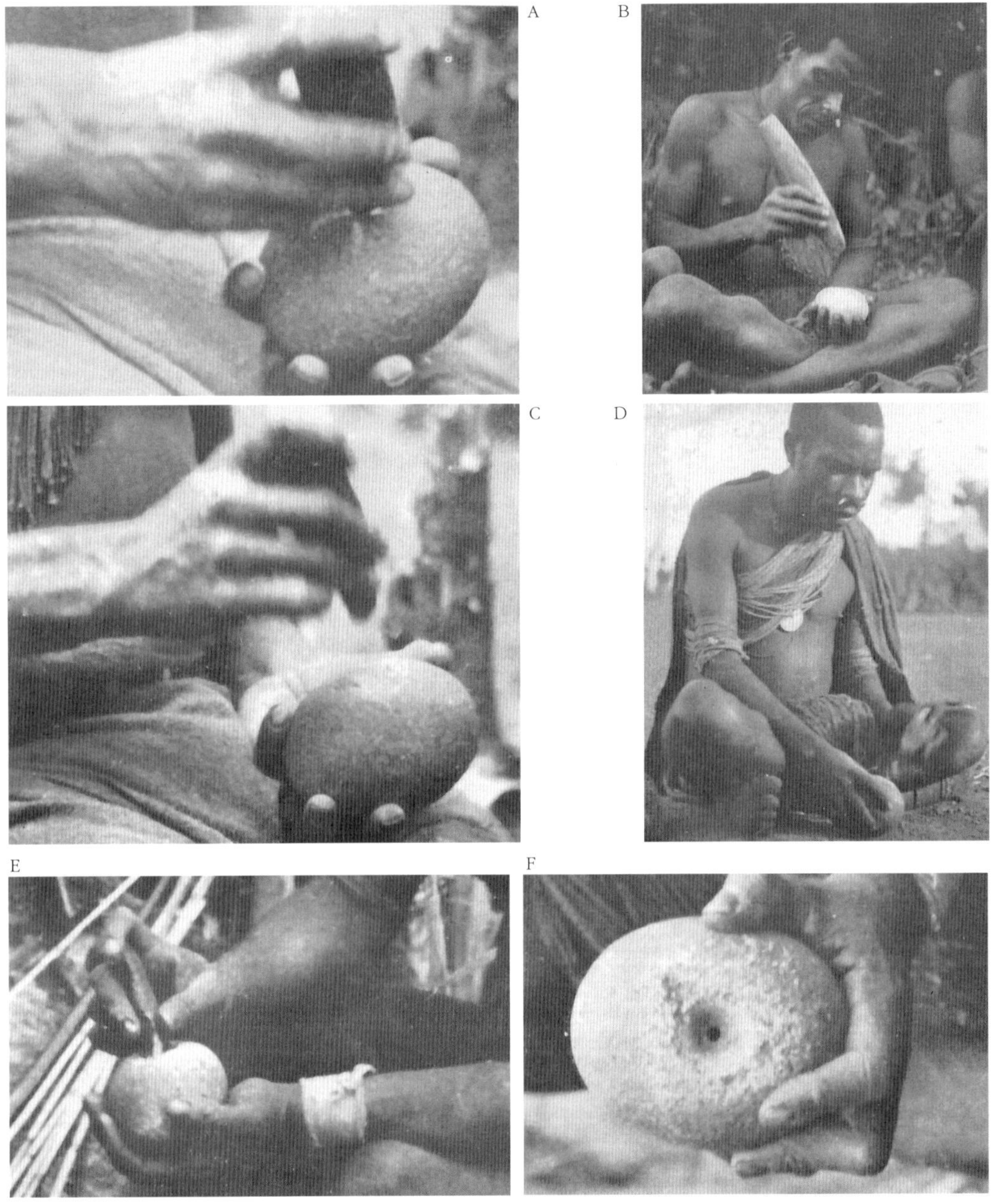

뉴기니아 원주민인 쿠쿠쿠투족의 곤봉머리 제작을 위한 천공(Beatrice Blackwood 1964, Plate Ⅷ).

A. 곤봉 머리돌에 구멍을 뚫기 위해 구멍을 뚫을 곳을 표시한다.
B. 그 다음 뾰족한 도구를 이용하여 구멍을 뚫는다. 때때로 오래된 도끼나 자귀의 날로 끝부분을 이용해 쪼으기도 한다. 초기
   단계에서는 20~30cm 정도의 석부와 유사한 큰 도구를 사용해서 동일한 지점을 반복적으로 찍는다.
C. 그리고는 그것보다 작은 도구를 사용해서 다시 반복적으로 찍는다.
D. 그 다음은 천공도구로서 자갈돌을 사용한다.
F. 투공구와 같은 도구를 사용해서 구멍을 깊게 파내려 간다.

이렇게 한 쪽을 투공하면 반대쪽에 다시 이와 같은 작업을 반복하여 두 개의 구멍이 서로 만나게끔 하여 구멍을 완성한다. 반
대쪽을 투공하게 되는 시점은 구멍 깊이가 서로 비슷하게 만날 수 있는 지점까지이다. 우리나라 석기들도 주로 한 쪽을 투공
하기 보다는 양쪽으로 투공하여 구멍을 연결시키는 방식이다. 그래서 구멍의 모양이 바깥에서 속으로 들어갈수록 크기가 작
아진다. 곤봉의 외부형태는 오래된 자귀날이나 또 다른 석기들로 모양을 다듬는다.

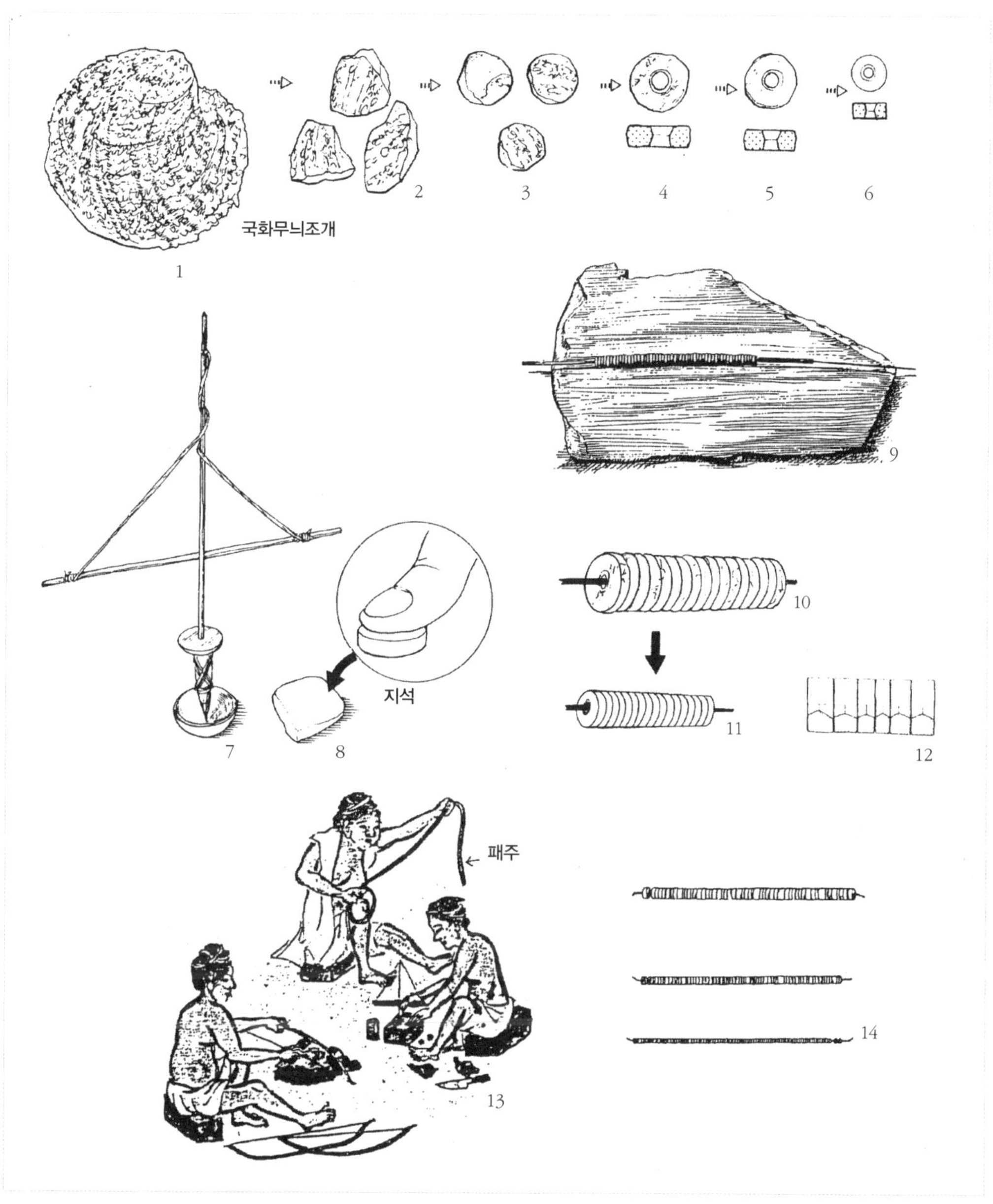

【구멍뚫기와 패주】

패주의 제작(木下尙子 1999:317)

二枚貝(대합, 바지락조개 등 쌍각류의 패류. 두껍질조개) 패주의 경우

1. 패주소재
2. 적당한 크기로 두드려서 깬다.
3. 주변을 다듬어 적당한 크기로 만든다.
4. 중앙을 양측에서 투공한다.
5. 양면을 갈아서 편평하고 매끄럽게 한다.
6. 회전연마되어 완성된 것
7. 무추(솔로몬제도 말레이타섬의 것)
8. 조개편을 지석 위에 올려 양면을 연마한다.
9. 패주를 엮어서 지석 위에서 연마하는 것(트로브리안드섬의 예)
10. 5의 상태로 패주미완성품을 엮은 것
11. 회전연마에 의해 패주가 완성된 것
12. 11의 단면도
13. 19세기 대만 아미족의 패주만들기
14. 근세 대만 타이알족의 패주

수렵은 다양한 도구를 사용해 산이나 들의 짐승을 잡는 것이다. 이것은 채집과 더불어 선사시대에 가장 중요한 생계수단이었다. 수렵의 대상물이었던 동물들로부터 얻는 단백질원은 사람이 살아가는 데 아주 중요한 식량이었다. 수렵구는 사람이 동물을 죽이거나 다치게 하여 사냥감을 얻도록 해준다. 때로는 야생동물들로부터 수렵꾼의 안전을 지켜주는 보호장비이기도 하다.

【오스트레일리아 원주민의 창과 화살촉】

찌르개는 오스트레일리아 중기 또는 후기 석기시대의 석기제작과 조합상을 이해하는 데 중요하다. 천연접착제를 사용해 도구를 자루에 부착한 모습이다.

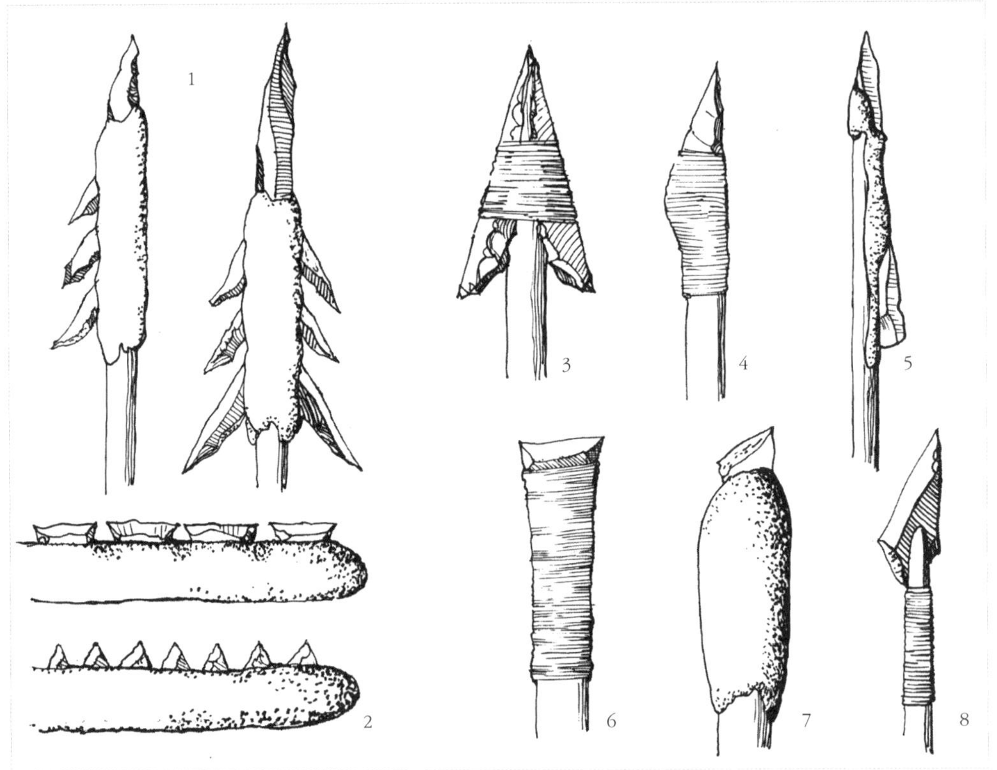

Mccarthy 1967:470

1 · 3 · 4. 본디(Bondi) 찌르개 2.기하학형 세석기로 만든 칼 5. 세석기로 만든 매그레모시안(Maglemosian) 화살
6. 가로날로 된 화살 7. 기하학형 세석기 8. 경사진 날을 가진 화살(Mccarthy 1967:470)

【활과 화살】

a. 활의 끝을 다듬는 모습

c. 전투용 화살의 머리쪽을 만드는 모습

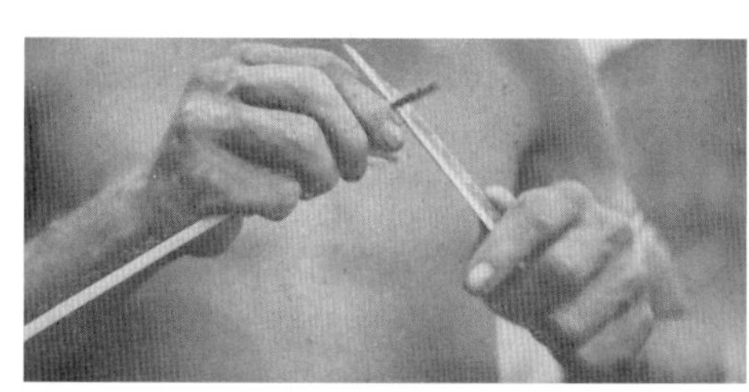

b. 대나무칼로 활시위를 잘라서 측정하는 모습

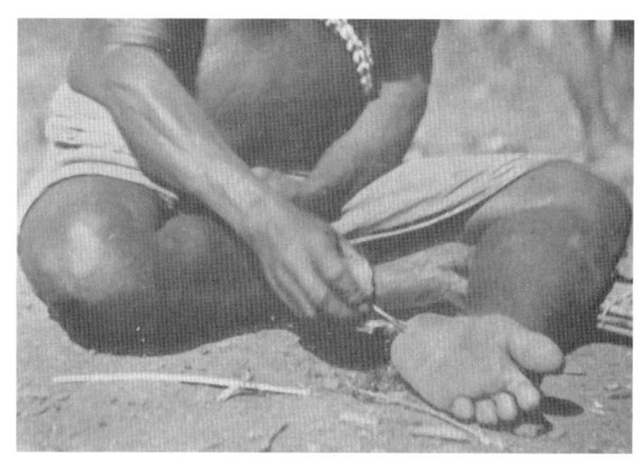

d. 프린트제 긁개로 화살촉을 마감

쿠쿠쿠쿠부족의 활과 화살을 만드는 모습(Blackwood 1964, plate XII).

뉴기니아 쿠쿠쿠쿠부족에서 활과 화살은 전투와 수렵을 위해 반드시 필요한 도구이다. 모든 남자와 소년은 마을에서 조차 활과 화살을 들고 다닌다. 그들은 대부분의 시간을 이것들을 만드는데 소비하고, 한 종류의 활만 사용한다. 활시위는 대나무의 껍질을 정성스럽게 벗겨낸 것을 사용하며, 이 때 대나무칼을 이용한다. 벗겨진 대나무껍질의 폭은 불과 0.6cm 정도에 불과하다. 두께는 2mm보다 더 얇다. 너무 얇아 정확한 측정이 어려울 정도이다. 활시위는 사람의 키정도에 활은 시위의 절반정도 길이가 적합하다고 한다. 이러한 기준은 생존환경과 신체조건, 활과 화살의 용도에 따라 달라질 수 있다.

우리나라 청동기시대 석촉

쿠쿠쿠쿠족은 네 가지 종류의 화살을 사
용한다. 그들은 화살에 미늘을 사용하지
않고 독도 쓰지 않는다.

이와 같은 사실들을 참고할 때, 우리나라
에서도 선사시대에 발견되는 석촉들 이외
에도 나무로 제작한 화살을 사용했을 가
능성이 높다. 화살대에 구멍을 낼 때는 화
살대를 투공구에 집어넣은 후 돌리는 방
식으로 구멍을 내기도 했다.

화살대에 화살촉을 꽂기 위한 구멍을 내는 작업
(Beatrice Blackwood 1964, plate ⅩⅢ).

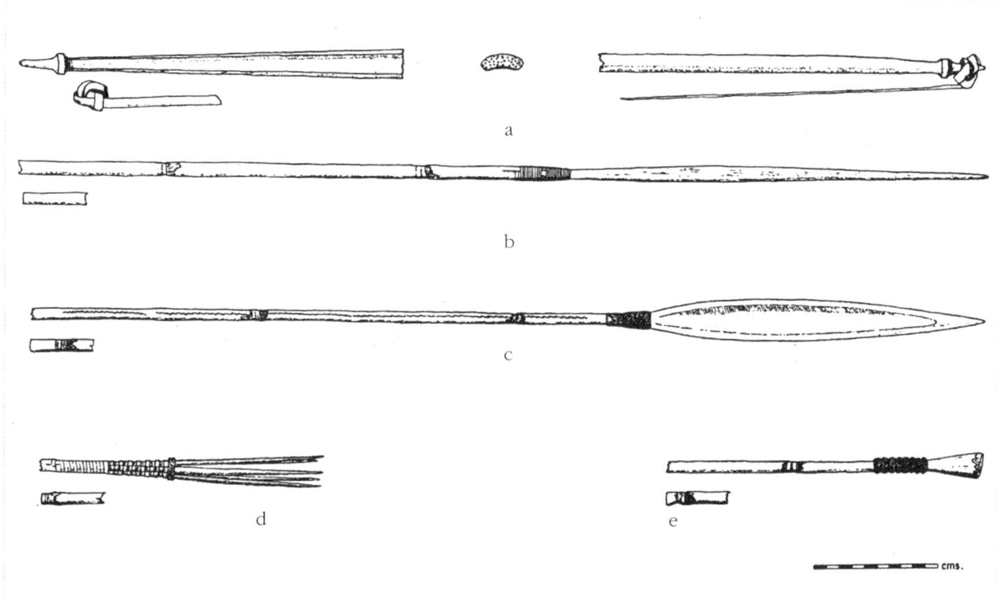

활과 화살들(Beatrice Blackwood 1964:39)
a. 활 b. 전투용 화살(단단한 나무로 제작) c. 돼지, 타조, 왈라비(작은 캥거루)잡이용 화살로 전투용으로는 쓰지 않음
d. 물고기잡이용 화살 e. 조류잡이용 화살로 끝이 뭉툭한 나무로 제작

【투석구】

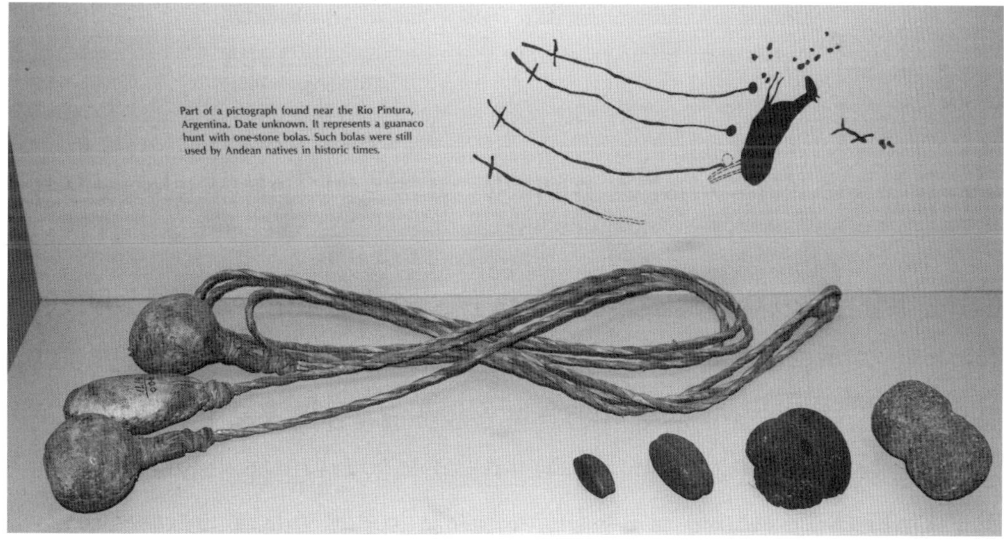

20세기에 칠레지역에서 사용된 것으로 가죽끈에 고정되어 있고, 가죽주머니에 투석이 세 개 달린 투석구이다(미국 자연사박
물관 전시모습)

【투창기】

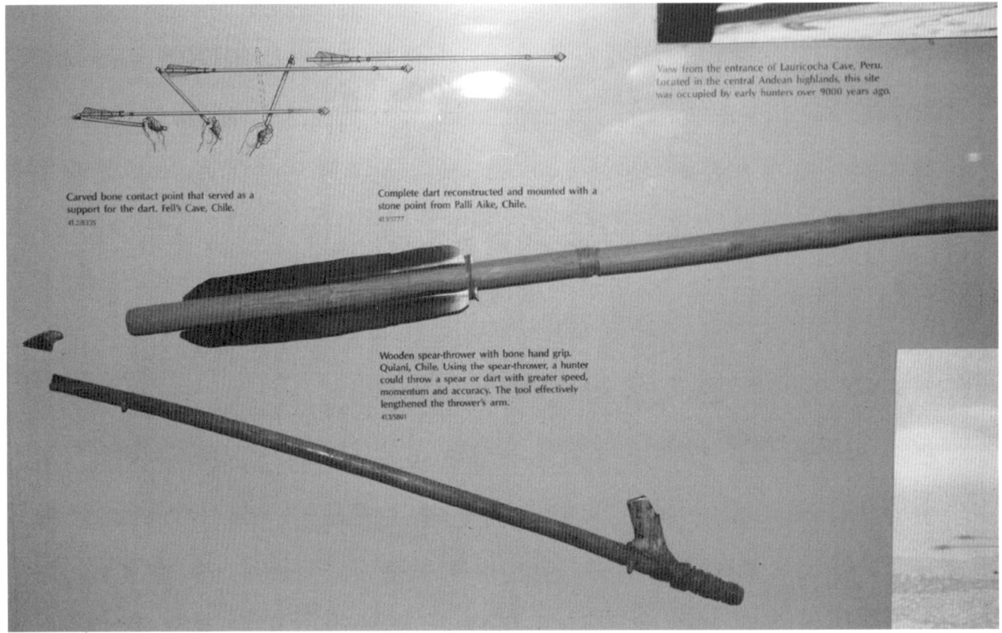

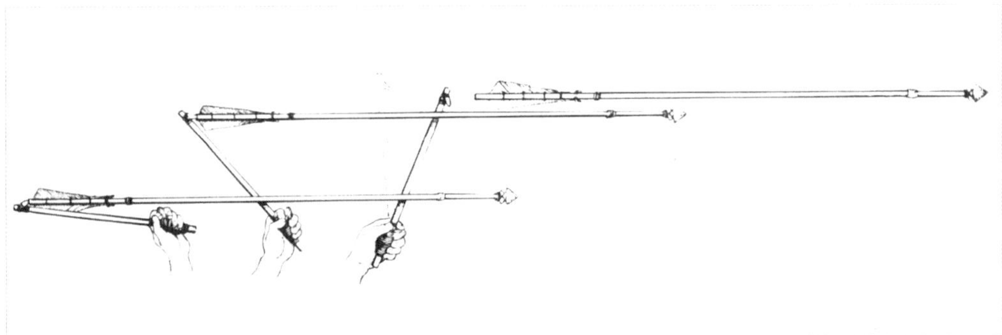

투창기사용 모식도(칠레의 펠즈동굴출토, 미국자연사박물관 전시모습)

북부칠레지역의 원주민은 화살을 투창기로 던진다. 투창기는 나무로 던지는 부분을 만들고, 손잡이는 뼈로 만들었다. 투창기를 이용하면 더 빠른 속도로 던질 수 있고 정확도도 높아져 동물을 잘 잡을 수 있다. 투창기는 던지는 사람의 팔을 더 길게 해줌으로써 더 힘있게 날아가도록 만들어주는 원리이다.

우리나라의 슴베찌르개를 장착한 창도 투창기를 이용했을 가능성도 없지는 않다.

오스트레일리아에서 캥거루와 새를 잡기 위해 엄폐물을 이용해 투창기로 사냥하는 모습(Bengt Anell 1960)

우리나라에서 농경구는 신석기시대부터 출현한다. 구석기시대 때는 석기나 나무 등으로 만든 농경구가 확인되지 않는다. 초창기의 농경구는 대부분 석기와 나무로 제작하였다. 해안가에서는 큰 조개 등을 이용했을 수도 있다. 농경구는 땅을 파는 도구인 굴지구와 수확도구인 반달돌칼이나 돌낫이 대표적인 석기이다. 우리나라의 농경구는 반달돌칼(半月形石刀), 삼각형돌칼(三角形石刀), 돌낫(石鎌), 갈돌과 갈판, 공이와 절구, 보습(石鋤)이 있다. 농경구와 관련된 민족지 자료는 석기 사용방식을 이해하는 데 도움을 준다.

【남태평양 투아모투제도의 굴지구(1920∼30년)】

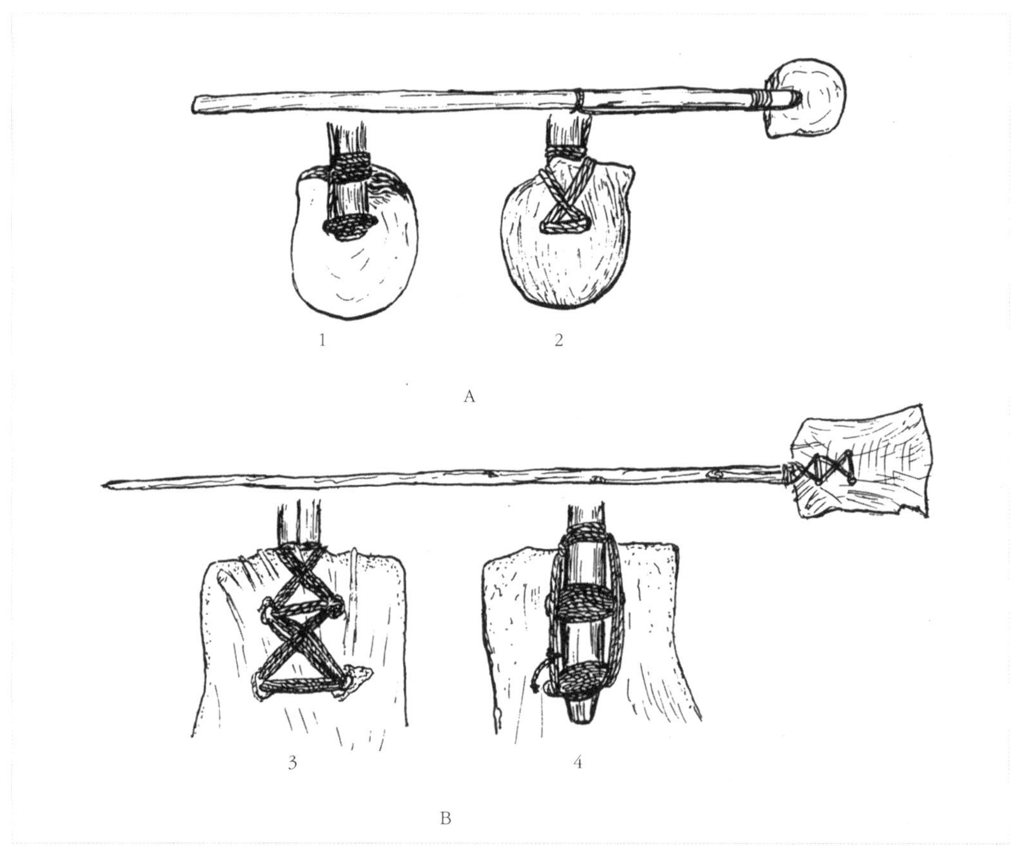

A. 진주조개로 만든 가래 B. 거북의 배껍질로 만든 가래 (Emory 1975:38)

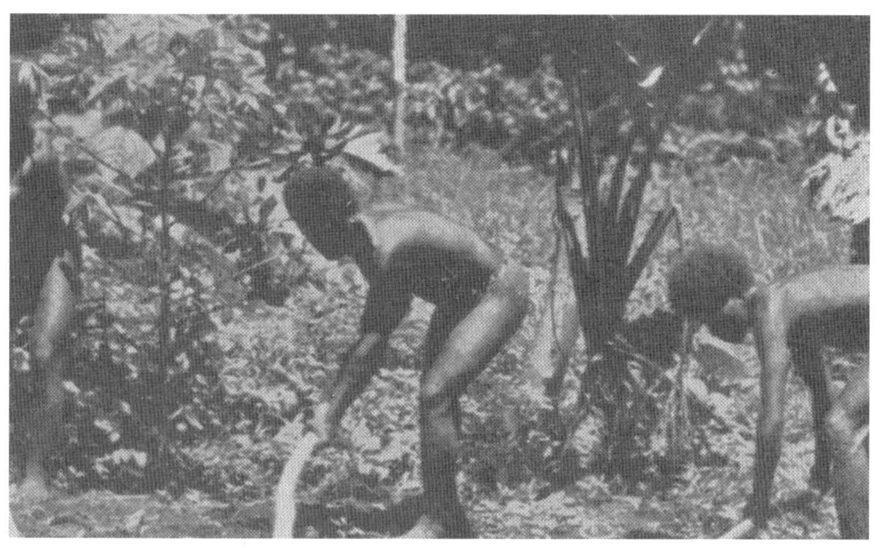

멜라네시아 와라하섬 원주민이 굴봉을 이용해 경작하는 모습(篠遠喜彦 1978:114)

A

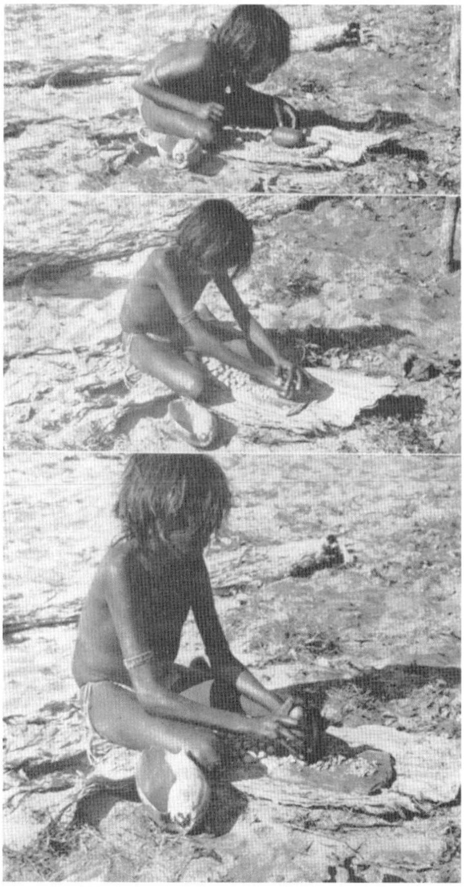

B

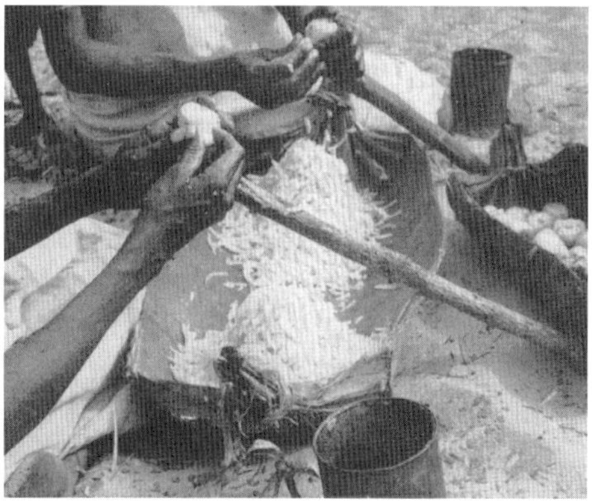

C

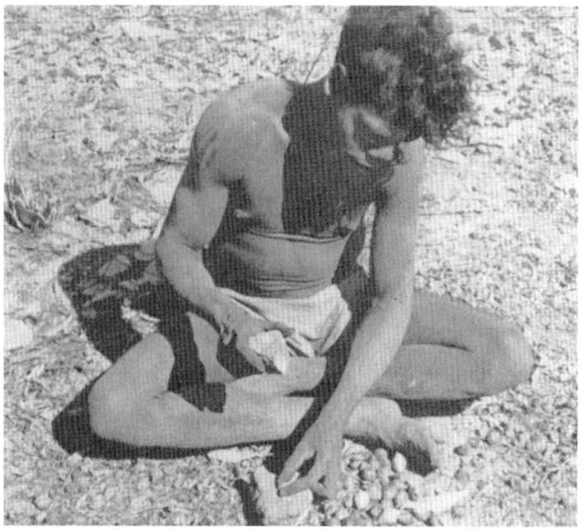

A. 오스트레일리아 원주민의 곡식가는 모습(Mccarthy 1967:71) B. 조개껍질로씨를얇게써는모습 C. 돌로 씨를 까는 모습

어로구

인류가 어로자원을 이용하기 시작한 시기는 조개채취는 14만 년 전, 물고기잡이는 11만 년 전으로 알려져 있다. 12만 5천 년 전에 인류는 해안가 근처에 살면서 조개나 게 등 해산자원을 이용한 흔적이 발견되었다. 수산자원을 이용한다는 것은 발명과 계획능력을 요구하며, 논리적 사고도 필요로 한다. 아울러 개인이 아닌 집단간의 협력에 따른 사회관계도 형성되었음을 암시해 준다(海部陽介 2005).

세계에서 가장 오래된 장신구도 아프리카 블룸보스동굴의 7만 5천 년 전 지층에서 출토된 조개로 만든 것이다.

뉴기니아 오로코로(Orokolo) 남자가 활로 물고기를 잡는 모습
(John Henry Holmes 1924)

사람이 물고기를 손으로 잡기 시작하면서 인류와 물고기의 치열한 머리싸움이 시작되었다. 우선 인류는 물고기를 잡기 위해서는 포획 대상에 대한 동물적인 행동특성과 서식환경, 좋아하는 먹잇감 등에 대한 연구를 할 수 밖에 없었다. 특히 어로행위는 치밀한 계획과 더불어 항해기술이 뒷받침되어야만 비로소 완성된다.

어로구는 물고기를 잡기 위한 도구로 인류의 치열한 궁리와 연습, 그리고 실천경험이 투영되고 반영된 물건이다. 이렇게 인류가 수렵구와 더불어 어로구에 공들인 이유는 단 하나다. 살아남기 위해서다. 그것들을 잡아먹어야지만 살 수 있기 때문이다. 인류에게 물고기는 너무나 절실하고 절박한 식량원이자 좋은 먹거리였다.

【낚싯바늘】

인류가 사용한 가장 오래된 동물뼈로 만든 낚싯바늘이 동티모르 제리말라이(Jerimalai)동굴에서 출토되었다. 이것은 연대가 4만 2천 년 전의 것으로 확인되었다. 특히 먼 바다에서 잡은 어류의 뼈까지 함께 출토가 되어 지금까지 알려진 원양 어로가 시작된 것으로 알려진 3만 년 전 보다 훨씬 앞서게 되었다. 제리말라이동굴에서는 물고기 뼈 절반 이상이 참치와 상어 등 먼 바다에 서식하는 것들이었다. 오스트레일리아 국립대의 오코너교수는 이러한 사실이 5만 년 전의 구석기시대 사람들이 먼 바다를 여행했을 가능성을 보여주는 것이라 주장했다. 인류가 세계 각지로 퍼져 나가는 데 있어 어로기술이 중요한 영향을 미쳤음을 시사해주는 고고자료들이다.

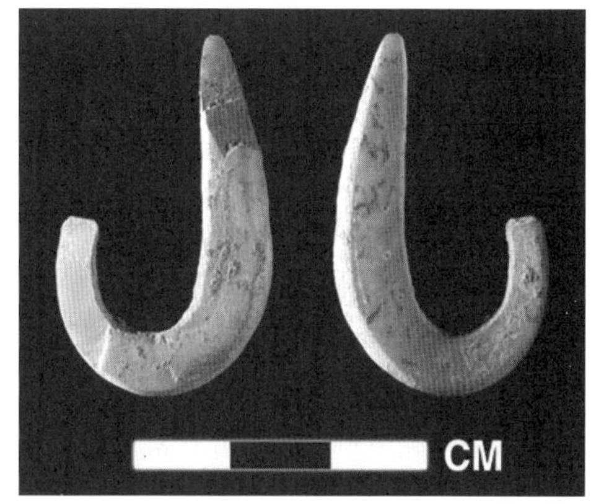

제리말라이동굴 출토 4만 2천 년 전의 낚싯바늘

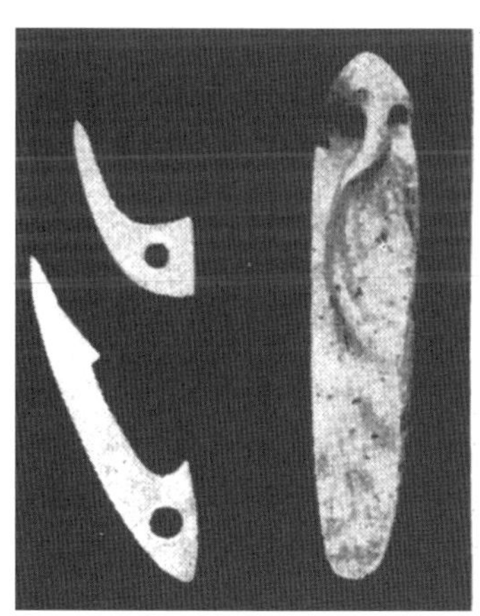

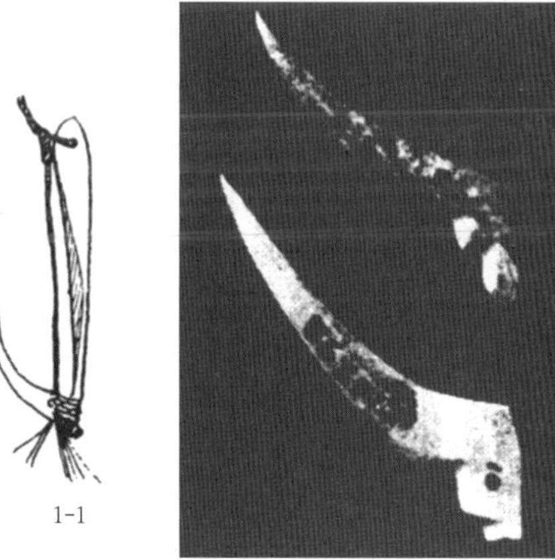

1. 하와이제도의 낚싯바늘과 착장모습
1-1. 가다랭이 낚싯바늘 착장모습
2. 문어 낚시바늘
2-1. 착장모습(條遠喜彦 1978:121)

【낚싯바늘의 구조와 명칭】

"낚싯바늘의 구조 가운데 가장 중요한 요소는 바늘끝(point)과 미늘(barb) 그리고 귀(eye) 부분이다. 물고기를 단번에 잘 꿰기 위해서는 끝이 날카로워야 하며, 걸려든 물고기가 쉽게 빠져나가지 못하게 하기 위해서는 미늘이 있어야 하고, 바늘을 묶기 위해서는 귀 부분이 있어야 한다. 〈그림〉에서 보듯 턱과 허리 부위의 길이 및 구부러지는 각도 또한 낚싯바늘의 형태를 구성하는 중요한 요소이다"(예조원편집부, 2011). 낚싯줄은 마사, 견사, 말총 등의 천연재료를 이용해 제작하였다.

그리고 낚시에는 봉돌도 필요했다. 우리나라 선사시대에 봉돌로 분류된 석기가 거의 없다. 봉돌과 어망추가 때로는 구분이 어렵기 때문인 것과 결합식 낚싯바늘은 그 자체로 봉돌의 역할을 하기 때문이다. "봉돌은 채비의 일부로 무거운 중량을 가지고 있으므로 채비를 원하는 장소나 수심으로 보내는 역할을 한다. 채비를 멀리 던질 수 있게 해주고 빨리 가라앉도록 하며, 미끼가 원하는 장소에서 움직이지 않도록 고정해 주는 역할도 한다. 봉돌은 부피에 비해 무게가 무거울수록 유리하다."(예조원편집부, 2011, 바다낚시 첫걸음(상), 예조원)

봉돌(또는 어망추)은 기본적으로 낚싯바늘에 사용되기도 하지만, 큰 것들은 배를 고정할 수 있는 닻의 역할을 하기도 한다(Stewart 1982).

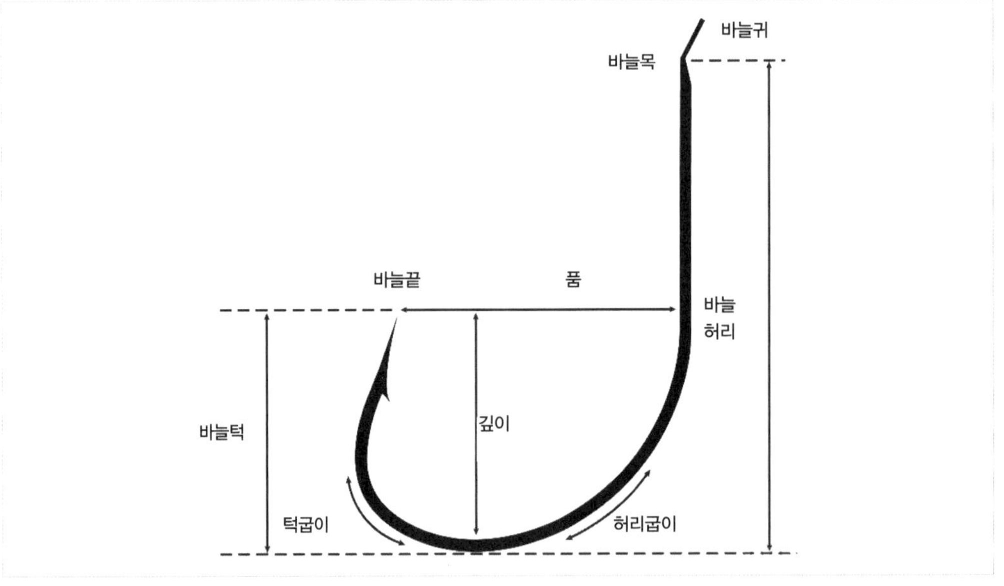

예조원편집부(2011)

【어망추】

어망추는 어망의 아래쪽에 여러 개를 매달아 물 속에 가라앉게 만드는 석기이
다. 어망(그물)은 구석기시대에는 발견된 적 없다. 강이나 하천, 바다에서 사용되
는 어망은 그물(網)·부자(浮子)·어망추(漁網錘)로 구성된다.

우리나라 선사시대의 어망추는 강이나 바다의 자연석을 다듬은 것과 흙을 구워
만든 것들도 있다. 신석기시대 동삼동 패총의 토기에 어망의 존재를 알 수 있는
문양이 알려져 있지만, 선사시대에 있어 실제 실물자료로 그물이 발견된 적은 아
직 없다.

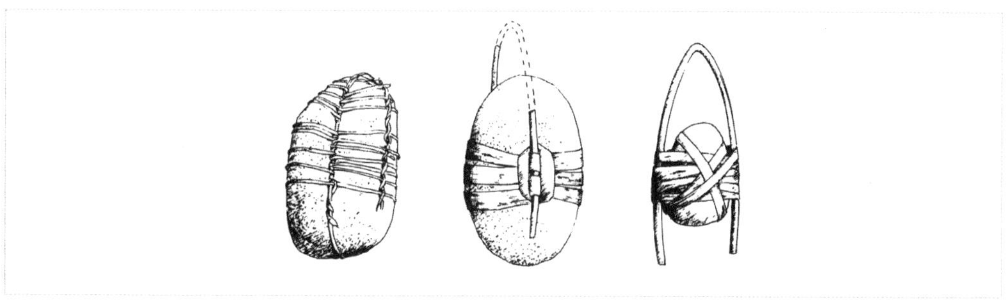

아메리카 북서해안 인디언들의 어망추(Stewart 1982:30)

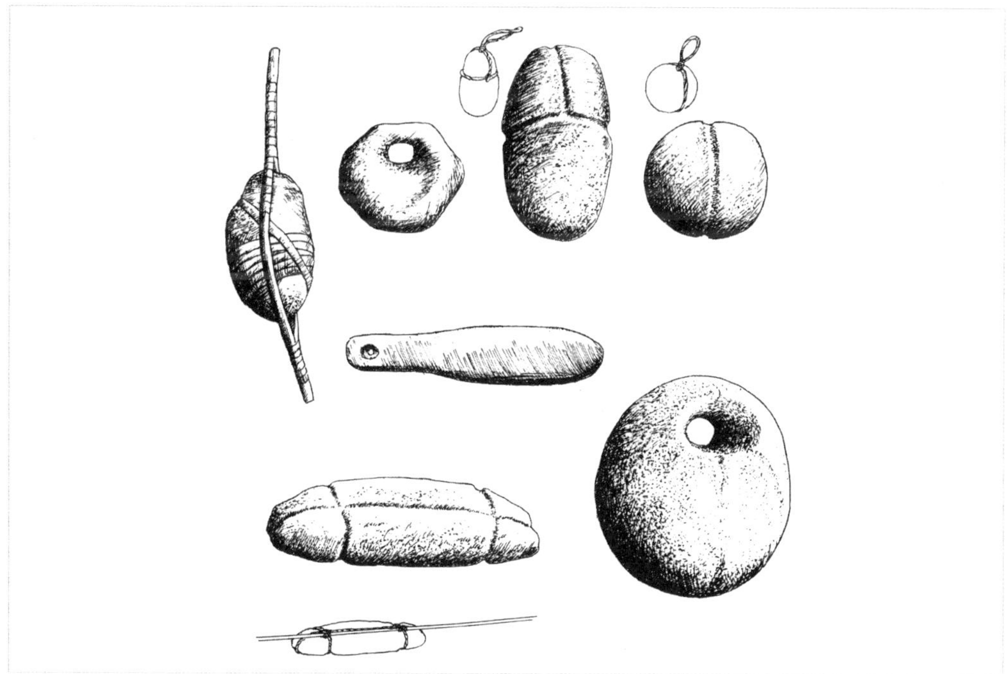

아메리카 북서해안 인디언들의 어망추(Stewart 1982:31)

【결합식 낚싯바늘】

신석기시대에 우리나라 동해안과 남해안에서 출토되는 결합식 낚싯바늘은 단순히 물속에 드리우는 낚시방법 이외에도 다른 방법은 생각해 볼 수 있다. 북미 인디언들의 사례를 보면 돌이나 나무로 만든 축과 뼈로 만든 바늘로 만든 낚싯바늘을 이용해 연어잡이에 사용한다. 끌낚시는 배로 낚싯줄을 수평으로 끌면서 수면 가까이의 고기를 낚는 일이다. 우리나라나 인디언들이 사용한 낚싯바늘을 보면, 돌로 만든 축(바늘허리)이 아래로 가고 가벼운 뼈로 만든 바늘이 위쪽을 향한다. 단순히 바늘허리를 돌로 만들어 봉추의 기능을 하는 것뿐만 아니라 특별한 목적이 있는 낚싯바늘이다.

우리나라에서 단순히 자돌구로 구분된 것 중에는 결합식 낚싯바늘의 바늘로 사용된 것도 있다. 축은 돌로 만들고, 바늘은 사슴뼈와 같은 동물뼈나 멧돼지 견치를 이용한다.

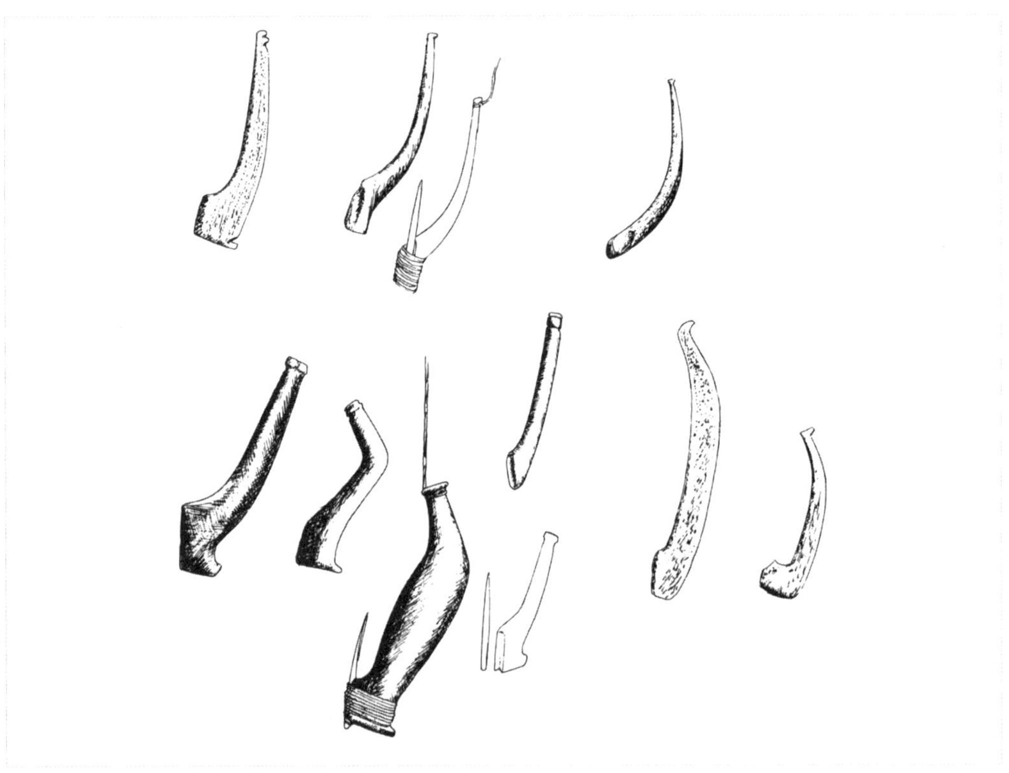

아메리카 북서해안 인디언들의 결합식 낚싯바늘(Stewart 1982:44)

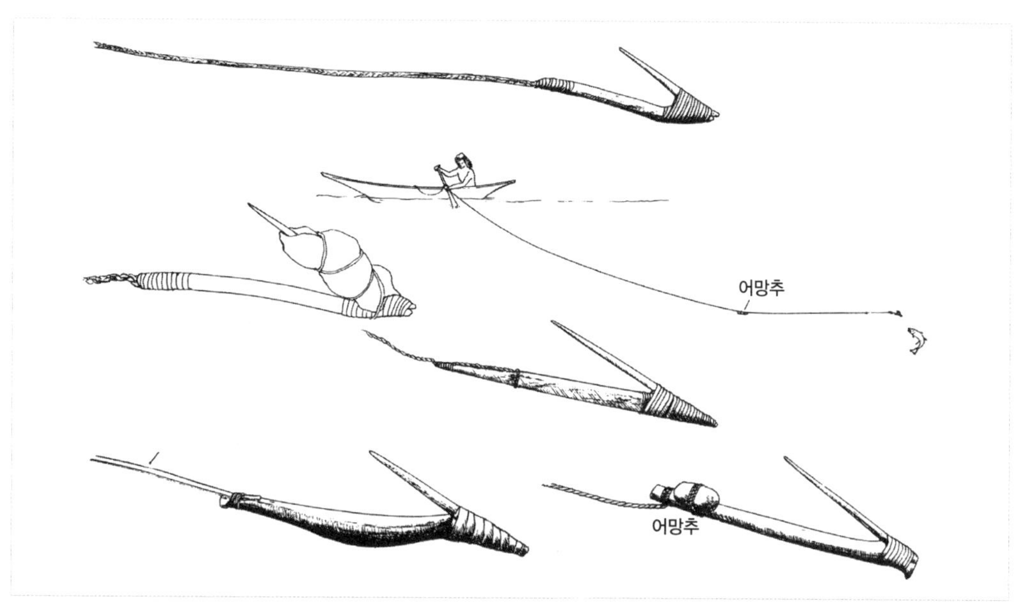

아메리카 북서해안 인디언들의 결합식 낚싯바늘(Stewart 1982)

결합식 조침은 배를 타고 물고기를 잡는 끌낚시(트롤링)에 사용된 낚싯바늘로 생각할 수 있다.

결합식 낚싯바늘은 대형어족자원을 잡는 데 사용한 도구로 일반적으로 알려져 있다. 모든 결합식 낚싯바늘이 끌낚시에 이용되었는가에 대해서는 검토의 여지가 남아 있다. 하지만 적어도 고성 문암리, 동삼동 패총, 창녕 비봉리 등 크기가 대형에 속하고 축이 돌로 만들어진 것들은 끌낚시에 이용된 것으로 생각된다. 북미 인디언의 자료를 보면 축의 길이가 7.5cm정도의 것도 끌낚시에 이용하였다. 끌낚시로 잡을 수 있는 어종은 근해에서는 고등어, 가다랭이, 방어, 다랑어, 청새치, 만새기 등이 대상이 되며, 담수에서는 산상호에서 각시송어 등이 잡히고 있다. 그러나 선사시대 때는 이러한 어종도 잡았겠지만, 동해안, 일본, 연해주, 캄차카반도, 북미에서 주로 잡히는 연어를 잡기 위한 목적이 가능성이 더 높다.《세종실록》지리지에 의하면, 연어(年魚)가 토산품에 들어 있는 지방이 함경도에 많고, 강원도와 경상도에도 몇 지방이 있다. 이를 본다면 동해안과 남해안에서 집중출토되고 서해안(노래섬 가지구출토)에서 결합식 낚싯바늘이 출토되지 않는 것이 연어가 서식하지 않는 것도 하나의 이유가 될 수 있다. 결합식 낚싯바늘은 5~20cm로 크기도 다양해서 어종에 따라서 다양하게 사용했을 수 있다.

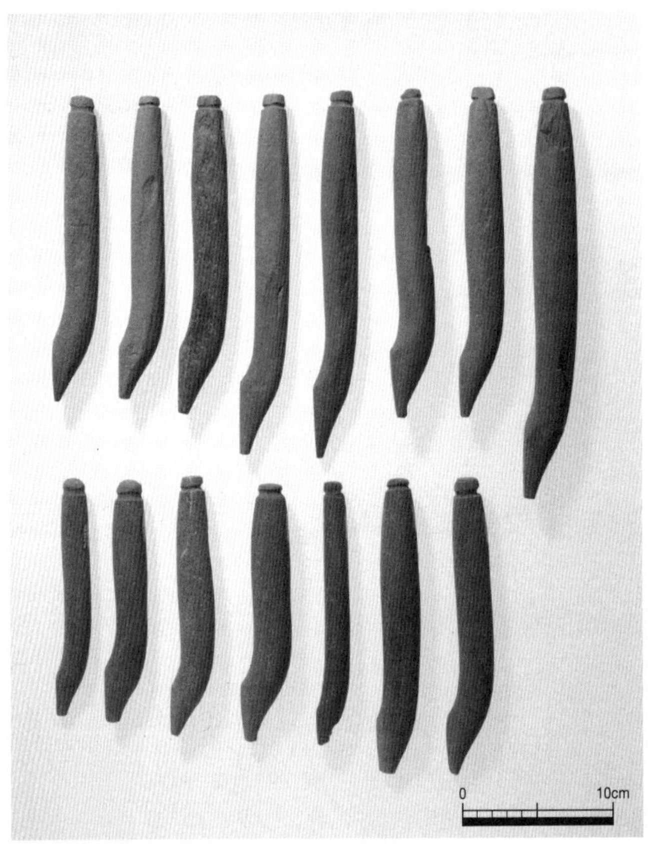

고성문암리 결합식낚싯바늘(신석기시대)

울산 세죽리 결합식낚싯바늘(신석기시대)

【결합식 낚싯바늘의 바늘 제작방법】

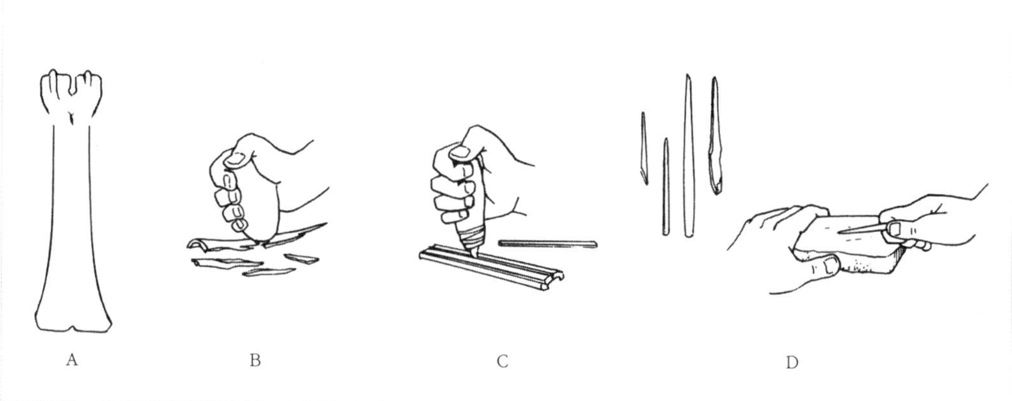

Stewart 1982:36

A. 사슴, 엘크 등의 다리뼈를 재료로 사용
B. 돌 등을 이용해서 뼈를 적절한 크기로 조각을 냄
C. 조각난 뼈를 조각도로 반복적으로 홈을 내어 재료를 원하는 크기와 형태로 잘라냄
D. 숫돌을 이용해 갈아서 낚싯바늘을 만듦

【일자형(一字形) 또는 역T자형 낚싯바늘(throat gorge, fish gorge)】

낚싯바늘에는 우리가 익히 알고 있는 것만 있는 게 아니다. 선사시대나 민족지 자료에는 일자형 낚싯바늘을 고기잡는 데 사용하였다. 이것은 주로 뼈를 이용해 만들었다. 나무로 만들면 뜨는 성질로 인해 가라앉지 않기 때문에 뼈를 선호했던 것이다. 일자형 낚싯바늘의 모양은 다른 낚싯바늘과 달리 몸체가 일자형으로 되어 있으며 미늘이 없다. 그 대신에 이것은 양끝이 뾰족하게 만든다. 그리고 낚싯줄도 바늘귀에 묶는 게 아니라 바늘몸체의 중앙에 오도록 하게끔 묶는 차이가 있다. 그리고 먹이를 끼우는 방식에서도 바늘이 거의 다 덮이도록 한다. 그래서 물고기가 먹이를 삼키면 입안에서 바늘이 걸리게 된다.

일자형 낚싯바늘 중 중앙에 오목하게 들어간 형태는 역T자형 방식으로 고기를 잡는 어로구이다. 반면, 그러한 오목한 부분이 없는 것은 일자형 낚싯바늘축이 J자형인 결합식 낚싯바늘의 바늘로도 사용되기도 한다. 이 낚싯바늘은 배를 타고 고기를 잡을 때 사용한다. 특히 아메리카 인디언들은 연어 끌낚시에 사용하기도 한다.

무엇보다 결합식 낚싯바늘의 형태가 다양하다는 점이다. 도구 모양만으로 어떤 특정한 기능으로 한정하는 것은 유물을 이해하는 데 좋지 않을 수 있다.

주의할 점은 일자형 낚싯바늘에서 결합식 낚싯바늘에서 흔히 보이는 결합면이 바늘에 없다고 해서 이것이 낚싯바늘이 아니라고 무조건 단정해서는 안된다. 그러한 면이 없다고 하더라도 끈으로 결합하는 방법을 달리하거나 축을 다듬으면 얼마든지 그러한 면이 없어도 결합식 낚싯바늘의 부속품으로 사용할 수 있다. 특히 용도를 모르는 자돌구 중 뼈로 만든 것들의 상당수는 낚싯바늘일 가능성을 검토해야 한다.

아메리카 인디언들의 역T자형 낚싯바늘의 사용모습(Stewart 1982:43)

【작살】

우리나라 신석기시대에 자돌구로 분류되고 있는 석기 중 상당수는 작살의 부속구일 가능성이 높다. 대개 이러한 자돌구에는 별다른 고정장치가 보이지 않는다. 작살은 사용 때 자루와 작살이 분리되는 회전식 작살(籬頭銛)과 분리되지 않는 고정식작살(固定式銛)이 있다. 회전식 작살은 기본적으로 섬두(銛頭), 중병(中柄), 병(柄), 색승(索繩), 부대(浮袋)로 이루어진다. 회전식은 작살이 포획물에 명중하였을 때 섬두가 병에서 떨어져나가고 섬두에 연결된 로프로 포획물을 손에 넣는다(국립대구박물관 2005). 회전식 작살은 신석기시대의 서포항패총, 동삼동패총 등에서 출토되었다.

그림처럼 부이와 유사한 공기주머니가 있으면 잡힌 동물이 물속으로 가라앉아서 도망가는 것을 막아주고, 포획물의 위치를 알기 쉽게 해준다.

【작살의 부위별 명칭】

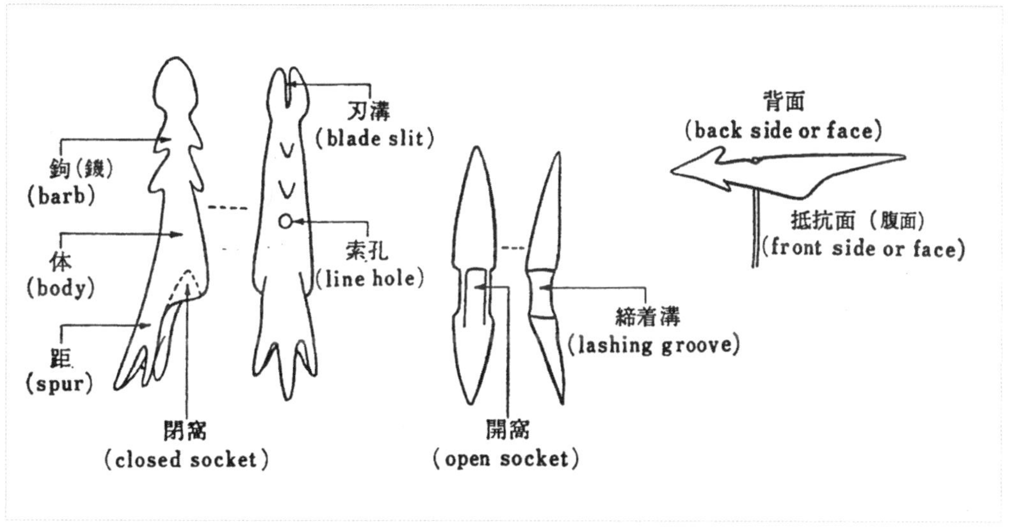

일본지역 회전식 작살의 부위별 명칭(佐藤達夫 1938:350)

【회전식 작살】

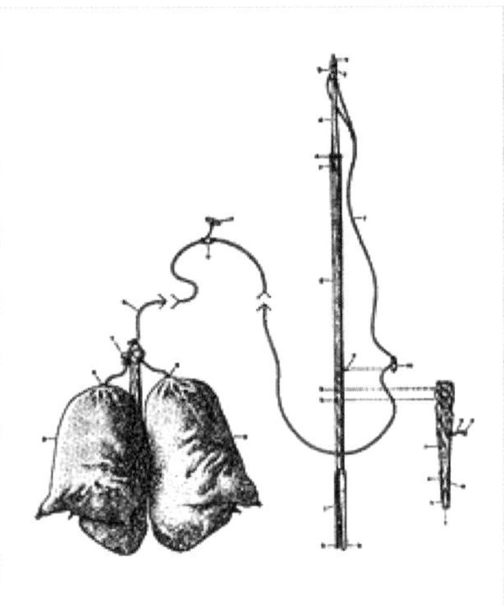

공기주머니가 달린 회전식 작살(ウェンデル・H.オズワルト
(加藤晋平・禿仁志譯) 1983)

1. 보트에서 대형 바다표범을 수렵하기 위한 안그마그사리크족의 회전
식 작살
2. 이두섬의 복합체

A. 동물의 체내에서 섬두가 한번 회전하는 모습
B.C. 구멍사이로 바다표범에게 작살을 꼽는 모습
D.E. 배에서 바다표범에게 작살을 꽂고, 가죽으로 만든 부이가 사용되
어 바다사자가 도망가지 못하는 모습

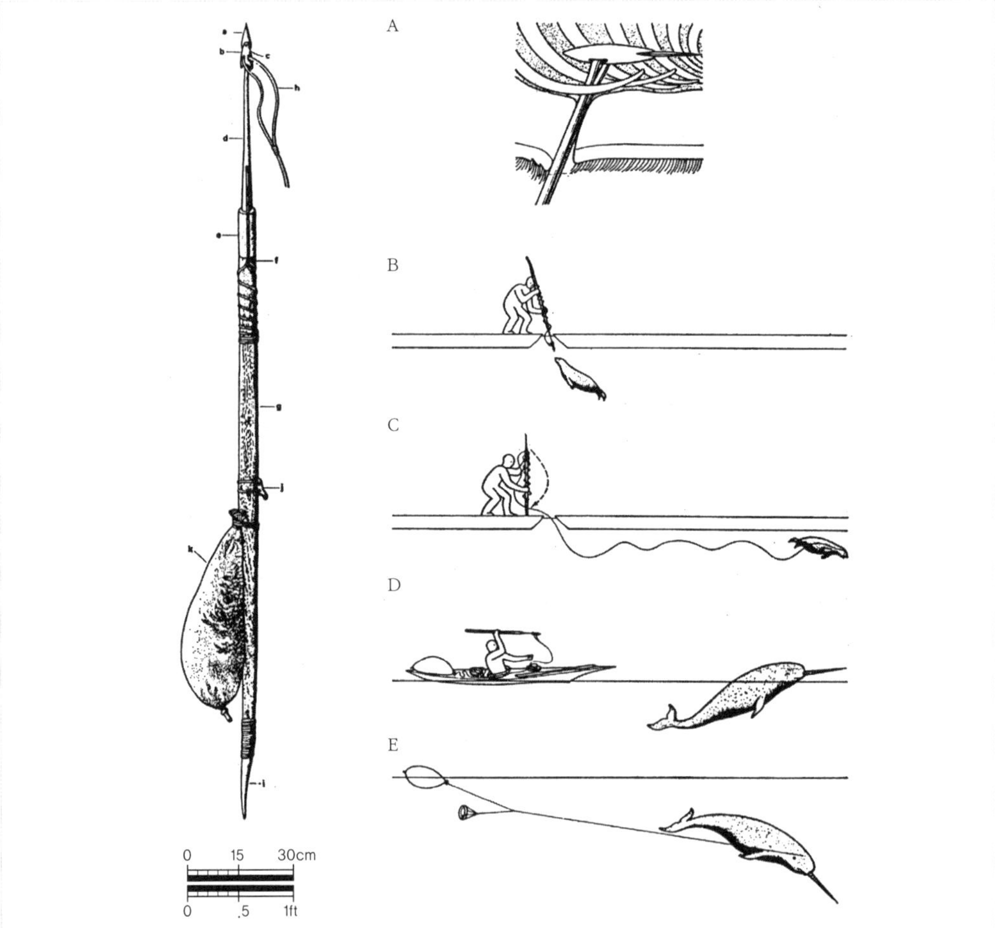

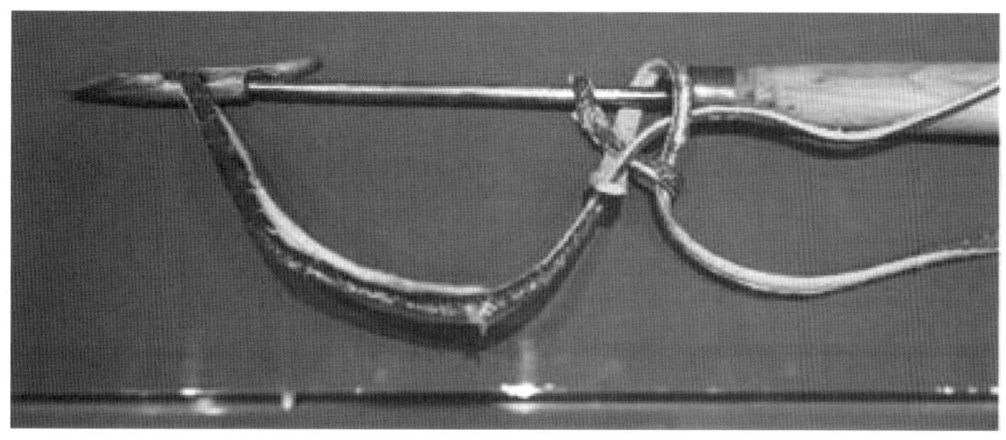

캐나다 이누이트족의 회전식 작살(일본국립민족학박물관 소장)

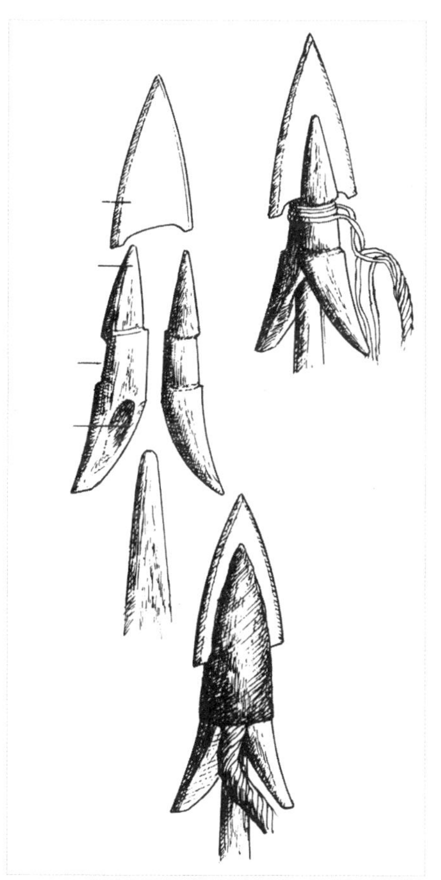

캐나다 북서해안 원주민의 결합식 작살
(Stewart 1982:69)

고성 문암리 결합식 작살(신석기시대)

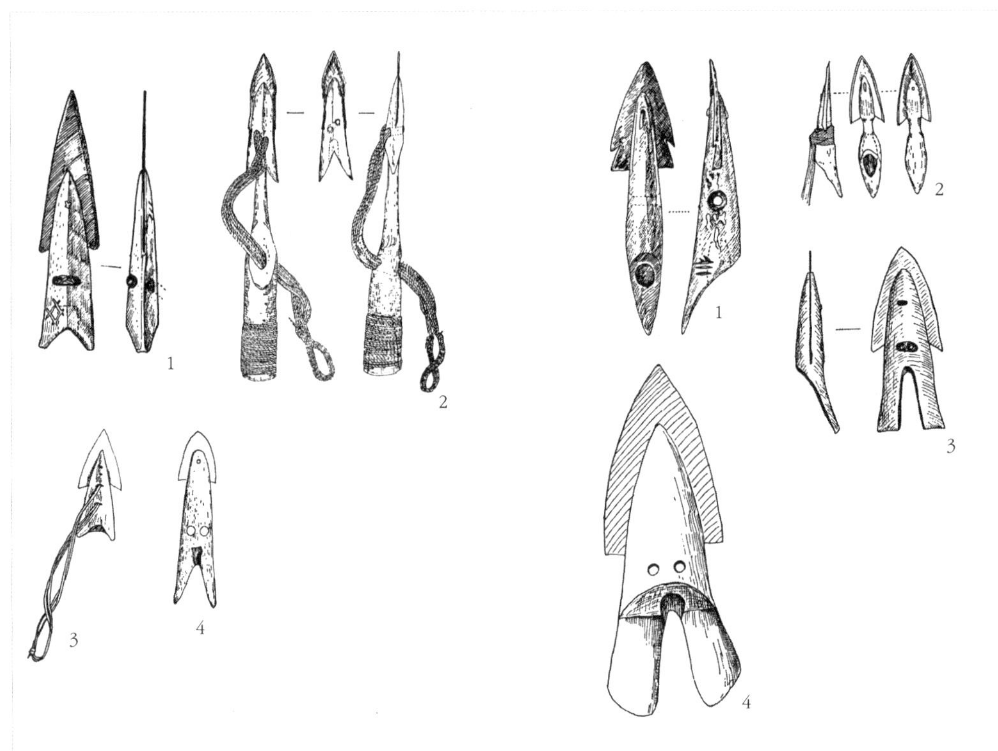

일본 아이누期의 회전식 작살
(佐藤達夫 1938:404–405)

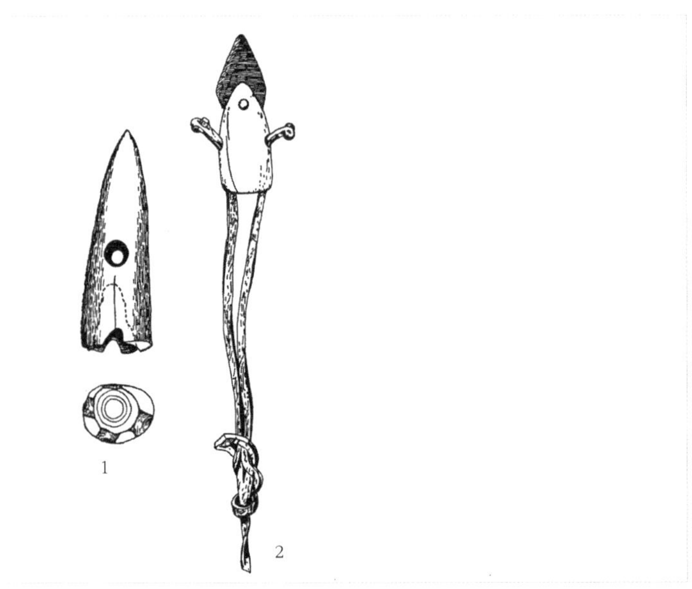

일본 죠몽문화 전기의 결합식작살
1. 山內淸男의 자료 2. 에스키모의 회전식 작살
(佐藤達夫 1938:353)

북아메리카 해안 인디언들이 사용하는 넙치를 잡기 위한 작살(Stewart 1982:66)

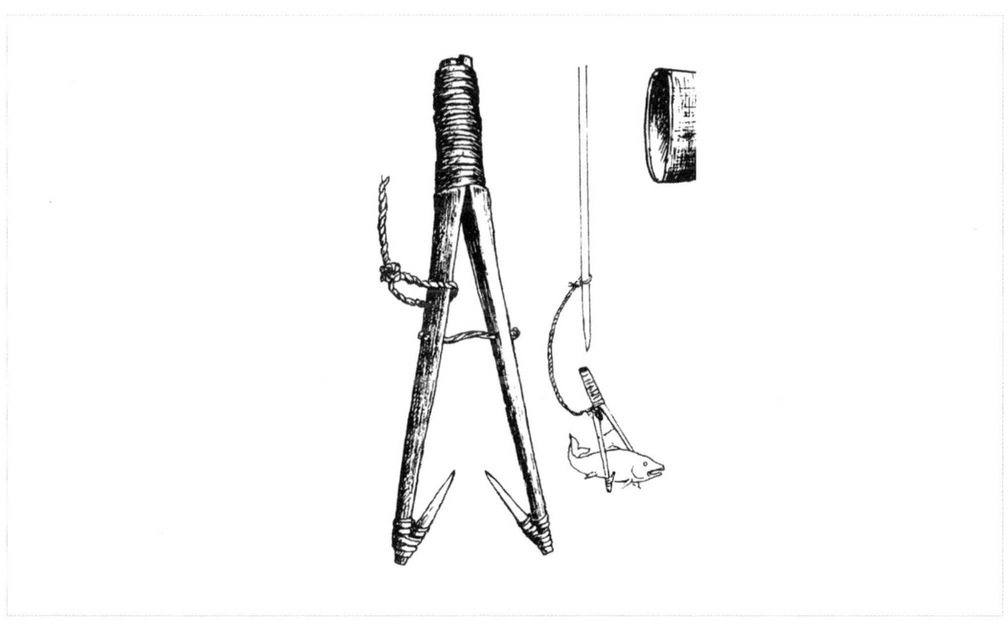

북서해안 인디언들의 미늘이 두 개인 작살(Hilary Stewart 1984:175)

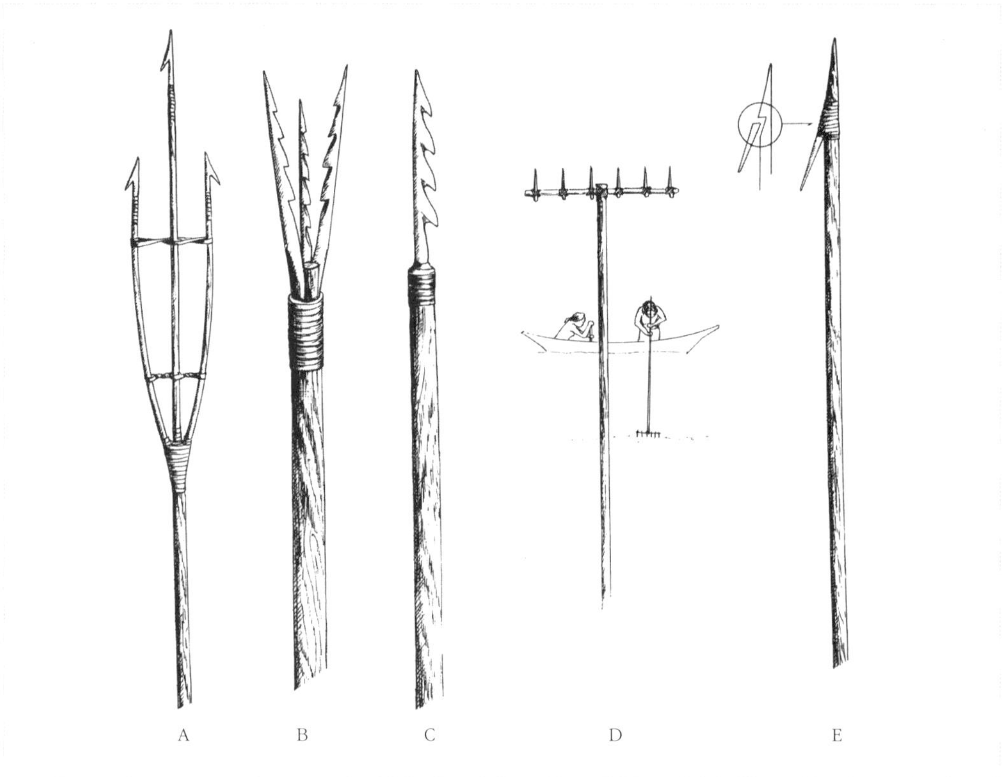

A. 금속제 미늘, B. 목제 미늘, C. 골제 미늘, D. 진흙탕인 강이나 배에서 사용하는 쇠로 만든 작살, E. 문어를 잡기 위한 작살 (Stewart 1982:67)

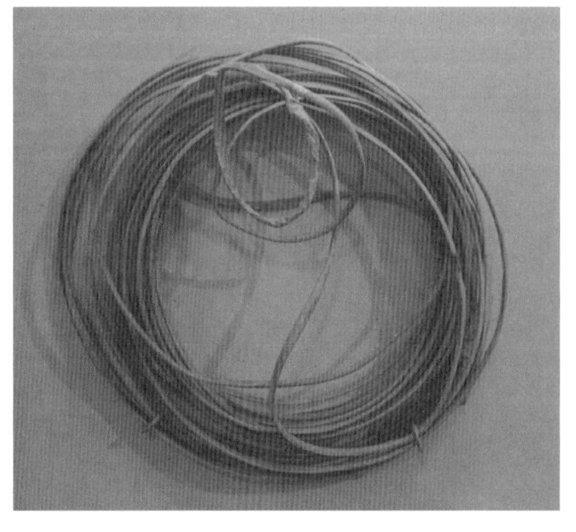

남아메리카 알아카루프(Alakaluf)부족의 바다표범의 가죽으로 만든 작살 줄(미국자연사박물관 전시).

식물을 이용해 끈을 만들기도 하지만 이렇게 동물의 다양한 부위에서 재료를 구해 끈을 제작하기도 했다. 아메리칸 인디언들은 여자의 긴 머리카락을 이용해 낚싯줄을 만들기도 했다.

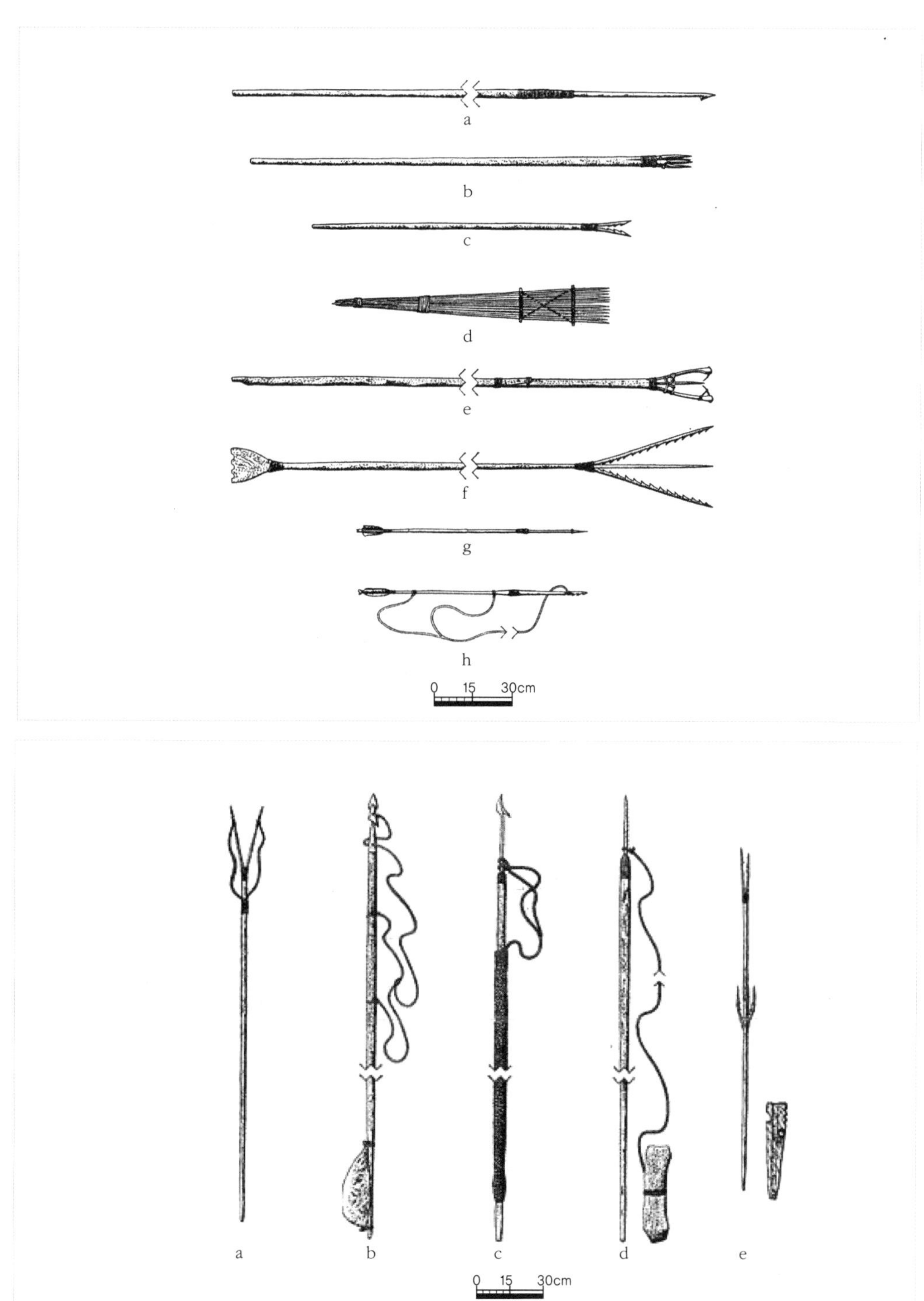

수중야생동물에 사용되는 도구(ウェンデル・H.オズワルト(加藤晋平·禿仁志譯), 1983)

캐나다 북서 해안 인디언들은 생선조리용칼(fish knife)이다. 이것의 날은 2~3mm 이고, 날의 가장자리가 둥글다. 이것은 점판암으로 만들어졌다. 이러한 가장 오래된 것은 5,000년 전 유적에서 출토된 것이다(Stewart 1982). 우리나라 신석기유적에서 출토된 칼 중 일부는 생선조리칼로 사용되었을 것으로 생각된다. 북아메리카에서는 여자가 사용하며, 이 칼의 손잡이는 시다(cedar)나무로 만든다.

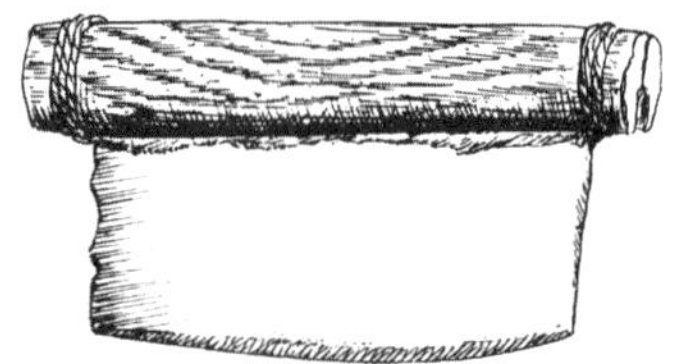

Stewart 1982

상어표피는 거친 돌기가 있어 이것을 벗겨 말리면 사포로 사용할 수 있다. 鯊(상어 사)는 모래 沙에 고기 魚가 합친 한자'이다. 한자 조합만으로도 상어 껍질이 모래처럼 거칠다는 것을 알 수 있다.

"상어는 자신의 비늘을 세워 피부표면을 가로지르는 아주 작은 우물들을 만들어 저항을 줄인다. 이 미세한 비늘은 길이가 200μm 정도이며 치아와 같은 강한 법랑질로 만들어져 있다. 상어 표면에 형성된 이빨(tooth) 형상의 비늘구조 및 비늘 내에 물의 흐름 방향과 평행하게 정렬된 리브구조는 항력을 줄이고 표면 오염 방지 및 자가 세정 능력(anti-fouling/self cleaning)을 제공하게 된다(김태완 2012: 297).

상어는 피부에 치아처럼 미세한 돌기를 가지고 있다. 이것은 물의 마찰저항을 줄이고 속도를 높여주는 기능을 한다. 이런 이유로 피부가 한 쪽으로는 부드럽고 다른 쪽으로는 거칠기 때문이다. 이렇게 만들어진 천연 사포는 도구나 조각품 등을 마감할 때 사용함으로써 질좋은 제품을 만들 수 있다. 아울러 칼을 벼릴 때에도 사포가 사용했다는 기록이 있다.

아메리카 인디언들은 이러한 상어표피의 특성을 일찍부터 알았고, 그것을 사포로 활용하였다. 우리나라는 신석기시대부터 본격적으로 해양자원을 활용하였다고 한다면, 적어도 이 시기에는 상어표피의 특징을 알고 있었을 가능성도 없지 않다. 이 시기에 많이 제작된 골각기나 목기 등에 이런 사포를 사용했을 가능성은 얼마든지 있다.

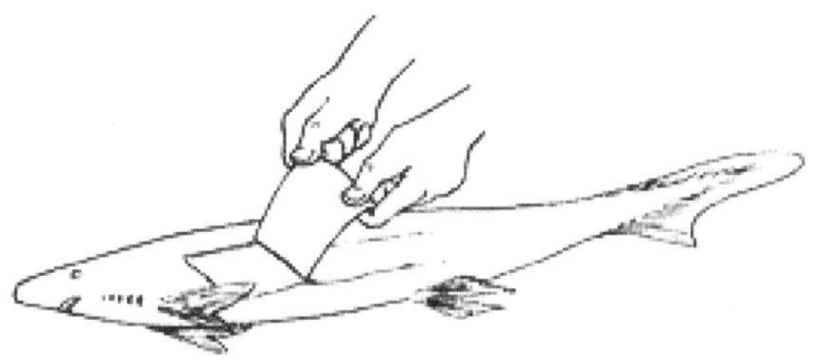

상어의 가죽을 벗기는 모습(아메리카 인디언)
Stewart 1982

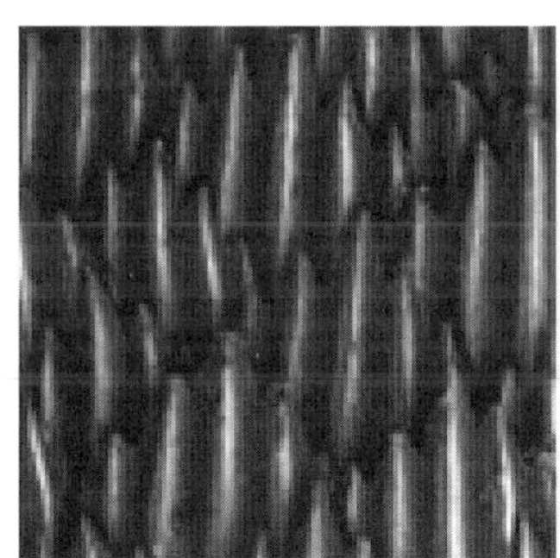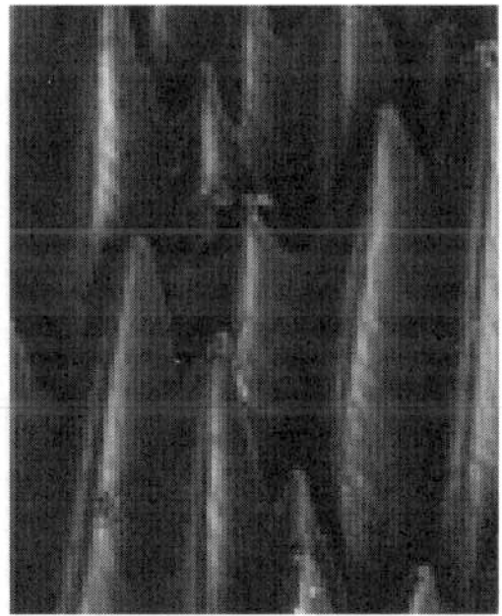

SEM 으로 본 상어표피의 모습(김태완 2012)

기존에 알려진 방추차의 형태 이외에도 구슬형태의 것들이 원주민들에 의해 사용되었다. 삼국시대에 출토되는 유리구슬이나 목걸이로 알려진 구슬들 중 이러한 사례처럼 방추차로 활용된 것들도 있을 것으로 추정된다.

북아메리카에서는 실을 만드는 또 다른 방법으로 시다나무의 껍질을 돌 위에 대고 두드려서 무르게 한 뒤 실을 구하기도 한다.

방추차(미국자연사박물관 전시)

방추차를 사용하는 모습(Stewart 1982)

BC490년 고대 그리스의 병에 그려진 방추차를 돌려 실을 뽑는 여인의 모습
(Elizabeth Wayland Barber 1994:38)

제1부 제1장

글린대니엘, 김정배 옮김, 1992, 『考古学発達史』, 신서원.

Brian Hayden, 1989, From chopper to celt: the evolution of resharpening chniques, Time, Energy And Stone Tools, Cambridge University Press.

Daniel, G.E., 1962, The Idea of Prehistory, Harnondsworth: Penguin.

Karlin, C. and Julien, M., 1997, Prehistoric technology: a cognitive science, The ancient mind.

Inizan, M.L., Roche, H., Tixier, J., 1992, Technology of Knapped Stone, C.R.E.P.

渡辺 仁, 1978, 「道具の起源とヒト化」, 『科學』 48-4.

渡辺 仁, 1996, 「道具から道具へ-理論考古学のためのバラダイム転換-」, 『先史考古学論集』 第5集, pp.1～9.

藤本強, 1994, 『考古学を考える-方法論的展望と課題』, 雄山閣.

小林達雄, 1975, 「タイポロジー」, 『日本の旧石器文化』 1, pp.48～63.

제1부 제2장

강원고고학연구소, 2001, 『장흥리구석기유적』.

慶南考古學研究院, 2002, 『晋州 大坪 玉房 1·9地區 無文時代 集落圖版』, 慶南考古學研究院.

慶尙南道·東義大學校博物館, 2002, 『上村里遺蹟』, 南江댐 水沒地區遺蹟 發掘調査報告書 第9冊 東義大學校博物館學術叢書 8, 東義大學校博物館.

경상남도·동아대학교 박물관, 1999, 『南江流域文化遺蹟發掘圖錄』.

高麗大學校 埋藏文化財研究所·株大宇, 2001, 『寬倉里 遺蹟 -圖版-』, 高麗大學校 埋藏文化財研究所 研究叢書 第7輯, 고려대학교 매장문화재연구소.

_______________·韓國道路公社, 2002, 『麻田里 遺蹟 -A地區 發掘調査 報告書-』, 高麗大學校 埋藏文化財研究所 研究叢書 第13輯, 고려대학교 매장문화재연구소.

국립문화재연구소, 2004, 『高城 文岩里 遺蹟』.

국립문화재연구소, 2004, 『韓國考古學專門事典-靑銅器時代篇-』.

國立晋州博物館·統營郡, 1989, 『欲知島』, 국립진주박물관 유적조사보고서 제3책, 국립진주박물관.

_______________, 1993, 『煙臺島』, 국립진주박물관 유적조사보고서 제8책, 국립진주박물관.

金京奎, 2003, 『韓半島 新石器時代 漁撈活動 研究-漁網錘를 중심으로-』, 忠南大學校 大學院 考古學科 碩士學位論文, pp.1～104.

金京七, 1997, 「全南地方 出土 磨製石斧에 대한 研究-兩刃石斧를 中心으로-」, 『韓國上古史學報』 제25호, 韓國上古史學會.

김경택 옮김, Molly Raymond Mignon, 2006,『考古學의 理論과 方法論』.

김석훈, 1993,「한강유역 출토 돌도끼의 연구」,『박물관휘보』제4호, 서울시립대학교박물관.

김영호, 2002「광물로서의 대평 옥」,『청동기시대의 大坪·大坪人』, pp.115~117.

김용간, 1991,『조선전서:원시편석기시대』, 과학백과사전종합출판사.

동아대박물관, 1999,『낙동강유역문화유적발굴도록』, 동아대학교박물관.

鈴木忠司, 2000,「古禮里遺蹟의 礫石器에 대하여」,『한국구석기학보』제2호, pp.17~31.

복천박물관, 2003,『기술의 발견』, 복천박물관.

釜山廣域市立博物館 福泉分館, 1997,『釜山의 先史遺蹟과 遺物』釜山廣域市立博物館 福泉分館 研究叢書 第1冊, 부산광역 시립박물관 복천분관.

서울대학교박물관, 1984,『鰲山里遺蹟』.

서울대학교박물관, 1997,『서울대학교박물관 발굴유물도록』, 서울대학교박물관.

성춘택, 2006,「구석기시대 석기분석 입문」,『한국 매장문화재조사연구방법론 2』, 국립문화재연구소, pp.171~206.

俞泰勇, 2001,『韓國 青銅器時代 支石墓社會의 研究』, 한양대학교대학원 박사학위논몬.

윤용진, 1968,「琴湖江流域의 先史遺蹟 研究」,『古文化』第5·6輯, 韓國大學博物館協會.

이기길, 2002,『순천 월평유적-제1권-』, 조선대학교 박물관·전라남도·순천시.

_______·김은정·김선주·윤정국·김수아, 2004,『순천 월평유적-제2권-』, 조선대학교 박물관·전라남도· 순천시.

_______·최미노·김은정, 2000,『순천 죽내리 유적』, 조선대학교박물관·순천시청·익산지방국토관리청.

이융조, 1984,『단양 수양개 구석기유적 발굴조사 보고-忠州댐 水沒地區 文化遺蹟 掘調査報告書』, 충북 대학교 박물관.

_______, 1985,『단양 수양개 구석기유적 발굴조사 보고-忠州댐 水沒地區 文化遺蹟 延長掘調查報告書』, 충북대학교 박물관조사보고 제16책.

李隆助·尹用賢, 1994,「한국 좀돌날몸돌의 연구-수양개수법과의 비교를 중심으로-」,『先史文化』2, pp.133~229.

이융조·우종윤, 2005,『중원지역의 구석기유적』.

이재경, 2000,「석기조합의 평가를 위한 기호체계」,『한국구석기학보』제2호.

이헌종, 1997,「우리나라 후기 구석기시대 석기제작전통의 다양성에 대하여」,『수양개와 그 이웃들』수양개 유적 사적지정기념 제2회 국제학술회의, 단양향토문화연구회·충북대학교 박물관.

이형구, 2001,『진주 대평리 옥방 5지구 선사유적』선문대학교.

장용준, 2002,「한반도출토 세석핵의 편년」,『韓國考古學報』제48집, pp.5~33.

張龍俊, 2006,『韓國 後期舊石器의 製作技法과 編年研究』, 부산대학교 박사학위논문.

張龍俊, 2007,「中國 東北地域 後期 舊石器 製作技術의 變遷과 系統 研究」,『동북아역사논총』15호, 동 북아역사재단, pp.313~377.

崔福奎·柳惠貞, 2005,『抱川 禾岱里 쉼터舊石器遺蹟』, 江原考古學研究所 遺蹟調査報告 第13冊, 江原考 古學研究所.

최삼용, 2007,「선사시대의 뼈연모 제작기술」,『선사·고대의 骨角器』, 제11회 복천박물관 학술세미나, pp.1 ~22.

홍미영·나나 코노넨코, 2005, 「남양주 호평동유적의 흑요석제 석기와 그 사용」, 『한국구석기학보』 제12집.

加藤晋平·禿仁志 譯Wendell H.Oswalt, 1983, 『食料獲得の技術誌』.

加藤晋平·鶴丸俊明, 1991, 『図錄石器入門辭典-先土器』.

久保田正壽, 2004, 「實驗からみた敲打技法」, 『石器づくりの實驗考古學』日本: 石器技術研究會編, pp.147～172.

舊石器文化談話會 編, 2000, 『舊石器考古學辭典』, 學生社, pp.1～244.

大沼克彦 編, 1998, 『日本舊石器時代の細石刃製作用巖巖石加熱處理にかんする研究』, 平成8～9年度科學研究費補助金研究成果報告書.

大沼克彦, 2002, 『文化としての石器づくり』, 學生社, pp.1～181.

大田區立鄕士博物館, 2002, 『ものずくりの考古學』.

藤本 强, 1975, 「石器製作の力學的檢討」, 『日本の舊石器文化』1, pp.128～146.

木村英明, 1997, 『シベリアの舊石器文化』, 北海道大學圖書刊行會.

山田しょう·志村宗昭, 1989, 「石器破壞力學1」, 『舊石器考古學』38, pp.157～170.

小田靜夫, 2003, 『日本の舊石器文化』.

矢本節郎, 1996, 『石器の見方』, 千葉縣文化財センター.

田中英司, 2004, 『石器實測法-情報を描く技術-』.

A.P.Derebianko and E.P.Rybin, 2003, "The Earliest Representations of Symbolic Behavior by Paleolithic Humans in the Altai Mountains", Archaeology, Ethnology & Anthropology of Eurasia 315, pp.27～50.

Crabtree, D.E., 1968, "Mesoamerican Polyhedral Cores and Prismatic Blades", American Antiquity 33.4, pp.446～478.

Faulkner, A., 1972, Mechanical Principles of Flint working, Ph.D.dissertation, Dept. of Anthropology, Washington State University.

M.L.Inizan, H.Roche, J.Tixier, 1999, Technology and Terminology of Knapped Stone.

Lucile R. Addington, 1986, Lithic Illustration-Drawing Flaked Stone Artifacts for Publication-, The University of Chicago Press, pp.1～129.

Michel N. Brézillon, 1977, La dénomination des objets de Pierre Taillée, Éditions du centre national de la recherche scientifique.

Michel Dauvois, 1976, Précis de dessin dynamique et structural des industries lithiques préhistoriques, Université d'Indiana.

Semenov. S.A., Prehistoric Technology, Moonraker press, pp.1～211.

Speth, J.D., 1972, "Mechanical basis of percussion flaking", American Antiquity, vol 37, pp.34～60.

Wecott DSPT., 1999, Primitive Technology-A Book of Earth Skills-, Gibbs Smith.

Whittaker John C., 1999, Flintknapping-making & understanding stone tools-, University of Texas Press·Austin.

慶南發展研究員 歷史文化센터, 2004, 『居昌 正莊里 遺蹟-舊石器時代-』, 調査研究報告書 第21冊, pp.1~482.

박희현, 2000, 『清原 小魯里 舊石器遺蹟-C地區-』, 忠北大學校博物館·韓國土地公社.

裵基同·林榮玉, 1999, 『晋州 內村里 住居址 및 舊石器遺蹟』, 경상남도·한양대학교박물관·문화인류학과.

배기동, 2006, 「구석기시대 유적의 이해」, 『한국 매장문화재조사연구방법론 2』, 국립문화재연구소, pp.11~37.

서인선, 2003, 『석장리유적 출토의 좀돌날 계열 유물 연구』, 연세대학교 대학원 사학과 석사학위논문.

성춘택, 1998, 「세석인제작기술과 세석기」, 『韓國考古學報』 38집, 韓國考古學會.

성춘택, 2006, 「구석기시대 석기분석 입문」, 『한국 매장문화재조사연구방법론 2』, 국립문화재연구소, pp.171~206.

이기길·최미노·김은정, 2000, 『순천 죽내리 유적』, 조선대학교박물관·순천시청·익산지방국토관리청, pp.1~319.

이기길, 2002, 『순천 월평유적-제1권-』, 조선대학교 박물관·전라남도·순천시.

이기길·김은정·김선주·윤정국·김수아, 2004, 『순천 월평유적-제2권-』, 조선대학교 박물관·전라남도·순천시.

李隆助·尹用賢, 1994, 「한국 좀돌날몸돌의 연구-수양개수법과의 비교를 중심으로-」, 『先史文化』 2, pp.133~229.

李隆助·禹鍾允, 2000, 『清原 小魯里 舊石器遺蹟』, 忠北大學校博物館·韓國土地公社.

이해용·홍성학·최영석, 2005, 『동해시 망상동 기곡 구석기유적』, 江原文化財研究所·韓國道路公社.

이헌종, 2004, 「우리나라 후기 구석기시대의 편년과 석기의 기술형태적 특성의 상관성 연구」, 『韓國上古史學報』 第44號, 韓國上古史學會.

이형우·안효성·이창승·송은영, 2007, 『長水 砧谷里 舊石器遺蹟』, 全北大學校博物館·韓國道路公社, pp.1~210.

張龍俊, 2001, 『密陽 古禮里遺蹟 몸돌石核 研究』, 부산대학교대학원 석사학위논문, pp.1~127.

張龍俊, 2002, 「한반도출토 세석핵의 편년」, 『韓國考古學報』 제48집, pp.5~33.

장용준, 2006, 『韓國 後期舊石器의 製作技法과 編年研究』, 부산대학교 박사학위논문.

정재일·이영엽, 2007, 「지질, 지형 및 토양발달특성」, 『長水 砧谷里 舊石器遺蹟』, 全北大學校博物館·韓國道路公社, pp.161~182.

한창균, 2006, 「구석기유적: 찾기에서 발굴까지」, 『한국 매장문화재조사연구방법론 2』, 국립문화재연구소, pp.129~167.

황소희, 1998, 『한탄-임진강유역 구석기공작의 제작과정 분석연구』, 한양대학교대학원 석사학위논문.

Mignon, M.R.김경택 譯, 2006, 『考古學의 理論과 方法論』, 주류성.

岡村道雄, 1979, 「舊石器時代遺蹟の基礎的な理解について-廢棄と遺棄-」, 『考古學ジャーナル167』, pp.10~12.

金正培, 2005, 「韓國の舊石器時代と遺蹟」, 『考古學ジャーナル 527』, pp.14~19.

大工原 豊, 1990, 「AT下位の遺蹟構造分析に關する一試論2」, 『舊石器考古學』 41, pp.19~44.

大工原 豊, 1991, 「AT下位の遺蹟構造分析に關する一試論2」, 『舊石器考古學』 42, pp.33~40.

稻田孝司, 1977, 「舊石器時代の小集團について」, 『考古學研究』 94, pp.83~89.

小疇尙, 1991, 『山を読む』, 岩波書店.

西秋良宏, 1994, 「舊石器時代における遺棄·廃棄行動と民族モデル」, 『先史考古學論集』 第3集, pp.83~97.

石井浩幸, 1994, 「製作使用行動系の復元に向けて」, 『山形考古』 第4卷第3號 pp.38~44.

佐藤宏之, 1986, 「石器製作空間の實驗考古學研究Ⅰ-遺蹟空間の機能·構造探究へのアプローチー」, 『東京都埋藏文化財センター研究論集Ⅳ』, pp.1~42.

中澤祐一, 2000, 「遺物重量と遺物の上下擴散」, 『MICROBLADE』, 創刊號, pp.32~53.

出穗雅實, 2007, 「遺蹟形成過程と地考古學」, 『ゼミナール舊石器考古學』, 同成社, pp.69~90.

Cziesla, Erwin. 1990, Artefact Production and Spatial Distribution on the Open Air Site 80/14, The Big Puzzle-international Symposium on Refitting Stone Artefatcts-, pp.583~610.

Dimitri de Loecker·Jan Kolen·Wil Roebroeks·Paul Hennekens, 2003, A Refitter' Paradise, Lithic Analysis at the Millennium, pp.113~136.

Butzer, K.W., 1982, Archaeology as Human Ecology, Cambridge University Press.

Schiffer, M.B., 1996, Formation Processes of the Archaeological Record, University of Utah Press.

Hiscock Peter, 2005, Reverse Knapping in the Antipodes: The Spatial Implications of Alternate Approaches to Knapping, Lithic Toolkits in Ethnoarchaeological Contexts, edited by Xavier Terradas, pp.35~39.

제2부 제1장

慶南發展研究員 歷史文化센터, 2004, 『居昌 正莊里 遺蹟-舊石器時代-』, 調査研究報告書 第21冊, pp.1~482.

慶南考古學研究所, 2002, 『晉州-集賢間 道路 擴·鋪裝 工事區間 內 試掘調査』, pp.1~68.

畿甸文化財研究員, 2003, 『南楊州 好坪洞 舊石器遺蹟(2次) 試掘 및 發掘調査 中間 指導委員會議資料』, pp.1~15.

畿甸文化財研究員·韓國土地公社, 2004, 『남양주 호평동(호평동) 구석기유적(3차) 발굴조사 지도위원회 자료』, pp.1~33.

김원룡 외, 1983, 『전곡리』, 문화재관리국.

김은정, 2002, 『전남지역의 좀돌날몸돌 연구-1990년대 이후의 유물을 중심으로-』, 조선대학교대학원 석사학위청구논문, pp.1~77.

鈴木忠司, 1998, 「古禮里遺蹟의 礫石器에 대하여」, 『한국구석기학보』 제2호.

朴成鎭, 1998, 『임진-한탄강지역의 구석기시대 몸돌연구-지표채집 석기를 중심으로-』, 단국대학교대학원 석사논문.

배기동 외, 1996, 『전곡리 구석기 유적』, 한양대학교 문화인류학과.

서인선, 2003, 『석장리유적 출토의 좀돌날 계열 유물 연구』, 연세대학교 대학원 사학과 석사학위청구논문, pp.1~80.

성춘택, 1998, 「세석인제작기술과 세석기」, 『韓國考古學報』 38집, 韓國考古學會.

손기언, 1996, 『병산리 유적의 구석기시대 찍개 연구』, 단국대학교대학원 석사학위논문.

손보기, 1968,「석장리의 자갈돌 찍개 문화층」,『한국사연구』1, 한국사연구회.

손보기, 1970,「석장리의 새기개·밀개 문화층」,『한국사연구』5, 한국사연구회.

손보기, 1993,『석장리 선사유적』, 동아출판사.

徐姈男·金惠珍·張龍俊, 1999,「慶南密陽市 古禮里遺蹟 後期舊石器文化」,『嶺南地方의 舊石器文化』第8回 嶺南考古學會 學術發表會, pp.47~63.

양동윤, 2006,「석기의 재질분석과 원료산지 추정」,『한국 매장문화재조사연구방법론 2』, 국립문화재연구소, pp.209~226.

유용욱, 1997,『임진-한탄강유역 구석기공작의 성격』, 서울대학교대학원 석사학위논문.

이기길, 2002,『순천 월평유적-제1권-』, 조선대학교 박물관·전라남도·순천시, pp.1~233.

이기길·김은정·김선주·윤정국·김수아, 2004,『순천 월평유적-제2권-』, 조선대학교 박물관·전라남도·순천시, pp.1~141.

이기길·최미노·김은정, 2000,『순천 죽내리 유적』, 조선대학교박물관·순천시청·익산지방국토관리청, pp.1~319.

이기길, 2001,「진안 진그늘 선사유적 조사 개요」,『한국 농경문화의 형성』제25회 한국고고학전국대회, 韓國考古學會, pp.131~154.

이기길, 2004,「장흥 신북유적의 발굴성과와 앞날의 과제」,『동북아시아의 후기구석기문화와 장흥 신북유적』, 장흥 신북구석기유적 발굴기념 국제학술회의 발표자료, 전라남도 장흥군·장흥 신북 구석기유적 보존회·조선대학교 박물관, pp.31~38.

이기길, 2007,「한국 서남부와 일본 큐슈의 후기구석기문화 비교 연구」,『湖南考古學報』第25輯, 湖南考古學會, pp.5-43.

이선복, 1989,『동북아시아 구석기연구』, 서울대학교출판부.

이융조, 1984,『단양 수양개 구석기유적 발굴조사 보고-忠州댐 水沒地區 文化遺蹟 掘調査報告書』, 충북대학교 박물관.

이융조, 1985,『단양 수양개 구석기유적 발굴조사 보고-忠州댐 水沒地區 文化遺蹟 延長掘調査報告書』, 충북대학교 박물관조사보고 제16책.

李隆助·尹用賢, 1994,「한국 좀돌날몸돌의 연구-수양개수법과의 비교를 중심으로-」,『先史文化』2, pp.133~229.

이융조 외, 2005,『중원지역의 구석기유적』, 충북대학교박물관.

이헌종, 2002,「우리나라 구석기시대 석기제작기법의 변화」,『우리나라의 구석기문화』, 연세대학교 출판부, pp.85~106.

張龍俊, 2001,『密陽 古禮里遺蹟 몸돌(石核) 研究』, 부산대학교대학원 석사학위논문, pp.1~127.

張龍俊, 2002,「한반도출토 세석핵의 편년」,『韓國考古學報』제48집, pp.5~33.

장용준, 2006,『韓國 後期舊石器의 製作技法과 編年研究』, 부산대학교 박사학위논문.

장용준, 2007,「中國 東北地域 後期舊石器 製作技術의 變遷과 系統 研究」,『동북아역사논총』제15호, 동북아역사재단, pp.313~377.

중앙문화재연구원, 2005,『대전 용산동 구석기유적』현장설명회자료 05-2, pp.1~11.

최미노, 2001,『순천 죽내리 구석기유적의 붙는 석기연구-1문화층을 중심으로-』, 조선대학교대학원 석사논문.

崔福奎·安聖民·柳惠貞, 2004,『홍천 하화계리Ⅲ 작은솔밭 구·중석기유적』, 江原考古學研究所 遺蹟調

査報告 第77冊, 江原考古學硏究所, pp.13~262.

崔福奎·柳惠貞, 2005,『抱川 禾岱里 쉼터舊石器遺蹟』, 江原考古學硏究所 遺蹟調査報告 第13冊, 江原考古學硏究所, pp.9~149.

한남대학교 박물관, 2000,『대전 석봉정수장 건설사업지역의 구석기유적(용호동)발굴 현장설명회자료』, pp.1~21.

한남대학교 중앙박물관, 2001,『대전 석봉정수장 건설사업 지역의 구석기유적(용호동) 3차 발굴조사 현장설명회 자료』, pp.1~14.

한창균, 2000,「대전 월드컵경기장 건립지역의 구석기유적」,『第43回 全國歷史學大會 考古學部 發表資料集』, 韓國考古學會, pp.1~19.

홍미영·니나 코노넨코, 2005,「남양주 호평동 유적의 흑요석제 석기와 그 사용」,『한국구석기학보』제12호, 한국구석기학회, pp.1~30.

황소희, 1998,『한탄-임진강유역 구석기공작의 제작과정 분석연구』, 한양대학교대학원 석사학위논문.

Binford, L.R., 1979, Organization and formation processes: looking at curated technologies, *Journal of Anthropological Research 35-3*, pp.255~273.

Binford, L.R. and Quimby, G.I., 1972, Indian sites and chipped stone materials in the Northern Lake Area, *An Archaeological Perspective, Originally published in Fieldiana-Anthropology 36*, pp.277~307.

Dibble, H.L., 1981, *Technological strategies of stone tool production at Tabun cave*, Israel, Ph.D., University of Arizona.

Flannery Kent V., 1972, The origins of the village as a settlement type in Mesoamerica and the Near East, *Man*, Settlement and Urbanism, pp.23~53.

Frison, G.C., 1968, A Functional Analysis of Certain Chipped Stone Tools, *American Antiquity 33*, pp.149-155.

Gallagher, J.P., 1977, Contemporary Stone Tools in Ethiopia : Implications for Archaeology, *Jouronal of Field Archaeology 4*, pp.407~414.

Gamble, C., 1999, Culture and society in the upper palaeolithic of Europe, *Hunter and Gatherer Economy in Prehistory*, Cambridge University Press.

Hayden B., Franco N., and Spafford J., 1996, Evaluating Lithic Strategies Design Criteria, Stone Tools, edited by George H. Odell, Plenum Press, pp.9~45.

Pelegrin, J., 1984, Systèmes expérimentaux d'immobillisation du nucléus pour le débitage par pression, In : Economie du débitage laminaire, Paris, C.R.E.P.

Weir, F.A., 1976, The myth of bipolar flaking industries, *Newsletter of Lithic technology vol.V, No.3*, pp.40~42.

金正培, 2005a,「韓國の舊石器時代と遺蹟」,『考古學ジャーナル 527』, pp.14~19.

金正培, 2005b,『韓國の舊石器文化』, 六一書房, pp.3~344.

岡村道雄, 1979,「舊石器時代遺蹟の基礎的な理解について-廢棄と遺棄-」,『考古學ジャーナル167』, pp.10~12.

大工原 豊, 1990,「AT下位の遺蹟構造分析に関する一試論(1)」,『舊石器考古學』41, pp.19~44.

大工原 豊, 1991,「AT下位の遺蹟構造分析に関する一試論(2)」,『舊石器考古學』42, pp.33~40.

大沼克彦 編, 1998,『日本舊石器時代の細石刃製作用巖巖石加熱處理にかんする研究』, 平成8～9年度科學
　研究費補助金研究成果報告書.

稻田孝司, 1977,「舊石器時代の小集團について」,『考古學研究』94, pp.83～89.

鈴木美保, 2004,「研究史にみる石器製作實驗-理論・方法, 今後の展望-」,『石器づくりの實驗考古學』, 石器
　技術研究會編, pp.6～21.

砂田佳弘, 2004,「叩き石を診る目」,『石器づくりの實驗考古學』, 石器技術研究會編, pp.56～74.

山崎芳春, 2003,「武藏野臺地野川流域にみられる石器製作の熟練差」,『考古學ジャーナル』504, pp.12～
　15.

山原敏郎, 2004,「十勝地方の石器變形過程-帶廣市川西C遺蹟の石刃製石器の變形過程について-」,『考古
　學ジャーナル 512』, pp.4～7.

西秋良宏, 1994,「舊石器時代における遺棄・廃棄行動と民族モデル」,『先史考古學論集』第3集, pp.83～97.

小畑弘己, 2001,『シベリア先史考古學』, 中國書店.

榊 剛史, 1998,「変化論の意義と適用範囲」,『舊石器考古學』56, pp.61～67.

御堂島 正, 2003,「石器製作の使用痕-トラセオフォジーの視點から-」,『考古學ジャーナル』499, pp.12～15.

長埼潤一, 2004,「石器變形論」,『考古學ジャーナル』512, pp.2～3.

佐藤宏之, 1986,「石器製作空間の實驗考古學研究(I)-遺蹟空間の機能・構造探究へのアプローチ-」,『東
　京都埋藏文化財センター研究論集IV』, pp.1～42.

池谷信之 等, 2005,「舊石器時代の神津島黒曜石と海上渡航」,『考古學ジャーナル』525, pp.12～14

直江康雄, 2003,「北海道娛白瀧1遺蹟にみられる石器作りの技術差」,『考古學ジャーナル』504, pp.20～24.

黒坪一樹, 1983,「日本先土器時代における敲石類の研究(上)植物食利用に関する一試論-」,『古代文化』35-
　12, 古代學協會, pp.11～31.

黒坪一樹, 1984,「日本先土器時代における敲石類の研究(上)植物食利用に関する一試論-」,『古代文化』
　36-3, 古代學協會, pp.17～33.

黒坪一樹,「植物食利用具としての敲石」,『考古學ジャーナル』556, pp.7～10.

後藤 明, 1998,「遺跡の形成科程-考古学的組成の民族考古学的考察-」,『民族考古学序説』, 同成社,
　pp.78～99.

제2부 제2장

국사편찬위원회·국정도서편찬위원회, 2007,『고등학교 국사』, 교육인적자원부.

국립대구박물관, 2005,『머나먼 진화의 여정-사람과 돌-』, 기획특별전 도록.

董菊英, 2005,「중국 혁철족 '어피의魚皮衣'와 그 제작 기술」,『생활문물연구』제16호, 국립민속박물관,
　pp.121～137.

더글라스 프라이스, 이희준 옮김, 2013,『고고학의 방법과 실제』, 사회평론.

박영철·서영남, 2004,「密陽 古禮里 및 晋州 集賢 長興里 遺蹟」,『영남고고학 20년 발자취』, 영남고고학
　회, pp.15～29.

부산대학교 박물관, 2001,『晋州-集賢간 4차선 도로건설 구간내 長興里 구석기유적 현장지도위원회1차
　자료』, pp.1～30.

안효성, 2005,「전주 송천동 구석기유적의 성격」,『제6회 학술대회 발표집』, 한국구석기학회.

이기길, 2004,「장흥 신북유적의 발굴성과와 앞날의 과제」,『동북아시아의 후기구석기문화와 장흥 신북유적』, 장흥 신북구석기유적 발굴기념 국제학술회의 발표자료, 전라남도 장흥군·장흥 신북 구석기유적 보존회·조선대학교 박물관, pp.31~38.

이기길, 2007,「한국 서남부와 일본 큐슈의 후기구석기문화 비교 연구」,『湖南考古學報』第25輯, 湖南考古學會, pp.5~43.

이융조, 1984,『단양 수양개 구석기유적 발굴조사 보고-忠州댐 水沒地區 文化遺蹟 掘調査報告書』, 충북대학교 박물관.

이융조, 1985,『단양 수양개 구석기유적 발굴조사 보고-忠州댐 水沒地區 文化遺蹟 延長掘調査報告書』, 충북대학교 박물관조사보고 제16책.

이융조·우종윤, 2005,『중원지역의 구석기유적』, 충북대학교박물관.

張龍俊, 2006,『韓國 後期舊石器의 製作技法과 編年研究-石刃과 細石刃遺物相을 中心으로-』부산대교 대학원 박사학위논문.

정희석, 2004,『목재와 인류생활』, 서울대학교출판부, 2004.

高瀬克範, 2004,「剝片石器による現代の皮革加工」,『考古學ジャーナル』520, pp.11~15

谷和隆, 1995,「野尻湖遺蹟群と石斧」,『考古學ジャーナル』385, pp.22~28.

近藤義朗, 1985,『日本考古學研究序説』.

鈴木次郎, 1983,「打製石斧」,『繩文文化の研究』, 雄山閣.

痲柄一志, 2006,『日本海沿岸地域における舊石器時代の研究』, 雄山閣.

明治大學博物館·國立忠北大學校博物館, 2004,『韓國スヤンゲ遺跡と日本の舊石器時代』, pp.8~123.

白石浩之, 1990,「舊石器時代の石斧」,『考古學雜誌』75-3, pp.257~384.

木村英明, 1997,『シベリアの舊石器文化』, 北海道大學圖書刊行會.

小田精夫, 2003,『日本の舊石器文化』, 同成社.

小畑弘己, 2001,『シベリア先史考古學』, 中國書店.

安齊正人, 1987,「先史學の方法と理論-ひとはなぜ立ちあがっかかを読む4」,『舊石器考古學』33.

佐原 眞, 1994,『斧の文化史』.

佐原眞金關恕·春成秀爾 編, 2005,『道具の考古學』.

栃木縣立博物館, 2003,『氷下時代の狩人たち』.

Astaljpv.S.N., 1967, Ades in the Late Palaeolihic of the Yenisei, KSLA 111, pp.19~23.

Mulvaney, D.J., 1969, The Prehistory of Australian, New York.

Pierre pétrequin and Anne-Marie Pétrequin, 1993, From polished stone tool to sacred axe: the axes of the Danis of Irian Jaya, Indonesia, The Use of Tools by Human and Non-human Primates, Clarendon Press, pp.359~377

Semenov,S.A., 1976, Prehistoric Technology, Moonraker Press.

Willy, G.R., 1966, An Introduction to American Archaeology, vol.1, North and Middle America, Englewood Cliffs, New Jersey : Prentice-Hall.

Wm Jack Hranicky, 2004, An Encyclopedia of concepts and terminology in american lithic technology, authorhouse, p.83.

제3부 제1장

글린대니엘, 김정배 옮김, 1992, 『考古学発達史』, 신서원, pp.1~316.

박가영, 2012, 『한반도 슴베찌르개 연구』, 부산대학교대학원석사학위청구논문.

박선주, 1999, 『고인류학』, 아르케.

이기길, 2011, 「진안 진그늘유적의 슴베찌르개연구-제작기법, 형식, 크기를 중심으로-」, 『韓國上古史學報』 73호.

이기길·김은정·김수아, 2011, 「임실 하가유적 5차 조사」, 『제11회 한국구석기학회 정기 학술대회 발표집』, 한국구석기학회.

이상희, 2011, 「다시 쓰는 인류의 진화」, 『과학동아』 303권, pp.97~101.

이헌종, 2009, 「동북아시아 현생인류의 등장과 사냥도구의 지역 적응에 대한 연구」, 『한국구석기학보』 20호, pp.23~42.

장용준, 2007, 「韓半島와 九州地域의 後期 舊石器文化의 交流-슴베찌르개剝片尖頭器를 中心으로-」, 『韓國上古史學報』 58호.

장용준, 2007, 韓國 後期 舊石器의 製作技法과 編年硏究, 學硏文化史, pp.4~385.

장용준, 2010, 「일본 나이프형석기의 비판적 검토」, 『韓國考古學報』 第74輯, 韓國考古學會, pp.116~141.

장용준, 2010, 「한국 최초의 구석기에 대한 시론-橫山將三朗 자료를 중심으로-」, 『漢江流域 先史遺物-橫山將三朗 採集資料-』, 國立中央博物館, pp.158~178.

張龍俊, 2014.5, 「방사성탄소연대를 이용한 후기구석기시대 편년」, 『嶺南考古學』 第69號, pp.4~46.

제3부 제2장

강형태, 1989, 「흑요석재의 성분분석」, 『上舞龍里』, 강원도·강원대학교박물관, pp.538~549.

김상태, 1998, 「상무룡리II유적의 좀돌날석기」, 『科技考古硏究』 4, 아주대학교 박물관, pp.7~26.

김상태, 2002, 「한반도 출토 흑요석기와 원산지 연구현황」, 『한국구석기학보』 6, pp.47~60.

경기문화재연구원·한국토지주택공사, 2010, 『남양주 호평동 구석기유적III-남양주 호평동 구석기유적-』

기호문화재연구원·한국수자원공사, 2012, 『한탄강홍수조절댐 수몰지구내 포천C지역 문화재 발굴조사 현장설명회 자료』.

김원사, 2007, 「텍타이트와 흑요석의 보석학적 특징비교」, 『한국광물학회지』 제20권 제3호, pp.181~191.

서대원·윤병일, 2013, 「연천지역 후기 구석기시대유적의 흑요석 석기-연천 통현리 후기 구석기시대 유적을 중심으로-」, 『동아시아의 흑요석 연구 동향』 제13회 한국구석기학회 학술대회 발표집, pp.11~21.

손보기, 1989, 「상무룡리에서 발견된 흑요석의 고향에 대하여」, 『상무룡리』, 강원대학교 박물관, pp.781~796.

어해남, 1999, 「만달리유적의 속돌들에 대한 고찰」, 『조선고고연구』 제112호, 사회과학원 고고학연구소, pp.24~27.

이기길, 2007, 「한국 서남부와 일본 큐슈의 후기구석기문화 비교 연구」, 『湖南考古學報』 第25輯, 湖南考古學會, pp.5~43.

이기길, 2013, 「장흥 신북유적의 흑요석기에 대하여」, 『동아시아의 흑요석 연구 동향』, 제13회 한국구석기학회 학술대회 발표집, pp.51~54.

이동성·홍성수·정국연·심재웅·서명현·권수진, 2012, 「포천 중리 늘거리 구석기유적2, 3지점」, 『2012년

중부고고학회 유적조사발표회』.

이동영·김주용·한창균, 1992, 「홍천 하화계리유적의 지형 및 지질」, 『중앙고속도로건설구간내 문화유적
　　발굴조사보고서』, pp.247~260.

이동영, 1998, 「흑요석 석기유물에 대한 분석과 원산지 해석」, 『고고학연구방법론』, 학연문화사, p.240.

이선복·이용일, 1996, 「흑요석 석기의 지화학적 특성에 대한 예비 고찰」, 『韓国考古学報』 第35輯, 韓国考
　　古学会, pp.173~187.

이수미·심선미, 2013, 「의왕 포일 2지구 구석기유적 출토 흑요석제 석기」, 『동아시아의 흑요석 연구 동향』
　　제13회 한국구석기학회 학술대회 발표집, pp.39~44.

이융조·조남철·강형태, 2004, 「단양 수양개유적 흑요석이 특성화 연구」, 『한국구석기학보』 제10호,
　　pp.25~35.

李在景, 2008, 『大邱 月城洞 777-2番地 遺蹟 I -舊石器-』, 慶尙北道文化財研究員.

이철·김승원·김규호·강형태, 1991, 「미량성분원소 분석에 의한 흑요석의 분류」, 『考古美術史論』 2, 忠北
　　大學校 考古美術史學科, pp.49~55.

이혜연, 2007, 『우리나라 후기구석기시대 흑요석제 석기연구』, 목포대학교대학원석사학위논문.

이헌종·이혜연, 2005, 「우리나라 후기구석기시대인의 흑요석에 대한 전략적 활용에 대한 고찰」, 『지방사
　　와 지방문화』 제8권 제1호, pp.7~34.

장윤득·박태윤·이상목·김정진, 2007, 「월성동 구석기 유적 출토 흑요석제 석기의 암석 및 광물학적 연
　　구를 통한 원산지 추정」, 『한국지구과학회지』, 한국지구과학회, pp.731~740.

張龍俊, 2006, 『韓國 後期舊石器의 製作技法과 編年研究-石刃과 細石刃遺物相을 中心으로-』, 부산대학
　　교 대학원 박사학위논문, pp.1~265.

張龍俊, 2007, 「中國 東北地域 後期 舊石器 製作技術의 變遷과 系統 研究」, 『동북아역사논총』 15호, 동
　　북아역사재단, pp.313~377.

장용준, 2010, 「한국 최초의 구석기에 대한 시론-橫山將三朗 자료를 중심으로-」, 『漢江流域 先史遺物-橫
　　山將三朗 採集資料-』, 國立中央博物館, pp.158~178.

장용준, 2013, 「구석기시대의 역연대」, 『한국선사시대의 역연대』, 제37회 한국고고학전국대회, pp.418~
　　431.

조남철·박용희·도성재·강형태·남인탁, 2004, 「성분분석 및 자기적 특성에 의한 한반도 흑요석의 분류 연
　　구」, 『보존과학회지』 Vol.16, pp.89~103.

조남철·강형태·한민수, 2005, 「양구 상무룡리 유적 흑요석의 특성화 연구-화학성분 및 미세결정-」, 『韓
　　國上古史學報』 제49호, pp.5~26.

조남철·강형태·정광용, 2006, 「미량성분 및 스트론튬Sr 동위원소비를 이용한 한반도 흑요석제 석기의 산
　　지추정」, 『韓國上古史學報』 제53호, pp.5~21.

조남철·최승엽, 2009, 「철원 장흥리 구석기유적 흑요석의 성분조성 및 산지 연구」, 『고문화』 74집, pp.67
　　~82.

조남철·최승엽, 2012, 「철원 상사리 구석기유적 흑요석의 성분조성 및 산지 연구」, 『韓國上古史學報』 제
　　78호, pp.5~21.

최몽룡·이선복·최종택, 1996, 『의정부 민락동 유적-시굴 및 발굴조사 보고서-』, 서울대학교 박물관·한
　　국토지공사 서울지사.

崔福奎·崔三鎔·崔承燁·李海用·車在動, 2001, 『長興里舊石器遺蹟』, 江原考古學研究所, pp.1~243.

崔福奎·柳惠貞, 2005, 『抱川 禾垈里 쉼터舊石器遺蹟』, 江原考古學研究所 遺蹟調査報告 第13冊, 江原考古學研究所.

최승엽, 2013, 「동해 기곡 구석기유적의 흑요석 석기」, 『동아시아의 흑요석 연구 동향』, 제13회 한국구석기학회 학술대회 발표집, pp.45~50.

콜린 렌프류·폴 반, 이희준 옮김, 2011, 『현대 고고학 강의』, 사회평론.

쿠즈민, 2004, 「홍천 하화계리Ⅲ 작은솔밭 구·중석기유적의 흑요석 성분 분석」, 『洪川 하화계리 Ⅲ 작은솔밭 舊·中石器遺蹟』, 江原考古學研究所, pp.260~262.

클라이브 갬블, 성춘택 옮김, 2013, 『기원과 혁명-휴머니티 형성의 고고학』, 사회평론.

한국문화유산연구원·한국토지주택공사, 2009, 『의왕 포일2지구 국민임대주택단지 문화유적 발굴조사 약보고서』.

한창균, 2003, 「한국 구석기유적의 연대 문제에 대한 고찰-절대연대 측정결과와 퇴적층의 형성시기에 대한 검토를 중심으로-」, 『한국구석기학보』 제7호, pp.1~40.

홍미영·나나 코노넨코, 2005, 「남양주 호평동유적의 흑요석제 석기와 그 사용」, 『한국구석기학보』 제12집, 한국구석기학회, pp.1~30.

홍성수·정국연·강민규·권수진, 2013, 「포천 중리 늘거리유적 출토 흑요석 석기-1지점 출토 유물을 중심으로-」, 『동아시아의 흑요석 연구 동향』, 제13회 한국구석기학회 학술대회 발표집, pp.23~32.

히라오 요시미츠 편저, 최영희 옮김, 2001, 『문화재를 연구하는 과학의 눈』, 학연문화사.

Chang, Y.J., 2013, Human Activity and Lithic Technology between Korea and Japan from MIS 3 to MIS 2 in the Late Paleolithic Period, Quaternary International2013 Vol.308~309, pp.13~26.

Choi, B.K., Yu, H.J., 2005. The Hahwagye-ri III Janunsolbat Palaeolithic·Mesolithic Site in Hongcheon-gun County, Korea. Journal of the Korean Palaeolithic Society 11, pp.1~11.

Earle, Timothy K., 1982, Prehistoric economics and the archaeology of exchange, In Contexts for prehistoric exchange, J.E. Ericson and Timothy K. Earle, eds. Academic Press, pp.1~12.

Ellis, C.J., 1997, Factors influencing the use of stone projectile tips, Projectile technology, pp.37~74.

Kim J.C. et al. 2007, PIXE Provenancing of Obsidian Artefacts from Paleolithic Sites in Korea, Bulletin of the Indo-Pacific Prehistory Association, pp.122~128.

Kuzmin, Y.V., V.K.Popov, M.D. Glascock and M.S.Shackley, 2002, Sources of archaeological volcanic glass in the PrimoryeMaritime Province, Russian Far East, Archaeometry 444; pp.505~515.

Kuzmin, Y.V. M.D. Glascock, and H. Sato, 2002, Sources of archaeological obsidian on Sakhalin IslandRussian Far east, Journal of Archaeological Science 29, pp.741~749.

Kuzmin, Y.V. M.D. Glascock, 2007, Two Islands in the Ocean ′ Prehistoric Obsidian Exchange between Sakhalin and Hokkaido, Northeast Asia, Journal of Island and Coastal Archaeology 2, pp.99~120.

Lee Chul, Czae Myung-Zoon, Kim Seung-Won, Kang Hyung-Tae, Lee Jong-Du, 1990, A Classification of Obsidian Artifacts by Applying Pattern Recognition to Trace Element Data, Bulletin of the Korean Chemical Society 115, pp.450~455.

Ono akira & Masayoshi Yamada, 2012, The Upper Palaeolithic of the Japanese Islands: An

Overview, Archeometriai Muhely, pp.219~228.

Polanyi, Karl, M.Arensbnerg, and H. Pearson, eds, 1957, Trade and market in the early empires.

Popov V.K., Sakhno V.G., Kuzmin Ya. V., Glascock M. D., and Choi B.K., 2005, Geochemistry of Volcanic Glasses from the Paektusan Volcano. Doklady Earth Sciences. Vol. 403, No.5, pp.803 ~807.

Raymond Sidrys, 1977, Mass-Distance Measures for the Maya Obsidian Trade, Exchange Systems in Prehistory, edited by Timothy K. Earle and Jonathon E. Ericson, Academic Press, New York, pp.91~107.

Renfrew, Colin, 1969, Trade and culture process in European prehistory, Current Anthropology 10, pp.151~160.

Renfrew, Colin, 1975, Trade as action at a distance, In Ancient civilization and trade, J.Sabloff and C.C. Lamberg-Karlrovsky, eds., University of New Mexico Press, Albuquerque, pp.3~59.

大谷 薫, 2009, 「韓半島における先史時代の黒曜石利用」, 『駿臺史學』 第135號, pp.117~146.

德永重康·森爲三, 1939, 「豆滿江沿岸潼關鎭發掘物調査報告」, 『豆滿江沿岸潼關鎭發掘物調査報告·滿洲帝國間島省大馬鹿溝發掘物調査報告』.

木村英明, 2005, 『北の黒曜石の道·白滝遺蹟群』, 新泉社.

小畑弘己, 2004, 「極東地域における黒曜石出土遺跡と原産地研究」, 『極東および環日本海における更新世~完新世の狩獵道具の變天研究』平成14年度~平成15年度科學研究費補助金基盤研究報告書, pp.1~179.

小畑弘己, 2009, 「サハリン·シベリアの黒曜石」, 『駿台史学』 135, 駿台史学会, pp.1~23.

望月明彦·池谷信之·小林克次·武藤由里, 1994, 「遺跡内における黒曜石製石器の原産地別分布について-沼津市土手上遺跡ＢＢＶ層の原産地推定から-」, 静岡県考古学研究 26, pp.1~24.

望月明彦, 2002, 「黒曜石分析科學の現狀と展望」, 『黒曜石文化研究』 創刊號, 明治大學黒曜石研究センター機關誌, pp.95~102.

安蒜政雄, 2009, 「環日本海舊石器文化回廊とオブシデイアン·ロード」, 『駿台史学』 135, 駿台史学会, pp.147~167.

王春雪·陳全家, 2006, 「圖們江流域舊石器時代晚期黒曜巖遺址人類的活應生存方式」, 『邊疆考古研究』, 科學出版社, pp.26~35.

有光敎一, 1962, 「朝鮮櫛目文土器の研究」, 『京都大學考古學叢書』 3冊.

池谷信之, 2009, 『黒曜石考古學』, 新泉社.

佐藤宏之, 2012, 『黒曜石の流通と消費からみた環日本海北部地域における更新世人類社會の形成と變容Ⅰ』, 平成21~25年度日本學術振興會科學研究費補助金基盤研究A2 研究成果中間報告書.

直良信夫 , 19401939, 「朝鮮潼關鎭發掘舊石器時代ノ遺物」, 『第一次滿蒙學術調査研究團報告』, 早稲田大学理工學部內滿蒙學術調査研究團事務所, pp.1~12.

陳全家 等, 2006a, 「吉林地區和龍石人溝發現的舊石器」, 『人類學學報』 252, 中國社會科學院古脊椎動物與古人類研究所, pp.106~114.

陳全家 等, 2006b, 「吉林地區和龍石人溝發現的舊石器」, 『人類學學報』 252, 中國社會科學院古脊椎動物與古人類研究所, pp.106~114.

陳全家 等, 2006, 「吉林和龍柳洞2004發現的舊石器」, 『人類學學報』 252, 中國社會科學院古脊椎動物與古人類研究所, pp.208~219.

陳全家 等, 2005, 「和龍市柳洞舊石器地點發現的石製品研究」, 『華夏考古』 3期, 河南省文物考古學會, pp.51~59.

제3부 제3장

顧玉才, 1996, 「海城仙人洞遺址裝飾品的透孔技術及有關問題」, 『人類學學報』 第15卷第4期, pp.294~301.

仇士華·陳鐵梅·蔡蓮珍, 1990, 『中國C14年代學研究』科學出版社.

黎興國·劉光聯·許國英 外, 1987, 「C14年代測定報告」, 『第四紀氷川與第四紀地質論文集』 第4集, 地質出版社.

王令紅, 1989, 「中國古人類和舊石器時代文化地點的年代測定」, 『中國遠古人類』科學出版社

遼寧省博物館·本溪市博物館, 1986, 『廟後山-遼寧本溪市舊石器文化遺址』文物出版社.

李炎賢, 1993, 「中國舊石器時代晚期文化的劃分」, 『人類學學報』 第12卷第3期, pp.214~223.

李超榮·郁金城·馮興无, 1998, 「北京地區舊石器考古新進展」, 『人類學學報』 第17卷第2期, pp.137~146.

李超榮, 2004, 「中國北方舊石器時代晚期文化」, 『日本列島における後期舊石器文化の始原に関する基礎的な研究』, pp.37~64.

林一璞 等, 1985, 「遼寧省丹東地區舊石器末期人類化石的發現」, 『遼寧省本溪丹東地區考古學術論文集』.

張森水, 1990, 「中國北方舊石器工業的區域漸進與文化交流」, 『人類學學報』 第9卷第4期, pp.322~333.

張森水, 1990, 「中國北方舊石器工業的區域漸進與文化交流」, 『人類學學報』 第9卷 第4期, pp.322~333.

張之恒·黃建秋·嗚建民, 2003, 『中國舊石器時代考古』南京大學出版社.

陳全家, 1997, 「東北舊石器時代考古」, 『東北古代民族·考古與疆域』吉林大學出版社, pp.196~197.

中國社會科學院考古研究所考古科技實驗研究中心, 2001, 「放射性炭素測定年代報告二七」, 『考古』 7期.

黃尉文, 2000, 「中國舊石器文化序列的地層學基礎」, 『人類學學報』 第19卷第4期, pp.267 ~283.

제4부

손보기, 1990, 『구석기유적-한국·만주』, 한국선사문화연구소, pp.4~313.

張龍俊 2002, 「韓半島出土 細石核의 編年」, 『韓國考古學報』 제48집, pp.5~33.

장용준, 2004, 12 「한국 후기구석기의 기원」, 『국사관논총』, 국사편찬위원회.

張龍俊, 2006, 『韓國 後期舊石器의 製作技法과 編年研究-石刃과 細石刃遺物相을 中心으로-』, 釜山大學校大學院 博士學位論文, pp.1~265.

張龍俊, 2006b, 「日本 北海島地域 細石刃技法」, 『석헌정징원선생정년퇴임기념논총』, pp.1~36.

장호수·홍현선, 1990, 「중국 구석기시대 집터유적」, 『박물관기요』 6, 단국대중앙박물관, pp.113~128.

韓國國立忠北大學校 先史文化研究所·中國 遼寧省 文物考古研究所, 1996, 『東北亞舊石器文化』, pp.215~226.

조태섭, 2005, 『화석환경학과 한국 구석기시대의 동물화석』, 혜안, p.230

Derev'anko, 1998, *The Paleolithic of Siberia-new discoveries and interpretations-*, University of Illinois Press, Urbana and Chicago, pp.1~406.

賈蘭坡, 1986,「中國舊石器時代考古」,『中國大百科全書-考古學-』, 中國大百科全書出版社, pp.683~689.

姜鵬, 1990,「吉林楡樹大橋屯發現的舊石器」,『人類學學報』9-1, pp.8~15.

姜鵬, 1996,「吉林抚松仙人洞舊石器時代遺址」,『東北亞舊石器文化』, pp.205-210.

姜棚(崔茂藏 譯), 2004,『中國東北舊石器時代 文化研究』, 한국학술정보(주), pp.79~81.

高星, 1988,「昂昂溪新發現的舊石器」,『人類學學報』7-1, pp.84-88.

顧玉才, 1996,「海城仙人洞遺址裝飾品的透孔技術及有關問題」,『人類學學報』第15卷第4期, pp.294~301.

仇士華·陳鐵梅·蔡蓮珍, 1990,『中國C14年代學研究』, 科學出版社.

董祝安, 1989,「大布蘇的細石器」,『人類學學報』8卷1期, pp.49~57.

呂遵諤, 2004,「遼寧省舊石器時代考古」,『中國考古學研究的世紀回顧-舊石器時代卷-』, 科學出版社, pp.194~219.

裵文中, 1954,『中國石器時代的文化』.

裴文中, 1999,『舊石器時代之藝術』, 商務印書館, pp.1~161.

謝飛·李珺·劉連强, 2006,『泥河灣舊石器文化』, 花山文藝出版社, pp.1~278.

孫建中·王雨灼·姜鵬, 1981,「吉林楡樹周家油坊舊石器文化遺址」,『古脊椎動物與古人類』19-3, pp.281~291.

孫建中 等, 1984,「吉林建安縣大布蘇泡東岸遺址調查簡報」,『考古』第5期, pp.396~402.

孫建中, 1988,「東北舊石器斷代問題-答安志敏先生」,『史前研究』, 陝西省考古研究所成立三十周年記念特刊.

辛占山·顧玉才, 1996,「遼寧地區舊石器文化研究回顧與展望」,『東北亞舊石器文化』, 韓國國立忠北大學校 先史文化研究所·中國 遼寧省 文物考古研究所, pp.215~226.

楊大山, 1981,「饒河小南山新發現的舊石器地點」,『黑龍江文物叢刊』1981-1, pp.49~52.

楊大山, 1982,「漠河出土的打製石器」,『黑龍江省文物叢刊』1, pp.1~4.

黎興國·劉光聯·許國英 外, 1987,「C14年代測定報告」,『第四紀氷川與第四紀地質論文集』第4集, 地質出版社.

王令紅, 1989,「中國古人類和舊石器時代文化地點的年代測定」,『中國遠古人類』, 科學出版社.

王文興, 1996,「吉林抚松發現舊石器時代文化遺址」,『人類學學報』12卷 2期, pp.89~94.

王春雪·陳全家, 2006,「圖們江流域舊石器時代晚期黑曜巖遺址人類的活應生存方式」,『邊疆考古研究』, 科學出版社, pp.26~35.

遼寧省博物館, 1973,「凌源西八間房舊石器時代文化地點」,『古脊椎動物與古人類』11-2, pp.223~226.

遼寧省博物館·本溪市博物館, 1986,『廟後山-遼寧本溪市舊石器文化遺址』, 文物出版社.

尤玉柱 等, 1984,「吉林前郭查干泡發現的人類化石與古生態環境」,『史前研究』4期, pp.7~74.

尤玉柱·李毅·孫玉峰·王家茂, 1985,「大連古龍山洞穴文化遺物及對當時古生環境的探討」,『史前研究』.

于汇歷·尤玉柱, 1988,「閻家崗遺址的結构及埋藏學研究」,『考古與文物』1988~4.

于匯歷, 1988,「黑龍江伍常學田舊石器文化之的初步研究」,『人類學報』7-3, pp.255~262.

于汇歷, 1996,「黑龍江清和屯遺址的舊石器」,『東北亞舊石器文化』, pp.259~266.

于汇歷·張曉凌, 2006,「黑龍江十八站舊石器遺址發掘有新收獲」,『2005年100个重要考古新發現』, 新華書店, pp.18-19.

尹贊勛, 1934,「哈尔濱附近第四紀哺乳動物化石群之發現」,『中國地質學會誌』11卷.

尹开屏·魏正一, 1990,「哈爾濱人的狩獵活動淺析」,『學習與探索』1990-5.

魏正一·干志耿, 1981, 「呼瑪十八站新發現的舊石器」, 『求是學干』 1981-1.

魏正一·楊大山·尹开屏·聶啓·于汇歷, 1986, 「哈爾濱閻家崗舊石器時代晚期地點」, 『北方文物』 1986-4.

李炎賢, 1993, 「中國舊石器時代晚期文化的劃分」, 『人類學學報』 第12卷 第3期, pp.214-223.

李超榮·郁金城·馮興无, 1998, 「北京地區舊石器考古新進展」, 『人類學學報』 第17卷 第2期, pp.137~146.

李超榮, 2004, 「中國北方舊石器時代晚期文化」, 『日本列島における後期舊石器文化の始原に関する基礎的な研究』, pp.37~64.

林一璞 等, 1985, 「遼寧省丹東地區舊石器末期人類化石的發現」, 『遼寧省本溪丹東地區考古學術論文集』.

張森水, 1990, 「中國北方舊石器工業的區域漸進與文化交流」, 『人類學學報』 第9卷 第4期, pp.322~333.

張之恒·黃建秋·鳴建民, 2003, 『中國舊石器時代考古』, 南京大學出版社.

張鎮洪·傅仁義·陳寶峰·劉景玉·祝明也·鳴洪寬·黃慰文, 1985, 「遼寧海城小孤山遺址發掘簡報」, 『人類學學報』 4-1, pp.70~79.

程新民 等, 1993, 「長春郊區紅嘴子發現哺乳動物化石」, 『長春地質學院學報』 23卷 2期, pp.71~78.

趙賓福, 2003, 『東北石器時代考古』, 吉林大學出版社, pp.121~123.

周信學·孫玉峰·王家茂, 1984, 「古龍山動物群的時代及其對比」, 『古脊椎動物學報』 22-2, pp.151~155.

中國社會科學院考古研究所考古科技實驗研究中心, 2001, 「放射性炭素測定年代報告(二七)」, 『考古』 7期.

陳全家, 1996a, 「吉林市地區數次發現的舊石器」, 『東北亞舊石器文化』, pp.247~258.

陳全家, 1996b, 「吉林市地區首次發現的舊石器」, 『東北亞舊石器文化』, pp.247~258.

陳全家, 1997, 「(東北)舊石器時代考古」, 『東北古代民族·考古與疆域』, 吉林大學出版社, pp.196~197.

陳全家·李其泰, 1994, 「吉林樺甸籌山仙人洞舊石器遺址試掘報告」, 『人類學學報』 1994-2.

陳全家·霍東峰·趙海龍, 1996, 「圖們下白龍發現的舊石器」, 『邊疆考古研究』 第2輯, pp.1~14.

陳全家 等, 2005, 「和龍市柳洞舊石器地點發現的石製品研究」, 『華夏考古』 3期, 河南省文物考古學會, pp.51~59.

陳全家 等, 2006a, 「吉林輝南邵家店發現的舊石器」, 『北方文物』 第1期, pp.1~7.

陳全家 等, 2006b, 「吉林延邊琢春北山發現的舊石器」, 『人類學學報』 23(2), 中國社會科學院古脊椎動物與古人類研究所, pp.138~145.

陳全家 等, 2006c, 「吉林和龍柳洞2004發現的舊石器」, 『人類學學報』 25(2), 中國社會科學院古脊椎動物與古人類研究所, pp.208~219.

陳全家 等, 2006d, 「吉林地區和龍石人溝發現的舊石器」, 『人類學學報』 25(2), 中國社會科學院古脊椎動物與古人類研究所, pp.106~114.

陳鐵梅·袁振新, 1992, 「山頂洞遺址第二批加速器質譜14C年齡數据與討論」, 『人類學學報』 11-2.

黃慰文·張鎮洪·傅仁義·陳寶峰·劉景玉·祝明也·鳴洪寬, 1986, 「海城小孤山的遺骨制品和裝飾品」, 『人類學學報』 5-3, pp.259~266.

鴿子洞發掘隊, 1975, 「遼寧鴿子洞舊石器遺址發掘報告」, 『古脊椎動物與古人類』 13-2, pp.122~136.

黃尉文, 2000, 「中國舊石器文化序列的地層學基礎」, 『人類學學報』 第19卷 第4期, pp.267~283.

黃慰文·張鎮洪·傅仁義·陳寶峰·劉景玉·祝明也·鳴洪寬, 1986, 「海城小孤山的遺骨制品和裝飾品」, 『人類學學報』 5-3, pp.259~266.

叶啓曉, 2004,「黑龍江省舊石器時代文化有存研究」,『邊疆考古研究』第2輯, pp.37~65.

黑龍江省文物考古研究所, 1996,「黑龍江省呼瑪老卡遺址調查簡報」,『北方文物』, pp.19~22.

黑龍江省文物考古研究所, 1998,「黑龍江省大興安嶺大子楊山遺址調查簡報」,『北方文物』1998-2.

加藤眞二, 2000,「中國北部の後期舊石器文化」,『舊石器考古學』60, 舊石器談話會, p.58.

德永重康 等, 1934,「滿洲帝國吉林省顧鄕屯第一回發掘物研究報告」,『第1次滿蒙學術調査報告』二部一編.

木村英明, 1997,『シベリアの舊石器文化』北海道大學圖書刊行會, pp.1~426.

木村英明 編, 1998,『シベリアの細石刃石器群』, 考古學資料集 2, 札幌大學文化學部考古學研究室, pp.1~219.

小畑弘己, 2004,「日本列島および周辺地域から見た韓国の後期旧石器文化」,『동북아시아의 후기구석기문화와 장흥신북유적』, 장흥 신북구석기유적 발굴기념 국제학술회의, 전남장흥군·조선대박물관, pp.71~82.

松藤和人, 2004,『日本列島における後期舊石器文化の始原に関する基礎的な研究』, pp.37~64.

李超榮, 2004,「中國北方舊石器時代晩期文化」,『日本列島における後期舊石器文化の始原に関する基礎的な研究』, pp.37~64.

부록

김태완, 2012,「상어 표피 형상의 3차원 탄성접촉해석」,『윤활학회지』제28권 제6호, pp.297~302.

3D Elastic Contact Analysis of Sharkskin Surface Pattern Joachim.

국립대구박물관, 2005,『사람과 돌』특별전도록.

왕샤오둥, 2012,「중국 문신(文身) 습속」,『아시아문화연구』제27집, 가천대학교 아시아문화연구소, pp.27~62.

조현설, 2002,「동아시아 문신의 유래와 그 변이에 대한 시론」,『한국민속학』35, 한국민속학회, pp.151~173.

Beatrice Blackwood, 1964, The technology of a modern stone age people in New Guinea, Pitt Rivers Museum, University of Oxford.

Bengt Anell, 1960, Hunting and Trapping Methods in Australia and Oceania, Hakan Ohlssons Boktryckeri Lund.

Elizabeth Wayland Barber, 1994, Women's Work, W.W. Norton & Company.

Frederick D. Mccarthy, 1967, Australian aboriginal stone implements, the Trustees of the Australian Museum,

Hilary Stewart, 1984, CEDAR, Douglas & Mcintyre.

J.G.D. Clark, 1952, Prehistoric Europe, Stanford university press.

John Henry Holmes, 1924, In Primitive New Guinea, G.P. Putnam's Sons, New York.

Kenneth P. Emory, 1975, Material Culture of the Tuamotu Archipelago, Pacific Anthropological Records.

Paul Sillitoe, 1988, Made in Niugini-Technology in the Highlands of Papua New Guinea, The Trustees of the British Museum.

Peter S Bellwood, 1978, Man's conquest of the Pacific: The prehistory of Southeast Asia and

Oceania, Oxford University Press.

Sue O'Connor, Rintaro Ono, Chris Clarkson, 2011, Pelagic Fishing at 42,000 Years Before the Present and the Maritime Skills of Modern Humans, *Science 25*(Vol.334 no.6059), pp.1117~1121.

Stewart Hilary, 1982, Indian Fishing, University of Washington Press.

條遠喜彦, 1978, 『世界考古學大系-アメリカ·オセアニア』第15卷, 平凡社.

染木 煦, 1941, 『北滿民具採訪手記』, 座石寶刊行會.

海部陽介, 2005, 『人類がたどってきた道』, 日本放送出版協會.

ウェンデル·H.オズワルト(加藤晉平·禿仁志譯), 1983, 『食量獲得の技術誌』, 法政大學出版局.

학술잡지

2007. 12, 「선사시대 석기의 분별과 제작기법」, 『고고광장』 1집, 부산고고학연구회.

2010. 6, 「韓國 後期舊石器時代 刃部磨製石器 試論」, 『考古廣場』 제6호, 부산고고학연구회, pp.1~24.

2007. 3, 「中國 東北地域 後期 舊石器 製作技術의 變遷과 系統 硏究」, 『동북아역사논총』 15호, 동북아역사재단, pp.313~377.

2013. 12, 「한국 구석기시대 흑요석 연구의 현황과 과제」, 『한국구석기학보』 제28호, pp.19~60.

도록

2003. 9, 「석기제작을 위한 역학원리와 박리방법의 종류-구석기시대를 중심으로-」, 『도록-기술의 발견』 복천박물관, pp.134~153.

발표요지

2007. 6, 「구석기 생산유적의 조사 현황과 연구방향」, 『선사·고대 수공업생산유적』, 제50회 전국역사학대회 고고학부 발표자료집, 한국고고학회, pp.133~162.

기념논총

2010. 2, 「接合石器의 距離와 分布로 본 作業空間」, 『釜山大學校 考古學科 創設20週年 記念論文集』, 釜山大學校 考古學科, pp.19~40.

보고서

2010. 11, 「한국 최초의 구석기에 대한 시론-橫山將三朗 자료를 중심으로-」, 『漢江流域 先史遺物-橫山將三朗 採集資料-』, 國立中央博物館, pp.158~178.